U0451404

国家社科基金后期资助项目

阿·费·洛谢夫的神话学研究

The Research on A.F.Losev's Mythology

王希悦 著

商务印书馆
The Commercial Press
2014年·北京

图书在版编目(CIP)数据

阿·费·洛谢夫的神话学研究/王希悦著.—北京：商务印书馆,2014
ISBN 978-7-100-10959-8

Ⅰ.①阿…　Ⅱ.①王…　Ⅲ.①洛谢夫,A.F.(1893～1988)—神话—研究　Ⅳ.①B512.6

中国版本图书馆 CIP 数据核字(2014)第 294860 号

所有权利保留。
未经许可,不得以任何方式使用。

阿·费·洛谢夫的神话学研究
王希悦　著

商　务　印　书　馆　出　版
(北京王府井大街36号　邮政编码100710)
商　务　印　书　馆　发　行
北　京　冠　中　印　刷　厂　印　刷
ISBN 978-7-100-10959-8

2014年8月第1版　　　开本 787×1092　1/16
2014年8月北京第1次印刷　印张 18¼
定价：43.00元

国家社科基金后期资助项目
出版说明

  后期资助项目是国家社科基金设立的一类重要项目，旨在鼓励广大社科研究者潜心治学，支持基础研究多出优秀成果。它是经过严格评审，从接近完成的科研成果中遴选立项的。为扩大后期资助项目的影响，更好地推动学术发展，促进成果转化，全国哲学社会科学规划办公室按照"统一设计、统一标识、统一版式、形成系列"的总体要求，组织出版国家社科基金后期资助项目成果。

全国哲学社会科学规划办公室

本著作的研究出版得到
"东北农业大学学科团队建设项目"
以及"黑龙江省人文社科重点研究基地——
哈尔滨师范大学俄罗斯文化艺术研究中心"资助
特此致谢!

序

希悦博士的专著《阿·费·洛谢夫的神话学研究》即将出版，值得庆贺。该书并非至善至美，但时至今日以洛谢夫为研究内容的硕士、博士论文乃至专著仍告阙如，而希悦博士的著作则开冰山一角，不仅具有国内领先和填补空白的重要意义，而且具有不容忽视的学术价值。

作为希悦的博士导师，我见证了她对选题的敏锐眼力、她的勇敢魄力以及孜孜不倦的辛苦研究过程。如今，《阿·费·洛谢夫的神话学研究》一著付梓成书，这亦是其多年踏实做学问、辛苦努力的必然成果。该论著从总体上把握了洛谢夫的神话学研究特点，以清晰的线索展现了洛谢夫神话学研究全貌，思路清晰、方法得当，尤为重要的是，能够从较为广阔的视域展开论述，不仅包括神话理论研究，而且包括具体的古希腊神话研究，亦有对相关文学作品的神话阐释，内容充盈饱满，在这之前还没有人尝试过。另外，除了这些具有一定开拓性价值的主体研究外，希悦博士在论著每一章的章前小引及本章小结部分亦深下功夫，从广博的、历史线性的知识点的梳理以及清晰了然的概述结论，足以见出其扎实的研究基础以及端正严谨的治学态度。

除了对洛谢夫的研究外，希悦博士亦积极从事对洛特曼、布尔加科夫、什梅廖夫等学者的学术研究，主持和参加国家级课题、教育部重大课题以及省级课题多项，撰写学术论文30余篇，体现了较高的科研能力和执着的探索精神。作为谦逊勤奋、励志有为的青年学者，她能够不断成长是难能可贵的，亦是令我们甚为欣喜的。

众所周知，阿·费·洛谢夫是俄罗斯、古希腊罗马美学和文化研究的一代宗师，终生研究古典文化，涉及哲学、美学、神话学、语言学、数学等诸多领域，他撰写了《古希腊宇宙论与现代科学》（1927）、《名谓哲学》（1927）、《艺术形式辩证法》（1927）、《古希腊罗马象征主义和神话学概论》（1930）、《神话辩证法》（1930）、《古希腊罗马音乐美学》（1960～1961）、《语言模式基本理论导论》（1968）、《弗·索洛维约夫和他的时代》（1990）、10卷本的皇皇巨著《古希腊罗马美学史》（1963～1994）等40余部浩繁著作以及800余篇学术论文，无愧于百科全书式的卓越学者和学术大师。无论在俄罗斯，还是在西方学术界，洛谢夫都享有极高盛誉。就影响力和贡献而言，洛谢夫堪与巴赫金比肩。但巴赫金因受到包括中国在内的世界范围的广泛关注和研究而举世闻名，而在中国我们对洛谢夫却知之甚少，这是一个研究空白，值得我们不懈探索。从另一方面来讲，洛谢夫的思想理论艰深，学术体系庞大而复杂，研究起来实属不易。但学术正是在循序渐进的研究中展开，不仅需要坚实的理论基础、广博的学术知识以及锲而不舍的钻研精神，而且要求团体的精诚合作，才能不断进步。对洛谢夫的研究亦唯其如此才能发掘其学术价值，并有利于在国际语境下发出我们中国学术自己的声音。

谨为序。

张　冰

2014年6月于北京

目 录

导 论 …………………………………………………………… 1
 一 洛谢夫的生平简述 ………………………………… 1
 二 洛谢夫的创作分期 ………………………………… 4
 三 神话研究在洛谢夫学术中的地位 ………………… 11
 四 国内外对洛谢夫学术的研究现状 ………………… 13
 五 本书的章节和体例说明 …………………………… 25

第一章 洛谢夫神话研究的时代背景及思想来源 ………… 29
 一 洛谢夫神话研究的时代背景 ……………………… 30
 二 洛谢夫对西方哲学思想的吸纳与借鉴 …………… 33
 三 洛谢夫对俄罗斯哲学思想的继承与超越 ………… 41
 小 结 …………………………………………………… 47

第二章 洛谢夫神话研究的方法论 ………………………… 51
 一 否定的方法 ………………………………………… 53
 二 辩证法的运用 ……………………………………… 53
 三 社会—历史批评方法 ……………………………… 60
 四 文化类型学方法 …………………………………… 67
 小 结 …………………………………………………… 73

第三章 洛谢夫的神话理论研究 …………………………… 77
 一 洛谢夫对神话的释义 ……………………………… 80
 二 洛谢夫对神话本质的界定 ………………………… 91
 三 洛谢夫对神话关联要素的深层阐释 ……………… 95
 四 洛谢夫对神话学的分类 …………………………… 98
 五 洛谢夫的"新神话主义"内涵特征 ………………100

六　洛谢夫神话研究的"转向" …………………………… 106
　　小　结 …………………………………………………… 110
第四章　洛谢夫的古希腊神话研究 ……………………………… 113
　　一　洛谢夫早期对古希腊神话的收集和编撰 …………… 120
　　二　洛谢夫的神话"历史生成"观点 …………………… 123
　　三　洛谢夫的神话"历史综合"观点 …………………… 130
　　四　洛谢夫对神话历史阶段的划分 ……………………… 132
　　五　神祇形象的历史演变 ………………………………… 143
　　六　神祇功能的历史发展 ………………………………… 156
　　七　神际关系的历史嬗变 ………………………………… 162
　　小　结 …………………………………………………… 167
第五章　洛谢夫散见的神话思想 ………………………………… 171
　　一　洛谢夫的文学神话观 ………………………………… 172
　　二　洛谢夫的音乐神话观 ………………………………… 199
　　三　洛谢夫的数的神话观 ………………………………… 212
　　小　结 …………………………………………………… 216

结　语 ……………………………………………………………… 219
参考文献 …………………………………………………………… 227
　　一　外文书目 ……………………………………………… 227
　　二　中文书目 ……………………………………………… 230
附录1：阿·费·洛谢夫年谱 …………………………………… 237
附录2：纪念洛谢夫的相关活动年表 …………………………… 249
附录3：阿·费·洛谢夫的诗歌及译介 ………………………… 253
附录4：阿·费·洛谢夫主要论著俄汉语对照列表 …………… 277
后　记 ……………………………………………………………… 281

> 人是会死的,而科学是不朽的。
>
> ——阿·费·洛谢夫

导 论

一 洛谢夫的生平简述

阿列克谢·费奥多罗维奇·洛谢夫(1893～1988)是20世纪俄罗斯杰出的人文学者,成就卓著的一代宗师,百科全书式的学术大师。他与弗·普罗普(1895～1970)、米·巴赫金(1895～1975)、德·利哈乔夫(1906～1999)等俄罗斯籍的世界级知名学者几乎为同时代人。作为一名哲学家、美学家、语文学家、宗教思想家,洛谢夫在自己70多年的学术生涯中写就了一部传奇。他的著作等身,内容涉及哲学、美学、逻辑学、神话学、语言学、文艺学等众多领域,因此,这些学科的学者们无一例外地都将洛谢夫称之为本学科的代表,这在俄罗斯乃至世界学术史上也是极为罕见的现象。洛谢夫去世时还差4个月就满95周岁,他几乎走过了整个20世纪,经历了俄罗斯发展史上很多特殊的时期:资本主义迅猛发展、第一次世界大战、革命与内战、第二次世界大战、个人崇拜与集权、解冻与停滞、改革与重建以及国家濒临解体等。已然成为历史文本记忆的时代仍然惊心动魄且耐人寻味,而生活于其中,经历了凡此种种变故的洛谢夫,在许多方面也是一个谜。他在短短的3年时间里完成并出版了8部书,然后是23年的被迫沉默。从初出茅庐的学术创作到被捕流放、被禁封杀,再到被迫从事翻译工作,最终到学术的幸运回归,从这些曲折历程中,我们不仅可以看到学者的人格魅力,而且可以了解到他广博的研究领域。概而言之,学界对洛谢夫有如下评论:古希腊文化"活的百科全书"[①]、"人的象征"、"神话般的人"、"为真理服务的人"、"俄国鼎盛时代最后一位杰出的哲学家"[②]、"俄国当代最大的人道主义者

[①] 活的百科全书(ходячая энциклопедия)指博学、知识渊博的人。

[②] 这里的鼎盛时代指19世纪末20世纪初的白银时代。

和哲学家"、"俄罗斯精神传统的捍卫者"、"俄罗斯精神文化的传承者"、"20世纪最重要的俄罗斯思想家和语文学家"、"他体现出来的俄罗斯哲学思想具有如此巨大而雄壮的气势、如此透彻的分析、如此强劲的直觉穿透力,以致他的思想无疑可称为天才的思想"等。除此之外,当代俄罗斯著名学者格奥尔吉耶娃(Т.С.Георгиева)在其专著《俄罗斯文化史:历史与现代》中引述道:"假如我们不提到我们的一个同时代人、优秀的俄罗斯学者和博学者阿列克谢·费奥多罗维奇·洛谢夫,那么,我们对20世纪以及俄罗斯文化史的研究就不会是全面的。在这位杰出哲学家的一生和创作活动中,似乎是有一个聚光点,从这一点可以反射出我们亲身经历的20世纪,因为阿·费·洛谢夫活了近一个世纪(95岁),而且他创作到自己生命的最后一刻。"①综而观之,洛谢夫的思想体大精深,著作浩繁,学术体系庞大而复杂,研究起来确实不易,但另一方面也说明以洛谢夫的学术思想为研究对象无疑是深具价值的,同时亦是一种开先河的挑战。

1893年9月23日,洛谢夫生于顿河州首府、俄罗斯南方城市——新切尔卡斯克,在这里,他度过了自己的童年和青春岁月。洛谢夫的曾祖父是顿河军队中一名英勇的哥萨克中尉,也是1812年卫国战争中的战斗英雄,他由此而获得了世袭贵族身份和乔治十字勋章。他的父亲费奥多尔·彼得罗维奇(Фёдор Петрович)②是中学数学教师,一位典型的俄罗斯知识分子,他有着极高的音乐天分,毕业于圣彼得堡宫廷合唱团指挥专科学校,是一位天才式的哥萨克自修音乐家、出色的小提琴手和乐队指挥。1887年5月,费奥多尔·彼得罗维奇曾担任军队合唱团指挥,参加了沙皇亚历山大三世及其妻子玛丽亚·费奥多罗夫娜出席的一场音乐会的演出,并在节目结束后获得一枚镶嵌钻石的金戒。因为喜好浪漫而无拘束的生活,费奥多尔·彼得罗维奇辞去了中学的教学工作,并离家弃子,去追求他眼中永恒的音乐。当时洛谢夫刚满3个月,直到他16岁时,才与父亲见过一面,但洛谢夫认为自己"思想奔放及其开阔"、"永远追求自由的思想"③以及对音乐的天分和喜爱都来自父亲的遗传。洛谢夫的母亲娜塔利娅·阿列克谢耶夫娜·波利亚科娃(Наталия Алексеевна Полякова)是教堂大司祭④的女儿,有着虔诚的信

---

① 〔俄〕格奥尔吉耶娃:《俄罗斯文化史:历史与现代》,焦东建等译,北京,商务印书馆,2006年,第638页。// 见洛谢夫著,塔霍-戈基编:《哲学、神话、文化》(前言),莫斯科,1991年。

② 〔俄〕费奥多尔·彼得罗维奇·洛谢夫:生于1859年,卒于1916年。去世后,他留给儿子的是一箱乐谱和一把小提琴。

③ Лосев А.Ф., Я сослан в 20 век, М.: Время, 2002. Т. 1~2. С. 523.

④ 指阿列克谢·波利亚科夫(Алексей Поляков),洛谢夫的外祖父,新切尔卡斯克的天使长米迦勒教堂堂长,在该教堂,他亲自为洛谢夫做了洗礼。

仰并严守日常行为规范和社会道德规范。母亲是洛谢夫的生活支柱，并对其宗教世界观的形成有着明显的影响，她对儿子的爱是无私的，为了使中学毕业的洛谢夫能进入莫斯科皇家大学读书，她变卖了房子，做了她所能做的一切。1919（亦有记载1920）年，正值国内战争的混乱年代，伤寒夺去了这位不幸女人的生命。

1922年，洛谢夫与瓦连金娜·米哈伊洛夫娜·索科洛娃－洛谢娃（Валентина Михайловна Соколова-Лосева）（1898~1954）结了婚。婚礼由帕维尔·弗洛连斯基神父主持，在圣三一谢尔吉修道院举行。洛谢娃是位数学家和天文学家，夫妇两人有着共同爱好，打算一起写书并出版。但《神话辩证法》一书的发行，却使洛谢夫于1930年4月18日被捕，被捕的原因，表面上看起来似乎是《对神话辩证法的补充》未得到书籍出版总局批准，洛谢夫就擅自将其中的若干章节和段落增补到《神话辩证法》一书里，实则是在指责其从事反苏维埃活动以及参加教会保皇派组织，洛谢夫还被冠之以最具野蛮黑帮特点的正教信徒等罪名。最终，被判处流放10年，押解到白海—波罗的海运河的修建工地，妻子也受到牵连，于同年6月5日被捕，判处5年，关押到西伯利亚劳改营。两人先后被辗转押解于斯维尔木材流送地、波罗夫梁卡、阿尔泰劳改营等不同地方，在别什科娃（Е.П.Пешкова）领导的红十字会的帮助下，夫妇俩才得以团聚，共同的信仰是支撑他们度过艰难岁月的精神支柱。后来由于洛谢夫的视力几乎丧失之残疾原因，夫妇两人于1933年被提前释放。1954年，洛谢娃去世后，阿扎·阿里别科夫娜·塔霍-戈基（Аза Алибековна Тахо-Годи）成为洛谢夫的第二任妻子，她是语言学博士、莫斯科国立大学的功勋教授，也是洛谢夫的学生和最亲近的助手，她一直努力不懈地继承、宣传和发展洛谢夫的学术思想。

通过信念和知识的统一而形成完整的世界感受是洛谢夫的世界观和生活原则，正如他自己所言："我不是为了舞会和跳舞而生，我是为科学而生，为了朝拜更美好的事物。"[1]1988年5月24日，洛谢夫与世长辞，而这一天正是纪念斯拉夫启蒙者基里尔和梅福季（Кирилл и Мефодия）的日子。从中学时代起，洛谢夫就深深敬重这两位学者并称其为自己的精神导师。"大自然没有冷漠地对待阿列克谢·费奥多罗维奇的死亡，在下葬到瓦加尼科夫公墓时，夜莺突然唱起歌来，太阳透过阴雨天的乌云闪耀着，这种情景人们并不感觉离奇，因为阿列克谢·费奥多罗维奇在离开我们世界的同时，创建了新的神话——他的独一无二的个性以及他的名字的全新展现。"[2]

---

[1] Лосев А.Ф., Самое само, М.: Эксмо-пресс, 1999. С. 12.

[2] Под ред. А.А.Тахо-Годи и И.М.Нахова, Античность в контексте современности, М.: МГУ, 1990. С. 243.

洛谢夫去世后，其著作大部分由塔霍-戈基带领团队编撰出版，正因如此，我们才有幸了解到大师的诸多学术成果。

二 洛谢夫的创作分期

洛谢夫的思想发展和学术研究大致可以分为以下四个阶段：

（1）兴趣初成：20世纪的最初10年，是洛谢夫的文学以及学术兴趣的形成时期。

洛谢夫的家乡——新切尔卡斯克当时被称为"小巴黎"，不仅因为该城是由法国工程师设计的，而且因为这里具有浓郁的学术氛围，聚集了一批优秀的教育家和学者。自1903年开始，洛谢夫由教区中学转入古典中学就读，古希腊语、拉丁语和古希腊罗马文学等功课是该校规定的必修课程，洛谢夫对文学、科学和古代语言（指古希腊语及拉丁语）的兴趣正是在这里初现端倪。的确，古典中学注重以科学知识培养和丰富自己的学生，洛谢夫曾亲切地称之为"奶妈"[①]，他也经常饶有兴致地回忆起古典中学时期的生活。这里有出色的教师讲授埃斯库罗斯、索福克勒斯、欧里庇得斯、但丁、歌德、拜伦等人的作品；这里也有著名的语文学家捷林斯基的朋友捷克人约瑟夫·米克什（И.А.Микш），他毕业于布拉格大学，讲授拉丁语和希腊语，对洛谢夫古语学习兴趣的培养功不可没，正是他唤起了洛谢夫对希腊语、拉丁语等古代语言的热爱以及对古希腊文化的终生迷恋。在这里，洛谢夫积极地参加艺术活动——主要在音乐及戏剧方面。对音乐的爱好来自父亲的遗传，在中学学习的同时，洛谢夫也在私立音乐学校学习小提琴，他接受了严格的音乐教育，并于1911年以优异的成绩毕业。他的音乐老师费德里克·斯塔吉（Федерико Стаджи）是意大利人，也是佛罗伦萨音乐学院的获奖者，因命运的捉弄才流落到俄罗斯的南方。而对戏剧的迷恋，使洛谢夫一周去剧院8次（周日要去两次）。由于得到学校都监的允许，洛谢夫可以自由地进出剧院，还是中学生的洛谢夫就已经幸运地多次欣赏过来省里巡回演出的、由著名演员出演的众多古典剧目，如莎士比亚、席勒、易卜生[②]、梅特林克[③]、契诃夫等人的作品。洛谢夫说："正是在剧院，我受到了最大的教育，通过剧院的戏剧演出使我了解并喜欢上了世界的戏剧作品，特别是莎士

[①] Лосев А.Ф., Самое само, М.: Эксмо-пресс, 1999. С. 11.

[②] 易卜生（1828~1906）：挪威剧作家、诗人，被认为是现代现实主义戏剧的创始人，代表作品是《玩偶之家》。

[③] 梅特林克（1862~1949）：比利时剧作家、诗人、散文家，1911年获得诺贝尔文学奖。

比亚、席勒、阿·奥斯托洛夫斯基、果戈理、契诃夫等人的作品。"①对文学的爱好源自学校校长兼语文老师费奥多尔·卡尔波维奇·弗罗洛夫（Фёдор Карпович Фролов）的影响。除了教授基础及必修的文学课程外，作为一位优秀的朗诵天才，弗罗洛夫对但丁、歌德等作品的深入讲解及诠释都令学生们着迷。

在古典中学时期，洛谢夫还曾一度沉迷于天文学研究，当时著名的法国天文学家兼小说家卡米尔·弗拉马里昂（Камилл Фламмарион）成为其崇拜的人物，年轻的洛谢夫曾着手研究过他的纯天文学文献，并开始习惯于特殊的思维方式——奔向更高、更远。天文的星空对洛谢夫来说是第一个无尽的形象，"无尽"这一概念后来成为洛谢夫研究的一个重要哲学范畴。此外，洛谢夫是从对青年杂志的研读开始熟悉哲学文献的。校长弗罗洛夫最先发现了洛谢夫对哲学的迷恋，他很器重自己的学生，经常布置一些有趣的题目让其独立思考。在升入中学8年级时，作为学习奖励，洛谢夫获得了弗罗洛夫赠送的索洛维约夫的8卷本文集。文集中《西方哲学批判（反对实证主义）》、《整体知识的哲学原理》、《抽象原则批判》等文章的阐述影响着未来哲学家洛谢夫的成长。虽然那些有关社会的、政治的、历史的以及宗教的文集内容难于理解，但索洛维约夫的整体知识，即"万物统一"观念则给洛谢夫带来终生影响，这与后来他醉心于辩证法、反对孤立个体地看待事物的观点相一致。如果说，弗拉马里昂为洛谢夫开辟了无尽的天文学星空，那么，索洛维约夫则为其揭示了无限的辩证法知识。总之，在中学阶段，洛谢夫奔忙于"中学的古语、音乐学校小提琴的学习、经常观测星空的运动"②等活动中。据洛谢夫回忆，临近中学毕业时，他已经打算成为哲学家兼语文学家，这也是他一生的追求。1911年，洛谢夫以获得金质奖章的优异成绩从中学毕业，并考入莫斯科皇家大学。1914年，洛谢夫被派往柏林进行科学调研，他曾在那里的皇家图书馆工作，听过瓦格纳的歌剧，但是，战争使其学业中断，他不得不提前回国。1915年，洛谢夫同时毕业于历史—语文系的哲学和古典语文学两个分部。对于洛谢夫的大学毕业论文《埃斯库罗斯的世界观》，著名象征主义学者维亚·伊万诺夫（Вяч.Иванов）阅读过并且给予了好评。两人的相识是通过古希腊罗马文化的研究者、语文学家尼连杰尔（В.О.Нилендер）引荐的，后来，伊万诺夫成为洛谢夫喜爱的诗人和导师。需要强调的是，大学期间，在洛谢夫写作的一篇名为《作为幸福和知

---

① Тахо-Годи А.А.,Тахо-Годи Е.А.,Троицкий В.П., А.Ф.Лосев – философ и писатель: К 110-летию со дня рождения, М.: Наука, 2003. С. 7.

② Лосев А.Ф., Самое само, М.: Эксмо-пресс,1999. С. 525.

识的高度综合》（1911）的论文中，已经显现出了协调人的精神生活、科学、宗教、哲学、艺术以及道德等众多领域的科学世界观，这种思想为精神生活与社会生活各领域的统一奠定了基础，了解这一点对理解洛谢夫的学术思想尤为重要。

（2）英年所为：20世纪20年代，是洛谢夫著名的"8部书"的成书时期。

早在大学时代，洛谢夫就是切尔帕诺夫（Г.И.Челпанов）创立并领导的心理研究所的成员。经切尔帕诺夫推荐，洛谢夫还加入了"纪念弗·索洛维约夫的宗教—哲学协会"。在这里，洛谢夫有机会与伊万诺夫（Вяч.Иванов）、布尔加科夫（С.Н.Булгаков）、伊利英（И.А.Ильин）、弗兰克（Франк）、特鲁别茨科伊（Е.Н.Трубецкой）、弗洛连斯基（О.П.Флоренский）等俄罗斯白银时代众多知名学者直接接触。十月革命后，宗教—哲学协会被取缔，洛谢夫参加了由别尔嘉耶夫创办的精神文化自由科学院的工作。该机构于1922年被取缔，当时有200多名唯心主义哲学家遭遣送，流亡国外。洛谢夫还是莫斯科大学下设的莫斯科心理协会的忠实参加者。1921年，在伊利英主席主持的最后一次协会会议上，洛谢夫宣读了《柏拉图的"形"和"理念"》的报告。在该时期，洛谢夫还在"洛帕京哲学小组"里做了题为《亚里士多德关于悲剧的神话学说》的报告。在纪念索洛维约夫的宗教—哲学协会上，就柏拉图的《巴门尼德篇》、《蒂迈欧篇》等内容也做过发言。1922年4月，在协会晚期的一次会议上，洛谢夫宣读了《柏拉图的希腊异教本体论》报告。早在1919年困难的战争年代，洛谢夫就已经在新创办的下诺夫哥罗德大学讲学并被聘为教授。1923年，洛谢夫被任命为莫斯科国家学术委员会教授，后来，洛谢夫先后成为国家美术科学研究院正式成员、国家美术科学研究院教授（在此主要从事美学领域的研究工作）、莫斯科音乐学院教授。这一切无不为洛谢夫的学术研究提供了便利，亦使洛谢夫在讲授古典语文学的同时，可以致力于古希腊哲学家的文本研究工作。

1926年，年轻的洛谢夫接连发表了3篇文章。其中，第一篇《柏拉图的厄洛斯》仍与古希腊文化相关，其余两篇则是关涉音乐哲学问题的《关于爱情和大自然的音乐感》和《两种世界观念》。《斯克里亚宾[①]的哲学观》一文是他在1919～1922年间完成的。值得注意的是，从大学毕业论文开始，洛谢夫就已经从事世界观问题的研究了。1918年，谢·布尔加科夫、维亚·伊万诺夫以及洛谢夫等人打算一起出版俄罗斯宗教哲学问题系列丛书，遗憾的

---

① 斯克里亚宾（1871～1915）：俄国作曲家、钢琴家。代表作有《神圣之诗》、《狂喜之诗》等交响曲以及10部钢琴奏鸣曲等。

是，该想法未能实现。在洛谢夫的概述性文章《俄罗斯哲学》中，他首次描绘了俄罗斯的思维类型及其变体形式，这或许是他与布尔加科夫、伊万诺夫拟定出版的成果之一。这篇文章于1918年写作完成，1919年在苏黎世以德语形式发表于《俄罗斯》文集中，该文集主要用来纪念俄罗斯的艺术、哲学以及文学方面的创作研究。

虽然当年有关纯粹哲学以及古希腊哲学史方面的写作并非易事，出版更是难上加难，即使以作者自费出版的名义，最多也不超过1500份的微小发行量，但洛谢夫还是在1927～1930年间，克服困难陆续出版了8本书。这些书是：1927年的《古希腊宇宙论与现代科学》（550页）、《名谓哲学》（254页）、《艺术形式辩证法》（250页）、《作为逻辑对象的音乐》（262页），1928年的《普罗提诺[①]的数的辩证法》（194页），1929年的《亚里士多德的柏拉图主义批评》（204页），1930年的《古希腊罗马象征主义和神话学概论》（912页），以及最后一本，也是影响洛谢夫命运的一本书《神话辩证法》（250页）。洛谢夫所写的这8本书既是其早期创作的集中代表，亦是其科学探索和精神探索的结晶，这些书籍的标题已经证实了洛谢夫的观点，即他将自己视为研究名谓、神话、数之问题的哲学家。幸运的是，在纪念洛谢夫诞辰一百周年之际，这些书籍在1993～1999年间，由莫斯科"思想"出版社以《洛谢夫文集》（4卷本）的形式全部再版发行。

在这些书中，洛谢夫研究了科学（星源学、天文学、数学）、政治和伦理学、神话和宗教、古希腊不同时期的哲学特点，研究了哲学—宗教问题、美学理论、中世纪及近代文化艺术形式。这8部书有着一以贯之的东西，每一部书都从统一问题的不同视角对其加以详细阐释，就其实质来说，这个统一问题就是作者努力创造"堪称为哲学的那种唯一可以实现的且又是有用的理论的哲学"，确切地说，这种哲学就是名谓的哲学，因为对洛谢夫来说，"名谓的哲学是整个哲学（不仅是哲学）最中心、最主要的部分"[②]。在《名谓哲学》中，洛谢夫提出了复杂的哲学问题：把世界作为名字来研究，基于对词的分析基础上，揭示概念的辩证秘密，对科学和生活的可能形式进行辩证的分类。在研究这些问题的基础上，他又进一步写道："名字是生活，只有在词语中，我们与人、与自然打交道，只有在名字中，一切有着无尽表现形式的社会性的深蕴特征才能被论证……"，"名字是生物理性交

[①] 普罗提诺（205～270）：又译作柏罗丁、普洛丁，古罗马时期唯心主义哲学家，新柏拉图学派奠基人。

[②] Лосев А.Ф., Философия имени, М.: издательство московского университета, 1990. C. 166.

际的本能,没有名字就好像又聋又哑的人群在完全漆黑的深渊中毫无疑义的、疯狂的冲撞"[1],而"物的名字则是感知与被感知,确切地说,是认知与被认知相遇的场所"[2]。洛谢夫想强调的是,只有借助于语言(名字)才能实现人与物的世界的理性交际以及人与人之间的彼此交际。在洛谢夫的观念里,语言与名字几乎是等同的,他不是运用语言学、音位学,而是运用辩证法来论证自己的观点,这正是该著作的独特之处。和名字的学说紧密联系在一起的是洛谢夫的神话观点,他是俄罗斯神话哲学的缔造者之一。古希腊语中"神话"一词的原初含义是"讲话"和"叙述",是"词的最大限度的概括"。洛谢夫运用否定的方法为神话做了界定。神话"不是杜撰或虚构,不是幻想的构思"、"不是完美的存在"、"不是形而上学的建构"、"不是模式、不是寓意"、"不是诗意的形象"、"不是教义"……,神话是"个体形式"、"是奇迹"。在神话主宰的世界里,活生生的个体和活生生的词作为个体意识的表达,一切都充满了奇迹,而这种奇迹又被作为真正的现实来接受,那时神话不是别的,而正是"拓展的奇异的名谓"。随着这些书籍的出版,洛谢夫遭到了报刊的严厉批评,特别是《神话辩证法》一书,改变了洛谢夫的一生,该书被指责为反苏宣传,洛谢夫夫妇也因此被判刑。

(3)"地下时代":20世纪30、40年代,在政府禁止其从事哲学研究的情况下,洛谢夫转向翻译工作以及文学创作。

1930~1953年,在长达23年的时间里,洛谢夫没能出版一部自己的著作(对库萨尼古拉的翻译作品除外),因为出版社负责人担心出版其作品会招致麻烦。从1933年洛谢夫被提前释放开始,政府就明令禁止其从事哲学研究,只允许他进行神话和美学领域的工作。因此,整个30年代,洛谢夫只好从事柏拉图、亚里士多德、普罗提诺、塞克斯都·恩披里柯[3]等古希腊罗马学者的著作翻译工作,阐释库萨的尼古拉(Николай Кузанский)[4]的学术理论。作为古希腊和文艺复兴哲学的翻译者和注释者,洛谢夫的诸多成果依然是留给后人的宝贵财富。虽然只能伏案写作却不能发表,但是,洛谢夫并没有停止教学工作。最先是在外省,后来在莫斯科,1942年莫斯科大学甚至让他担任了逻辑学教研室主任。同年,因为不敢授予其哲学博士学位,洛

---

[1] Лосев А.Ф., Философия имени, М.: издательство московского университета, 1990. С. 20.

[2] Там же. С. 49.

[3] 塞克斯都·恩披里柯(2世纪末~3世纪初):古希腊哲学家、学者,怀疑论的代表。

[4] 库萨的尼古拉(1401~1464):哲学家、神学家、科学家、教会政治活动家。文艺复兴时期新柏拉图主义的代表。

谢夫只获得了语文学博士学位。然而,对洛谢夫的唯心主义思想的批判[①]并未停止,由于一些所谓的"朋友"以及一些警觉之徒的阴谋,洛谢夫被迫调入莫斯科国立列宁师范学校[②]刚刚成立的古典系工作。几年之后,这个系解散,洛谢夫首先到了俄语教研室,后又转入普通语言学教研室,为研究生讲授古代语言课程,并在这里一直工作到逝世。

除了翻译工作,洛谢夫还创作了哲学—心理学小说《女思想家》以及《柴可夫斯基三重奏》、《流星》、《生活》、《邂逅》、《戏剧爱好者》等多部作品。此外,洛谢夫亦写作了20首诗歌(仅限其笔记中找到的)。这些诗歌可以归为两类:7首"高加索"组诗和13首"郊区别墅"组诗。前一组诗主要表现了洛谢夫夫妇从劳改营归来,在高加索旅行时的所见所感;后一组诗描绘的是1941年秋天,洛谢夫在莫斯科的房屋被炸,他不得不租住在郊区他人别墅时的所思所悟。这些创作不仅使洛谢夫的一些学术思想以隐晦的形式表现出来,而且也凸显了其深厚的文学底蕴。尤其是在他晚年写作的《古希腊罗马美学史》这部学术韵味浓郁的多卷本著作中,洛谢夫也做到了"学术的语言和诗意的语言有机地结合",即"严谨的科学分析与文学艺术表述风格结合"[③]。由此可见,黑暗之手并未扼住学者的歌喉,在这期间,洛谢夫以另外一种形式保存了自己的思想。

(4)再塑辉煌:20世纪50年代至80年代,洛谢夫创作了新的"8部书",这也是其一生最重要的著作,即8部《古希腊罗马美学史》(其中第7部、第8部各分为上下两卷,总计10卷本),后又把《文艺复兴时代美学》、《公元Ⅰ—Ⅱ世纪希腊化—罗马美学》两部书并入其列,从而形成了卷帙浩繁的美学史汇编。

随着社会的发展,不仅俄罗斯本土,甚至国外的学者也相继认识到洛谢夫学术的价值。如德国学者迈克尔·海格尔麦斯特(Михаэль Хагемейстер)在《新中世纪……》一文中写道:"洛谢夫的意义——这是弗洛连斯基思想的精神捍卫者。"[④]从该评价中,可以见出学界对洛谢夫所起

[①] 反对洛谢夫的唯心主义,源于官方的正式责难共有两次,第一次是1930年,因唯心主义及露骨的波波夫观,洛谢夫被流放到古拉格劳改营;第二次是1944年,因唯心主义及宣扬黑格尔,洛谢夫被莫斯科大学除名。参见:Карабущенко П.Л., Подвойский Л.Я., Философия и элитология культуры А.Ф.Лосева, М.: Литературная учёба, 2007. С. 14.

[②] 莫斯科国立列宁师范学校(МГПИ им.Ленина)在当时是非正统的学者以及马克思主义者、中央委员会的工作人员(如Э.Кольман, Ф.М.Головенченко教授)的"放逐"之地。

[③] Лосев А.Ф., Диалектика мифа // см. в кн.: Философия. Мифология. Культура. М.: Политиздат, 1991. С. 17.

[④] Святослав Иванов, Философия Родины и Жертвы. К 120-летию А.Ф. Лосева. // http:// www. voskres.ru / literature / library / ivanov.htm.

的精神传承作用的认可。

1953年，斯大林逝世后，洛谢夫的著作开始大量出版：《奥林匹斯神话学》（1953）、《早期希腊文学中的美学术语》（1954）、《古希腊神话学的历史发展》（1957）、与阿斯穆斯（В.Ф.Асмус）编辑出版了《柏拉图文集》、与多人合著的5卷本《哲学百科全书》（1960～1970，其中洛谢夫写有100多个词条）、《荷马》（1960）、《古希腊罗马音乐美学》（1960～1961）、《语言模式基础理论导论》（1968）、《象征问题与现实主义艺术》（1976）、《符号、象征、神话》（1983）。在后两部书里，洛谢夫首次在苏联时代谈到了象征，这是长期以来研究者禁忌的一个话题。

洛谢夫回归到对俄罗斯哲学的研究体现在他写作的《弗·索洛维约夫》（1983）一书中，由于出版委员会主席帕斯图霍夫（Б.Н.Пастухов）的命令，各出版社扣留了该书的手稿，直到1990年，洛谢夫已经去世，该书的全部手稿《弗·索洛维约夫和他的时代》才得以出版问世。当然，自青年时代起，洛谢夫就颇为喜爱阅读索洛维约夫的著作，而最终，洛谢夫的整个创作道路象征般地以这本巨著画上了句号，也可算是圆满的结局。

1963～1994年，陆续出版的《古希腊罗马美学史》是洛谢夫一生不懈探索的结晶。洛谢夫在世时该书前6卷得以出版，并于1986年获得苏联国家奖金。第7卷、第8卷在其去世后由后人整理出版。这是一系列真正的古希腊罗马哲学美学史著作，展示了古希腊文化上千年的发展历程。用作者自己的话来说，它是"富含深意的"、"雅致美观的"，尤为重要的是，著作为我们描绘了一幅精神和物质财富统一的古希腊罗马文化全景图，"创造了一部完整的、真正百科全书式包罗万象的科学的宇宙"[①]。

洛谢夫对古希腊罗马的文化研究涉及其社会历史根基以至纯粹精神等诸多领域。当然，作为一名俄罗斯思想家，洛谢夫对古希腊罗马及文艺复兴的历史研究是与俄罗斯哲学传统紧密结合的，他很了解俄罗斯人素有的精神忧郁气质以及象征主义情结占据一定地位的神秘主义特质，把这种"俄罗斯难以抑制的精神特点"与"希腊罗马式思维方式"结合在一起，就像"'冰与火'的结合——它们是彼此需要的"[②]。

晚年的洛谢夫能够回到他在20年代就喜欢的研究主题上，他是幸运的。洛谢夫的著作，虽然涉及哲学、美学、文学、数学、音乐等诸多领域，但纵观起来，有着一以贯之的主线，他的前后研究自成体系，"名字"、"神

[①] Тахо-Годи А.А., А.Ф.Лосев – философ имени, числа, мифа // А.Ф.Лосев и культура 20 века: Лосевские чтения. М.: Наука, 1991. С. 21.

[②] Аверинцев С.С., Слово прощания // Литературная газета. 2 июня 1988. С. 206.

话"、"数"、"整体性"、"万物统一"等概念是其核心。

现今的俄罗斯，洛谢夫的著作仍不断地出版和再版。此外，在老阿尔巴特大街创建了"洛谢夫之家"俄罗斯哲学与文化史图书馆[①]，创立了"洛谢夫论谈"文化—教育协会，俄罗斯科学院"世界文化史"科学理事会还成立了"洛谢夫委员会"。这样，我们可以有更多的渠道了解洛谢夫的学术成就。

三　神话研究在洛谢夫学术中的地位

诚然，正如洛谢夫的遗孀塔霍-戈基所指出的那样，洛谢夫广博的研究领域、数量众多的著作"所有这一切好似是在研究不同主题，实则它们内部完全关联，应该从内在一致角度去深刻地理解。同样，这也指引我们领悟学者统一的、合乎规律的、整体的创作道路。我们不可以将阿·费·洛谢夫70多年的学术道路机械地划分为完全不同的、毫不相关的早期和晚期两个阶段……"[②]，这种提醒是大有裨益的。我们发现，不仅洛谢夫的一生是一部传奇神话，而且在他一生众多的研究领域中，神话学问题一直是其关注的核心和焦点，具有重要的意义和独特的价值。洛谢夫不但写了大量与神话学相关的论文，而且还有该方面的研究专著。早在大学毕业论文《埃斯库罗斯的世界观》中，洛谢夫已经尝试在悲剧人物的生活中揭示存在与神话的对比关系。1916年，在《关于爱情和大自然的音乐感》一文中，洛谢夫关注的仍然是神话问题，主要以尼古拉·里姆斯基-克萨科夫（Н.А.Римский-Корсаков）[③]的歌剧《雪姑娘》为蓝本。在《理查德·瓦格纳歌剧的哲学阐释》一文中，洛谢夫对理查德·瓦格纳（Рыхард Вагнер）[④]的四幕歌剧《尼

---

① Библиотека истории русской философии и культуры «Дом А.Ф. Лосева»；该馆坐落于老阿尔巴特大街33号，自2004年9月23日开始对外开放，洛谢夫在此生活了近五十年（1941～1988）。该馆不仅起到对杰出的思想家洛谢夫的生活和创作的纪念功能，而且发挥着文化—教育作用。

② Тахо-Годи А.А., А.Ф.Лосев – философ имени, числа, мифа // А.Ф.Лосев и культура 20 века : Лосевские чтения. М.: Наука, 1991. С. 22.

③ 里姆斯基-克萨科夫（1844～1908）：俄国著名作曲家、教育家，俄罗斯乐派创始人之一。继承格林卡传统，所作歌剧和交响曲颇具东方色彩。晚期作品以强烈不和谐与变化音和声而接近现代主义。其主要歌剧作品有《雪姑娘》（1882）、《萨特阔》（1898）、《沙皇的新娘》（1899）、《金鸡》（1909）等。

④ 理查德·瓦格纳（1813～1883）：德国作曲家、音乐戏剧家。他是德国歌剧史上举足轻重的人物，前面承接莫扎特、贝多芬的歌剧传统，后面开启了后浪漫主义歌剧作曲潮流，理查德·施特劳斯紧随其后。其主要作品有《罗亨格林》（1850）、《特里斯坦与伊索尔德》（1865）、《纽伦堡的名歌手》（1868）、《尼贝龙根的指环》（1876）等。

贝龙根的指环》的音乐神话做了诠释。在国家美术科学研究院（ГАХН）[①]的会议上，洛谢夫的几篇报告也都是针对神话问题的：《亚里士多德关于悲剧神话的学说》（1924年11月13日）、《古希腊神话哲学（普罗克洛和他的神话辩证法）》（1927年10月13日）、《关于神话创作》（1927年12月9日、1928年3月9日）。

此外，从1927年开始，洛谢夫在其陆续出版的著作中都不同程度地探讨了神话问题。如《古希腊宇宙论与现代科学》（其中涉及普罗克洛的神话学说）、《名谓哲学》（其中包含对近代欧洲"辩证唯物主义"神话特点的论述）、《作为逻辑对象的音乐》（其中有"音乐的神话"一个章节）。当然，洛谢夫成熟的神话思想主要体现在其关于神话问题的专论中。1930年，洛谢夫写了《神话辩证法》专著。因为该书的出版，洛谢夫被判处劳改10年，1933年，得以提前释放。从劳改营回来后，洛谢夫对神话问题的研究工作一直没有停止，他搜集整理了一部巨著《古希腊神话：文本汇编、文章及其注释》，不过该书在当时并没有出版。在长期的沉默后，1953年洛谢夫发表了《奥林匹斯神话学》，1957年出版了专著《古希腊神话学的历史发展》。60年代到80年代，洛谢夫虽然致力于古希腊罗马美学史的研究工作，但仍在一些著作中显现出神话理论的逻辑—辩证框架：如1976年出版的《象征问题与现实主义艺术》；1983年出版的《符号、象征、神话》涉及现代思维的神话象征问题；1963～1994年陆续出版的《古希腊罗马美学史》，在第6卷再次深化了20年代所提出的新柏拉图主义下的辩证法和神话学结合的问题，并做了历史—哲学式的探讨。

洛谢夫从劳改营寄给妻子的信中曾写道："名谓、数、神话是我和你生命的原生力量。"[②] 洛谢夫的遗孀、他的第二任妻子塔霍-戈基认可这样一个事实，即洛谢夫几乎被神话问题所"占据"，从他的大学毕业论文《埃斯库罗斯的世界观》开始至最后一部著作《古希腊罗马美学史》结束，洛谢夫研究神话学长达半个多世纪，少有间断。[③] 有鉴于此，笔者选题确定在洛谢夫学术思想的一个领域，即神话学的研究上。因为，洛谢夫的神话学研究是一个绕不开的重要话题，是一个学术界需要解决的问题，是一个具有学

[①] ГАХН（Государственная академия художественных наук）国家美术科学研究院，1921～1931年间存在的一个机构。

[②] 这是洛谢夫1932年1月22日写给其原配夫人瓦连金娜·米哈伊洛夫娜·索科洛娃信中的内容。

[③] Тахо-Годи А.А., Миф как стихия жизни, рождающая её лик, или В словах данная чудесная личностная история // Лосев А.Ф., Мифология греков и римлян. М.: Мысль, 1996. С. 910～932.

术研究价值的问题。所以，本著作选择了对其神话学的研究。研究缘起主要有：对洛谢夫神话学研究的兴趣，对影响洛谢夫一生的著作《神话辩证法》的关注，对洛谢夫视域下古希腊神话研究的追问，对体现在文学、音乐等领域的神话思想的梳理，对神话与辩证法以及神话与社会—历史相结合的研究方法的分析借鉴。

四　国内外对洛谢夫学术的研究现状

（一）国外研究现状

俄罗斯学术界对洛谢夫的研究热潮肇始于20世纪80年代。到目前为止，为纪念洛谢夫而举办的各种学术会议已经有40余次[1]，如苏联科学院世界文化史学术委员会在莫斯科组织举办的"古希腊文化与现代科学"（1983）、"作为一种文化类型的古希腊罗马文化"（1986）、"阿·费·洛谢夫与20世纪文化"（1989）、"阿·费·洛谢夫与古希腊罗马文化问题"（1991）、"阿·费·洛谢夫：哲学、语文学、文化"（1993）等国际性会议，还有在第比利斯举办的"纪念洛谢夫诞辰95周年"的学术研讨会（1988）、在顿河河畔罗斯托夫召开的"洛谢夫创作中的世界与本土文化问题"全苏理论会议（1989）以及莫斯科国立音乐学院为纪念洛谢夫诞辰100周年举办的"阿·费·洛谢夫与音乐哲学"会议（1993）。国外的有，美国2002年在俄亥俄州首府哥伦布召开的主题为"阿·费·洛谢夫与20世纪人类科学"的国际会议。另外，自1988年至2003年，已经举行了10次纪念洛谢夫的报告会。[2]

2003年，研究洛谢夫的学术活动达到高潮。这一年，为纪念洛谢夫诞辰110周年，在洛谢夫的故乡新切尔卡斯克、乌法、圣彼得堡、乌克兰的哈尔科夫、保加利亚首府索菲亚等地分别举行了"纪念洛谢夫的报告会"、"俄罗斯文化遗产"、"艺术的形而上学"、"洛谢夫国际会议"、"阿·费·洛谢夫——影响与阐释"等各种主题的国际会议。这一年，在莫斯科先后召开了三次大型国际会议：在"洛谢夫之家"举办了"弗拉基米尔·索洛维约夫与白银时代文化"，纪念索洛维约夫诞辰150周年以及洛谢夫诞辰110周年；在莫斯科国立音乐学院举办了"阿·费·洛谢夫与音乐"；在莫斯科国立师范大学举办了纪念洛谢夫的联欢节以及科学—实践国际会议。为纪念洛谢夫诞辰110周年，有着很高知名度的英美Routlege出版社出版了《神话辩证法》

---

[1] 纪念阿·费·洛谢夫的各种国际或国内会议名录参见http://losevaf.narod.ru/konfer.htm.

[2] http://losevaf.narod.ru/photo.htm/Работа с архивом А.Ф.Лосева（итоги работы в 2003 г.）.

英文本，同时保加利亚Славика出版社亦用保加利亚语出版了该书。

近年，洛谢夫的家乡——新切尔卡斯克举办的纪念活动亦很频繁。如2011年12月14日，在第三中学（前普拉托夫男子古典中学）举行设立牌匾和浮雕的仪式，纪念洛谢夫在此毕业100周年。2012年5月24日，顿河都主教辖区负责人都主教梅尔库里（Меркурий）主持了对洛谢夫的追念仪式，并在洛谢夫受洗的教堂（洛谢夫的外祖父曾担任此教堂堂长近25年）举行了祭祷，同一天，梅尔库里还参观了洛谢夫读过书的第三中学，表达了要恢复中学教堂（圣基里尔和梅福季教堂）的想法，该教堂在苏联时代已变成了健身房。5月25日，都主教梅尔库里出席了以"复兴东正教精神的图书馆事业"为主题的东正教图书馆馆员第一次会议开幕式，呼吁馆员们对洛谢夫进行富有成效的合作研究，同时他宣布2012年为顿河都主教辖区伟大的俄罗斯哲学家阿·费·洛谢夫年。5月27日，在洛谢夫受洗的教堂再次举行了祭祷，与此同时，举行了洛谢夫展览的开幕式，展览包括洛谢夫的照片，塔霍-戈基捐赠给教堂的洛谢夫的书籍以及纪念思想家的牌匾。在第三中学举行了以"阿·费·洛谢夫（安德罗尼克修士）：生活与创作"为主题的会议。"洛谢夫之家"的高级研究员维·彼·特罗伊茨基（В.П.Троицкий）出席了会议，他向与会者（罗斯托夫大学哲学系学生和罗斯托夫宗教学校学生）讲述了"洛谢夫之家"图书馆的活动以及洛谢夫创作遗产的研究情况。会议上发言的还有罗斯托夫国立大学叶雷金（А.Н.Ерыгин）教授以及以拉赫玛尼诺夫为名的罗斯托夫国立音乐学院的"拉赫玛尼诺夫-洛谢夫"创作中心的负责人别科托夫（Н.В.Бекетов）。

2013年，从未间断的洛谢夫的学术研究再次迎来高潮。这一年，为纪念洛谢夫诞辰120周年、逝世25周年，社会各界活动异常丰富。在9月23日洛谢夫诞辰纪念日这一天，在"洛谢夫之家"举行了周年庆祝晚会，已经91岁高龄的洛谢夫遗孀阿扎·塔霍-戈基女士出席了晚会，在名为"不要忘记我们的导师"的主题下，与会学者畅所欲言；在此，还展出了尤里·罗斯特（Юрий Рост）绘制的15幅洛谢夫画像。此外，"洛谢夫之家"设立了洛谢夫诞辰120周年纪念奖章，授予在洛谢夫学术研究领域做出杰出贡献的人士。就"钢铁时代最后一位哲学家"的主题，阿扎·塔霍-戈基接受了《俄罗斯报》的专访，她还接受了洛谢夫曾经工作过的莫斯科国立师范大学《师范大学报》的采访。11月26日，在"洛谢夫之家"还举办了以"东西方基督教传统背景下的赞名思想"为主题的国际学术会议。此外，洛谢夫的家乡顿河都主教区、罗斯托夫国立音乐学院、柴可夫斯基莫斯科国立音乐学院、莫斯科国立师范大学也纷纷举行了不同主题的学术会议或纪念活动；《哲学问题》杂志（2013年第9期）、圣彼得堡《新的信念·理论刊物》杂志（2013年第3期）亦设立了纪念洛谢夫的文章专栏；"俄罗斯—文化"电视频道播放了关于洛谢夫的纪录片。

莫斯科市文化部、"洛谢夫之家"、俄罗斯科学院哲学研究所、莫斯科—彼得堡哲学俱乐部等多家机构联合举办了青年学者论文赛，9名优胜者应邀在第14届"洛谢夫报告会"——"本土及欧洲文化传统语境下的阿·费·洛谢夫创作"国际学术会议上发言，其研究成果被收录到《从21世纪的视角来看阿·费·洛谢夫的创作——纪念洛谢夫诞辰120周年、逝世25周年》文集中。

各家出版社亦发行了新的出版物以示纪念，如乌法出版社出版了《索菲亚丛刊》第3辑，主题为"欧亚主义与阿·费·洛谢夫：俄罗斯思想中的神话与形"[①]；斯列坚修道院出版社出版了玛丽娜乌斯克涅（Н.К.Малинаускене）的专著《古典语文学家记忆及思想中的洛谢夫——120周年诞辰纪念》[②]。

2014年，由"洛谢夫之家"俄罗斯哲学与文化史图书馆、"洛谢夫论谈"文化—教育协会、俄罗斯科学院"世界文化史"科学理事会洛谢夫委员会三方联合组织的学术活动，即2014年上半年研讨会报告纲要已编排并执行。其中包括：2月18日，莫斯科大学叶·阿·塔霍－戈基（Е.А.Тахо-Годи）的报告《第一次侨民对洛谢夫20世纪20年代一些书籍的反映》；3月18日，顿河罗斯托夫南部联邦大学的康·维·沃建科（К.В.Воденко）做了《俄罗斯精神—学术哲学和洛谢夫的创作：宗教和科学知识对比》的报告；4月15日，圣彼得堡国立大学的德·谢·库尔迪巴伊洛（Д.С.Курдыбайло）做了《从能到名：拜占庭名谓神学背景下的洛谢夫的名称学》的报告。

凡此种种，国际学术会议以及各种纪念活动表明了洛谢夫学术思想在国内及国际上享有持久的影响力。

阿扎·塔霍-戈基（А.А.Тахо-Годи）、叶列娜·塔霍-戈基（Е.А.Тахо-Годи）、特罗伊茨基（В.П.Троицкий）、戈戈季什维莉（Л.А.Гоготишвили）、阿维林采夫（С.С.Аверинцев）、比比欣（В.В.Бибихин）、亚科弗列夫（С.В.Яковлев）、霍鲁日（С.С.Хоружий）、齐普拉科夫（Г.М.Циплаков）等知名学者对洛谢夫都深有研究。具体说

---

① Альманах «СОФИЯ»: Вып. III: Евразийство и А.Ф. Лосев: миф и эйдос в русской мысли. Уфа, 2013. С. 468.

② Малинаускене Н.К., А.Ф. Лосев в памяти и мыслях филолога-классика. К 120-летию со дня рождения. М.: Издательство Сретенского монастыря, 2013. С. 432.

来，叶列娜·塔霍-戈基主要从文学领域展开研究；特罗伊茨基侧重于对洛谢夫哲学、数学领域的挖掘；阿维林采夫、比比欣、霍鲁日倾向于哲学及神学视域；齐普拉科夫、亚科弗列夫则致力于对洛谢夫历史观的研究。除发表了大量有价值的学术论文外，这些学者还出版了一些专著，如《阿·费·洛谢夫，谢·谢·阿维林采夫》[1]、《非直接表述》[2]。特别需要指出的是，作为一名古典语文学专家，洛谢夫的遗孀阿扎·塔霍-戈基主要从事洛谢夫已经发表或没有来得及发表的文献资料的编辑整理及阐释工作。在自己的专著《洛谢夫》[3]一书中，塔霍-戈基对作为学者、哲学家、思想家的洛谢夫的生平做了系统而详尽的介绍，这是第一本关于洛谢夫传略的书籍。基于保留下来的档案材料，该书的作者还阐释了洛谢夫的世界观和科学观，这为我们研究洛谢夫的思想提供了极具价值的参考资料。2005年，她还出版了洛谢夫于20世纪30年代编辑的关于古希腊神话研究的文献，命名为《古希腊神话及其阐释》[4]，塔霍-戈基在该书的序言中详细介绍了洛谢夫的神话思想。此外，阿扎·塔霍-戈基与特罗伊茨基编辑整理了洛谢夫与洛谢娃夫妇的通信，命名为《世纪的愉悦：劳改营通信》[5]。她还与叶列娜·塔霍-戈基、特罗伊茨基一起合著了《阿·费·洛谢夫——哲学家兼作家：纪念诞辰110周年》[6]一书。该书的第一部分内容涉及洛谢夫与文学的关联，分析了他哲学著作的修辞特点；第二部分剖析了《古希腊罗马美学史》的结构原则以及表述特点，正如阿扎·塔霍-戈基指出的，"洛谢夫努力展现的不仅是逻辑学、象征主义和神话学，而且还有古希腊罗马及其文化具体的社会存在内容"[7]，阿扎·塔霍-戈基进一步指出，尽管《古希腊罗马美学史》按卷册做了划分，但它们彼此之间具有整体关联性；第三部分为了更加深入地理解

---

[1] Бибихин В.В., Алексей Фёдорович Лосев. Сергей Сергеевич Аверинцев, М.: Институт философии, теологии и истории св.Фомы, 2004.

[2] Гоготишвили Л.А., Непрямое говорение, М.: Языки славянских культур, 2006.

[3] Тахо-Годи А.А., Лосев, М.: Мол.гвардия, Студенческий меридиан, 1997.

[4] Лосев А.Ф., Античная мифология с античными комментариями к ней, М: Фолио, Эксмо, 2005.

[5] Лосев А.Ф., Лосева В.М., Радость на веки: Переписка лагер. времени, Сост. А.А.Тахо-Годи и В.П.Троицкого, М.: Русский путь, 2005.

[6] Тахо-Годи А.А.,Тахо-Годи Е.А.,Троицкий В.П., А.Ф.Лосев – философ и писатель: К 110-летию со дня рождения, М.: Наука, 2003. 该书的第一部分内容由叶列娜·塔霍-戈基执笔，第二部分由阿扎·塔霍-戈基写作，第三部分由特罗伊茨基完成。

[7] Тахо-Годи А.А.,Тахо-Годи Е.А.,Троицкий В.П., А.Ф.Лосев – философ и писатель: К 110-летию со дня рождения, М.: Наука, 2003. С. 220.

洛谢夫的思想，作者对洛谢夫学术研究的几个重要关键词做了集中探讨，它们涉及的是无限性、奇迹、数、神话、自然、名谓等范畴。其中，我们感兴趣的是"神话"这一主题。该章节对《神话辩证法》、《对神话辩证法的补充》两部书的创作史以及它们被归入禁书的过程进行了详细描述。2007年，阿扎·塔霍－戈基与特罗伊茨基共同编辑出版了《阿列克谢·费奥多罗维奇·洛谢夫：创作遗产，现代人眼中的思想家》[1]。该文集包含两方面的内容：一是洛谢夫本人在科学、艺术方面深具广度和深度的创作遗产，二是洛谢夫同时代人（学者、作家、学生、评论家等）对他的评论文章，他们从不同角度描绘了多层面的洛谢夫"肖像"，其中包括国外以及俄罗斯国内一些具有价值的评论观点，这些为我们的研究提供了借鉴。2013年，为纪念阿扎·塔霍－戈基诞辰90周年，"水瓶座"出版社出版了《盛宴——纪念阿扎·阿里别科夫娜·塔霍－戈基90寿辰》[2]一书。该书包括"洛谢夫之家"俄罗斯哲学与文化史图书馆、俄罗斯科学院学术委员会、俄罗斯科学院哲学研究所、波兰绿山城大学哲学研究所、世界作家协会俄罗斯分会、《哲学问题》编辑部、"青年近卫军"出版社、以索尔仁尼琴命名的俄罗斯侨民之家等诸多组织机构的贺信以及俄罗斯莫斯科的弗拉基米尔·沃罗别夫大祭司、著名哲学家谢·霍鲁日、英国学者帕梅拉·戴维森、波兰学者安杰伊·杜德克等知名人士的个人贺词。除此之外，该书主要汇集了学界对塔霍－戈基以及洛谢夫的研究文章，其中涉及洛谢夫神话研究的是法国以米歇尔·蒙田命名的波尔多第三大学学者玛丽莎·邓的文章《论对〈神话辩证法〉的兴趣及洛谢夫思想在西方的影响》[3]。

此外，俄罗斯科学院哲学研究所研究员戈戈季什维莉对洛谢夫的学术研究也有突出贡献。在其专著《非直接表述》[4]中，她对洛谢夫的语言观做了全新阐释。她在俄罗斯联邦人文科学基金会资助项目"阿·费·洛谢夫遗产之跨学科研究"框架内撰写了多篇论文，内容主要涉及洛谢夫的语言

---

[1] Алексей Фёдорович Лосев: из творческого наследия: современники о мыслителе // подгот. А.А.Тахо-Годи и В.П.Троицкий. М.: Русскій міръ, 2007.

[2] СИМПΟΣΙΟΝ = ΣΥΜΠΟΣΙΟΝ / К 90-летию со дня рождения Азы Алибековны Тахо-Годи // Культурно-просветительское общество «Лосевские беседы»; Библиотека истории русской философии и культуры «Дом А.Ф. Лосева». М.: Водолей, 2013.

[3] Мариза Денн, Об интересе к «Диалектике мифа» и влиянии лосевских идей на Западе. С. 132~135.

[4] Гоготишвили Л.А., Непрямое говорение, М.: Языки славянских культур, 2006. // «Эйдетический язык», С. 220~415; «К феноменологии непрямого говорения», С. 416~697.

哲学[①]、"洛谢夫与巴赫金"主题下的语言学导论[②];她还为纪念洛谢夫诞辰120周年、逝世25周年,暨14届"洛谢夫报告会"国际研究会撰文[③],阐释象征观念在洛谢夫早期及晚期思想中的发展变化;此外,她对洛谢夫的名谓哲学观点亦有诸多阐释[④],她还将洛谢夫的《名谓哲学》与胡塞尔的现象学进行对比[⑤]。戈戈季什维莉从语言学视角出发,对洛谢夫、帕·弗洛连斯基、谢·布尔加科夫三人的赞名观念做了分析阐释[⑥];戈戈季什维莉涉及洛谢夫神话研究的论文主要有《早期的洛谢夫》[⑦]、《混沌的神话(洛谢夫的社会历史观)》[⑧];在美国召开的以"阿·费·洛谢夫与20世纪人文科学"为主题的国际会议上,戈戈季什维莉应邀做了特约报告[⑨],主要阐释了洛谢夫的语言哲学研究。此外,戈戈季什维莉还是"阿·费·洛谢夫档案资料"(1999~2010)[⑩]以及"阿·费·洛谢夫遗产之跨学科研究"(2011~2013)等项目的负责人。因在洛谢夫学术研究领域的卓越贡献,2013年戈戈季什

[①] Гоготишвили Л.А., Философия языка Лосева и «Не-философия» языка Ларюэля // Философия и культура. 2013. № 5 (65). С. 656~679. 2,4 а.л. (в рамках проекта при поддержке РГНФ № 11–03–00408а «Междисциплинарные исследования наследия А.Ф. Лосева»).

[②] Гоготишвили Л.А., Лингвистические пролегомены к теме «Лосев и Бахтин» // Симпосион. К 90-летию Азы Алибековны Тахо-Годи / Отв. ред. и сост. Е.А. Тахо-Годи. М.: Водолей, 2013. 408 с. С. 124~131. 0,4 а.л. (в рамках проекта при поддержке РГНФ № 11–03–00408а «Междисциплинарные исследования наследия А.Ф. Лосева»).

[③] Гоготишвили Л.А., Символ у раннего и позднего Лосева: сдвиг в толковании (реконструкция и опыт интерпретации) // Творчество А.Ф. Лосева в контексте отечественной и европейской культурной традиции: К 120-летию со дня рождения и 25-летию со дня смерти. Материалы Международной научной конференции XIV «Лосевские чтения». Часть I / Отв. ред. А.А. Тахо-Годи, Е.А. Тахо-Годи. Сост. Е.А. Тахо-Годи. М.: Дизайн и полиграфия, 2013. 416 с. С. 81~93.

[④] Гоготишвили Л.А., Радикальное ядро «Философии имени» А. Ф. Лосева // Лосев А. Ф., Философия имени. М.: Академический проект, 2009.

[⑤] Гоготишвили Л.А., «Философия имени» Лосева и феноменология Гуссерля // Философия и будущее цивилизации. Тезисы докладов и выступлений 1V Российского философского конгресса (Москва, 24~28 мая 2005.). Том 2. М.: Современные города, 2005.

[⑥] Гоготишвили Л.А., Лингвистический аспект трех версий имяславия (А. Лосев, П. Флоренский, С. Булгаков) // Лосев А. Ф., Имя. СПб: Алетейя, 1997.

[⑦] Гоготишвили Л.А., Ранний Лосев, Вопр. Философии.1989. № 7. С. 132~148.

[⑧] Гоготишвили Л.А., Мифология хаоса (о социально-исторической концепции А. Ф. Лосева), Вопр. философии. 1993. № 9. С. 39~51.

[⑨] Приглашенный ключевой доклад ""Радикальный лингвофилософский проект А.Ф.Лосева"" на Международной конференции «А.Ф.Лосев и гуманитарные науки ХХ века» (США, Государственный университет Огайо, Колумбус, октябрь 2002.)

[⑩] по работе над проектом «Из архива А.Ф.Лосева»; исполнитель (1999~2010).

维莉获得"洛谢夫之家"颁发的洛谢夫诞辰120周年纪念奖章[①]。

令人遗憾的是，俄罗斯目前还没有关于洛谢夫神话学的研究专著，只有大量的研究论文，特别是对《神话辩证法》一书的内容涉及较多。除上述提到的研究外，还有拉什科夫斯基的《洛谢夫与索洛维约夫》[②]、比比欣的《阿•费•洛谢夫的绝对神话学》[③]、阿扎•塔霍-戈基的《从神话辩证法到绝对神话学》[④]、霍鲁日的《后卫的战斗：阿列克谢•洛谢夫的思想和神话》[⑤]、弗里曼德的《数与神话之间：洛谢夫早期美学的绝对本体主义怪论》[⑥]；古雷加的专著《俄罗斯思想及其创造者》[⑦]中有关洛谢夫的专章内容也涉及他的神话研究内容。

在西方，洛谢夫的学术价值同样备受关注。2002年2月，美国俄亥俄大学举办了"阿•费•洛谢夫与20世纪人文科学"国际研讨会；2013年，法国波尔多市举行了题为"欧洲文化语境下的阿•费•洛谢夫创作遗产研究"国际学术会议，因为这一年是洛谢夫诞辰120周年，法国巴黎弗拉基米尔•索洛维约夫纪念协会、白俄罗斯明斯克俄罗斯科学文化中心亦举行了纪念研讨会，与会人员分别从不同视角、不同领域对洛谢夫的学术成果和文化价值进行了交流和研讨。

西方关于洛谢夫的研究专著和论文从诸多方面对洛谢夫的学术思想进行了深入阐释。据统计，截至目前已有论文90余篇，学术专著和论文集9部。[⑧]

德国学者哈尔特（A.Haardt）在1993年出版的专著《胡塞尔在俄罗斯：斯佩特与阿列克谢•洛谢夫的语言和艺术现象学》[⑨]中探讨了洛谢夫对现象

---

① Награждена Медалью (памятным знаком) к 120-летию со дня рождения А.Ф. Лосева от «Дома А.Ф.Лосева» (общественная награда).

② Рашковский Е.Б., Лосев и Соловьёв, Вопр. Философии. 1992. № 4. С. 141～150.

③ Бибихин В.В., Абсолютный миф А.Ф.Лосева, Начала. 1994. № 2～4. С. 87～112.

④ Тахо-Годи А.А., От диалектики мифа к абсолютной мифологии, Вопр. философии. 1997. № 5. С. 167～180.

⑤ Между числом и мифом: парадоксы абсолютного онтологизма вэстетике раннего Лосева

⑥ Фридман И.Н., Между числом и мифом: парадоксы абсолютного онтологизма в эстетике раннего Лосева, Вопр. философии. 1993. № 9. С. 23～38.

⑦ Гулыга А.В., Абсолютная мифология (Лосев) // Гулыга А. В., Русская идея и её творцы, М.: Соратник 1995. С. 279～292.

⑧ 部分文献参见书籍附录Тахо-Годи А.А.,Тахо-Годи Е.А.,Троицкий В.П., А.Ф.Лосев – философ и писатель: К 110-летию со дня рождения, М.: Наука, 2003. С. 378～392.

⑨ Haardt A., Husserl in Russland: Phänomenologie der Sprache und Kunst bei G. Spet und Aleksej Losev. München, 1993.

学的关注和研究。此外，他还撰文关注洛谢夫的艺术理论问题①，以洛谢夫的《神话辩证法》为基础，分析其早期所阐释的神话、语言等范畴之间的关联问题②。

朱巴拉（A.Jubara）的《"俄罗斯哲学"背景下的阿列克谢·洛谢夫的神话哲学》③一书分析了洛谢夫的神话哲学观。

库贝（H.Kube）的论著④梳理了自罗蒙诺索夫至洛谢夫的俄罗斯语言学研究情况。

纽约出版的《苏联文学研究》文集（1984）⑤专门登载文章庆祝阿·费·洛谢夫90岁诞辰；《俄罗斯哲学研究》文集（1996，2002）⑥中有对洛谢夫生平和思想介绍的文章以及对其辩证法思想的研究文章。

西方学术界对洛谢夫的评论文章涵盖面较广：涉及其生平思想介绍的有纳霍夫（M.Nachov）⑦、莎普列耶维茨（E.Chaplejewicz）⑧等多位学者的文章；涉及哲学、宗教研究的有爱沙尼亚学者列昂尼德·斯托洛维奇（Leonid Stolovich），他的《阿·费·洛谢夫哲学的多元体系》⑨一文对洛谢夫的哲学、宗教的多元问题进行了探讨；涉及神秘主义哲学研究的有詹姆斯·斯坎兰（James P. Scanlan）的《阿·费·洛谢夫与俄罗斯哲学中的神秘主义》⑩；埃奇勒（K.D.Eichler）的文章⑪揭示了洛谢夫对古希腊哲学的

---

① Haardt A., Die Kunsttheorie Aleksej Losevs: Grundzüge und Voraussetzungen // Losev A.F. Dialektika chudožestvennoj formy. München, 1983.

② Haardt A., Mythos, Sprache und Runst im Frühwerk Aleksej Losevs // Losev A. Die Dialektik des Mythos. Hamburg : Felix Meiner Verlag, 1994.

③ Jubara A., Die Philosophie des Mythos von Aleksej Losev im Kontext "Russischen Philosophie". Wiesbaden, 2000. Bd.30: "Philosophische und soziologische Veröffentlichungen der Freien Universität Berlin". 219 S.

④ Kube H., Metadiskursive Argumentation. Linguistische Untersuchungen zum russischen Diskurs von Lomonosov bis Losev. München, 2004. 592 S.

⑤ Soviet studies in literature // On the ninetieth birthday of A.F.Losev. N.Y.,1984. Vol. 20, N 2~3.

⑥ The life and thought of Aleksei Losev // Russian Studien in Philosophy // N.Y.,1996. Vol. 35, N 1. 91 p.; The dialectic in A.F.Losev's thought // Russian Studies in Philosophy. N.Y., 2002. Vol. 40, N 3.

⑦ Nachov M., Aleksej Fedorovič Losev // Filologus. 1988. Bd. 131, H.2. S.318~322.

⑧ Chaplejewicz E., Dramatyczne przygody neoplatonismu dwudziestowicznego w Rosji (o twórczosci Aleksego F. Losiewa) // Heksis. 1998. N 3~4 . S. 21~32.

⑨ Stolovich Leonid, The systemic pluralism of A.F.Losev's philosophy, Russian Studies in Philosophy; Summer 2005, Vol. 44 Issue 1, p.5.

⑩ James P.Scanlan, A.F.Losev and mysticism in Russian philosophy, East european thought, 1994. 4.

⑪ Eichler K.D., Alexej Losev und die Geschichte der antiken Philosophie // Deutsche Zeitschrift für Philosophie. 1989. N. 2. S. 167~170.

研究；坡斯特瓦洛瓦（V.I.Postovalova）[1]的文章对洛谢夫的生活与创作以及精神的成长进行了描述，对其宗教主题做了深刻阐释；南斯拉夫学者马普（И.Марић）[2]的研究分析了洛谢夫的名谓哲学问题；奥苏卡（F.Osuka）从语言哲学视角，分析了名谓哲学的方法；意大利学者埃伦（P.Ehlen）[3]则突出了本体论视角研究；西班牙学者久尔杰维奇（M.Djurdjevich）[4]的文章亦分析了洛谢夫的名谓哲学，他在庞培法布拉大学的毕业答辩论文[5]主要就是研究洛谢夫的语言哲学问题的；法国学者丹尼斯（M.Dennes）对洛谢夫亦有深入研究，他的文章涉及洛谢夫的静修主义思想[6]、绝对神话观[7]、现代哲学与古希腊哲学的关联以及古希腊哲学的音乐观[8]等内容；涉及音乐研究的还有知名学者伯瑞斯泰格（M.Bristiger）[9]以及尼基茨卡娅（V.Nikitskaja）的《洛谢夫音乐哲学的宗教基础》[10]；格列帝帝（J.Goretity）[11]的文章对洛谢夫的《神话辩证法》一书有所分析阐释；保

---

[1] Postovalova V.I., Christian motifs and themes in the life and works of Aleksej Fedorovich Losev: Fragmens of a spiritual biography // Russian Studies in Pholosophy. N.Y., 2001～2002. Vol. 40, N 3. pp. 83～92.

[2] Марић И., Философски пут Алексеја Лосева // Лосев А. Философија имена. Београд, 1996. С. 9～25.

[3] Ehlen P., A.F.Losevs personalistishe Ontologie // Studies in East European Thought. 1996. Vol. 48, pp. 83～110.

[4] Djurdjevich M., Maristany J. Aleksey Fedorovich Losev: Cosa y Nombre // Er' Revista de Filosofia. Sevilla; Barcelona, 2001. N 1. pp. 113～126.

[5] Djurdjevic M., Aleksey Losev y el lenguaje: Trebajo de Investigación Doctorando en Humanidades. Bienio 1998～2000. Universidad Pompeu Fabra. Barcelona, Mayo de 2001. 227 p.

[6] Dennes M., "Les glorificateurs du nom" : une rencontre de l'Hésychasme et de la Philosophie au début du 20 siècle, en Russie // Slavica occitania. Toulouse, 1999. pp. 143～171.

[7] Dennes M., La "mythologie absolue" chez Alexis Losev : Recherche d'un mythe fondateur et justificateur de la spécificité culturelle et historique de la Russie // Mythe des origines. Eidolôn / Cahiers du Laboratoire Pluridisciplinaire de Recherches sur l'Imaginaire appliquées à la Littérature (L.A.P.R.I.L.) . 2002. N. 61. pp. 203～221.

[8] Dennes M., A.Losev: de la philosophie contemporaine à la philosophie antique et à la musique // Dennes M., Husserl–Heidegger : Influence de leur oeuvres en Russie. P., 1998. pp. 181～187.

[9] Bristiger M., La questione principale delle filosofia della musica secondo Aleksej F.Losev (1893～1988) // Il pensiero musicale degli anni venti e trento : Atti del Convegno Arcavacata di Rende 1～4 April 1993. Universita degli Studi della Calabria,1996.

[10] Nikitskaja V., On the Religious Foundations of A.F. Losev's Philosophy of Music, East european thought, 2004. 2～3.

[11] Goretity J., Egy mitoszban kifejtett élet, avagy Loszev és "A mitosz dialektikája" // Loszev A. A mitosz dialektikája. Bp., 2000. S. 303～308.

加利亚学者措涅娃（И.Цонева）[①]分析了洛谢夫的象征主义与现实主义艺术问题；乌克兰学者伊斯亚诺娃（Л.М.Исьянова）[②]分析了洛谢夫的艺术原则。

在东方，1994年，日本学者铃木大佐（Судзуки Д.）与人合作完成了《阿列克谢·费奥多罗维奇·洛谢夫（1893～1988）：人—思想家—作家》一书。[③]

总而言之，西方学者以及日本等东方学者对洛谢夫的哲学、现象学思想以及辩证法观念、神秘主义、宗教精神、音乐思想等阐释较多，对其神话观念有一定涉及，但尚未进行系统研究。

（二）国内研究现状

在当今俄罗斯和西方学术界，洛谢夫已然成为研究热点，而在我国，对他的研究还没有广泛展开。相对于国外学者的丰富论述和多部有价值的研究专著，国内研究则略显滞后，只有寥寥数篇文章以及一些著作的个别章节对洛谢夫稍有涉及，而且局限于资料译介或对其学术地位的描述。但这也恰恰为本著的研究提供了契机，确定了本书写作的意义所在。

1987年，由中国人民大学出版社出版的《马列文论研究》[④]第八集中，吴秀琴等学者译介了洛谢夫的《美学范畴史》的部分内容，这是目前为止能够查阅到的我国对洛谢夫学术思想的最早译介，文章涉猎"优美"、"寓意"、"善美"三个美学范畴。

由徐天新主编、北京社会科学文献出版社出版的《苏联历史档案选编》第11卷本中，在"30年代文化领域的'左'倾浪潮"栏目下，登载了三篇关于洛谢夫的卷宗资料，即《考尔、格拉西莫娃关于洛谢夫反苏活动致雅罗斯拉夫斯基的报告》（№ 03373）、《格拉西莫娃关于洛谢夫的反苏行为致国家政治保卫总局情报处的报告》（№ 03374）、《格拉西莫娃关于洛谢夫〈对神话辩证法的补充〉手稿的材料致国家政治保卫总局情报处的报告》

---

① Цонева И., Универсалният символизъм на изкуството // Лосев А.Ф. Проблемът за символа и реалистичното изкуство София, 1989. С. 5～41.

② Исьянова Л.М., Педагогічні принципи теоршш мистецтва О. Лосева // мистецтво та освіта. Киев, 1999. № 3.

③ Жданов В. Н., Судзуки Д., Лосев Алексей Федорович (1893～1988): Человек – мыслитель – писатель // Culture and Language. 1994. Vol. 27, № 2. Japan, Sapporo University. 140 p. (На яп. яз.)

④ 全国马列文艺论著研究会主编：《马列文论研究》第八集，北京，中国人民大学出版社，1987年，第621～669页。

（№ 03375）[1]。通过这些历史文献，我们能清楚地了解洛谢夫的著作《神话辩证法》及其《对神话辩证法的补充》出版时的社会背景，了解洛谢夫之所以被捕流放的深层历史原因。

凌继尧教授于1989年在《读书》杂志上发表了《"我有了生活"——记苏联文化史家洛谢夫》[2]一文；在1990年出版的《美学和文化学——记苏联著名的16位美学家》[3]专著中也列有研究洛谢夫的专章内容。在这些著述中，作者对洛谢夫学术研究的博大与精深给予了高度评价。文章除了对洛谢夫的创作特点做了概略性介绍外，还着重分析了洛谢夫研究古希腊文化表现出的若干特点。另外，作者还指出了洛谢夫神话研究的特点：与现代神话理论极其复杂和抽象、不易理解和阐释有所不同，洛谢夫的研究则清晰具体，并且能够把古希腊神话作为某种文化史类型加以研究。

学者武生于1990年在《文艺研究》上发表了《洛谢夫和他的〈古代美学史〉》[4]一文。该文详细介绍了洛谢夫凝聚50余年心血写作的多卷本美学史巨著，从写作内容、方法论以及文化观等方面做了阐释。文章高度评价了洛谢夫的美学史巨著，指出它们是"到目前为止全世界最全面、最完备的一部关于古代希腊罗马美学思想史的专著"、"完全有权利把它们称之为首次为研究古代美学铺平了大道"。同时，作者也指出著作中的一些观点值得商榷。

学者田歌于1990年在《世界哲学》上发表了《洛谢夫及其曲折经历》[5]。这篇文章是作者根据阿扎·塔霍-戈基教授于1988年发表在《文学报》和《哲学科学》上的两篇关于洛谢夫的文章摘译、编辑的。文章指出洛谢夫在被捕、流放以及被禁止从事哲学研究的逆境中，仍然抱有坚定的信念从事学术研究，文章对洛谢夫的"万物统一"观念、高度综合观念、辩证法的哲学方法以及洛谢夫毕生从事的翻译工作、50余年的教学工作都有涉及。

学者萧净宇和霍花于2007年在《俄罗斯研究》杂志上发表了《俄国"语言哲学史上的语言本体论流派"》[6]一文。作者对该流派的重要代表人

---

[1] 沈志华执行总主编，徐天新主编：《苏联历史档案选编》，第11卷，北京，社会科学文献出版社，2002年，第315~338页。
[2] 凌继尧：《"我有了生活"——记苏联文化史家洛谢夫》，《读书》1989年第21期，第191~196页。
[3] 凌继尧：《美学和文化学——记苏联著名的16位美学家》，上海，上海人民出版社，1990年，第17~41页。
[4] 武生：《洛谢夫和他的〈古代美学史〉》，《文艺研究》1990年第6期，第147~148页。现今习惯上把洛谢夫的该部著作译为《古希腊罗马美学史》。
[5] 田歌：《洛谢夫及其曲折经历》，《世界哲学》1990年第3期，第73~75页。
[6] 萧净宇、霍花：《俄国"语言哲学史上的语言本体论流派"》，《俄罗斯研究》2007年，第2期，第89~92页。

物——弗洛连斯基、布尔加科夫和洛谢夫等人的名谓哲学观点做了介绍，指出名谓哲学是俄罗斯语言本体论流派的思想精髓。其中，论及洛谢夫的名谓哲学思想时，作者发现，"在洛谢夫那里，事物的名谓是某种本质的思想，它正是一幅在认识事物的过程中产生的思想图景，而这种认识是通过这样或那样的客体、主体来实现的"，洛谢夫坚持"名谓与本质的等同观"。①

知名学者、北京大学哲学系徐凤林教授在2008年全国"当代西方哲学的新进展"学术研讨会上提交了论文《什么是音乐的真实存在？——洛谢夫音乐哲学一瞥》②。该文指出，哲学思维方法运用于有形、实在的政治、法律、历史、科学、艺术乃至文化领域的时候，就产生了相应的部门哲学。而将哲学思维运用于无形的音乐则进入了洛谢夫的研究视野，作为一位独具特色的哲学家，洛谢夫对音乐进行了哲学思辨和深邃的哲学思考。徐凤林教授的另一篇论文《洛谢夫的音乐哲学》③仍然关注学者的音乐主题，突出音乐是时间的艺术，是纯粹的生成，是意义的产生和消失的辩证统一体，因而，音乐这种艺术形式正适合表现流动于生成中的生命，对于人来说，音乐比其他艺术形式具有更为强大的感染力。

学者刘锟教授的《论洛谢夫的美学理论及其主要特征》④一文从洛谢夫美学的古希腊渊源、现代性原则、美学与象征等几个视角进行阐释分析，得出洛谢夫美学研究的几个突出特征。《略论洛谢夫的〈名谓哲学〉》⑤一文则从名谓哲学与赞名派的关联谈起，分析了洛谢夫的名谓哲学观念及其基本特征，同时她还对非存在（меон）、形（эйдос）、词语（слово）等洛谢夫名谓哲学的几个核心概念做了梳理说明。

除此之外，一些学术译著和专著的部分章节也涉及洛谢夫的创作。例如，由魏庆征翻译的苏联学者叶·莫·梅列金斯基的专著《神话的诗学》⑥一书，对洛谢夫的神话观点做了极有价值的阐释。

由焦东建等学者翻译的当代俄罗斯著名学者、哲学博士格奥尔吉耶娃

---

① 萧净宇、霍花：《俄国"语言哲学史上的语言本体论流派"》，《俄罗斯研究》2007年，第2期，第91页。

② 徐凤林：《什么是音乐的真实存在？——洛谢夫音乐哲学一瞥》//全国"当代西方哲学的新进展"学术研讨会论文汇编，2008年，第224～229页。

③ 徐凤林：《洛谢夫的音乐哲学》，《俄罗斯学刊》2011年第6期，第64～69页。

④ 刘锟：《论洛谢夫的美学理论及其主要特征》，《俄罗斯语言文学与文化研究》2012年第2期，第63～69页。

⑤ 刘锟：《略论洛谢夫的〈名谓哲学〉》，《俄罗斯语言文学与文化研究》2014年第1期，第72～78页。

⑥〔苏〕叶·莫·梅列金斯基：《神话的诗学》，魏庆征译，北京，商务印书馆，1990年，第142～147页。

的专著《俄罗斯文化史：历史与现代》[①]中也有一个章节描述洛谢夫的学术情况。

由隋然翻译的俄罗斯科学院院士、语言哲学、符号学及文化学专家斯捷潘诺夫的专著《现代语言哲学的语言与方法》[②]涉及名称与命名的问题，列有"洛谢夫的《名称哲学》"专节内容。

张杰、汪介之教授共同写作的《20世纪俄罗斯文学批评史》[③]一书中列有洛谢夫的古希腊罗马美学研究专题。内容主要涉及洛谢夫的生平以及对他所从事的研究领域和一些著作的概述性介绍。作者指出，"洛谢夫在研究古希腊罗马美学基础上所取得的最突出的成就之一主要表现在神话研究方面。洛谢夫对神话的阐释是很具独特性的"，该书涉及与神话相关的内容主要体现在对《神话辩证法》一书某些观点的举证上。作者着重指出，洛谢夫把不同层面的问题（即人类社会源于氏族村社和人类思维源于神话）放在一起考察，得出神话是对现实生活的真正概括。其次，作者对洛谢夫的象征观点做了概述。

张百春教授在其《当代东正教神学思想：俄罗斯东正教神学》[④]专著中有一章节从宗教哲学视角介绍了洛谢夫一些著作及其观点。作者指出，在《神话辩证法》中，对宗教问题的涉及体现在洛谢夫对"绝对"问题的探讨方面，洛谢夫在分析了一般意义上的神话之后，提出了"绝对神话学"的概念。

综上所述，俄罗斯以及西方一些学者的专著部分章节和论文已经涉及洛谢夫的神话学研究，但是，对这位世界知名学者的神话学研究尚未具体展开，仍没有比较系统的评述专著。与之相比，我国国内的研究尤显不足，对其介绍大多十分简略，一般没有学理上的深入探讨。所以，洛谢夫的神话学研究无论是在国外还是在我国，研究得都很不够。

五　本书的章节和体例说明

本论著旨在梳理洛谢夫神话学研究的内容，探求其神话学研究的

[①]〔俄〕格奥尔吉耶娃：《俄罗斯文化史：历史与现代》，焦东建等译，北京，商务印书馆，2006年，第638～643页。

[②]〔俄〕IO.C.斯捷潘诺夫：《现代语言哲学的语言与方法》，隋然译，北京，北京大学出版社，2011年，第40～46页。

[③]张杰、汪介之：《20世纪俄罗斯文学批评史》，南京，译林出版社，2000年，第437～446页。

[④]张百春：《当代东正教神学思想：俄罗斯东正教神学》，上海，上海三联书店，2000年，第250～255页。

特点，了解其神话观念。通过对洛谢夫不同时期所写作的《神话辩证法》（1930）、《奥林匹斯神话学》（1953）、《古希腊神话学的历史发展》（1957）等与神话学相关的著作的翔实分析，理清洛谢夫的神话观念，追寻其思想进路，剖析其神话理论观点，厘清神话与相关范畴的差别；了解古希腊诸神（洛谢夫着重研究了雅典娜、宙斯、阿波罗三位主神）的变异特点及其与社会历史发展的关系，分析神话的历史基础和文化意义，揭示神话的发展与人的思维的进步与社会经济的发展以及生产力的提高之间的相互关系；通过对洛谢夫不同时期散见的神话观点的阐释，分析洛谢夫的文学象征神话、音乐神话以及数的神话等观念；展现洛谢夫在研究方法和批评思维上的创新。我们相信这些思考会为从整体上研究洛谢夫的学术思想奠定基础。

具体研究过程中，我们首先主要以洛谢夫有关神话学研究的专著为蓝本，采用介绍和评述结合的写作方法，注意传略研究与宏观理论研究结合，如洛谢夫生平介绍与学术综述相结合；基础科学研究与交叉科学研究结合，如神话学、哲学、文学、史学的交叉研究，理论、方法和研究成果融会贯通；个别问题研究与全局问题研究结合，如综合考虑洛谢夫的神话思想与其哲学观念以及整体的世界观、人生观之间的关系。我们主要梳理洛谢夫神话学的研究内容，探索洛谢夫的神话思想，发掘其神话研究的独特性。写作体例以问题为牵引，以时间为经，以内容为纬。内容涵盖对《神话辩证法》、《奥林匹斯神话学》、《古希腊神话学的历史发展》等专著的阐释分析。此外，为保证研究的整体性，我们对洛谢夫有关神话研究的文章，以及非神话研究专著中涉及神话思想的部分章节也给予了提取分析。

本论著通过以下视角考察洛谢夫的神话学研究：一是从理论视角，对神话进行哲学的界定，解读神话是其所是，区分它与宗教、科学、历史事件等对象的不同；二是从社会—历史维度，以历时性方法，在社会发展中考察古希腊神话的发展情况以及神话的变异特点；三是从符号学的广度，阐释洛谢夫的文学象征神话、音乐神话、数的神话等内涵。通过分析，进而对洛谢夫的神话学研究做出某些反思，总结其神话学研究的独特价值以及不足所在。

论著导论部分主要包括洛谢夫的生平简述；洛谢夫的创作分期；神话研究在洛谢夫学术中的地位；国内外对洛谢夫学术的研究现状以及本著作的章节和体例说明。

论著主体部分由五章构成。第一章追本溯源，主要关注洛谢夫神话研究的时代背景及其思想来源。这里既包括宏观时代背景，又包括微观社会语境；既包括对西方哲学思想的借鉴，又包括对俄罗斯本土哲学的吸纳。我们首先分析环境的触发，分析宏观时代背景和社会微观语境下，神话问题凸现的原因。随后分析洛谢夫对西方哲学思想的吸纳与借鉴，其中主要涉及谢林、胡塞尔以及柏拉图等人对洛谢夫神话思想形成的启示作用。继而分析俄罗斯本土哲学，特别是索洛维约夫哲学对洛谢夫神话观念形成的影响。最后，我们注意到，洛谢夫的个性、洛谢夫本身的宗教情结和他的虔诚信仰对其神话观也不无影响。

第二章对洛谢夫神话研究采用的方法做了集中探讨。洛谢夫的神话观与他所运用的研究方法是分不开的。这一章，我们主要对洛谢夫喜欢运用的否定的方法、辩证法、社会—历史方法、文化类型学方法加以梳理，阐释其方法论特征。洛谢夫的研究方法在于，他创立了现象学辩证法，他能够把神话与现象学、辩证法以及社会历史、文化及文化类型学的研究有机结合在一起，这些会为我们今后的学术研究以及方法论研究带来很大启示。

第三章、第四章详细介绍和评述了洛谢夫神话学研究的两个重心，即体现为20世纪30年代的神话理论研究和50年代的古希腊神话研究。具体来说，第三章从神话理论研究出发，探讨洛谢夫30年代一些神话观。学者的独特之处在于首先通过否定的判断形式，运用"现象学还原"法，厘清神话与虚构、与诗歌、与科学、与宗教、与历史事件等诸多范畴的关系，从哲学视角界定了神话的概念，然后归纳出神话的本质要素，进一步又对神话学进行了分类，提出绝对神话学的概念。另外，在论述中，洛谢夫把对当时现实社会的理解渗透于其中，从而体现了现代神话的批评观。在对上述内容分析后，我们探讨了洛谢夫神话理论研究的"新神话主义"内涵，并梳理了洛谢夫神话研究的"转向"趋势以及成因。

第四章主要阐释洛谢夫对古希腊神话的研究情况。我们首先对西方、俄罗斯以及我国的希腊神话研究状况做了纵向发展的梳理，然后从社会—历史维度入手，探索洛谢夫20世纪50年代的神话思想，在对洛谢夫坚持的神话起源观、神话"历史生成"观、神话"历史综合"观以及历史分期特点做了介绍和阐释后，我们主要涉及雅典娜、宙斯、阿波罗三位主神，通过对神祇形象、神祇功能以及神际关系发展演变的研究，凸显出神话发展与历史变迁相辅相成的关系。洛谢夫收集了大量史料并对古希腊、罗马文学作品的神话创作进行了翔实研究，通过他的宏观整体综合和微观具体分析，我们了解了古希腊神话所包含的社会—历史因素、社会生活信息以及精神文化内涵。

  第五章对洛谢夫一些散见的神话思想加以梳理分析。除了专门研究神话的著作外，洛谢夫在一些论文以及论著的部分章节也表述了诸多神话观。神话无所不在，整个世界都是神话的，我们从洛谢夫的符号学端倪，从文学、音乐、数三个领域见证洛谢夫的某些神话观念。在文学领域，主要以洛谢夫阐释的普希金创作中的神话为内容，除了分析诗人具有神话意蕴的短诗外，还着重分析了其长诗《波尔塔瓦》（1828~1829）、《青铜骑士》（1833）中彼得形象的象征神话意义。洛谢夫将音乐视为神话。20世纪初，俄国象征主义者深受世纪之交各艺术门类相互交融理念的影响，这也深刻影响着洛谢夫的思想观念。这一小节我们主要涉及对洛谢夫音乐理论的梳理；然后对他所分析的瓦格纳（歌剧"尼贝龙根指环"的神话）、斯克里亚宾（音乐哲学）以及里姆斯基-克萨科夫（民间音乐《雪姑娘》）等人的音乐创作特点进行阐释，这样有助于理解洛谢夫所塑的音乐神话观。此外，洛谢夫将数视为神话，我们主要以其阐释的普罗提诺的数的思想为例证。

  尾篇是本论著的结语。洛谢夫多舛的人生见证了无数神话和奇迹，在对此进行总结之后，我们主要揭示了洛谢夫神话学研究的价值与局限，指出其神话学研究的独特之处。本论著在每一专章前面都有章前小引，一则，先由背景介绍，再渐进引入主题，章前小引起着避免突兀的作用。二则，章前小引亦可是相关内容的脉络梳理，使主题更为清晰鲜明。此外，每一章后面都附有本章小结，起到提纲挈领、归纳要点的作用。

  为了对学术大家洛谢夫及其学术成果有整体的把握，本书最后列出如下附录：阿·费·洛谢夫年谱，即洛谢夫生平大事记；纪念洛谢夫的相关活动年表；笔者译介的阿·费·洛谢夫诗歌数首，从欣赏中体味洛谢夫经常将世界观与文体风格结合、学术话语与诗意语言有机结合的特征；阿·费·洛谢夫主要论著俄汉语对照列表，以便了解其整体创作，为进一步展开研究提供参考。

  论著最后为参考文献和后记。

> 与其没有思想地享福,不如有思想地受苦。
>
> ——阿·费·洛谢夫

第一章 洛谢夫神话研究的时代背景及思想来源

但凡一种伟大思想的形成,都离不开这种思想得以孕育的时代。时代背景、社会环境、文化语境等一些外部要素会在一个人的成长中留下烙印,并影响着他的思想观念、审美情趣以及价值取向,同时对其世界观的形成和发展也发挥着深层的作用。洛谢夫的神话研究肇始于理性科学繁荣的表面给人们带来精神困惑的大时代背景。毋庸置疑,理性具有逻辑性、分析性特点,但理性的科学实证把人的经验范围缩小于物质世界本身,人与世界只限于纯粹的客观关系,排除了人与世界相交中的主观因素。忽略了主观的作用,人们的内在精神需求便无法得到满足。此外,洛谢夫的神话研究受到20世纪初俄国本土自由的文化语境以及象征主义者的"新神话主义"热潮之影响,以"神话的情感"抗衡于"科学的理性"成为现实所需。

一　洛谢夫神话研究的时代背景

（一）时代宏观语境追溯

　　自16世纪下半叶开始，以培根①为代表的一些学者强调现代实验科学的作用，从而使自然科学有了飞速的发展。18世纪的启蒙运动尽管让人们挣脱了上帝的枷锁，却又使人们受到了理性的"诱拐"，特别是19世纪以来，随着孔德②实证主义的流行，神话遭到前所未有的质疑。现象学家胡塞尔指出："在19世纪后半叶，现代人让自己的整个世界观受到实证科学支配，并迷惑于实证科学所造就的繁荣。"③的确，自然科学取得了前所未有的成功，给人们带来了巨大的物质财富。同时，理性自然成为人们社会生活的决定力量，科学主义以科学理性为最高价值，主张消除神话。人们认为，认识要达到客观真理就要尽量避免主观的干扰，以自然科学的方法，借助于仪器、各种实验手段力求达到对客观事实和规律的正确认识。于是，神话被遗忘的事实呈现出来，人们日渐远离了神话，甚至丧失了对神话的理解力，社会与神话发生疏离。如果说神话还有什么价值的话，那么，它只不过是被看作一块"化石"，一个"木乃伊"，一件"青铜器"，直觉神秘的思维方式让位于实用主义、逻辑思维和科学理性。然而，物极必反，理性的无限膨胀则会出现片面性并走向极端。当理性科学节节胜利、光彩夺目时，人们却感到精神生活的日渐单调、贫乏和生命力的日渐枯竭。自然科学虽然揭示了人类的许多奥秘，但在"科学的时代"、"技术的世界"，人们却发现自己无"家"可归。鲁迅在概括更新换代时期人生最大的悲剧时曾感叹过：人生最大的悲哀莫过于人醒了之后无路可走。由此观之，科学理性虽然值得肯定，但是，自然科学无论如何强大，它都无法满足人们内在的精神需求，无助于探问人生的意义，无法解释世界的目的、价值和规范。

　　此外，单调、乏味的理性漠视个体生命体验，而随着人认识能力的增强，主体意识的凸显，人们越来越意识到主体性、个性、个体精神因素的重要性，于是，社会出现了反实证主义思潮。

---

① 培根（1561～1626）：英国唯物主义和实验科学创始人、哲学家、政治家、英语语言大师。

② 奥古斯特·孔德（1798～1857）：法国著名哲学家，社会学、实证主义的创始人。著有《实证哲学教程》、《实证政治体系》等。孔德创立的实证主义学说是西方哲学由近代转入现代的重要标志之一，他所确立的实证主义是关于实证科学的哲学体系，与神学、形而上学互不包容。

③〔德〕胡塞尔：《欧洲科学危机和超验现象学》，张庆熊译，上海，上海译文出版社，1988年，第5页。

再次,第一次世界大战的震荡,使得现代文明赖以存在的社会基础岌岌可危。这种时代背景为拯救神话提供了历史契机,形成了19世纪末20纪初大规模的"神话复兴"运动。

现代人复兴神话是一种现代意识的表征。神话本身那种简约、模糊、神秘等魅力吸引着现代人复兴神话,因为在此可以追寻充满狂热激情和旺盛活力的情感体验,期冀获得情感的增殖;在此可以重觅神秘思维,追近人的本性,汲取所需要的精神要素;在此可以对理性的单一进行补偿。现代人的神话复归之路,一方面,体现为回归到远古的神话,重回古希腊、重回人类久已迷失的神话老家、重新找到自己的栖息之所、重新找到自己的精神家园成为人们的热切渴望。另一方面,体现为现代人忙于构筑自己新的神话大厦。于是,时代造就的神话复兴的先驱和卓越倡导者出现了,他们的代表有:以二元对立方式阐释日神与酒神精神的尼采,神话之精神分析方法的弗洛伊德,集体无意识观点的荣格,历史神话观的斯宾格勒[①],以及再度将神话奉为永恒之本原的"生命哲学"的代表柏格森等。种种新说迭起,为现代派的神话主义滋长提供了丰富的养料。

由此,神话化(纯真神话,即原始神话和上古神话)→非神话化(18世纪启蒙运动和19世纪的实证论,堪称"非神话化的高峰"[②])→再神话化(20世纪)的发展路径清晰地呈现出来。洛谢夫的学术活动正是肇始于神话复归的20世纪初期,他对神话研究的偏爱也成为必然。

(二) 社会微观背景回顾

众所周知,俄罗斯历史上把19世纪末、20纪初约20年的这段辉煌时期称为"白银时代"。它营造了一种特殊的社会环境,使人们摆脱了那种充满政治气氛、影响人们思考与感受的呆滞思维方式。在这种环境下,哲学、历史、宗教、文化、诗歌等各方面的问题都得到充分讨论,各种思想、主义纷涌杂陈,思潮迭现,流派林立,风格众多,从而形成一个思想的狂欢季,一个对话的大平台,一个多声的论坛。

在哲学领域,弗·索洛维约夫、尼·别尔嘉耶夫、谢·布尔加科夫、列·卡尔萨温、巴·弗洛连斯基、谢·弗兰克、格·费多托夫等一批杰出思想家、哲学家促进了俄罗斯宗教哲学的复兴。除了关注本国的哲学发展之外,人们对西方国家的主要哲学流派和文化学流派也给予了越来越多的注意。随着泰

---

① 斯宾格勒(1880~1936):德国著名历史学家和历史哲学家,代表作为《西方的没落》。
② 〔苏〕叶·莫·梅列金斯基:《神话的诗学》,魏庆征译,北京,商务印书馆,1990年,第4页。

纳、迈曼、冯特、柯恩、叔本华、尼采、弗洛伊德等学者的著作被译介成俄语并在俄罗斯出版，实证主义、新康德主义、新黑格尔主义、非理性美学观等思想对俄罗斯学者也深有影响。此外，随着哲学领域的研究日益兴盛，哲学的三段论逻辑、构建新的纯粹逻辑以及心理批评理论，使得哲学研究对象的丧失，导致作为一种现象的意识的不确定性这一哲学问题尖锐化，而解决这一问题的关键在于重新定义"现象"的概念，并在此基础上解决"意识"、"前意识"、"超意识"的问题。因此，这种趋势使作为意识形态的神话问题凸显出来。

在文学领域，以象征派、阿克梅派、未来派等为代表的现代派崛起。而象征与神话关系密切，象征主义者多择取神话题材进行创作，形成一股"新神话主义"热潮。此外，意象派、锻冶场、谢拉皮翁兄弟、左翼文学艺术阵线（简称列夫）、俄罗斯无产阶级作家联合会（简称拉普）、山隘派、构成派等众多文学团体的创建也是这一时代的产物。而经由1917年的十月革命，以列宁为首的布尔什维克获得胜利并建立了苏维埃政权。面对各方的武装干涉，苏维埃政府忙于保卫和稳定新生政权，一时无暇对文化艺术实施整顿，于是在文化领域，自由空气和轻松氛围在一定程度上得以保持，各类知识分子、各派别人士能在这一时期享有一定的言论自由。用俄罗斯学者的话说，就是"20世纪20年代是一个丰富而多面的时代，文化被革命所炸破，但又尚未达到强制性的思想一律，所以文化展现并发挥着丰富的艺术潜力"[①]。

但是，无产阶级文化逐渐在社会中占据了主导地位，他们以极大的热情灌输着这样的思想：把包括普希金和陀思妥耶夫斯基在内的俄罗斯所有经典作品从"现代的轮船"抛下去，以弗里契倡导的庸俗社会学开始盛行，人们被要求用阶级的方法对待文化现象，因此，从事哲学、古典语文学这类学科的研究工作已经不合时宜。古典语文学家或去工会工作，或改行从事经济、法学研究，古希腊、拉丁语知识不再被人们所重视。1921年，莫斯科大学甚至取消了历史—语文系。[②] 1922年，洛谢夫作为教授所任职的莫斯科音乐学院也进行了更名，改为以具有犹太血统的波兰革命者费利克斯·科恩（Феликс Кон）为名的高等音乐学校。1929年，政府当局取消了国家美术科学研究院，当时，洛谢夫负责该院美学部的工作，而洛谢夫周围的熟人，

---

① 〔俄〕符·阿格诺索夫：《20世纪俄罗斯文学》，凌建侯等译，北京，中国人民大学出版社，2001年，第163页。

② 在此20多年后，第二次世界大战时，莫斯科大学又重新创办了语文系。

亦越来越多地被"移居"到古拉格。

在这样一个试图消灭异己思想、根除文化根基、使人脱离其生长土壤的时代，洛谢夫的古希腊罗马文化研究就显得尤为必要了。因为，现代生活要素的根基蕴藏在那里；思维的最古老形式——神话诞生在那里；名谓、数的学说也是在那里奠定的基础。在试图割裂文化根基的时代，古希腊罗马文化以自己的存在证明了文化历史中还葆有承继性因素。

1927~1930年，在这短短的3年时间里，洛谢夫出版了8部专著。它们是：《古希腊宇宙论与现代科学》（1927）、《名谓哲学》（1927）、《艺术形式辩证法》（1927）、《作为逻辑对象的音乐》（1927）、《普罗提诺的数的辩证法》（1928）、《亚里士多德的柏拉图主义批评》（1929）、《古希腊罗马象征主义和神话学概论》（1930）、《神话辩证法》（1930）。从这些著作的标题可以看出，洛谢夫把自己定位于研究名谓、神话、数的哲学家是不为过的。洛谢夫致力于古希腊古典知识的传承和研究，对当局试图摧毁文化根基的行为，他通过自己的著作做了最好的回答，他以自己的著作实现了历史与现实的联系并为之架构了桥梁。而这种联系在20年代的社会中正面临断裂的危险，特别体现在人文科学的研究上，其中包括哲学和古典语文学领域。

由此观之，社会时代背景为洛谢夫思想的形成开拓了一片沃土，无论从时代宏观语境来观照，还是从社会微观背景去考察，神话学研究始终在洛谢夫的学术领域占有一席之地，从整体高度鸟瞰其发展状态尤显必要。所以，选取神话学视角对其学术思想展开研究具有理论意义和学术价值。

二 洛谢夫对西方哲学思想的吸纳与借鉴

（一）谢林的启示

洛谢夫的神话思想并不是产生于真空中，他的研究与前人的论述之间存在着历史关联，存在着思想渊源关系，特别是来自西方哲学的启示。对俄罗斯哲学来说，德国哲学家弗里德里希·谢林（1775~1854）对其的影响远远超过康德、黑格尔。同样，谢林也是洛谢夫喜爱的哲学家之一，洛谢夫在他的同一哲学、神话哲学、艺术哲学中找到了对神话以及神话与象征关系的深刻理解，对自己综合观的形成产生了一定影响。在莫斯科大学学习期间，洛谢夫有幸于1914年被派往德国深造，在那里他学习中世纪经院哲学，第一次世界大战的爆发终止了他在国外的学习，他不得不提前回国。但留学使他有机会在世界一流的图书馆博览群书。洛谢夫将谢林视为最有天才的神话哲学家①，因为与浪漫主义精神相契合的是谢林任何时候都不曾放弃过对神话的关注。具体来说，谢林关于神话的论述主要是从以下方面体现出来，并引发了洛谢夫的进一步深入思考。

第一，谢林首次在哲学体系中认可神话的地位，并辅之以历史的观念对神话进行探索。他的主要贡献在于，不仅建立了神话哲学，而且第一次从历史的视角研究神话变迁对艺术的影响，他也是哲学史上第一个强调以历史的眼光看待神话的人。谢林认为，"神话在艺术中的地位，如同理念在哲学中的地位"②、"神话乃是任何艺术的必要条件和原初质料"③。神话在其艺术哲学体系中的重要地位可见一斑。谢林从哲学—历史的视角来观照神话，把神话看成是意识发展的一种共同的、合乎规律的阶段。谢林的独到之处在于，他不是从人类的意识出发，而是从人类的存在出发去解释神话的。由此可见，在洛谢夫的神话研究中，他从哲学视角界定神话以及在社会历史中研究古希腊神话的发展嬗变皆源于谢林的影响。谢林说："我们的研究总是要返回到人类最初的时代，为了寻求这一开端，寻求宗教、市民社会或者科学及艺术的最初开端，我们总是要碰到那个黑暗的空间，那个一直被神话所占据着的时代。对于涉及这一问题的所有未来科学，长期以来这必是一个最迫切的需要：消除这片黑暗，让那块空间变得明晰清楚可以认识。"④显然，神话是人类历史的起点，同时也是一切科学的开端，神话研究是一个不可回避的领域。在谢林看来，神话的过程乃是人类意识对周围世界发生的真实过程的重复并在这一意义上而被理解为真正的现实。有鉴于此，洛谢夫将古希腊神话视为人类史前史的真实内容，认为它是对氏族关系的移植，这种观点与谢林的思想一脉相承。

第二，在谢林看来，艺术的中心概念是象征。艺术是普遍与特殊的统一。不过，这种统一有三种方式。第一种是模式化，它通过普遍表现特殊。手艺人按照既定概念制造一定形状的物品，这就是模式化。第二种是寓意，它通过特殊观照一般，这时，特殊无非是普遍的表征。第三种是象征，它是模式化和寓意的综合，普遍与特殊的绝对同一。显然，谢林在《艺术哲学》中表达的象征，首先是创造一般与特殊、意义与存在同一的"绝对的形

---

① Лосев А.Ф., Диалектика мифа // Сост. подг. текста, общ.ред. А.А.Тахо-Годи, В.П.Троицкого, М.: Мысль, 2001. С. 486.

② 〔德〕谢林：《艺术哲学》，魏庆征译，北京，中国社会出版社，1996年，第47页。

③ 同上书，第64页。

④ 转引自王建军：《灵光中的本体论：谢林后期哲学思想研究》，天津，南开大学出版社，2004年，第126页。

式"。谢林认为,"整个神话以及各个神话故事,不应视为模式的也不应视为寓意的,而应视为象征的"①,"神话世界是绝对理念的象征世界,以理念为中介,神话成为'绝对同一性'的最高典范,这是谢林神话哲学的核心观点"②。由此可见,谢林对神话的象征性尤为推崇和强调。与之相比,洛谢夫认为,"在象征中'内部'事实本身与'外部'事实本身同一,对比'思想'与'物'的观点在此不仅是含义方面,而且是实体的、现实的同一"③。此外,洛谢夫同样持有神话是象征的观点,两人观点无疑在很大程度上存在着契合之处。

洛谢夫不仅利用前辈的理论前提,不仅是他们的天才的阐释者,而且往往独特地拓展某一概念的意义,对谢林象征概念的拓展就是一个例证。俄罗斯当代哲学家霍鲁日分析指出,洛谢夫实际上拓展了象征阐释的潜能,为达到此目的他利用了现象学和辩证法综合的方法。④洛谢夫的象征阐释是作为"以另一种形式表现的形"⑤,这是洛谢夫进一步以神话作为极端一存在的范畴之基础。洛谢夫对象征理论的深刻阐释尤其体现在其后期专著《象征问题与现实主义艺术》(1976)一书中。他认为,象征是现实的反映,是现实的功能,是能够揭示被反映对象含义的反映,主要体现在人的意识对现实反映,是人对现实的阐释,当然这种阐释不是机械的再现,而是对现实的特殊加工,对现实的改造。象征是现实的反映和它的能指,由于现实是永恒地运动和发展的,因此,象征也处在永恒的动态变化之中。象征理论是从生动的直观到抽象的思维,再从抽象思维到实践的认识论的循环表现。而神话不可消泯象征性,洛谢夫对象征的认识和他的神话观是一致的,象征和神话,在他看来,都是对现实的创造性反映。

第三,谢林哲学的基本观念即存在和思维同一、观念和实在等同,在神话理论中得到了准确体现。在同一体系中,主体世界和客体世界之间无法做出明确的区分,理想与现实并非彼此对立,而是相互一致的。以此为先决条件,谢林曾在柏林大学发表了有关神话哲学和天启哲学的著名讲演,阐发了一个关于神话作用的全新观念,这个观念综合了哲学、历史、神话与诗歌,此类综合是前无古人的。哲学与神话原是彼此对立而不能比较的,两

---

① 〔德〕谢林:《艺术哲学》,魏庆征译,北京,中国社会出版社,1996年,第70页。

② 苏艳:《西方浪漫主义时期哲学界的神话研究》,《考试周刊》2008年第53期,第140页。

③ Лосев А.Ф., Диалектика мифа // Сост. подг. текста, общ. ред. А.А.Тахо-Годи, В.П.Троицкого, М.: Мысль, 2001. С. 67~68.

④ Хоружий С.С., Указ.сочинение. С. 121. http:// planetadisser.com /see/dis_104995.html.

⑤ Там же. С. 128.

者最初被区分得泾渭分明，这种现象在谢林的研究中得到改观。受其影响，洛谢夫也从哲学视角进行神话理论研究。

谢林从普遍与特殊的统一出发去认识神，认为神是普遍的同时又是个别的一种活生生的存在物。神话就是人关于绝对之神的"言谈"。在谢林看来，世界的本质是"绝对同一"的，神话是"绝对同一"现实的最高形式。"绝对同一性"是哲学的出发点和最高原则，它体现在主观与客观、存在与意识、现实与理想、自由与必然、有限与无限的无差别的同一中，这种"绝对同一性"只有在艺术中才能真正得到实现。由此，以科学理性为基础的认识手段无法完成对世界的认识，只有在艺术创造的直观体验中，才能实现对世界的领悟。神话是"绝对的诗"、"自然的诗"，神话的存在有自身的规律和准则。谢林的神话是对神话的结构研究，它是逻辑的或是审美的，而不是致力于神话创造本身。在谢林的研究中，我们发现了神话的宗教结构。但是，在洛谢夫看来，这里的宗教结构不可能是真正的宗教结构，因为真正的宗教结构不可能仅仅是理论。神话的真正宗教结构是神话的体现。而神话是全方面、深刻的存在，它的体现可能只是生活的，而不是理论的体现。神话在生活中的体现可以通过相应的生活安排的途径来实现，即通过仪式的途径，或是借助于教会。教会是神话在生活中的体现。

（二）胡塞尔的影响

埃德蒙德·胡塞尔（1859～1938）的哲学也是洛谢夫神话观的理论源泉之一。以获得金质奖章的优异成绩从中学毕业后，洛谢夫进入莫斯科皇家大学历史—语文系学习，许多杰出思想家的观念丰富了洛谢夫的大学生活，它们在其后来的创作中起着重要作用。其中真正给这位年轻人带来"启示"的是德国哲学家、现象学家胡塞尔的思想。在1914年5月27日的日记中，洛谢夫写道："似乎，我明白了他的现象学"[①]。

许多学者注意到了洛谢夫对现象学的兴趣。洛斯基（И.О.Лосский）指出："洛谢夫是一位辩证方法的热情拥护者，在他的著作中表现出了黑格尔的辩证法与胡塞尔的本质还原[②]的结合"[③]。与洛斯基不同，泽尼科夫斯基（В.В.Зеньковский）则认为，洛谢夫的辩证法"更接近柏拉图，而不

---

① Лосев А.Ф., Мне было 19 лет // Дневники, письма, проза. М.: Русские словари, 1997. С. 126.

② 本质还原（本质直观、本性直观或本质变更）：是胡塞尔用来表示朝向本质或普遍性的直观行为的术语，与经验直观或感性知觉是相对而言的。本质还原是接着现象学还原的步骤，有时被认为是现象学还原本身的第二阶段。

③ Лосский И.О., История русской философии, М.: Советский писатель, 1991. С. 340.

是黑格尔"。同样，泽尼科夫斯基也把洛谢夫归为胡塞尔学派，他指出"洛谢夫的一切独特之处在于把辩证法运用于现象学式地分析客观现实"。泽尼科夫斯基甚至还指出，洛谢夫与索洛维约夫"万物统一"观点的联系在于"作为一个'整体'这种对现实的最初感悟，就其本身来说并非来自'现象学还原'（феноменологическая редукция），对辩证的方法来说，它是先驱，也就是，它并非来自辩证法，而是相反，辩证法本身可能只是在推测'意义的相互关联和自我产生'"①。在1928年，《道路》杂志上刊登了弗兰克（С.Франк）的一篇文章，他在分析洛谢夫的《名谓哲学》、《古希腊宇宙论与现代科学》两部著作时发现，洛谢夫的思想与胡塞尔的现象学之关联，以及与柏拉图、普罗提诺等人的辩证法之关联。他甚至指出，洛谢夫的《名谓哲学》对黑格尔《精神现象学》的依存关系。弗兰克认为，名谓似乎是"人思想的'意义'与物本身存在的内在'意义'之间相遇的场地，它是自己最终的完结，是存在本质的表达"②。在《名谓哲学》一书的前言中，洛谢夫指出了自己对胡塞尔现象学观念以及对卡西尔（Кассирер）③关于象征形式学说的理解，他将其视为是对自然主义的成功脱离，而这种自然主义正是与形而上学所着力研究的范畴相结合的。但是，洛谢夫否认自己的目的是阐释和遵循这种学说。他公开承认，自己采用的是辩证方法，并在著作中将现象学视为纯粹柏拉图式的。与此同时，洛谢夫批评了当时俄罗斯思想界的一些观点，指责他们与陈腐的心理主义（唯心理论）④、感觉论紧密关联，而对现代逻辑学、心理学、现象学却一无所知。这种双重立场表现在他随后将辩证法和现象学加以结合的再认识中。

我们知道，胡塞尔现象学的提出是针对自然科学的思维方式进行的批判。因为在胡塞尔看来，被实证科学所包围的人们被社会的外在繁荣所迷惑，他们丧失了生活的真正意义，为改变这一切必须进行现象学还原。具体来说，胡塞尔的现象学是关于现象的理论，是一个试图如其所显现的那样来描述事件和行动的一个哲学流派。"现象学还原"、"本质直观"和"描

---

① Зеньковский В.В., История русской философии, Т. 2. Часть 2. Ростов н/Д., 1999. С.137.

② Франк С.Л., Новая русская философская система // Путь. Париж, 1928, январь, № 9. С. 89～90. // Алексей Фёдорович Лосев: из творческого наследия: современники о мыслителе // подгот. А.А.Тахо-Годи и В.П.Троицкий. М.: Русскiй мiръ, 2007. С. 515.

③ 卡西尔（1874～1945）：德国哲学家、文化哲学创始人，新康德主义马堡学派主要代表人物。著有《语言与神话》、《国家的神话》、《人论》等。

④ 心理主义：一种主张认识论问题只能依靠心理过程的研究才能获得满意解决的哲学观点；认为客观世界是人类心理的产物，是人的精神活动；主张依据心理学的资料、人的心理特点、对人们的相互作用的分析来解释社会。

述方法"构成胡塞尔现象学方法的三个基本环节。其中,"现象学还原"(即悬置)指的是将超越之物从研究对象领域中排除出去,而向自明的被给予性领域回归的过程。胡塞尔主张认识事物要尊重现象本身,认为"现象"是一切知识的根源或起源。胡塞尔拒绝形而上学的思辨,主张在"看"和"直观"中把握实事本身。现象学经常描述简单的日常活动,以胡塞尔的术语表示即生活的世界,我们生活于其中的世界,连同它的日常物件和思想(现象、行动者和语言表达),如其对使用者所显现的那样。

现象学的任务不仅是要描述出现在不同语境之中的现象,它的深层目标是要发现在生活世界中使得人类的行动(包括科学活动)成为可能的条件。现象学的目标是要发现人类行动和合理性的构成意义的条件。要实现这个目标,就是要找到使得生活世界成为其所是的基本条件。即现象学的主要目标是发现构成意义的那些因素,而不仅仅是对情境的描述。

尽管洛谢夫对现象学有新的理解,但是,上述我们论及的胡塞尔现象学的基本观点对洛谢夫神话理论的形成仍具有一定影响。洛谢夫在阐释神话的定义时就是坚持对神话进行如其所是的那样加以描述,并声称自己采用的是现象学辩证法的论述方法。应该说,洛谢夫对神话本身内在价值的关注得益于现象学的启示,它使洛谢夫的神话研究找到了新的突破口。

(三)柏拉图的影响

洛谢夫对自己曾经就读的古典中学有着深厚的感情,并亲切地将其喻为自己的"奶娘",因为他对哲学、天文学、数学以及古代语言(指古希腊语和拉丁语)的钟爱,早在中学时代就已经被那里的老师们激发起来了。洛谢夫第一次获得的柏拉图(公元前428—前348/347)文集是由讲授古代语言的中学老师米克什赠送的,所以,在中学期间,年轻的洛谢夫已经开始通过译本研读柏拉图的著作了。当时由卡尔夫教授翻译的柏拉图的作品就已经出现在中学生洛谢夫的藏书之列了。

在大学时代,洛谢夫仍然致力于柏拉图思想以及对他的辩证法理论的研究,并于1916年发表了第一篇学术文章《柏拉图的厄洛斯》。在多卷本的《古希腊罗马美学史》著作中,洛谢夫将柏拉图视为重点研究对象之一,他甚至写有《柏拉图》(1977)研究专著。由此可见,柏拉图对洛谢夫的影响是深远而持久的。限于本论著的主题,我们主要考察柏拉图对洛谢夫神话思想形成的影响,这鲜明地体现在如下两个方面:

第一,来自柏拉图神话与宗教观念的影响。柏拉图曾把神话贬斥为古代诗人编造的"假故事",主张将其摒弃于"理想国"之外,但在尖锐地批判通俗的宗教神话的同时,他又坚信宗教神话存在的必要性,甚至还杜撰了《理想国》的完美神话。柏拉图的"理性思考从来就没有脱离开诗人的个性和神话思维的浓重影响,他甚至常常用自编或回忆的神话来形象化地阐释自己的理性主张"[①]。的确,柏拉图的神话题材有的源于自己的前辈如荷马、赫西俄德;有的来自东方的宗教秘仪;有的则纯粹是柏拉图自己的杜撰。如其写作的《会饮篇》、《斐德若篇》、《斐多篇》、《国家篇》、《蒂迈欧篇》等诸多对话中对神话都有不同程度的涉及。其中,有女神阿佛洛狄忒和爱神厄洛斯的故事;有灵魂的活动如一人驾驭两匹飞马的神话故事;有英雄埃尔死后到还生的12天里灵魂之经历的神话故事;有造物主以理式世界为蓝图,创造出一个有序世界的宇宙生成之说的神话故事……我们知道,这几篇对话正写于柏拉图思想发生质变的时期。与其早期写作的《申辩篇》、《克里托篇》、《吕西斯篇》、《伊安篇》等多受苏格拉底的强烈影响有所不同,与多属于"苏格拉底的对话"风格不同,这一时期的柏拉图接受了毕达哥拉斯学派的灵魂轮回转世、数的本原、净化等学说,他将苏格拉底的影响与毕达哥拉斯学派和爱利亚学派的影响融合,从而构筑了自己的理念论体系。柏拉图正是通过明白晓畅的神话将自己的理论导向具有深意的哲学维度,他对神话问题的探究,不再拘泥于细节,而是走上了一条哲学阐明的道路。

洛谢夫一直葆有对柏拉图学术思想的研究兴趣,但是,十月革命的到来使俄罗斯的宗教哲学仅仅繁荣了短暂数年。1917年,在纪念索洛维约夫的宗教—哲学协会被迫关闭后,1922年,洛谢夫又参加了别尔嘉耶夫组建的精神文化自由科学院的活动,他在这里做了多次关于古希腊哲学主题的报告。这一时期,洛谢夫的思想明显地表现出柏拉图主义倾向。在《古希腊罗马象征主义和神话学概论》(1930)这部专著中,洛谢夫对柏拉图的神话与唯心主义,神话与逻辑、诗歌、哲学等领域的关系有所探讨;对柏拉图的哲学思想进行分析并且指出柏拉图是如何走向神话的;他还剖析了神话是最基本、最核心的直观,是柏拉图哲学主要内容的原因所在。

此外,洛谢夫对俄耳甫斯教、对灵魂观念的考量也与柏拉图的影响密不可分。俄耳甫斯教[②]又被称作奥菲斯教,它源于狄俄尼索斯教并对其有所

---

① 李平:《神祇时代的诗学:对柏拉图、亚里士多德诗学思想的再思与认知》,上海,上海人民出版社,2004年,第31页。

② 俄耳甫斯教:希腊秘传宗教之一,据说传教祖为俄耳甫斯,出现于公元前7世纪至公元前6世纪。该教信仰人具有"属天"的"神性"及"属地"的"魔性",他们将死后因果报应和灵魂转生的观念引入希腊。信奉该教的人时时追求一种所谓神我合一的狂喜迷醉状态。

发展。"相对于奥林匹斯教而言，柏拉图更在意对狄俄尼索斯进行了改革的俄耳甫斯教"、"柏拉图其实更喜欢既神秘又讲究秩序的俄耳甫斯教。"[1]因为在其老师苏格拉底被指控为"创立新神，不信老神"伊始，柏拉图的批判锋芒就指向了希腊传统神话，他尝试对传统旧神加以理性改造，亦即"创立新神"，特别是在《国家篇》中，柏拉图进一步对以《荷马史诗》为代表的传统神话加以伦理道德的净化，用理性来规范宗教信仰。由此可见，在精神深处，柏拉图崇拜俄耳甫斯教及其精神实质，主张肉身灵魂二分论和灵魂轮回说。

　　洛谢夫在研究古希腊神话时，对俄耳甫斯教，特别是扎格柔斯—狄俄尼索斯这一形象的历史发展做了独到阐释。洛谢夫指出，俄耳甫斯教将神的撕碎与分裂世界的恢复结合到一起。在此，洛谢夫将狄俄尼索斯主义的性质提升到社会高度，即存在观念使人的主体重新定位，在这种情况下，氏族公社制度衰落，新兴的摆脱氏族权威的独立个性呈现出来。狄俄尼索斯的存在不完全体现为客观的、外部的存在，对他来说，来自自我意识、自我感觉的存在才是主要的。按照俄耳甫斯教义所说，狄俄尼索斯不仅是理想的存在，而且是智慧的存在，因为这位神正是世界的智慧、世界的灵魂。显然，洛谢夫的灵魂观念已经有别于柏拉图的思想。

　　第二，柏拉图的辩证法思想对洛谢夫有着一定的影响。我们知道，希腊人是醉心于辩证法的。在古希腊文献中，柏拉图的对话第一次运用了"辩证法"这一概念，并将它提到哲学的高度。如在柏拉图对话中，《智者篇》、《政治家篇》、《斐利布篇》体现了对立统一思想；《巴门尼德篇》、《国家篇》、《斐多篇》、《曼诺篇》体现了二律背反规律；《查密迪斯篇》、《申辩篇》、《普罗塔哥拉篇》很好地体现了问答法的思辨。柏拉图认为，辩证法是最好的方法，凭借它，人就"能够不用假设而一直上升到第一原理本身"，"辩证法像墙头石一样，被放在我们教育体制的最上头，再不能有任何别的学习科目放在它的上面是正确的了，而我们学习的课程到辩证法也就完成了[2]"。其他各种学问，包括数和数学、平面几何、立体几何、天文学、谐音学等一切学科只不过是学习辩证法的"预备性科目"，或者说是学习辩证法正文前的"序言"。如果形象地将辩证法比喻为"主要乐曲"，那么，其他学问只不过是它的"前奏曲"或是"插曲"。在柏拉图设计的城邦国家中，只有

---

[1] 李平：《神祇时代的诗学：对柏拉图、亚里士多德诗学思想的再思与认知》，上海，上海人民出版社，2004年，第21页。

[2] 〔希〕柏拉图：《理想国》，郭斌和等译，北京，商务印书馆，1986年，第298、301～302页。

受过辩证法教育和训练的人才能进入统治者的行列,如果这种人能将辩证法与城邦的治理结合起来,在实践中积累经验,经受考验,身心健全,坚持智慧、勇敢、节制等正义原则,便可成为最高的统治者,也就是"哲学王"。这意味着柏拉图式的教育始于数学以及与数学相关的几何学、天文学、谐音学等,而止于辩证法。总之,在柏拉图那里,辩证法是最高等级的认识和知识,是最高等级的教育和训练。此外,在柏拉图的哲学体系中涉及感性和理性、物质和精神、肉体和灵魂、个别和一般、多和一、存在和非存在、动和静、同和异等一系列对立统一的矛盾关系,正是在论证这些范畴的同时,柏拉图丰富了辩证法的内容。但另一方面,柏拉图把不变的、永恒的"理念"作为他哲学的出发点和最终目标,这使得他的辩证法带有很大的局限性。

洛谢夫对辩证法的迷恋源于他对古希腊哲学的研究,他写有《艺术形式辩证法》、《普罗提诺的数的辩证法》、《神话辩证法》等专著以及《辩证法与正确的内涵》、《关于辩证法》等多篇论文。洛谢夫将辩证法视为万能的方法,并将应用于包括神话研究在内的众多领域,因此被人们称为"泛辩证法"的方法,其中无不显出柏拉图辩证法的影子。当然,洛谢夫的辩证法不仅仅源自柏拉图的影响,他对新柏拉图主义者以及黑格尔的辩证法也深有研究。此外,洛谢夫将辩证法与现象学方法结合创生了独特的现象学辩证法,对此我们将在第二章的方法论一节做进一步探讨。

三 洛谢夫对俄罗斯哲学思想的继承与超越

洛谢夫无法超越他所生活的时代,更无法摆脱滋养他的俄罗斯文化土壤,所以,除了西方缜密的哲学体系外,对洛谢夫神话观的形成深具影响的还有俄罗斯的精神传统。其中,俄罗斯哲学家、思想家索洛维约夫对他的影响尤为深刻。

洛谢夫的哲学思想形成于20世纪初,当时正值俄罗斯宗教哲学短暂繁荣的时期。在众多的哲学观点中呈现出一条清晰轨道的就是基于别具一格的俄罗斯东正教精神传统而形成的哲学观点,与此最为接近的当数老一辈的斯拉夫主义者和索洛维约夫的思想。在很短的时期内,众多杰出思想家便都汇入了索洛维约夫哲学这一中心航道,他们有:谢尔盖和叶甫盖尼·特鲁别茨科伊兄弟、别尔嘉耶夫、布尔加科夫、洛斯基、维亚·伊万诺夫、弗洛连斯基、卡尔萨温。这些人都是广博领域的天才人物,如维亚·伊万诺夫是诗人、象征主义理论家、哲学家、古希腊罗马文化的研究专家;弗洛连斯基是哲学家、神学家、艺术理论家、语文学家、物理学家及数学家;卡尔萨温是历史学家、哲学家、神学家。尽管他们的思想倾向各有不同,但实质上都是"从索洛维约夫学说中生长起来的俄罗斯宗教哲学思想这同一棵树干上的枝杈"[1]。

我们知道,最初的俄罗斯哲学方法主要是效仿西方的,而且主要表现为德国的学徒,它包括从早期的俄罗斯谢林信徒至晚期的俄罗斯新康德主义信徒。但是,从索洛维约夫开始,俄罗斯哲学摆脱了这种模式化之路,所以,索洛维约夫被公认为是现代意义上的俄罗斯哲学的奠基人,他不仅是哲学家,而且是杰出的诗人、优秀的政论家和批评家、文学体裁大师,他结束了俄罗斯哲学没有体系的时代,开创了独特的俄罗斯哲学时期,这也正是他吸引洛谢夫的原因之一。洛谢夫认为19世纪下半叶的诸多哲学界和文学界的人物,都是在索洛维约夫的"周围"。学者维克托尔·叶罗菲耶夫(Виктор Ерофеев)分析了洛谢夫对索洛维约夫产生兴趣的原因:第一,从洛谢夫所学习的学院派观点来看,索洛维约夫是俄罗斯哲学的奠基人,是独特哲学观念、"精神实体"思想的创建者。第二,索洛维约夫是诗人、神秘主义者,即鲜活创作经验的承载者。第三,索洛维约夫的先知禀赋、反抗上帝的行动以及他对洛谢夫一代人所经历世界末日之灾难的预言,这一切对洛谢夫来说都非常亲切。[2]

索洛维约夫的哲学体系包括完整知识论、世界学说、道德哲学、历史哲学、智慧学等广博内容,其中"万物统一理论"、"智慧学"和"神权政治论"构成其有机统一、严谨缜密的宗教哲学体系的三大支柱。其中"万物统一理论"对洛谢夫影响最大。哲学家霍鲁日在《从赫拉克利特至洛谢夫的万物统一思想》一文中指出,对洛谢夫来说,万物统一是伴随他一生的话题[3]。早在中学8年级时,洛谢夫就曾获得校长弗罗洛夫奖励的8卷本的索洛维约夫文集。虽然文集内容对于一名中学生来说难于理解,但是,显而易见,在自己的故乡城新切尔卡斯克就读于古典中学时,洛谢夫已经开始熟悉索洛维约夫的哲学了。多年以后,洛谢夫在回忆中表述道:"在17岁时,我就开始研习这位研究起来并不容易、并不轻松的哲学家"[4]。1911年,洛谢夫进入莫斯科大学学习,在那个年代,与彼得堡相比,莫斯科是俄罗斯宗教思想的中心,是索洛维约夫传统,即"万物统一"的俄罗斯形而上学思想的发源地。在大学里,洛谢夫同时在哲学和古典语文学两个分部学习。除此以

---

[1] 徐凤林:《索洛维约夫哲学》,北京,商务印书馆,2007年,第359页。

[2] Лосев А.Ф., Страсть к диалектике, М.: Советский писатель, 1990. С. 12.

[3] Хоружий С.С., Идея всеединства от Гераклита до Лосева, Начала. М. 1994. № 1. С. 88.

[4] Лосев А.Ф., Реальность бесконечности, Сов. культура. 1989. 1 янв.

外，他还在切尔帕诺夫教授的心理研究所工作。经切尔帕诺夫推荐，洛谢夫成为纪念索洛维约夫的宗教—哲学协会成员，并经常参加该学会的活动。该学会是1906年由布尔加科夫、弗洛连斯基等人发起而创办的。在这里，洛谢夫有机会结识白银时代众多宗教哲学家及著名作家，这些人对青年洛谢夫世界观的形成起着重要作用。

总之，在纯粹哲学方面，索洛维约夫的主要功绩是创立了"万物统一"的宗教哲学学派。① "万物统一"是索洛维约夫在《神人类讲座》（1874）中提出的观念，它源自柏拉图、亚里士多德之前的古希腊"太一"说，经由赫拉克利特和谢林的发展，索洛维约夫将东方基督教传统与西方哲学传统完美结合，强调人与自然界在上帝爱的原则下统一为一个整体，认为一切统一就是上帝的实质。万物统一是一切存在的和谐方式，可以从本体论和认识论两个方面来理解。在本体论上，一切统一（万物统一）思想意味着"世界和上帝是统一的，现实世界与上帝的分离是暂时的，分离的根源在于人的堕落，世界的使命就是与上帝结合，达到神和人的合一是人的使命，这个观念符合基督教的思想，特别是符合东正教神秘主义所强调的与上帝结合的思想；在认识论上，一切统一（万物统一）强调的是知识（理性）与信仰的统一，这是一种完整的世界观，它直接针对西方的理性主义和世俗化传统。"②

洛谢夫将"万物统一"观念贯穿于辩证法中，贯穿于有限和无限综合起来的观念中，他提出了"高度综合"（Высший синтез）的理念，体现了他对索洛维约夫哲学传统的继承，这与其"万物统一"观点一脉相承。洛谢夫在日记中写道："科学、宗教、艺术、哲学、精神大都独立地存在于我们的日常普通的生活范围内。如果超出了这些范围，那么，不得不'承认作为真正知识和绝对幸福的高度综合'，那时会得到'带有新的任务和新的方法的新的哲学'"。③ 在大学期间，洛谢夫写了《作为幸福和知识的高度综合》④（1911）一文，这是研究洛谢夫早期学术思想的重要依据之一，遗憾的是，

---

① 徐凤林：《索洛维约夫哲学》，北京，商务印书馆，2007年，第111页。在该书中，作者归纳指出，一切现实存在都可以归结为绝对者的存在，而绝对者的存在，上帝存在，是我们直接感知的，不需要任何证明。但绝对自在者不是与世界相脱离的，绝对者是一，但同时又包容万物，"万物统一"的概念便由此而来。

② 张百春：《当代东正教神学思想：俄罗斯东正教神学》，上海，上海三联书店，2000年，第497页。

③ Лосев А.Ф., Мне было 19 лет // Дневники, письма, проза. М.: Русские словари, 1997. С. 45.

④ Опубликованы две главы этого сочинения. См.: Студенческий меридиан.1996. май, июль.

该论文没有完结。文中洛谢夫把人的精神和社会生活的各个领域，如人的心理活动、科学、宗教、哲学、艺术和道德等，联合成一个有机的整体来考察，并且认为，正是它们构成了人精神生活的最高综合。在还是青年的洛谢夫的理解中，这种"高度综合"可以在索洛维约夫的"万物统一"理论中找到有力支撑，对洛谢夫本人来说，"高度综合"如同其哲学思想发展的一粒火种，亦是其哲学及生活世界观的主要原则；而对于成熟时期的洛谢夫来说，"万物统一"、"高度综合"的思想已然不只是抽象思辨的概念，它们包含着迫切的现实内涵。对于洛谢夫来说，世界是不可分割的统一体，它的各部分组成的综合体承载着统一体的印记，而这些"部分"的实质可以通过其词语的、数的、音乐的、时间的、象征的、神话的等诸多外部表现以及各种形式加以研究。由此可见，对于整体的本质之表现形式方面的研究，洛谢夫不是基于物质与精神的悖论；相反，是基于它们的统一。"思想使物质活跃起来，而物质又赋予思想以实体，使其物化。统一鲜活的物体精神的自我辩证地发展成为洛谢夫所熟知的唯一现实，而高度综合的整体性原则是其核心。"① 洛谢夫又进一步强调，这个综合体绝不是单个部分的机械联合，而是一个有机的统一。更为有趣的是，综合的观念甚至体现在洛谢夫的个人命运、个性生活中。正如1932年2月23日，洛谢夫从劳改营寄给妻子的信中写道："在我的世界观中，综合了古希腊宇宙和它的无尽的空间，爱因斯坦、经院哲学和新康德主义，修道院和婚姻，西方主观主义和它的数学、音乐天然的精确特点与东方宗教的神秘主义等等。"② 洛谢夫将索洛维约夫多样的生活及其复杂的个性比作海神普洛透斯（Протей）③ 缤纷多样的"变形"形象，而洛谢夫本人这种综合、复杂的个性又何尝不是如此呢。

索洛维约夫熟谙世界哲学思想，并与本国文化保持着千丝万缕的联系。用谢·布尔加科夫的话说，索洛维约夫哲学是哲学思想史上"最洪亮的和弦"④。对洛谢夫来说，索洛维约夫哲学是他掌握"任何哲学的入门"。洛谢夫终生保持对自己第一位导师的热爱，保持对他的思想之兴趣，并给予其极高评价。已经是暮年的洛谢夫称其早期熟识索洛维约夫哲学是自己的

---

① Тахо-Годи А.А., От диалектики мифа к абсолютной мифологии, Вопросы философии. 1997. № 5. С. 167.

② Лосев А.Ф., Лосева В.М., Радость на веки: Переписка лагер. времени, // Сост. А.А.Тахо-Годи и В.П.Троицкого, М.: Русский путь, 2005. С. 40～41.

③ 普洛透斯：海神，具有变换自己形体的本领，可以将自己变成任何形状。在现代语中，普洛透斯意味着千变万化、多种多样。

④〔俄〕索洛维约夫等：《俄罗斯思想》，贾泽林等译，杭州，浙江人民出版社，2000年，第156页。

"幸运",洛谢夫一生最后一部宏篇巨著是献给索洛维约夫的,即《弗·索洛维约夫》(1983),在洛谢夫谢世两年后,该书以《弗·索洛维约夫和他的时代》(1990)之名修订出版。"这标志着他从索洛维约夫开始的宗教哲学创作之路最终以对索洛维约夫思想的研究而结束了。"[①]学者拉什科夫斯基(Е.Б.Рашковский)对此给予极高评价,他说:"这是一位伟大的哲学家写就的关于一位伟大的哲学家的著作"[②]。

(四)洛谢夫神话思想形成的深层基础

洛谢夫神话思想形成的深层基础是他那炽热的宗教情结。洛谢夫的个性与创造,他的理性与精神基础,都根植于东正教信仰照耀下的俄罗斯文化传统,他的世界观成长在俄罗斯宗教哲学传统(即从斯拉夫学者始至索洛维约夫止)的土壤上。如果说在中国,神话思想指的是一种学术见解和观点,是人们对神话本来面貌的认识和理解,那么在西方,神话思想指的是世界观意义上的思想观念,是以超自然的神秘观念观照客观世界而产生的种种见解和思想,它可以不顾客观条件的限制,力图把主观意志强加于客观世界,改变客观世界的面貌。可见,神话思想实际就是神话所体现的宗教观念,是对这种观念的提炼和总结。因此,了解洛谢夫成长的宗教背景也是探索其神话思想的一把钥匙。

宗教要求笃信超感觉世界,并要求遵循这一信仰而生活。家庭的熏陶为洛谢夫一生中非凡的学术成就奠定了基础。洛谢夫的父亲费奥多尔·彼得罗维奇(1859～1916)虽然是中学数学教师,但他酷爱音乐,他那极高的音乐天分以及追求自由的思想都遗传给了儿子。洛谢夫的母亲娜塔利娅·阿列克谢耶夫娜·波利亚科娃(1850/1860～1919/1920)作为教堂大司祭的女儿,信仰虔诚。因父亲追求音乐和自由而离家出走,自孩提时代起,母亲就是洛谢夫的生活支柱,并对他的宗教世界观的形成有着潜移默化的影响,在母亲的关心下,洛谢夫一直受到良好的教育。如果对青年时期的洛谢夫来说,没有哲学、没有艺术,他的生活是不可思议的。同样,对他来说,没有传统的生活也是不可思议的。因为传统巩固了人的精神道德,青年时期的洛谢夫记得自己的哥萨克祖先,为他们而自豪。因为他们曾经是1812年俄罗斯—土耳其之战的战争捍卫者;他们曾参加1812年俄法战争的卫国战斗,并由此受封获得世袭贵族称号。他们的勇敢、坚毅、追求自由的精神也传承给了洛

---

① 张百春:《当代东正教神学思想:俄罗斯东正教神学》,上海,上海三联书店,2000年,第252页。

② Рашковский Е.Б., Лосев и Соловьёв, Вопросы философии. 1992. № 4. С. 142.

谢夫。

　　洛谢夫接受了严格意义上的东正教,接受了合乎道德标准的生活准则。在他出生后不久,作为东正教大司祭的外祖父就为外孙主持了洗礼。在许多方面都带有虔诚派教徒印记的洛谢夫严格遵守斋戒,他曾担当过教堂合唱班指挥、撞钟人,熟知教会规章和弥撒仪式。由此,可以说,洛谢夫深刻内在的宗教仪式感以及对东正教祈祷仪式规程的熟知得益于家庭的影响。后来,洛谢夫曾向帕维尔·弗洛连斯基神父坦言:"要知道,我记得弥撒,我每天都默读它。"

　　对于信仰与理智的关系,人们通常有这样的观点:我心中坚信上帝的存在,但是,我的理智时时刻刻都在怀疑,妨碍我真诚地信仰。而洛谢夫则与之相反,他说:"我的心中有怀疑,但是,我的理智坚定地证明上帝是存在的!""我只凭借理智而生活。理智高于任何逻辑"。[①]洛谢夫对东正教的虔诚信仰由此可见一斑。

　　洛谢夫神话思想渊源的另一条线索是历史上的宗教神秘主义哲学。20世纪初在俄罗斯东正教内部产生了一场关于神之名的争论。一派主张通过禁欲修行,在神秘体验中,在不间断的祷告中,通过不断默念上帝的名字就可以达到与其内在结合的目的。上帝就存在于上帝的名之中,并且上帝的全部本质和所有的、无限的性质都存在于其中。这种主张崇拜上帝的名,甚至极端地认为上帝的名就是上帝本身的学派,因而被称为赞名派。而另一派修士则反对赋予上帝的名以如此崇高的价值和意义,主张对上帝的名的崇拜要有限度,指责赞名派为异端,这一派被称为反赞名派。两派争论的焦点就是关于神的名的问题,神的名里是否真的存在着上帝,或者仅仅是一般的名而已。这场复杂的神学和哲学争论,涉及上帝的本质和属性、对上帝的信仰和崇拜,涉及禁欲主义的传统等诸多问题,许多神学家和哲学家都参与其中,包括著名的宗教哲学家弗洛连斯基、布尔加科夫以及洛谢夫,他们对该争论都有积极回应,他们都是赞名派的支持者。但是,他们主张在更广泛的意义上研究上帝的名。限于当时的社会背景不能直接或者专门谈论上帝之名的问题,他们将研究推广到哲学、语言学、神学和神话学等众多领域,在最广泛的意义上探讨一般名称的意义问题。布尔加科夫与洛谢夫还分别著有《名谓哲学》的专著。洛谢夫的《名谓哲学》一书写于1927年,评论界将其视为他随后写作的《神话辩证法》(1930)一书的序曲,两本书之间葆有内在关联。洛

---

① Иерей Алексий (Бабурин), Монах Андроник (Из разговоров с А.Ф.Лосевым), Москва, 1995. № 4. C. 188.

谢夫夫妇甚至在1929年6月3日秘密接受剃度，成为生活于世俗的修士和修女。[①]因此，在《神话辩证法》一书中出现了关涉修士、修女问题的探讨不足为奇。在第二次世界大战初期，在洛谢夫写作的诗歌中也涉及了执着于探索的修女形象及其苦难历程等主题，苦修者、徒步朝圣者、漫游者都是洛谢夫喜爱的形象。[②]除此以外，洛谢夫对喀巴拉教（каббала）[③]等犹太教的神秘主义文献有所研究，这些宗教神秘主义思想不能不影响到他的神话观念。

小　结

任何思想的产生都离不开思想家所处的时代，都会打上时代的烙印。本章首先对洛谢夫生活的宏观时代语境以及俄罗斯本土的微观社会背景做了考量。因为洛谢夫的学术研究肇始于20世纪初，所以，了解20世纪初世界范围内兴起的神话复兴运动，了解20世纪初俄国本土"白银时代"的学术热潮以及随着十月革命的胜利，社会发生的巨大变革等，都是本论著写作需要掌握的前提要素，只有坚持这样的定位才能真正理解洛谢夫的神话思想，了解其神话学研究的独特之处。

"思想创造总是既要走进历史，又要不为之所囿，走出前人。"[④]著名神话研究专家叶·莫·梅列金斯基（Е.М.Мелетинский）对洛谢夫神话辩证法理论做了分析之后又进一步指出他的哲学根源："对神话中激奋和痴迷的注重，使人不仅忆起作者本人提及的威·冯特[⑤]（以及吕·莱维－布吕尔[⑥]），而且忆起维亚切斯拉夫·伊万诺夫；有关个人的历史异相存在与其未予触动的始原等的综合的观念，使人忆起德国唯心主义的后康德哲学；象征的理论同弗·威·谢林之说非常相近；保·弗洛伦斯基的影响清晰可

---

① 剃度由听取其忏悔的神甫、修士大司祭达维特主持，洛谢夫夫妇获得新名，分别成为安德罗尼克修士、阿法纳西亚修女。
② 参见作者翻译的《洛谢夫诗九首》，《世界文学》2009年第4期，第265～277页。
③ 喀巴拉教：希伯来文的音译，原意为"传授之教义"，犹太教神秘主义体系，是诺斯替教、毕达哥拉斯和新柏拉图主义的混合物。公元前2世纪，该教在最狂热的犹太教徒中产生，在中世纪的基督教徒和伊斯兰教徒中广为流传。
④ 徐凤林：《索洛维约夫哲学》，北京，商务印书馆，2007年，第18页。
⑤ 威廉·冯特（1832～1920）：德国生理学家、心理学家、哲学家，第一个心理学实验室的创立者，构造主义心理学的代表人物，著有《生理心理学原理》（1873～1874）、《心理学概论》（1896）等著作。冯特的神话理论是以泰勒的泛灵论为基础的，他从各种心理学的观点入手，把全部神话概念和观念视为灵魂观念的不同表现形式。
⑥ 吕·莱维－布吕尔（1857～1939）：俄裔法国社会学家、人类学家、哲学家，著有《伦理学与道德科学》（1903）、《低等社会中的心灵功能》（1910）、《原始时代的神秘与象征经验》（1938）等。在研究原始人的思维时，他提出了"前逻辑思维"、"互渗律"等观念。

见；柏拉图'神话辩证法'的反光无所不在（'神话哲学'一语用于柏拉图，正是始于阿·费·洛谢夫）：对'个人'中主体—客体有机的、反射的同一的寻求，不仅同生命哲学中'有机因素'的寻求相适应，而且在更大程度上同旨在克服主体与客体之二律背反的现象学意图相应。[1]"显而易见，在此，梅列金斯基突出的是洛谢夫学术思想与前人的渊源关系。

洛谢夫吸收了前人诸多思想资源，但并不局限于将其机械地组合，而是创造性地吸收和借鉴，整合后纳入自己的体系，形成自己的神话观点。对洛谢夫神话思想深具影响的学者，我们选择几位做了重点介绍，并对他们之间的承继性做了具体分析。总的来说，在西方学者中，谢林的以哲学—历史的眼光来看待神话；对与神话密切相关的象征范畴做了理论阐释；从普遍与特殊的统一出发去认识神，将神话视为"绝对同一"现实的最高形式等观点对洛谢夫思想都有深远影响。现象学始祖胡塞尔关于现象的理论，主张认识事物要尊重现象本身，认为"现象"是一切知识的根源或起源，试图如其所显现的那样来描述事件和行动的哲学观点启示了洛谢夫的神话研究，从而使洛谢夫摒弃对神话定义的外围研究，而是通过"现象学还原"定位于对神话进行如其所是的内部探讨。此外，洛谢夫所采用的现象学辩证法的神话研究方法也部分地得益于胡塞尔的学说。柏拉图是深受洛谢夫喜爱的哲学家之一。柏拉图善于运用神话故事，通过明白晓畅的神话将其理论导向艰深的哲学维度；洛谢夫对俄耳甫斯教、对灵魂观念的兴趣也与柏拉图的影响密不可分；另外，在柏拉图设计的教育体制中，他最为看重辩证法，将其视为"主要乐曲"，而其他一切学问都是学习辩证法正文前的"序言"、"前奏曲"，只有受过辩证法教育和训练的人才能进入城邦统治者的行列，这种观点的影响辅之以对新柏拉图主义者以及黑格尔辩证法的考量，洛谢夫在其哲学研究中大都不会漏掉辩证法的方法，所以他被评论界称作"泛辩证法"的学者。

俄罗斯本土文化同样滋养着洛谢夫的神话思想。对洛谢夫世界观影响最大的还是俄罗斯的精神传统，主要来自俄罗斯宗教哲学家索洛维约夫、布尔加科夫、弗洛连斯基等杰出人物的影响。其中，索洛维约夫是现代意义上的俄罗斯哲学奠基人，他结束了俄罗斯没有哲学体系的时代，开创了独特的俄罗斯哲学时期，这是其吸引洛谢夫并对其产生敬仰的原因之一。在索洛维约夫的完整知识论、世界学说、道德哲学、历史哲学、智慧学等内容广

---

[1] 〔苏〕叶·莫·梅列金斯基：《神话的诗学》，魏庆征译，北京，商务印书馆，1990年，第144页。

博、纷繁的哲学体系中,他的万物统一理论对洛谢夫启示最大。与其一脉相承,洛谢夫将万物统一观点贯穿于辩证法中,贯穿于有限和无限综合起来的观念中,并与之相因袭,洛谢夫提出了"高度综合"的观念。

此外,洛谢夫神话思想形成还有它的深层基础,即其虔诚的宗教情结。洛谢夫接受了东正教洗礼,接受了严格意义上的东正教,接受了合乎道德标准的生活准则。但这并不排除洛谢夫思想渊源的另一条线索即宗教神秘主义倾向。洛谢夫夫妇甚至于1929年秘密剃度,成为修士和修女。洛谢夫参与赞名派的争论,对名谓的广泛研究深具价值,他的名谓哲学特别是体现在语言学方面的贡献,已经成为语言哲学领域关注的内容。洛谢夫宗教世界观对他的神话研究影响很大,特别是他提出的"绝对神话学"观念使其最终走向了俄罗斯神学思想的建构。

> 在哲学中,我是一位逻辑学家和辩证法家。
>
> ——阿·费·洛谢夫

第二章　洛谢夫神话研究的方法论

研究神话的基本方法,据《简明不列颠百科全书》归纳大体分为以下几种:(1)理性主义方法,对神话做寓言性解释,或将神话的创造归结为恐惧。(2)浪漫主义方法,强调感情是创造神话的一个因素。(3)比较法,对多种传说进行种种归纳。(4)民间传说研究法,提出"低级神话"的理论,如德国学者曼哈特努力发掘所谓"原始共同神话",其主要贡献在于收集神话主题并进行分类。(5)功能法,将神话的需要归结为其在原始文化中所完成的功能:保存社会、伦理、实用、美学和宗教的风俗习惯和制度,并使其合理化。(6)结构法,观察整个世界神话的相似之处,并予以阐述。此外,我们知道,近代还出现了心理分析等多种研究神话的方法。我国知名学者鲁刚在总结其毕生研究神话的专著《文化神话学》(2009)一书中,谈及神话研究至少有三种方法是必须遵循的,即历史的方法、综合体的方法和比较的方法。[1]鲁刚认为,用历史的方法研究神话,一方面,神话不管是作为一个总体,还是一则具体的神话,都是一定历史条件下的产物。研究神话一定要联系这一神话产生的时代和条件,研究生活在这一时代的人们的思维特征。另一方面,要把神话视为一个历史发展过程。如果说,历史的方法着眼于考察神话总体发展的过程和阶段,那么,综合体的方法则是考察在具体神话和神的身上所体现的时间和空间的综合性质。在鲁刚看来,把不同时间、不同空间的一些品质压缩在一则神话或一个神话人物身上,这则神话或这个人物就是一个综合体。鲁刚是从文化角度来言谈的,他认为比较的方法则是把神话放在更大的文化背景下,把相似的或相异的神话现象加以对比,探索相似或相异的原因,从而加深对神话这一文化现象的认识。[2]

---

[1] 鲁刚:《文化神话学》,北京,社会科学文献出版社,2009年。

[2] 同上书,第3、5、14、30页。

具体谈到洛谢夫的神话研究，我们发现，他的研究不仅具有内容涵盖的广度，而且具有方法论的深度。考虑到这一问题的重要性，本章便将其凸显出来，做集中探讨。我们首先需要明确的是，方法是一种目标确定的、对研究对象进行思考的思维程序。从词源学角度来看，"方法"一词的希腊文含义是遵循某一路径，为达到目的采取的一定步骤。在神话研究中，洛谢夫首先借鉴了中世纪否定神学的方法，主要通过否定方式界定了神话的内涵；其次，以柏拉图的辩证法为基础，同时受到黑格尔、谢林和胡塞尔的影响，洛谢夫吸收了现象学的一些合理成分并加以创造性地改造，从而形成独具特色的被称之为"洛谢夫方法"的哲学方法，即现象学辩证法。除此以外，洛谢夫还采用了社会—历史批评的方法以及文化类型学方法来研究神话。下面我们对其分别加以介绍。

一　否定的方法

肇始于中世纪的否定神学，是以否定的方法为基础的有神论。它通过断言上帝不是什么，而不是他是什么来描述他。这是因为，在否定神学看来，作为有限的存在，我们不能认知上帝在任何实在和完全意义上的属性；再者，上帝超越了我们的语言所能正面描述的范围。

借鉴此方法，从哲学视角界说神话的定义时，洛谢夫采用了否定的方法。洛谢夫的思想路向是通过否定，通过离析神话与相邻领域的关联，把神话的特征审视了一遍：神话不是虚构、不是理想完美的存在、不是科学、不是模式、不是寓意、不是诗歌、不是宗教……这样，通过否定的方法，洛谢夫一层层地撩开迷雾，将自己的阐释推向明晰。列夫·卡尔萨温（Лев Карсавин）一语道破地指出："通过否定来构造和表达概念，而概念的深层是肯定。"[1] 通过否定得到肯定，通过否定来确认神话的界定，比简单的肯定要强烈得多，或许，这正是洛谢夫从哲学视角界说神话的目的所在。

此外，对古希腊神话进行研究时，洛谢夫仍然运用了否定的方法，借助神话与其他体裁的差异，即神话不是童话故事、不是传说、不是寓言……从而一步步明确离析出文学、文化意义层面的神话内涵。

二　辩证法的运用

在哲学史上辩证法经历了漫长的发展过程，了解其演变历程是认识辩证法问题的基石。历史上，一般把辩证法的发展划分为"三种历史形态"，或称"三种基本形式"，即古代朴素的辩证法、唯心辩证法和唯物辩证法。辩证法在其嬗变过程中，凸现出赫拉克利特等古希腊哲学家、康德和黑格尔、马克思和恩格斯三个关节点。但就辩证法的历史发展过程来看，实际情况要比列出的复杂得多，形态亦丰富得多。以下我们对历史上辩证法的具体发展做概略性梳理。

"辩证法"一词的希腊文词源指"选取"、"辨别"之义，后来引申为"讨论"、"推理"、"对话"[2] 等意义，并成为谈话、论战的技艺，其借助于语言艺术的技巧和活动，达到揭露矛盾、说服别人、实现自己的目的。

赫拉克利特探讨了逻各斯问题，直观到日和夜、生和死等对立面。此外，他还提出了"万物皆动"、"万物皆流"、"人不能两次踏进同一条河

---

[1] 〔俄〕B.B.科列索夫：《语言与心智》，杨明天译，上海，三联书店，2006年，第83页。

[2] "辩证法"（dialectics, диалектика）和"对话"（dialogue, диалог）两词有相同的词根。

流"、"每一种东西都是对立性质的统一"等哲学观点。虽然赫拉克利特还未曾认识到自然界发展的内在联系和规律,但其所承认的事物的运动、发展和变化,已经呈现出自发的、直观的古代朴素的辩证思维特征。

巴门尼德①论述了"存在与非存在"观点,证明人类从表象思维转向抽象思维已经有了辩证法基础,但在亚里士多德看来,巴门尼德的学生芝诺②才是辩证法的真正创始人。芝诺提出了著名的四个悖论,即二分法、阿基里斯永远追不上乌龟、一倍的时间等于一半的时间、飞箭不动。芝诺首先通过逻辑论证,运用归谬法从反面证明论点,由此引出辩证矛盾的思想。

苏格拉底的辩证法通过讨论、对话、反问和引导等形式揭示矛盾,从个别问题归纳出一般,达到对事物本质的认识。由此,辩证法与论辩法、诘问法、反证法等密切相关,其中,诘问法(或问答法)是一种较为普遍的辩证法形式。

虽然"辩证"这一词发端于苏格拉底,但是,是柏拉图在其论著中首次使用了"辩证法"这个概念的。柏拉图认为辩证法是通过推导认识事物,强调事物的联系性,将辩证法视为青少年必修的课程之一,从教育体制来看,辩证法应被置于最顶端。应该承认,"在古希腊哲学家中,柏拉图是第一次明确地运用辩证法这一概念并将其提升至哲学高度的哲学家"③。

亚里士多德研究了许多辩证法问题,涉及联系、发展和变化、个别和一般、运动、必然和偶然、有限和无限等范畴,对辩证思维形式都有深刻阐释,恩格斯称其是古希腊哲学中第一个研究"辩证思维的最主要的形式"的思想家。④

新柏拉图学派代表人物普罗克洛对柏拉图的辩证法做了深刻研究,特别是对关于"一"的辩证法研究,著有《柏拉图神学》一书。

从斯多葛学派⑤哲学家到中世纪末,辩证法与形式逻辑密切相关。由

---

① 巴门尼德(公元前515~前5世纪中叶以后):哲学家,生于意大利半岛南部爱利亚城,他依靠抽象,从感性世界概括出"存在"范畴,认为存在是永恒的、不动的,是真实的、可以被思想的,提出了"思想与存在是同一的"命题。著有哲学诗《论自然》。

② 芝诺(约公元前490~约前425):数学家、哲学家,生于意大利半岛南部,爱利亚学派的代表人物,巴门尼德的学生,被亚里士多德誉为辩证法的创立者,著有《论自然》,提出了二分法、追龟说等著名的"芝诺悖论"。

③ 朱进东:《黑格尔辩证法与柏拉图辩证法关系之阐释》,《南京社会科学》2005年,第2期,第31页。

④ 《马克思恩格斯选集》,第三卷,北京,人民出版社,1972年,第59页。

⑤ 斯多葛学派,又称斯多亚学派、画廊学派,因经常在雅典的广场廊苑(斯多葛在希腊文中是"门廊"之意)聚众讲学而得名。该派是希腊化时代一个极具影响的派别,创始人是塞浦路斯岛人芝诺,代表人物还有爱比克泰德、马可·奥勒留等。

此，辩证法本身经历了古代希腊的一种辩论或讨论的谈话方法，发展到后来成为一种具有逻辑、哲学深意的思维形式。需要指出的是，因为宗教在中世纪占据重要地位，所以，中世纪的辩证法也带有宗教色彩，经院哲学有关共相和殊相等问题的讨论，并进而引发的唯名、唯实派争论都是为宗教（基督教）神学服务的。

文艺复兴时期，布鲁诺的关于形式和质料、极大和极小等对立统一思想得到了黑格尔的高度评价。

近代启蒙时期，斯宾诺莎关于"自因"、"一切规定都是否定"等的辩证思想较为突出。卢梭、狄德罗等学者则对人类社会历史发展问题进行了辩证研究。

但自中世纪至这一时期，对辩证法的再认识并没有深刻的进展。

康德在《纯粹理性批判》中提出了"先验辩证论"，虽然肯定辩证法对于理性是必然的，承认矛盾属于思维规定的本性。但是，他认为矛盾不是对象本身所固有的，而且只停留在辩证法的抽象否定方面，故而得出理性不能认识无限东西的结论。

黑格尔则将辩证法看作绝对精神自身分化自身而后又走向统一的自我演进和发展的运动。提出正题、反题、合题的三段论划分形式。黑格尔的"辩证法既是以精神为核心的一切事物运动的原则，又属于理性的一种高级思维方式，并体现着人的存在方式"[1]。

马克思和恩格斯将辩证法看作客观事物普遍联系和永恒发展的唯物主义辩证法理论，强调事物是对立统一、矛盾和斗争、永恒运动和发展的。列宁将对立统一规律视为辩证法的核心，初步建立了辩证法的科学体系。

辩证法在洛谢夫的哲学研究中起着决定性作用。对希腊哲学、美学情有独钟的洛谢夫，不可能不对辩证法予以关注，因为希腊是辩证法的故乡，辩证法是希腊研究绕不开的重镇。辩证的思维方式与哲学的思维方式俱生，它也是哲学思维最基本的方法，抛弃"辩证法"就等于抛弃"哲学"。洛谢夫自己也宣称："在哲学中，我是一位逻辑学家和辩证法家，逻辑学和辩证法贯穿在我的全部著作中。"[2] 研究洛谢夫学术的一些人都异口同声认可，洛谢夫是其时代最伟大的辩证法家，"洛谢夫的整个哲学都是在神话辩

---

[1] 严震宇：《辩证法思维方式探源》，《江西农业大学学报》2004年第2期，第89页。

[2] 见劳改营时期，洛谢夫与妻子的通信（1932年3月11日）。// Лосев А.Ф., Лосева В.М., Радость на веки: Переписка лагер. времени, // Сост. А. А. Тахо-Годи и В. П. Троицкого, М.: Русский путь. 2005. С. 54.

证法的符号下进行的"①。

总的说来，在洛谢夫的神话理论研究中，他所运用的辩证法具有如下特点：

第一，洛谢夫的辩证法是万能的方法论。

洛谢夫首先秉承辩证法的原初意义，将其视为一种方法而非一门科学。洛谢夫对辩证法的偏爱体现在《艺术形式辩证法》、《普罗提诺的数的辩证法》、《神话辩证法》、《古希腊宇宙论与现代科学》、《名谓哲学》、《古希腊罗马美学史》（一、二卷）等多部专著以及多篇相关论文中。从中我们可以发现，洛谢夫视辩证法为万能的方法，将其应用于数、艺术形式、神话等众多研究领域。辩证法具有普遍性，而不只是一种哲学意识，洛谢夫将一切都溶解于一个辩证的体系中加以论证，这是其方法论的一个突出特点。

人们将辩证法视为一种思维方式。作为逻辑，辩证法内在于人类理性之中，是一种认识世界和表达世界的方式，后来康德和黑格尔都是在这种逻辑意义上谈论辩证法的。洛谢夫很赞赏黑格尔的辩证法，但他不是黑格尔主义者。洛谢夫认为，辩证法应该作为纯粹的逻辑学说加以研究，这是首要的。然而，辩证法不仅是逻辑学说，它本身公设非逻辑与逻辑的意义相同。自然，作为自己的主导原则之一，它一定包含非逻辑。于是，在洛谢夫这里，逻辑与神话有了一定关联。洛谢夫认为，神话优于逻辑，不是神话追随在逻辑之后，而是逻辑追随神话。洛谢夫列举了主体与客体、思想与物质、意识与存在、本质与现象、灵魂与肉体、自由与必然、无限与有限、绝对与相对等12对范畴来说明此观点。同时，洛谢夫借以表明，神话以巨大的力量渗透到辩证法领域；反之，辩证法也是无所不在的。比比欣在《洛谢夫的绝对神话学》一文中指出洛谢夫辩证法的总体特征："洛谢夫的辩证法太机灵、太强大。它不会被欺骗，它能够成为非常卓越的力量"，"它将联络最为遥远的事物，一切都归为一个开端，一切都源出于它"。②虽然我们不能过于夸大辩证法的作用，但在洛谢夫的神话研究中，它的地位可见一斑。《神话辩证法》一书是洛谢夫采用辩证法的最佳例证，就连著作标题都包含辩证法意蕴。因为在人们的一般观念中，神话被视为虚构、幻想的产物，它深深根植于感性，是非理性的，并长期为科学理性所排斥。神话似乎排斥一切逻辑规则，而辩证法则深具逻辑思维特征。在此，"神话"与"辩证法"构成一组对立统一体，洛谢夫将这两种泾渭分明的范畴聚拢在一起。在《神话辩

---

① Алексеев П.В., Философы России 19~20 столетий. Биографии, идеи, труды. С. 470.

② Бибихин В.В., Абсолютный миф А.Ф.Лосева, Начала, М., 1994. № 2~4. С. 97, 57.

证法》中，洛谢夫正是借助辩证法，有规律地、逻辑必然地将各对范畴引向悖论并将所有的悖论加以综合，从而得出结论。辩证法不是形而上学，因为代替公设，它提供的是逻辑结构。当然，只是对立的逻辑而非形式的逻辑。洛谢夫从一个范畴到另一个范畴渐进地阐释意义，遵循着个性—生成、历史意义—话语—奇迹，从而阐明自己的神话观点。

第二，洛谢夫的辩证法源于生活，具有现实性特点。

如上所述，洛谢夫在许多著作和论文中都涉及过辩证法，也多次表达了对辩证法的高度评价。其中，可以说《名谓哲学》是洛谢夫辩证性思维成果的优秀著作之一。而在洛谢夫写作《名谓哲学》一书的同时，德国主要盛行的是海德格尔（М.Хайдеггер）[1]的《存在与时间》（1927），但这里几乎找不到辩证思维的痕迹。广及西方，亦是逻辑实证思维占优势。在这种理性知识占主导的背景下，关注俄罗斯思想家洛谢夫的辩证法观念，即将辩证法视为认知的方法、现实所见的方法、工作的方法，这是具有意义和价值的。

"唯一正确和完整的哲学方法……是辩证的方法。我的所有成果，如果与哲学有一定关联的话，那么，它们都是我辩证思维的结果。我认为辩证法是哲学研究唯一可行的形式。"[2]在《名谓哲学》一书的前言中，洛谢夫给出了自己对辩证法的理解。他认为，辩证法中最主要的是它的生命力、它的现实性。"辩证法是唯一的方法，它可以涵盖整个鲜活的现实"；"辩证法是现实本身的旋律"；"如果辩证法不能关涉现实物，这么糟糕的东西就不值得命名为辩证法"。洛谢夫不认可脱离现实社会生活的辩证法，但他同时也意识到，辩证法并不能代替生活本身。辩证法不可能也不希望置于生活之前，相反的是，"生活本身孕育了科学和辩证法"。由此可见，洛谢夫的辩证法，作为他所采用的一种研究方法，源于生活，具有现实性特点。

第三，洛谢夫创生了独具特色的现象学辩证法（феноменологическая диалектика）。

运用新的方法是学术进展的一个重要途径，而新的方法往往与研究对象结伴而生。洛谢夫曾表白过自己早在青年时代就醉心于辩证法。对于神话的理论研究，洛谢夫所采用的不仅仅是单一的辩证法，而是创生了现象学的辩证法，并尝试将其作为自己打开神话本质之门的一把钥匙。在《神话辩

---

[1] 海德格尔（1889～1976）：德国哲学家，存在主义主要代表人之一。著有《存在与时间》（1927）、《林中路》（1950）等。

[2] Кравец С., А.Ф.Лосев: диалектика. феноменология. миф. // Лит. учеба. М., 1988. N 1. C. 150.

证法》一书的出版前言中,洛谢夫指出,对神话本质的争论并不在于神学家的神秘视角,也不在于民族志学家关注于经验论,而在于神话科学到目前为止还不是辩证的,也不是描述—现象的。[1]由此,洛谢夫在其神话研究中独辟蹊径,将辩证法与现象学进行创造性综合。在谈到神话与辩证法的关系时,在《神话与辩证法》一文中,洛谢夫指出:"我们应该对神话这一概念进行大量的现象学梳理,将它与诸多邻近领域区别开来。如果我们不运用辩证法,即那种可以在严格的逻辑体系中加固我们得到的结论的辩证的方法,现象学则不能使我们避开有害的形而上学。没有辩证法的现象学是盲目的和无关联的,如同没有现象学的辩证法不能得到范畴的准确性和纯粹性一样。现象学辩证法是哲学家研究对象所运用的第一个基本的方法。"[2]从这一宗旨出发,如同现象学家一样,洛谢夫坚持对神话进行如其所是的描述。因为某种神话直觉的存在,会使人们将自己置身于某种外部,即以某种外位视角有意识地看待神话,所以,在运用神话之前,神话本身逻辑地(科学地、宗教地、艺术地、社会地等等)存在于运用它的人们的意识之中。因此,必须首先予以实质—意义地,即现象学地揭示神话,洛谢夫运用"现象学还原"(悬置)方法,即神话不是虚构,不是幻想的臆造;神话不是完美的存在;神话不是科学的建构;神话不是形而上学……由此将神话从虚构、科学、形而上学、模式、寓意、诗歌、教义、历史事件等邻近的领域中离析出来。现象学可以做到将神话与粘连物及复合物剥离,尽可能将神话的本真形态呈现出来。与此同时,现象学研究需要辅之以辩证的方法,洛谢夫对关涉的主体与客体、思想与物质、意识与存在、本质与现象等范畴进行深入的逻辑剖析。研究方法与研究对象具有不可分割的联系,辩证法与现象学结合的哲学方法深具复杂性,洛谢夫将两者结合起来运用于神话研究,做了新的尝试,丰富了我们的方法论武库。当代哲学家霍鲁日敏锐地发现了洛谢夫的一体化的方法论特点,并指出:"在任何主题中,将现存的方法积累搜集到一起总是很吸引他,在揭示每种方法的片面性之后,他将其归入涵盖一切的统一的超方法中(супер-метод)"[3]。在进一步深入分析中,霍鲁日还推导出所谓的"洛谢夫的方程",即"现象学+辩证法=象征主义"[4],它的意义,在霍鲁日看来,就是将辩证法的方法运用于现象的(胡塞尔式的)

---

[1] Лосев А.Ф., Диалектика мифа // Сост. подг. текста, общ. ред. А. А. Тахо-Годи, В. П. Троицкого, М.: Мысль, 2001. С. 33.

[2] Там же. С. 420.

[3] Хоружий С.С., После перерыва. Пути русской философии, СПб.: Алетейя, 1994. С. 228.

[4] Там же. С. 221.

阐释哲学对象，并在此基础上建构了象征学。而"象征与神话同一……是个性"，所以，上述公式可以替换为："现象学+辩证法=神话学"①。学者克拉维茨（С.Кравец）在自己的一篇关于洛谢夫的文章也谈到了他的现象学、辩证法、神话的关系。他指出，在洛谢夫的创作中存在三个理念：辩证法——研究的方法，现象学——掌握世界的方法，神话——世界观的基础。②

第四，洛谢夫对辩证法的认识是变化发展的。

辩证法本身是发展的，洛谢夫对辩证法的认识也是不断深化的。俄罗斯学者梅列金斯基指出，在洛谢夫早期著作中神话探讨囿于唯心主义辩证法，并与之始终相伴随。③的确，洛谢夫辩证法最初来源于柏拉图、新柏拉图主义者和黑格尔的体系。在接触了马克思主义经典著作以后，洛谢夫对辩证法有了更为科学的理解。学者梅特洛夫（В.И.Метлов）在《洛谢夫——辩证法家》一文中指出："一个杰出的思想家在他整个创作活动中，忠实于辩证法并不意味着其辩证的方法及其在科学工作中的使用没有发展变化。"④

我们知道，早在第一部重要著作《古希腊宇宙论与现代科学》（1927）中，洛谢夫就从辩证法的立场阐释了古希腊哲学中的宇宙学及天文学现象。当然，此时的辩证法还有着柏拉图、新柏拉图主义思想的鲜明痕迹，但重视辩证思维已经成为洛谢夫学术研究的一个重要特点。《名谓哲学》（1927）就是一个最好的证明。这里体现出洛谢夫的辩证法已然具有了现实性意义。在洛谢夫看来，"辩证法是现实本身的旋律"、"辩证法是直接的知识"、"是彻底的现实主义"、是"思想的绝对清晰、严谨与和谐"、是"哲学家认识生活的眼睛"……⑤随着对辩证法理解的不断深化，在《神话辩证法》（1930）一书中，表达辩证法的最好之处体现在，洛谢夫全新地分析了"奇迹"的概念，后面章节我们还会对此有所阐释。

俄罗斯思想家从传统出发，他们所理解的辩证法作为矛盾的逻辑，这是相当原始的。这种辩证的矛盾性被扩展用来分析符号与物的相互关系时则变得尤为明显。这一过程体现出的物的生成与意义、主体性、个性的生

---

① Хоружий С.С., Арьергардный бой: мысль и миф Алексея Лосева, Вопр. философии. 1992. № 10. С. 129.

② Кравец С., А.Ф.Лосев: диалектика. феноменология. миф. // Лит. учеба. М., 1988. N 1. С. 152.

③ 〔苏〕叶•莫•梅列金斯基：《神话的诗学》，魏庆征译，北京，商务印书馆，1990年，第145页。

④ Метлов В.И., Лосев – диалектик, // Мысль и жизнь: Сб. статей. Уфа, 1993. Ч. 1. С. 76.

⑤ Лосев А. Ф.,Философия имени, М.: издательство московского университета, 1990. С. 29.

成，就是黑格尔的"精神现象学"。洛谢夫的辩证法产生于主观与客观、物质与思想的相互作用的真实语境下。他承继了辩证法经典遗产中本质的东西，没有它们就谈不上现代哲学和科学思维。由上述分析可见，洛谢夫对古希腊及黑格尔的辩证法都有所吸纳。

但洛谢夫没有接受康德的实践思想，他借助于黑格尔的辩证法以及胡塞尔的现象学之综合弥补了这一不足。与此同时，洛谢夫在接受黑格尔的正反合论题时，引入了第四个要素——事实，从而使辩证法免于主观和无实体的唯心的责难。

作为名谓、数、神话、象征的哲学家，洛谢夫同样没有忽略占据统治地位的官方意识形态，即马克思列宁主义学说，并熟悉他们的辩证法。在回答相关问题时，洛谢夫说："在建构自己的象征理论时，我，当然，完全指向关于理论和实践的学说、关于理论是行动指南的马列学说。"[1]洛谢夫在接受维克托·叶罗菲耶夫（Виктор Ерофеев）的访谈时，曾准确地说出其研读马列经典的时间，即1925年，这一年他阅读了翻译成俄文版的恩格斯的《自然辩证法》（在叶罗菲耶夫看来，这是当时社会背景下学者自我防御的一种需要）；1934年，洛谢夫阅读了列宁的《哲学笔记》。[2]当然，对马克思主义辩证学说的认可，不存在任何虚伪及被迫。"正是因为洛谢夫将辩证法视为思维的绝对要素，才使得他在迷恋黑格尔、谢林以及胡塞尔学说的同时，仍然能够忠实于自我，完全独立。正是因为辩证法，才得以引导洛谢夫意识到并承认马克思主义辩证的学说。"[3]

总而言之，政治时局的变化、文化艺术的多元发展、多种哲学思潮的涌现以及个人成长环境和信仰的热烈，这一切造就了洛谢夫辩证法的独特特点。洛谢夫的辩证法是一种综合的方法，它融合了古代辩证法（主要是古希腊的柏拉图、普洛丁、普罗提诺）、黑格尔的哲学（尤其是精神现象学）、胡塞尔的现象学以及马克思、列宁的唯物主义辩证法。

三　社会—历史批评方法

列宁曾称辩证法为"最完整深刻而无片面性弊病的关于发展的学

---

[1] Лосев А.Ф., Дерзание духа, М.: издательство политической литературы, 1988. C. 216.

[2] Лосев А.Ф., Страсть к диалектике, М.: Советский писатель, 1990. C. 7.

[3] Кравец С., А.Ф.Лосев: диалектика. феноменология. миф. // Лит. учеба. М., 1988. N 1. C. 150.

说"①。把辩证法定位于发展,十分准确而精辟。与将事物看作僵死的、不动的"形而上学"的观点不同,"辩证法"主张对立统一,主张将事物看作处于永恒的运动、有规律的变化和发展。这个过程是历史显现的过程,于是,辩证法与历史之间体现出一定连属关系。在洛谢夫这里,他主要运用辩证的方法进行神话理论阐释,与之相关,在希腊神话研究中,他则采用了社会—历史的批评方法。在对这种方法进行分析之前,我们需要厘清洛谢夫与下述两种观点的差异。首先,洛谢夫的研究方法不同于严格意义上的神话历史学派。这一学派是由德国古典学者卡尔·奥特弗雷德·缪勒(1797～1840)开创的,在19世纪末20世纪初得到真正繁荣,它强调严谨的实证主义的和历史的研究方法,善于利用考古发掘成果,重视对神话古文献和古语言的研究,重视对神话的起源和演变过程的研究。总之,这一学派的目的在于,通过对神话不同时期不同版本的研究,来追溯其最早的文献出处,弄清神话的原初状态、形成时间以及演变轨迹。但是,找到神话的源头并不等于弄清了神话的本质,所以,神话历史学派的方法论只能作为研究神话的基础。其次,我们也要清楚,洛谢夫的研究方法不同于欧赫墨罗斯主义。这是源于古希腊的一种解释神话起源的理论,该理论坚信神是被神化的历史人物,神话是乔装改扮的历史,主张还原神话的历史原貌。所以,欧赫墨罗斯主义即是把神话解读为历史的一种研究方法,在当今它已经成为"历史化"的代名词。但是,我们知道"神话不是将历史事件译成神话语言,再由学者们转译回历史的"②。

与上述两种研究方法不同,在研究希腊神话时,洛谢夫虽然运用了历史文献以及一些考古发掘成果,但是,他更多的是以《荷马史诗》、古希腊和罗马时代的作家作品的神话创作为研究材料。由此,我们认为,洛谢夫的社会—历史批评方法更接近于文学上的社会—历史批评样态。它强调文学(神话)与社会生活的关系,认为文学再现生活并为一定的社会历史环境所形成,文学作品的价值在于它的社会认识功用和历史意义。

洛谢夫关注对神话的诸多版本进行历史分析,追溯其演变过程,通过梳理、提炼和概括,进而总结出发展规律。总的来说,在希腊神话研究中,洛谢夫的社会—历史批评方法具有如下特点:

---

① 〔苏〕列宁:《列宁选集》(第二卷),中共中央马克思恩格斯列宁斯大林著作编译局译,北京,人民出版社,1972年第2版,第442页。

② 简·布罗摩尔主编:《希腊神话的解释》,第216页。// 见王以欣:《神话与历史:古希腊英雄故事的历史和文化内涵》,北京,商务印书馆,2006年,第114页。

第一，宏观上，洛谢夫关注神话历史分期的线性梳理。如他将神话历史划分为以下阶段：下界阶段（拜物、万物有灵时期）；英雄时代；希腊化时期；奴隶制社会萌芽等。这几个关节点将神话形象的发展串联成线，由此，神话形象各阶段的特点一目了然。洛谢夫对雅典娜、宙斯、阿波罗三位神祇都做了如此梳理，在本书第四章节的具体分析中会谈到这种方法论的特点，在此我们不再举例赘述。

第二，微观上，洛谢夫注重发掘神话内部包蕴的社会—历史内涵，以此做到历时与共时研究的综合，体现出经线穿起、纬线交织的特点。下面是洛谢夫从社会—历史视角，对神话细节进行独特诠释的精彩例证。

我们来分析引起纷争的苹果和帕里斯之评判的神话。司纷争的女神厄里斯由于未被邀请参加珀琉斯和忒提斯的婚礼，出于愤怒就暗中向客人们扔下一个金苹果，上面写有"送给最美丽的女神"的题词。赫拉、雅典娜、阿佛洛狄忒三位女神都认为自己最美，应该得到这个金苹果，于是发生了争执。后来三位女神请特洛伊王子帕里斯裁判，赫拉许给他整个亚细亚的统治权；雅典娜许给他战斗胜利与光荣；阿佛洛狄忒许给他得到世间最美丽的女人的爱情。于是，帕里斯把金苹果判给了阿佛洛狄忒。这位爱神帮助帕里斯拐走斯巴达国王的妻子海伦，从而引起特洛伊战争。在这则神话中赫拉是实践智慧的象征；雅典娜是理论智慧的象征；阿佛洛狄忒是爱欲的象征。洛谢夫指出，作为战争女神和智慧女神的雅典娜在这则神话中是赫拉和阿佛洛狄忒的竞争对手，她与卖弄风情、妒忌女性美的对手处于同一水平线上，这在我们面前呈现的是文明初期的布尔列斯克①式的体裁风格，它与下界神话、英雄神话少有共同之处。故事呈现的时代体现出：神与人的关系如此亲近，可以直接交往，人实际上可以随心所欲地"评判"神灵的事情。而人在自然力面前完全无助，感觉自己只是自然力微弱的、偶然的附属品的时代已经一去不复返了。帕里斯评判的神话为我们展现了一幅别样的画面，在此，人不再是灵界可怜的附属品；相反，灵界是人的附属品。因为人现在已经是自身的主宰，他有权干涉灵界的事情，而且成为权威的评判人。人的自我确证观念获得发展，对此观点的发掘成为洛谢夫一个极有价值的阐释。继而，洛谢夫分析指出，在希腊神话中，许多情景都可以敏锐地再现人的个性之成长的意义：当俄狄甫斯猜中斯芬克斯之谜，斯芬克斯跳下悬崖；当奥德修斯第一个听到海妖塞壬的歌声没有受到诱惑而活下来时，海妖们

---

① 布尔列斯克（бурлеск, burlesque）：法语词，指文体故意与情节不相符的幽默诗、剧本等作品。例如，用庄严辞句描写滑稽场面。

在绝望中跳海,变成岩石;当阿耳戈船英雄们设法在两块岩石之间化险为夷地通过以后,这些可怕的、浮动的巨岩就稳定下来,不再撞碎船只危害航海者……由此,周围一些神秘的力量之谜都被破解逝去,不可理解之力量搭建了几个世纪的堡垒也随之倒塌,在这个意义上,帕里斯的评判反映了巨大的社会历史时期,反映了人的意识获得前所未有的发展。

我们再来分析阿拉赫涅(Apaxha)与雅典娜比赛编织技艺的神话。阿拉赫涅是吕狄亚的一位漂亮女郎,精于织锦,她骄傲地与雅典娜比赛织布技艺,却败下阵来,并被女神变成蜘蛛。通常人们将凡人与神的较量置于解读该神话的首位,洛谢夫却关注两人为比赛而设计编织的图案。

阿拉赫涅织出的画面是:宙斯变成一头白色公牛劫持腓尼基公主欧罗巴;宙斯化为鹰劫持提坦神阿斯忒里亚;宙斯化为天鹅与勒达交合;宙斯化为黄金雨与达那厄约会;波塞冬化为牛与女儿埃厄拉交合;波塞冬化作马与得墨忒耳交合;波塞冬化作鸟与美杜莎交合;阿波罗化为公鸡与伊萨交合……诸神的兽化现象是这幅画面的首要特点,也是拜物特征的显现,诸神可与凡人直接发生关联,甚至可以是肉体的关系。据此,洛谢夫断言,从社会—历史意义来看,这或是母权制阶段的直接体现,或是母权制阶段以一种遗迹形式残存于奥林匹斯英雄时代的神话中。

女神雅典娜编织的图案是自己和海神波塞冬竞争阿提卡的守护神的场面,竞争以两位神祇的和解而告终。画面表现的是奥林匹斯12位主神、诸神隆重出席观看竞争的场面。画面的四个角分别是:因冒称宙斯和赫拉之名而化作雪山的赫穆与洛达芭;因美丽而被赫拉变为仙鹤的侏儒族之母;因美丽的秀发而被化作鹳鸟的拉俄墨冬之女安提戈涅;因试图凭借自己的美貌超越赫拉而被变成神庙台阶的喀尼尔斯的女儿们。四角的情景反映的正是人类因对神的不恭而受到众神惩罚的场面。洛谢夫指出,这幅画蕴含的是对称与平衡的原则,每一种存在形式都位于自己应有的位置,人和神不可超越一定的等级。

有些学者认为,阿拉赫涅所织出的众神生活的场面中,一些神显得软弱无力,被人类各种强烈的情感所困扰,这种对神不敬甚至蔑视是阿拉赫涅招来身亡之祸的原因之一。洛谢夫则强调,不能简单地将雅典娜与阿拉赫涅的竞赛看作技艺与艺术的孰劣之争,而应该将其看作两个完全不同的神话发展阶段之更替的斗争。阿拉赫涅捍卫的是一般拜物神话中所具有的人神不相称原则、混乱融合的原则;而雅典娜所捍卫的是宇宙中的每个物都应位于自己特有的、一个适合的位置的原则,彰显一种规律、秩序、和谐原则。由此,雅典娜获胜,可见,英雄时代神话取代下界神话是历史发展的必然规律。

第三，洛谢夫将社会—历史的方法与地理因素结合分析神话。

社会—历史批评学派关注环境要素，与之相同，在对希腊神话做具体分析时，洛谢夫认为，考虑神话的地理分布与每个地区的历史特点是研究希腊神话的基本方法之一。[①]在传统的神话描述中，有时会预示出神话发生的空间地点。例如，狄俄尼索斯的神话不能脱离忒拜；忒修斯的神话属于雅典；墨涅拉俄斯和叶列娜（海伦）的神话属于斯巴达。然而，这种地点突出的只是纯形式的意义，对神话本身的营造并不能提供什么帮助。如同民间故事中的地点和时间要素缺乏实质意义一样，它们的随意性很大，可以是任意地点、任意时间的虚构。所以，洛谢夫强调，为了使这样的地理安排真正起到丰富神话的作用，必须考虑希腊个别地区的历史以及那个时代的社会—文化特点。在分析雅典娜形象时，洛谢夫同样指出，如果我们只是局限于社会—历史研究，而没有考虑到这样的问题，即雅典娜的这些历史分期在何处、怎样得以实现？它们在何处、怎样获得自己具体的历史意义？那么，我们的分析就是不足的。换句话说，我们应该涉及雅典娜神话及对其崇拜所形成的地理分布问题。[②]由此，洛谢夫进一步分出专节对雅典娜神话的地理分布进行了综述，涉及小亚细亚，爱琴海诸岛，伯罗奔尼撒，希腊的北部、中部等地区。在分析阿波罗形象时，洛谢夫指出，之所以产生固定不变的神祇观念，是因为对时间和空间要素缺少考虑，这从侧面强调了历史和地理要素在神话研究中的重要性。同样，在对主神宙斯的分析中，洛谢夫依然没有忽略地理要素，他主要突出并局限于阐释克里特岛的宙斯，由此生发出宙斯将欧罗巴劫持到克里特岛、迷宫、半人半牛的怪物米诺陶洛斯、牛的图腾崇拜、双面斧的图腾崇拜等一系列与克里特岛相关联的神话问题。

第四，洛谢夫的社会—历史方法关注神话语义积淀的意义。

洛谢夫强调，"对于现代神话科学来说，从历史的层面理解神话应置于首要之位。首先，在神话中最吸引我们的是它的古老的根基以及进一步历史积淀的持续性"，"对于我们来说，在神话研究中，历史主义不是别的，而是语义积淀的历史"。[③]在历史演变中，雅典娜、阿波罗等形象的多种语义

[①] Лосев А.Ф., Античная мифология в историческом развитии, М.: Учпедгиз., 1957. С. 32.

[②] Тахо-Годи А.А., Лосев А.Ф., Греческая культура в мифах, символах и терминах. СПб, 1999. С. 282.

[③] Лосев А.Ф., Античная мифология в историческом развитии, М.: Учпедгиз., 1957. С. 149.

综合特点已经表征出来：雅典娜是蛇、猫头鹰、燕子，是油橄榄、柳树、常春藤，是闪电、水、风等；阿波罗是圆柱、方尖碑，是蝗虫、老鼠、狼、天鹅、海豚，是月桂、丝柏树、棕榈等。在此，我们主要探讨迷宫这一非生命的神话形象之语义积淀特点。洛谢夫从历史发展视角研究迷宫这一神话，同时结合地理因素以及语义积淀意义，由此，迷宫这一复杂形象的动态发展面貌清晰地呈现出来。

迷宫（лабиринт）是古代人们用来称呼那些有很多回环歧道而且难于找到出口的宫殿。在现代语言中，"迷宫"一词不仅指歧道回环的建筑物，而且还指混乱的状态、错综的关系、繁复的议论等等，从中很难找到解决的办法。学界对这一词的词源有两种观点：一种认为此词来自双面斧的名称（лабрис），它的图形常见于克里特迷宫的墙上；另一种认为此词来自埃及国王阿美涅姆黑特三世的宝座名称，埃及迷宫就是他下令建造的。[1]一定的现实性隐含在迷宫这一形象的背后，因为迷宫大量地存在于不同的地方：埃及、意大利、小亚细亚的一些岛屿。埃及、意大利等国家的迷宫常常是国王的陵墓，与之不同，克里特岛的迷宫则被认为是王宫。在公元前16世纪，以克诺索斯为中心的米诺斯文化达到全盛时期，当时王宫规模宏大，与传说中的迷宫隐隐相符，代表着米诺斯文化的成就。

洛谢夫结合克里特岛的具体情况，分析迷宫的形象特点。他指出，这个建筑或洞穴的特点是带有无数曲折的走廊和混乱的房间，它表明了古代或是下界神话的一种思维形式。如果说，在形式—逻辑范畴的分化思维之前是不做区分的神话思维，在鲜明的神人同形同性的奥林匹斯神话之前是混乱、不和谐的思维，是对巨型怪物、半人半兽的原始恐惧，那么，迷宫就是这种神话思维的直观再现。这里没有界限感，没有匀称、优美性，没有内外的和谐平衡。迷宫是无尽的复杂、混乱、恐惧、死亡的表征。洛谢夫给予迷宫这一形象很高的评价："这是古代和下界神话思维的最深刻的形象之一，就其生动性来说，甚至对整个古希腊来说都是罕见的。"[2]这一形象根源于发达的母权制的远古时代，或许时间比这还要久远。但是，洛谢夫认为，不可以就此将这个形象完全归之于母权制的古代，它还蕴含着众多的要素，与氏族公社不同发展阶段紧密相连。洛谢夫首先分析了迷宫这一形象的宇宙意义，这是下界神话思维所拥有的特点。那个时候，天、地、地下世界是不分的，它们一起构成一个统一的宇宙，因此，所有地上的同时也是天上的。

---

[1]〔苏〕鲍特文尼克等：《神话辞典》，黄鸿森等译，北京，商务印书馆，1985年，第200页。

[2] Лосев А.Ф., Античная мифология в историческом развитии, М.: Учпедгиз., 1957. С. 216.

其次，洛谢夫分析了迷宫形象的历史特征。迷宫的名称曾使人们将其视为是宙斯·拉布兰茨基（Зевс Лабрандский）在克里特岛的神殿，由此可见人们对宙斯·拉布兰茨基的崇拜，这主要体现在小亚细亚的下界神话和宗教中，它有着相当精确的历史界限。迷宫的双面斧也标志着一定的历史时代。小亚细亚古风特色的大神母崇拜与母权制时期以及父权制初期紧密相连。迷宫曾被看作祭拜大神母时表演的舞蹈之体现。随着克里特岛的农耕和畜牧业的发展，在米诺斯文明的中期，在米诺陶洛斯和迷宫的神话中出现了这种崇拜仪式的舞蹈。米诺陶洛斯和迷宫这两个形象后来进入戏剧，变为道具、面具、绘画，这一切都源于上流社会的想象。从祭拜舞蹈到戏剧道具，这里既蕴含着下界神话的确定性，同样也体现着迷宫形象的历史进展。

据传，迷宫的建造者是雅典艺术家代达罗斯，他是现实中真实存在的人物，他遵照米诺斯王的旨意，为囚禁王后所生的吃人牛怪而建造了迷宫。在洛谢夫看来，迷宫是最古老的下界、拜物、混乱的象征，而代达罗斯是艺术技术发明、发达、进步的象征，甚至还包含某种科学实验的勇敢精神。这里体现人类历史发展的两个不同时期：一个是野蛮的黑暗时代，一个是超出氏族公社时期已经属于希腊文明的阶段，其中包括阿提卡文化崛起时期。然而，这两个形象联合，被视为统一不可分的神话要素，构成相隔近千年的社会不同发展阶段最有意义的语义综合。战无不胜的人类创造将这两个层面相连属，但这种奇怪的融合绝非出于偶然。在某个时候，不可理解的、可怕的迷宫就是对世界神秘的自然力所产生的恐惧意识的反映，但随着社会发展，迷宫不再使人们害怕和恐惧，它成为可理解的、可识破的事物。人们现在可以设计和建造迷宫，可以知道它的混乱的入口和出口。迷宫完全是人类艺术——技术的天才创造，是对神秘的自然力的胜利，是人有意识的科学技术努力的结果。迷宫的神话绝不只是下界、拜物、野蛮的表征，它同时也是人类战胜自然力的象征。此外，迷宫的神话还反映了社会生活中有组织、有计划的原则对混乱、无序的胜利，反映了父权制对母权制的胜利，体现为英雄时代战胜下界神话时代。以代达罗斯为代表的人类不得不接触晚期的文明、接触科学技术和艺术创造的高涨，简而言之，就是接触到新崛起的阿提卡文化。正是在此，这一古老的下界神话被识破。代达罗斯已经能够用科学技术手段去实现建设的目的，这是迷宫神话真正的历史的、社会—文化现实性之体现。

通过社会—历史与地理要素的结合，洛谢夫的分析为我们揭示了迷宫神话的历史意义以及它的诸多语义积淀。从母权制经父权制和英雄时代直至新崛起的阿提卡奴隶制文明阶段，迷宫形象的漫长发展历史呈现出来。

荷马、赫西俄德、希罗多德对克里特的迷宫只字未提，最初涉及迷宫的只是古代其他个别历史学家、悲剧家，后来一些文学家在创作中也开始涉及迷宫神话。所以，洛谢夫对迷宫形象的分析介绍具有突出的现实意义。

四　文化类型学方法

对中国文化来说，言必称先秦，而对西方文化来说则是言必称希腊。古希腊—罗马文化对所有现代欧洲各国的文化发展产生了最重大的影响。恩格斯在提到这种现象时，曾经指出："……没有希腊文化和罗马帝国所奠定的基础，也就没有现代的欧洲。"[1]而希腊神话则部分地彰显了希腊社会的文化底蕴。希腊神话作为希腊思想文化活动的有效载体包蕴着丰富的历史信息和文化内容。美国人类学研究的奠基人弗朗兹·博厄斯（1858～1942）把神话看成是"文化的镜子"。我国学者王以欣曾指出："神话的意义在于神话本身的现实社会功用及其所传载的古代文化信息：即风俗、仪式、制度、生产和生活方式、大众的观念和信仰以及种种物质文化成就等。神话根植于具体的社会文化环境中并'真实地'反映它们。"[2]神话包括多方面的文化价值，如宗教的、心理的、历史的、文学的、美学的等等，神话"是一个包罗万象的原始文化的统一体"[3]。大部分神话研究者达成共识的一点就是认可神话是初民时代的精神产品，是各种文化萌芽的综合体。对于初民来说，神话是更高的真实，有规范作用。对后人来说，神话有很高的文化史的价值。由此而言，神话是原始社会的"百科全书"，是一个自成系统的文化体系，具有多种科学研究价值。[4]

对于希腊神话中蕴藉的丰富的文化内容，国内外诸多学者早已有所研究。其中我国学者谢选骏在《神话与民族精神——几个文化圈的比较》一书中，以中国古代神话（魏晋之前）、希腊古代神话为主，分析了这些体系神话派生出的环太平洋、环大西洋的庞大文化圈，通过比较几个文化圈神话特点的异同，借以揭示各文化圈内体系神话的一般特点及其民族精神文化。学者隋竹丽写作的《古希腊神话研究》专著，则涉及古希腊神话的自由观、平

---

[1]〔德〕恩格斯：《反杜林论》，中共中央马克思恩格斯列宁斯大林著作编译局译，北京，人民出版社，1972年第4版，第178页。

[2] 王以欣：《神话与历史：古希腊英雄故事的历史和文化内涵》，北京，商务印书馆，2006年，第114页。

[3] 王增永：《神话学概论》，北京，中国社会科学出版社，2007年，第49页。

[4] 鲁刚：《文化神话学》，北京，社会科学文献出版社，2009年，第53～54页。

等观、审美观、奥林匹克运动与民族精神等文化内容。对古希腊神话情有独钟的洛谢夫同样对神话中蕴含的文化因素给予了极大关注，他曾担任苏联科学院世界文化史委员会古希腊罗马文化委员会主席。洛谢夫一生致力于古希腊罗马文化研究，涉及内容包括"从社会历史基础到纯精神领域的方方面面"[①]，他把古希腊罗马文化作为一个整体来考察，在研究中始终贯穿着自己独特的文化观和文化史类型观。这与洛谢夫将文化视作某些被积极推行的精神价值的历史体现和生活实践体现有关。洛谢夫对希腊神话文化因素的分析表现在，他选取的视角与众不同以及他所关注的是文化特质的发掘和阐释，因为文化特质正是文化的魅力所在。下面我们通过实例加以分析说明。

（一）洛谢夫对希腊神话中的文化因素的释义

洛谢夫认为，在研究希腊神话时，如果关注母权制与父权制斗争的关系史实，会为猜解多种神话之谜提供可能。众所周知，克里特岛的新生儿宙斯没有肚脐，在洛谢夫看来，这是试图使新神与其母彻底断绝关联的反映。宙斯吩咐赫菲斯托斯用铁锤劈开他的头，于是，全副武装的雅典娜从宙斯的头部诞生。现在看来，这是父权制增强的表现，它正千方百计地降低女性的意义，甚至包括女性特有的生育功能。宙斯被看作人间所有英雄最直接的祖先。洛谢夫认为，这与希腊化—罗马时代自由思想的影响不无关系。那时，正流行宙斯多次婚姻的神话，但大多被曲解。尽管整个英雄时代都由一个无所不能的宙斯来领导，尽管任何一位英雄都被思索为正是源于宙斯，但是，在利用马克思理论分析神话之前，无论谁都不曾将宙斯理解为父权制的象征和男性个体无尽重要的象征。古希腊神话中的一些主要英雄，或者是宙斯直接与凡间女性所生，或者多多少少是他的远亲。而宙斯法定的妻子赫拉总是醋意大发，迫害宙斯与别人所生的孩子，类似的情景在荷马的作品中有诸多描述。但是，这种醋意只是人们肤浅的理解。洛谢夫揭示，这是女性为其能继续拥有世界的统治权而进行的斗争，是古老的母权制遗迹的体现，进而，她又表现在为捍卫一夫一妻制的家庭以及妇女在家庭中应有的地位而斗争。由此可见，洛谢夫的阐释更为偏重社会—文化内涵的发掘。此外，洛谢夫对婚姻制度的涉及体现出他对制度文化的关注。

我们知道，除了战神的功能外，古典时期的雅典娜还具有社会—政治功能、艺术—手艺功能。对她"女工神"地位的强调说明了希腊文明进步的

---

① А.Ф.Лосев и культура 20 века (Лосевские чтения) // Под ред. А.А.Тахо-Годи, М.: Наука, 1991. С. 22.

趋向。此外,雅典娜是一位讲究生活品位的神祇,她知晓化妆手段可以达到美,并以此装扮自己喜爱的英雄人物。当然,在希腊神话中,荷马所宣称的这种美(Красота)还葆有古老的、完全是物质实体性的特点。洛谢夫将雅典娜的这种技艺分为两种类型:一种是真正的"化妆",以此起到点缀、美化之功效;另一种为隐喻的"化妆",以期起到助益作用,达到功利目的。例如,在《奥德赛》中(6:229～237),雅典娜装扮奥德修斯的脸庞、身躯,"使他看来显得更壮、更高,在他头上理出拳曲的发绺,犹如风信子的花朵垂飘"[①]。经过雅典娜的装扮,奥德修斯已由衣容不整变得如同"控掌辽阔天空的神保",奥德修斯获得一种超越人性的美。这里的化妆问题是为装饰美服务的。然而,在《伊利亚特》(5:7)(18:205)中,雅典娜在狄俄墨得斯和阿基琉斯的头上点燃火焰,光照四方,在洛谢夫看来,这里的装扮已经不是化妆的问题,而是为了英勇的目的进行的重要妖术实践。洛谢夫分析指出,化妆问题反映的是氏族贵族的雅致品味,是英雄时代的产物。雅典娜这种艺术活动类型脱离了古老的传统,成长在新崛起的文明土壤上,但它仍葆有很强烈的拜物教因素,包含着对古老的妖术实践的反思。

概而言之,神话能反映文化的特定侧面。对文化内涵做出分析,可以为神话研究提供风俗、制度、观念等方面的重要信息。神话折射某种文化现象,隐喻一定的文化内涵。

(二)洛谢夫在希腊神话研究中文化类型方法的采用

神话作为诸种文化胚胎和文化史源头的意义得到认可,而洛谢夫作为古希腊文化史大师,他在整个古希腊罗马文化及文化史方面的踏实研究,亦得到了学界的高度评价。"迄今,未必有人像洛谢夫那样,以如此简洁和明晰的形式,把古希腊神话作为某种文化史类型来分析。……从洛谢夫在这个领域的大量研究中,可以援引他的巨著《古希腊神话学的历史发展》(1957)的第一章,或者《古希腊罗马文学》(1986)的绪论。"[②]的确,正如学者凌继尧指出的那样,在洛谢夫多年的学术活动中,他从未专门研究过文化的理论问题。然而,他在文学、神话学、哲学、逻辑学、美学、艺术学和语言学等领域的研究中,都贯穿了一个经过深思熟虑的文化观和文化史类型观。由此,洛谢夫将古希腊文化作为整体来研究,他不是一般地论述文化及其时代,而是确定某种文化史类型,在历史发展的脉络中寻找文化的特

---

① 〔希〕荷马:《奥德赛》,陈中梅译注,南京,译林出版社,2003年,第182页。
② 凌继尧:《美学和文化学——记苏联著名的16位美学家》,上海,上海人民出版社,1990年,第25页。

点与规律。文化类型是文化形态的样式。根据文化特点进行类型总结、加以归类是洛谢夫学术研究喜欢运用的一种方法。对于希腊神话研究来说，尽管难于从宏观上看出洛谢夫希腊文化史类型的整体风貌，但对原始社会人类文化的历史发展会有详尽领略。我们知道，洛谢夫将古希腊神话的发展划分为五个历史阶段，从中，我们可以清晰地看到其相应的文化类型特点。

此外，洛谢夫不仅关注神话整体分期的文化类型化特点，他还关注具体细节的文化分类。例如，他发掘了神祇的婚姻及其子嗣类型，在《古希腊神话学的历史发展》中用一小章节谈到"阿波罗的恋人们及其后代"，把阿波罗的婚姻及子嗣后代分为七个类型加以释义。与宙斯一样，阿波罗也有许多风流浪漫的爱情故事。不过，他虽然英俊潇洒，但在爱情方面却运气不佳，或是遭到拒绝，或是吃闭门羹，然而，这种解释过于浅显。的确，宙斯无论与神，还是与凡人结合，都生有众多子女，如果从情欲角度理解未免过于浅显，而从神谱谱系解释要深刻得多。相对于此，阿波罗的子嗣却很少被提及。

我们知道，婚姻观念、婚姻制度、婚姻习俗等是社会精神文化的体现。美国学者摩尔根为这方面的研究做出了卓越贡献。在《古代社会》（1877）一书中，摩尔根通过对原始社会家族观念进行翔实考证，分析得出五种顺序相承的不同家庭形态，他认为每一种形态都有其独特的婚姻制度。它们分别是：血婚制家族、伙婚制家族（也被称为"普那路亚"）、偶婚制家族、父权制家族、专偶制家族。显然，婚姻制度的演化反映人们人伦观念的进步，这与该书的副标题"人类从蒙昧时代经过野蛮时代到文明时代的发展过程的研究"所预设的目的是契合的。摩尔根的结论来自他对美洲各地印第安人的考察，对古代希腊、罗马历史的研究，对亚洲一些民族生活的参照。由于神话是对氏族关系的移植，摩尔根的结论在希腊神话中得到了部分验证。不谋而合，在研究古希腊神话时，洛谢夫对宙斯、阿波罗等诸神的婚姻问题及其所折射出的文化现象给予了极大关注，其中特别对阿波罗的婚姻及其子嗣情况进行了类型化探讨，具体分类如下：

第一种类型，出于政治目的而将阿波罗子嗣视为名祖。如伊翁（Ион）为爱奥尼亚人的名祖，阿波罗与克瑞乌萨之子；多洛斯（Дор）为多里亚人的名祖，阿波罗与费亚之子；弥勒托斯（Милет）为小亚细亚的弥勒托斯（米利都）城的名祖，阿波罗与狄俄涅之子；德律俄普斯（Дриоп）为德律俄珀斯部落（属珀拉斯革族）的名祖，阿波罗与德律俄珀之子。

第二种类型，阿波罗的子嗣或是作为先知、医治者、宗教的指导者、艺术的领袖，或是与某门艺术创造的活动家联系在一起。如安菲阿剌俄斯（Амфиарай）为阿耳戈斯国王，著名的预言家，阿波罗与许珀耳涅斯特拉之子；阿尼俄斯（Аний）为得罗斯岛国王，阿波罗与洛俄之子，阿波罗教给他预言术，使他成为得罗斯国王和自己神庙的总祭司；阿斯克勒庇俄斯（Асклепий）为医神，阿波罗和科洛尼斯之子，他在马人喀戎处学得医道，医术精深，甚至能起死回生，宙斯因其扰乱神定的秩序，用霹雳将其击毙；俄耳甫斯（Орфей）为卡利俄珀之子，因其发明了音乐和作诗法，由此，有时将他看作是阿波罗的儿子，他集诗人、音乐家、哲学家、宗教改革家、文化活动家于一身；利诺斯（Лин），阿波罗与普萨玛忒或缪斯之一乌拉尼亚之子，他是位神妙的歌手和无与伦比的乐师。

第三种类型，阿波罗与其有较亲近关系的年轻男人的婚恋。福耳巴斯（Форбант）、希波吕托斯（Ипполит）、布然科斯（Бранх）等都是阿波罗的宠人。

第四种类型，与赫斯提亚（Гестия）女灶神相关。赫斯提亚是克洛诺斯和瑞亚的女儿，宙斯和赫拉的姐姐。阿波罗和波塞冬都曾向她求婚，但她发誓终身不嫁，以保持少女的贞洁。宙斯考虑到她要有个栖身之地，就答应让每个家庭都给她一个席位。她悄悄地离开奥林匹斯山，保护每个有炉灶的家庭。她不仅是灶神，也是家神，即家宅的庇护神。火焰象征她的存在，也是家庭永续、稳定和睦与繁荣的保证。

第五种类型，下界特征表现明显，但是，这种情况并不多见。科律班忒斯（Корибанты）是阿波罗与缪斯（Фалия）所生育，他们与枯瑞忒斯（Куреты）经常相混同，是掌管土地生长力的一些精灵。

第六种类型，阿波罗与某种自然力之代表者的爱恋。雅辛托斯（Гиацинт）、库帕里索斯（Кипарис）、达佛涅（Дафна）都是这类代表。他们之间的爱情结局并不完美，由于偶然原因造成恋人们的死亡，是自然力不屈从于阿波罗的表现。我们在上述已经提及的雅辛托斯是位俊美少年，他是阿波罗的宠人，也是国王阿密克拉斯之子。风神出于嫉妒，在阿波罗教这少年掷铁饼时，将阿波罗掷出的铁饼吹到雅辛托斯的头上，阿波罗从其遗体中长出风信子花，即"秩序和适度之神温柔地对待自然力、对待植物界的代表"，但这些花朵却是不屈从阿波罗的"秩序和适度"原则的代表。另外，在洛谢夫看来，这是一种死而复生的神话类型，与民间人变草木的传说结合，象征自然界在冬眠之后的苏醒。洛谢夫揭示，在此阿波罗是死亡的神祇与复活的神祇融为一体的代表，生与死混同的古老观念在阿波罗身上得到间接的展示。库帕里索斯同样是位美少年、阿波罗的宠人,他在误杀了自己的一只心爱的鹿后,忧伤不能自已,阿波罗将其变成丝柏树,即哭泣与忧伤之树。神女达佛涅拒绝阿波罗的求爱,为逃避阿波罗,她请求地母的帮忙,于是大地分开,将其吞了下去,在她消失的地方长出一株月桂树。后来,月桂树成为阿波罗的圣树。"这则神话鲜明地刻画了秩序、适度代表的阿波罗与非秩序代表的大地自然力的不可融合。"[1]

第七种类型,在爱情中,普通的凡人希望与阿波罗位于同一层面。如果说上述类型表明阿波罗与阿波罗之前的自然力难以融合,那么,这里讲述的则是阿波罗与凡人的难以融合,与阿波罗的关系中,凡人希望保持自己的独立性。玛耳珀萨(Марпесса)、科洛尼斯(Коронида)、卡珊德拉(Кассандра)等形象就是这方面的例证。

伊达斯将阿波罗的情人玛耳珀萨用飞车带走,阿波罗追上他们后,伊达斯竟敢跟这位神祇搏斗。宙斯将交战双方分开,并让玛耳珀萨本人选择丈夫,她选中了伊达斯。可见,阿波罗的处境并不令人羡慕,在婚事上他表现得束手无策。洛谢夫认为这应该归属于希腊文明初期的神话创造,那时,人们喜欢将神祇描写成软弱无力,甚至可笑的模样。

塞萨利公主科洛尼斯因同凡人伊斯库斯有私情而对阿波罗变心。愤怒的阿波罗派同胞妹妹阿耳忒弥斯用箭射死科洛尼斯,宙斯则用闪电惩罚了伊斯库斯。显然,阿波罗神祇虽然强大,但是,凡人已经不害怕他,并敢于欺骗他,这里人们已经开始将神祇当作普通人来对待。

卡珊德拉是这方面最为鲜明的代表,她是特洛伊的公主,普里阿摩斯和赫卡柏的女儿。阿波罗爱上她,赋予她预言能力,但公主不肯顺从他的意思,阿波罗便使她的预言不为人所信。洛谢夫对卡珊德拉的勇敢行为做了阐释,他认为,这首先表现在卡珊德拉敢于向阿波罗提出条件,正是在她的强烈要求下,她才被给予预言能力,在此阿波罗表现得很软弱。其次,卡珊德拉的勇敢还表现在她敢于违背做阿波罗妻子的诺言,除了使人们不去相信卡珊德拉客观正确的预言外,阿波罗毫无其他惩治办法。由此可见,阿波罗神祇与他的凡人恋人位于同一层面,他们之间表现的是普通人类般的斗争。洛谢夫又进一步指出卡珊德拉这个形象的悲剧意义:尽管她表现了自己的勇敢,表现了自己的不拘礼节,但卡珊德拉感觉自己在阿波罗面前有罪过,因而备受折磨,甚至丧失生活力量。因此,这则神话不仅体现了古希腊

---

[1] Лосев А.Ф., Античная мифология в историческом развитии, М.: Учпедгиз., 1957. С. 379.

社会历史,而且揭示了社会历史的一个悲剧时期,即表现为从独立的个性还没有觉醒阶段向要求与神祇享有平等权利的人的个体独立阶段过渡。洛谢夫揭示,神话的深刻社会—文化意义蕴藉于此。

总而言之,洛谢夫的深刻在于他不是停留于神话的表层。通过他的归类,我们可以看出,阿波罗的婚恋有下界的遗迹特点;有对社会盛行的男子相恋的混乱社会现象的反映;有化身现象的出现;有对死亡和复活观念的揭示(生死混同现象)……此外,阿波罗作为鲜明的父权制时期的代表,反映了男性个体作用的增强。而他与周围自然力之代表者失败的婚恋,表现了自然力对他的抗拒。神话从新的视角印证了洛谢夫持有的观点:母权制与父权制的激烈斗争,母权制虽然式微,但父权制还没有最终获胜。而阿波罗与凡人婚恋受挫反映了希腊文明初期,人的力量增强,而神的力量却日呈衰败迹象。阿波罗的子嗣类型,一方面是人们出于政治目的的需要而创设的,凡人期望获得神祇的荣耀,所以,他的后代作为一些城邦的名祖而出现;另一方面,阿波罗的子嗣体现对他的各种功能——预言功能、医治功能、艺术功能——的传承,因此,他的后代有预言的先知、医治者、艺术创造者等等。

小 结

本章介绍了洛谢夫神话研究所采用的方法,这为深刻把握洛谢夫神话研究特色提供了参考坐标。其中,我们着重分析了他所运用的否定方法、辩证法、社会—历史方法、文化类型方法等几种形式。一般说来,研究对象不同,所运用的方法应该有所差异。对于神话的界定洛谢夫运用的是否定的方法;对于神话的理论研究、本质研究,洛谢夫主要采用了辩证法,"辩证法的思想贯穿洛谢夫学术活动的始终"[①];对于古希腊神话研究,洛谢夫则倾向于历史视角的线性脉络,采用熔社会—历史方法与文化类型方法于一炉的手法。但我们需要清楚的一点是,各种方法的采用绝不是拼凑起来的,它们之间不是彼此无关的,对于神话研究来说,它们凝聚为一个统一体,有着一以贯之的主线,即体现为历史和发展。洛谢夫接受了黑格尔的发展理念。在黑格尔看来,一切事物之所以能够存在和发展,其动力都来自于自身内在的否定性,否定性为事物的发展提供了契机和路径。这个否定之否定观念,否定性原则引申出永无止境的发展理念,这也正是黑格尔辩证法体现出来的不可磨灭的历史功绩。同样,列宁曾称辩证法为"最完整深刻而

---

① 张杰、汪介之:《20世纪俄罗斯文学批评史》,南京,译林出版社,2000年,第441页。

无片面性弊病的关于发展的学说"[1]。把辩证法定位于发展，主张事物处于永恒的运动、变化和发展，这个过程是历史显现的过程，是事物变化和生灭的过程，是不以人的意志为转移的客观规律。于是，辩证法与历史、发展之间建立了一定的连属关系。同样，社会—历史、历史—文化是不可截然分开的领域，对文化的分析，会涉及历史文化，侧重于历史特征的文化。这样才能做到既关注历史发展规律，又注重物质层面和精神层面的研究。由此可见，历史与发展如同风筝的引线，将辩证法、社会—历史方法、文化类型方法联结在一起，从而也证实了洛谢夫的神话理论研究与实践研究并没有截然分开，而是有着内在的连属关系。

透视洛谢夫辩证法的历史渊源，我们知道，他对柏拉图、新柏拉图主义者以及黑格尔的辩证法理论有借鉴和扬弃。洛谢夫的辩证法观念既有传承前人研究的余绪，又有自己的创新所在。具体来说，洛谢夫首先通过指明神话不是什么，从否定的层面触及神话的特征。更确切地说，他是运用"现象学还原"（悬置）方法，把神话与其联系最紧密的范畴区分开，对神话进行现象学的描述，并结合辩证法的方法，引申出自己的神话理论，这就是洛谢夫的研究进路。我们分析得出洛谢夫的辩证法特点在于，他将辩证法视为万能的方法论；对辩证法的认识是变化的；提出现象学辩证法。其中，最后一点是洛谢夫方法论的创新所在，也是他对神话研究的一个贡献。

神话不是历史，但它折射历史。对于社会—历史方法的分析，我们首先指出，洛谢夫的方法与严格意义上的神话历史学派不同，神话历史学派强调严谨的实证主义，善于利用考古发掘成果，重视对神话古文献和古语言的研究；重视对神话的起源和演变过程的研究；重视从时间源流开展研究，辨章学术，考镜源流，说清历史的来龙去脉和真实面貌。此外，洛谢夫的方法也不同于欧赫墨罗斯主义（即"历史化"），把神话解读为历史的一种研究方法。欧赫墨罗斯主义者坚信神是被神化的历史人物，神话是乔装改扮的历史。与上述两种研究方法厘清之后，我们分析得出，在研究古希腊神话时，洛谢夫的社会—历史批评方法更为接近于文学上的社会—历史批评样态。结合具体实例，我们归纳了洛谢夫运用社会—历史方法的四个特点：（1）宏观上，关注神话历史分期的线性梳理。（2）微观上，注重对神话内部所蕴含的社会—历史内容的阐释，做到历时与共时研究综合，体现出经线穿起、纬线交织的特点。（3）洛谢夫突出了社会—历史方法与地理因素结合

---

[1] 〔苏〕列宁：《列宁选集》（第二卷），中共中央马克思恩格斯列宁斯大林著作编译局译，北京，人民出版社，1972年第2版，第442页。

分析神话。(4)洛谢夫的社会—历史方法关注神话语义积淀的意义。洛谢夫能够做到将神话的具体细节阐释与它在历史发展中形成的诸多语义特点结合起来,由此,可以免于片面之嫌,得出一个综合的分析结论。洛谢夫提出"历史综合观",这是他对方法论及其神话研究的又一个贡献之所在。

有人说19世纪是殖民的世纪,20世纪是科技的世纪,21世纪是文化的世纪,在21世纪文化学上升为显学。洛谢夫自20世纪二三十年代就开始致力于古希腊罗马文化研究,可谓"文化"研究的先行者。结合例证,我们总结了洛谢夫的神话文化研究具有两个特点:第一,注重对文化内涵的细节解读。第二,采用了文化类型学方法,注重类型归纳并发掘其特点。以简洁和明晰的形式,把古希腊神话作为某种文化史类型来分析,这是洛谢夫方法论及其神话研究的第三个贡献。同时我们注意到,洛谢夫的文化类型不是机械的划分,不是孤立的形式,而是处在统一的有机体中。他的文化类型研究具有以下特征:(1)文化的各个领域,包括物质文化、精神文化、制度文化等各个方面都有涉及,涵盖面大。(2)文化史类型的各个层次的发展极不平衡。(3)各种文化史类型之间有最细微的历史联系。每个文化时代与上下承续的文化时代有着一定的历史关联。这一观点后来在其鸿篇巨制《古希腊罗马美学史》中得到进一步完善。例如,斯多葛派柏拉图主义为新柏拉图主义的形成奠定了基础,而在新柏拉图主义存在统一学说的基础上又形成了基督教绝对个性的学说。这一观点与文化类型史观的先驱斯宾格勒的各种文化类型截然分开的观点完全不同。

最后,我们还要提及一点,那就是洛谢夫所采用的方法有着一以贯之的主线,而它们都是为他的神话研究服务的。

> 神话是最必要的，直言不讳地说，是思想与生活的先验—必要范畴。
> ——阿·费·洛谢夫

第三章　洛谢夫的神话理论研究

什么是神话？作为一个学科术语，它难以界定，难以有一个大家公认的标准。在欧美文化界，有关神话的定义达数百种之多。学者王增永分析指出，这种现象主要有两个原因："一是神话的混沌性和综合性。二是神话的研究者来自众多的学术领域，对神话本质属性的认识以及在研究神话的方法与目的等方面都存在着巨大的差异，由此导致了神话定义的众说纷纭。"[①]诚然，神话是百科全书式的文化。在原始时代，人类文化还处在孕育萌生阶段，宗教、哲学、文学、艺术、历史、科学等人类文化浑然一体，未能各自独立。神话这种综合性和混沌性使后人在理解上容易产生歧义。另外，不同领域的学者，如人类学派、历史学派、语言学派、仪式学派、心理分析学派、结构主义学派、功能主义学派、马克思主义神话学派等等，由于他们的文化背景不同、所依据的具体神话内容不同、运用的观点和方法不同，从而得出的结论也见仁见智。其中，具有一定影响力的，如德国比较神话学、比较语言学的奠基人及开创者麦克斯·缪勒（1823～1900）提出了关于神话起源的"语言疾病说"的著名理论，他认为人类语言的发展经历了词的形成期、方言期、神话期以及民族语言期四个阶段。在神话期，每个词都可以成为一则神话。以英国人类学家、民族学家、宗教史学家詹姆斯·弗雷泽（1854～1941）为代表的神话仪式学派，从宗教仪式角度阐释神话，将基督死而复活的神话追溯到远古社会盛行的谷神祭仪，其观点主要反映在他的《金枝》一书中。用天文、气象等知识来解说神话的"自然学派"，将神话视为某一自然现象的反映，其中"太阳神话学派"、"月亮神话学派"较为突出。奥地利学者西格蒙德·弗洛伊德（1856～1939）把神话视为人类被压抑的本能冲动的象征性释放；瑞士心理学家卡尔·荣格（1875～1961）提出了用原型、集体无意识等理论分析神话。这两位学者都属于心理学派的代表。以法国人类学家列维—斯特劳斯为代表

[①] 王增永：《神话学概论》，北京，中国社会科学出版社，2007年，第1页。

的结构主义学派主张不能仅局限于从字面意义上理解神话,而是要把握神话的深层结构。

由此可见,尽管神话的研究流派纷繁众多,对神话的界说也千差万别,但神话的魅力仍然吸引着众多学者,而且随着人们认识能力的提高,在社会发展的不同阶段,人们的神话观念也有所不同。在俄罗斯学者瓦·叶·哈利泽夫所著的《文学学导论》一书中,作者对神话概念进行梳理,归纳出神话的三个发展阶段:(1)"神话"一词源自古希腊文mythos,指的是故事、叙述和各种传说;其拉丁文同义词是fabula(叙述、寓言)。这种界定强调了所讲述东西的虚构性。(2)在近代,对神话的理解则有所不同:不是通指以故事的形式出现的任何杜撰,而是指历史上那些久远的时代留下的财富,"关于诸神、关于传说中的英雄,关于创世和大地上生命起源的古老民间传说"。(3)在最近一个世纪,神话被看成超越时代、跨越历史的东西,它存在于各民族的生活中,存在于各民族社会意识样式之历史发展的全部进程中,而社会意识样式又是与特殊的思维类型相关联的。[①]由此,我们看出,神话的范畴正由狭义扩展到广义。其中,狭义神话指的是原始神话,是原始先民、原始社会有关神灵的故事。而广义的神话观点认为,神话的产生没有历史界限,每一个时代,甚至包括现在,都不断地有新的神话诞生。上古固然有神话,但后世也可以有神话。于是,神话作为人类生活中的一个常数,被视为在所有的地方,永远存在的一种现象。

从宗教、哲学的视角界定神话,在俄罗斯体现在尼·别尔嘉耶夫、谢·布尔加科夫以及阿·洛谢夫等人的研究中。他们将神话视为一种精神现象、神秘领域的现象。

尼·别尔嘉耶夫理解的神话是嵌入人们记忆中、民间创作中以及语言中的具体故事,它是关于事件的记述,关于象征地体现在自然界中的精神生活之原初现象。神话描绘的是自然界中的超自然现象,感性中的超感性,世俗生活中的精神生活。神话象征般地将两个世界关联在一起。神话总是描绘现实,但神话的现实是象征的。由此可见,别尔嘉耶夫是从经验的、精神的历史角度理解神话概念,他强调的是神话的象征特点和神话的现实性原则。别尔嘉耶夫指出神话存在的两个层面:一方面,神话是体现真实形象的具体历史事件的讲述;另一方面,神话是作为精神、神秘现实的一种象征性反映。

谢·布尔加科夫在谈及神话时认为,首先有必要摒弃视神话为幻想和虚

---

① 〔俄〕瓦·叶·哈利泽夫:《文学学导论》,周启超等译,北京,北京大学出版社,2006年,第134~135页。

构的产物的这种观念，应该首先承认神话固有的客观性……神话反映启示的内容，超然的、更高世界的启示直接在神话中实现，借用康德的术语可以说，神话是先验综合的宗教的判断，并可以从中推导出经验的判断。已然产生的神话自身包含着某些神话创造者也不知晓的新东西，但这个内容被规约为一种不言自明的真理。这个不言自明性引发了其起源的直观性特点。可见，作为一名神职人员，布尔加科夫是透过宗教崇拜的棱镜得出结论的，神话是某种整体之物，对神话创造者来说，它是先验的启示。按照他的说法，神话作为启示不是人创造的，对神话创造者本身来说，它是新的直观的知识。布尔加科夫赋予神话客观性的特点，依据他的理解，这就是俄罗斯宗教哲学优良传统中的全世界性（即聚义性）观念。

在广阔的神话学术空间，洛谢夫是一位独特的探索者。对洛谢夫来说，这一问题是其哲学观念的组成部分，他对作为意识形式的神话问题之兴趣，他对作为与上帝交际形式的神话问题之兴趣，都融汇于此。洛谢夫对神话的理论阐释，主要涉及神话的界定、神话的本质以及神话学的分类等诸多问题。在此，他的研究虽然具有理论性质，但并不使人感到抽象，每一个观点的论述都穿插着朴素、明晰的日常生活事例，以兹佐证。

具体说来，洛谢夫对神话的理论阐释主要体现在他的《神话辩证法》一书中，该书被译成德语（1994）、西班牙语（1998）、匈牙利语（2000）、塞尔维亚语（2000）、保加利亚语（2003）、英语（2003）等多种语言。[1]《神话辩证法》不仅在洛谢夫的创作中起着重要的作用，而且它如同本国文化的分水岭，是由俄罗斯哲学"白银时代"最后一位代表以最为自由的甚至可以说是最为亲切而坦率风格写就的终结性的一本书（众所周知，接下来就是马克思辩证唯物主义所统领的苏联时代了）。[2]梅列金斯基评论道："阿·费·洛谢夫乃是见诸20世纪初期神话观的根本转变的体现者。当时，就剖析之明彻、探究之深邃、观察之敏锐而论，阿·费·洛谢夫的这一著作不啻新神话论饶有意味和异常鲜明的书籍之一。"[3]那么，洛谢夫如何为神话下定义呢？如何界定神话的本质呢？我们分专节加以介绍和阐释。

---

[1] Лосев А.Ф.,Лосева В.М., Радость на веки: Переписка лагер. времени // Сост. А. А.Тахо-Годи и В.П.Троицкого, М.: Русский путь, 2005. С. 9.

[2] Лосев А.Ф., Диалектика мифа // Сост. подг. текста, общ. ред. А. А.Тахо-Годи, В. П. Троицкого, М.: Мысль, 2001. С. 34.

[3] 〔苏〕叶·莫·梅列金斯基：《神话的诗学》，魏庆征译，北京，商务印书馆，1990年，第145页。

一　洛谢夫对神话的释义

洛谢夫认为，谈神话，首先应该回答什么是神话这个问题。洛谢夫从哲学视角对神话做了如下界定，即神话是拓展的奇异的名谓（Миф есть развернутое магическое имя）。①这一简洁的表述背后包含着复杂的演绎过程。

为了赋予神话确切的内涵，洛谢夫将神话与其广泛辐射的、相邻近的、有密切联系的一系列现象相比拟，通过区分对比，神话获得了自己的确定性。在具体研究中，我们注意到，洛谢夫将每一种区分作为一节独立的内容，他主要选择了如下对象：虚构（вымысел 第1节）、理想的存在（идеальное бытие 第2节）、科学（наука 第3节）、形而上学（метафизика 第4节）、模式、寓意（схема, аллегория 第5节）、诗歌（поэзия 第6节）、宗教（религия 第8节）、教义（догмат 第9节）以及历史事件（историческое событие 第10节）。正因为神话本身是一个集合名词，如百科全书般包罗万象，神话中交织着早期的宗教、哲学、科学以及艺术等诸多要素，所以，洛谢夫的厘定尤为必要。下面，我们对其观点进行概述说明。

（1）神话与虚构。洛谢夫研究神话的前提条件不是从某种科学的、宗教的、艺术的、社会的观点出发，而是从神话自身的观点出发，以神话的视角看待神话。坚持从这样一种观点出发，洛谢夫认为神话不是一种观念，而是切身感知的和创造的、物质的、实体的现实，概而言之，神话不是虚构，不是幻想的游戏，它是人类感知世界的独特形式，是人类内在情感和生命的一种表征，从一个侧面揭示了人性的丰富与真实。神话是思想和生活先验—必要的范畴。洛谢夫借用康德将科学的客观现实性与空间、时间以及一切范畴的主观性联系在一起的事例，证明正是基于这个主观性，康德试图论证科学的"现实性"，他的错误已经被后来社会发展所证明。洛谢夫指出："某些科学的代表无论过去还是现在都喜欢炫耀这样的论断：我现在给予你们的是关于液体的学说，它们最后存在与否，这不关我的事；或者：我证明的就是这个公理，任何现实都与它相符吗？或者它只是我主观或大脑的产物？这些都不关我的事。"②洛谢夫尝试运用这个例证指出，神话意识与此完全不同。神话

---

① Лосев А.Ф., Диалектика мифа // Сост. подг. текста, общ. ред. А.А.Тахо-Годи, В.П.Троицкого, М.: Мысль, 2001. С. 214.

② Там же. С. 36.

远离任何偶然性和随意性，它不包含任何不必要的、幻想的成分，自身蕴含着严格的、一定的结构，是具有逻辑性的，即它首先是辩证的、意识与存在的必要范畴。坚持神话的真实性，将其看作对远古发生事件的真实记录，在此，洛谢夫与谢·布尔加科夫、谢林、马林诺夫斯基等学者观点一致。但应该看到，洛谢夫所强调的真实，并非指神话图景的真实，而是突出对自然与社会的独特理解及感受表达的真实性。我们知道，神话的存在有其自身规律，不能以外部现实的标准来衡量，应该按照自身内在的律则来把握，这正是洛谢夫所坚持的现象学的还原，从神话视角看待神话。

（2）神话与理想的存在。洛谢夫认为，神话不是理想的、完美的存在，它是生活本身。他指出，房屋作为建筑物，可以使人免于遭受恶劣的自然现象的侵袭；台灯作为仪器，可以为人照明等等。显然，这些存在物都有自己的意义，但不是从存在的目的来看，而是从存在的重要性来说，物的意义不是物本身，它是对物的抽象，是对物的思维。与此不同，神话不是纯思想的产物，换句话说，纯粹抽象的思想很少参与神话的创造。在这方面，洛谢夫赞同冯特的观点，即"激昂的情绪是神话的基础，因为它们永远是对某种生活以及迫切的需求和渴望的一种表达。创造神话很少需要运用理智"[①]。由此，从神话本身来说，神话意识是一种较少蕴含理智和思维完美的意识。在论证该观点时，洛谢夫批判了那种远离人的鲜活意识的神话性的心理学家们的观点，即将完整的神话形象翻译成他们那抽象意义的语言，将完整的神话—心理感受理解为某种理想的本质，而不是去关注现实感受的无尽复杂性和矛盾性。在洛谢夫看来，这种现实感受永远是神话的。对于神话的主体来说，神话是带有希望与恐惧、期待与绝望的，是带有现实的日常性以及纯个人兴趣的真正的生活。神话不是完美的存在，而是鲜活地被感受的、被创造的物质的现实，实体的现实。

（3）神话与科学。洛谢夫将神话置于同科学相对的地位。科学并非源于神话，但没有神话，科学也不能存在。在论证该观点时，洛谢夫批驳了那种关于神话的完美性学说将神话理解为原始科学的观点，他认为以孔德（Конт）、斯宾塞（Спенсер）[②]为首的许多学者如此这般理解神话，是从根源上歪曲了神话的真正特点。洛谢夫指出，如果神话和科学（原始科学）两者在自己的发展和完善的最终形式上完全不同，那么，这两者的萌芽基础

[①] Лосев А.Ф., Диалектика мифа // Сост. подг. текста, общ. ред. А.А.Тахо-Годи, В.П.Троицкого, М.: Мысль, 2001. С. 38.

[②] 斯宾塞（1820～1903）：英国哲学家、教育家、社会学家、心理学家和早期进化论者，代表作是《心理学原理》（1855）。

又怎么会没有差别呢？原始科学无论如何原始，它仍然是某种科学，否则便不能被载入科学史纲要，自然，也就不能将它看作原始科学了。尽管原始，但原始科学中仍具有一定的意识努力的成分，这种意识表现在不想成为神话，但实质上又补充了神话，然而它却很少与神话的现实需求相适应。神话饱含着现实生活的经历，富有感染力。例如，它表现为拟人化、神化、敬爱或是仇恨。科学却不能如此。原始科学当然也是情感的、天真—直率的，在此意义上，完全是神话性的。但这正好表明，如果神话性是科学的本质的话，那么，科学不会得到独立的历史发展，它的历史就会是神话的历史。这意味着，在原始科学中，神话性只是其在该时刻的状态特征，而不是科学本身的表现。神话意识完全是直接的、天真的、容易理解的；而科学意识必须拥有结论和逻辑特征，它不是直接的，而且难以理解，并需要长久的训练和抽象的技巧。神话永远具有综合的生活性，由鲜活的个性构成，他们的命运充满激情、感受亲切；而科学总是把生活变为公式，取代鲜活的个性而给予的是抽象的图形和公式；科学的现实性和客观性不在于对生活的生动描述，而在于摒弃任何生动性及情感，使抽象的规律和公式的正确性与先验的、变动不居的现象吻合、一致。这些特点把科学变成了引不起多大兴趣的神话的补充物。因此，尽管由于历史原因，无论是神话般装饰的科学存在，还是科学地认识神话的存在，或是原始科学阐释的神话的存在，我们都应该认为，科学在其发展的最初阶段已经与神话毫无任何共同点。从该论述中，我们看出，（原始）科学最初与神话一样，具有属于感性领域的直觉性特点，但洛谢夫更为强调两者的差别，突出神话存在的独立价值。

关于神话与科学的缘起关系，洛谢夫批驳了两种偏见，即认为神话先于科学，科学源于神话；或是认为某些历史时代，特别是现代，人们已经完全没有了神话意识，科学战胜了神话。在洛谢夫看来，神话为科学提供了原始材料，在此基础上，科学得出自己的抽象理论和规律性。这种观点难以反驳，但由此得出的先有神话然后才有科学存在的这种观点是应该反对的。此外，洛谢夫借助对笛卡尔[①]的理论、牛顿的力学、欧几里得[②]的几何学等科学的反驳，来证明自己的神话观点。洛谢夫不否认笛卡尔作为近代欧洲理

---

① 笛卡尔（1596～1650）：法国科学家和哲学家，其哲学世界观的基本特征是灵魂和肉体、思维的实体和"广延性"（物质的）实体的二元论。笛卡尔在自己的宇宙论、天体演化学、物理学、生理学中是唯物主义者，但是在心理学（关于精神的学说）、认识论、存在学说中仍是一个唯心主义者。他的主要著作有《论方法》、《形而上学的沉思》、《论心灵的各种感情》等。

② 欧几里得（约公元前330～前275）：古希腊数学家，被称为"几何之父"。其著《几何原本》一书是欧洲数学的基础。

性主义、机械论,特别是实证主义哲学奠基人的重要地位,但是,洛谢夫认为,他的实证主义包含着一定的神话成分。因为笛卡尔的哲学研究肇始于对一切的怀疑,甚至包括对上帝的怀疑。笛卡尔在我、主体、思维、意识以及我在(我思故我在)中找到其哲学的支点以及怀疑的根据,而不是随便其他物。这是因为,笛卡尔个人无意识的信念如此,他个人的神话如此,基于近代欧洲文化和哲学的整个个体的、主观的神话亦如此。这些神话性特征恰好为其理论的诞生提供了养料。同理,牛顿的力学建构在同一空间的假想基础上;欧几里得的几何学除了他的几何学空间,不存在任何其他现实的空间。以此,洛谢夫强调的是,科学深具神话性,当"科学"摧毁"神话"时,意味着一个神话与另一个神话的斗争,所以,科学任何时候都不能完全摧毁神话。

(4)神话与形而上学。神话不是形而上学的建构,但是,它是现实的、实体的和情感创造的现实,同时它是背离(отрешённость)通常现象的过程,自身包含着不同分层、不同背离层面。洛谢夫指出,那些没有明确地领悟神话现实性的人抵挡不住神话和形而上学相混淆的诱惑。这些人大部分不清晰形而上学的观念。形而上学指的是某种不同寻常的、高深的"彼在",它是关于超感觉的世界以及对其情感关系的一种自然学说。洛谢夫所生活的社会经常将形而上学混同于神秘主义、招魂论或是宗教。在洛谢夫看来,神话中的主人公有出生、有生活、有死亡;人物之间有爱、恨、嫉妒、自我牺牲的场景,这是比超感性还要多得多的一种感性存在,它不可能是形而上学的。所以,神话的现实性和情感性妨碍了它拥有形而上的特点。形而上学需要证明原理、引入体系的结论、术语清晰、语言深思熟虑。形而上学是科学或者试图成为科学的,或是关于"超感觉的"以及它对"感性"态度的科学形式的学说。与此不同,神话是非科学的,它是以生活的态度对待周围的事物。神话无论从任何方面来看都不是科学的,并非致力于科学,确切地说,它是超科学的。对于神话意识来说,一切都是显现的、感性觉察的。不只是多神教的神话以其一贯的实体感和视觉度、触觉感令人惊奇,就是"精神性"占优势的基督教神话也完全如此。只要提一下它的"身体与血的圣餐礼"就足以确信,最饱含"精神性"的基督教神话也总是运用感性形象,没有它们是不可能的,在此意义上,神话与作为抽象—科学的或是关于超感觉的科学形式学说的形而上学是完全对立的。然而,洛谢夫同时亦指出,神话中存在某种不同寻常、新颖没有先例的背离经验之现象,正是这一点使许多人混淆了神话和形而上学。洛谢夫认为,神话的这种背离不同于科学分析与其客体的分离,不同于本质与现象的分离,它是背离通常现象的过程,自身包含不同分层、不同背离层面。

(5)神话与模式、寓意。洛谢夫着重阐释了神话并不是模式或寓意,而是象征。他指出,富有表达的存在总会综合两个层面,一个是外在的、显而易见的;另一个是内在的、意义的、暗示的。表达总是会做到内与外的综合。在洛谢夫看来,"内"与"外"作为普通的术语,"内"更具普遍性,"外"是个别的,更确切地说,"内"是抽象的,而"外"是具体的,或者说,"内"是理想的、意义的,而"外"是现实的、形象的。

以谢林"艺术哲学"中的象征观为基础,遵循其学说,洛谢夫划分出"内"与"外"所呈现出来的表达关系的三种基本类型。

第一种情形,"内"胜于"外"的表达。"内"使"外"屈从于自己,"外"之所以存在是为了揭示"内",这种表达形式就是模式化,机械运动属于此类。而神话的表达与此不同,神话中的人物实质不是抽象的思想、感知认识,而是洋溢着生活热情的感知本身。在此重要的正是"外"、"具体"、"感知"、"现实"、"形象"。

第二种情形,"外"胜于"内",这种表达属于寓意。在这种表达下,首先被领会的是"外"、"形象"、感性的现象,而"内"、"意义"则作为隐含的思想存在。这意味着,我们获得的"形象"中包括抽象的"思想",从中可以发现隐含的、不被表达的思想。我们获得的"形象"作为一个例证,绝不是思想的必要阐释,而是或多或少带有偶然性的阐释。在洛谢夫看来,寓言(如其所提及的克雷洛夫的寓言故事)是寓意最为典型、鲜明的例证。我们知道,谢林也曾进行过类似的划分,如算术是寓意的,几何学是图案的(模式的);音乐是寓意的,绘画是图案的(模式的),雕塑是象征的;抒情诗是寓意的,史诗是图案的(模式的),戏剧是象征的。谢林反对把希腊神话理解为模式的和寓意的。同样,洛谢夫也不赞同19世纪出现的一些流行的神话理论(如人类学、气象学视角)在寓意式的建构基础上理解神话。以此为代表的学界将荷马的主人公阿基琉斯、奥德修斯等归结为不同的"自然现象",到处都可以读到,他们时而是升起或降落的太阳,时而是大气现象,时而在这些神话形象中又会发现崇拜某些历史人物的痕迹。在这些理论中,神话的主人公,不仅仅作为神话的主人公呈现出来,而且具有了某种特别的转义。他们指向某种内涵的现实,而不是真正的现实。在洛谢夫看来,这种寓意式地阐释神话是不合适的。神话的现实是真正的现实,是天真的和实在的,不是隐喻的,不是别有寓意的,应如其所是地加以理解。寓意的能指和所指原则上是不平衡的。在寓意中，形象总是比思想丰富，形象被描绘出来，并得到刻画，而思想却是抽象的、没有显现的。而在神话中，直接显现的就是它本身所标注的，阿基琉斯的愤怒就是阿基琉斯的愤怒，别无其他。

第三种情形，"内"与"外"、思想与形象、"理想"与"现实"完全处于平衡，这种表达属于象征。在象征中，一切都适度，在象征中不可能发现没有"形象"的"思想"，或是没有"思想"的"形象"，由此，观念与事物的同一得以实现，它们密不可分，相互关联。神话是象征的，甚至是多层面的象征。洛谢夫列举了大量象征神话的例证，涉及对光、色彩以及自然界整个视觉现象的象征式理解。在这当中，洛谢夫着重分析了弗洛连斯基对色彩（黄色、蓝色、紫色、红色等）的神话—象征性思考；归纳并分析了安德烈·别雷所阐释的普希金、丘特切夫、巴拉丁斯基视觉感悟的大自然（月亮、太阳、天空）之特点。洛谢夫指出，不取决于安德烈·别雷阐释的正确与否，这三位学者关于大自然神话的表述，能够成为自然现象所有可能神话化的最好例证，而与坚持气象学说的神话理论学者所描绘的画面相比，后者则显得狭隘、缺乏天分。①

在对该范畴进一步分析时，洛谢夫表达了如下观点：象征是现实的反映和它的能指，象征处在动态变化中。象征的这些特点与神话接近。思想家别尔嘉耶夫同样认为："神话总是描绘现实的，但神话的现实是象征的。"②别尔嘉耶夫强调神话是体现于现实形象的具体历史事件的讲述，这一点与洛谢夫有别，但他将神话视为精神的、神秘的现实的象征性反映，与洛谢夫有某些共同之处，进而言之，洛谢夫比其走得更远。哲学家霍鲁日指出洛谢夫对神话与象征关系的理解，"……神话不仅明显地拥有充分的具现性，而且拥有充分的完整性，因此，就其生动的表现特点来说，神话有能力成为'强大的'、具有张力的象征……"③。继而，霍鲁日亦指出洛谢夫的观念与弗洛连斯基、卡西尔的象征主义思想的接近。但弗洛连斯基强调象征的本体论研究，卡西尔则追求象征的认识论阐释，两人的象征观点尽管是完善的、深思熟虑的，但缺乏个性观念，而洛谢夫哲学中的象征主义则具有鲜明的个人主义要素，是个性的哲学。由此可见，无论是与《神话辩证法》

---

① Лосев А.Ф., Диалектика мифа // Сост. подг. текста, общ. ред. А.А.Тахо-Годи, В.П.Троицкого, М.: Мысль, 2001. С. 82.

② Бердяев Н.А., Диалектика божественного и человеческого, Харьков.Фолио, М.: АСТ, 2003. С. 85.

③ Хоружий С.С., После перерыва. Пути русской философии, СПб.: Алетейя, 1994. С. 250.

同年出版的《古希腊罗马象征主义和神话学概论》（1930），还是其随后写作的《象征问题与现实主义艺术》（1976）、《符号、象征、神话》（1982）等论著，都体现了洛谢夫对象征问题的关注，而象征学说是其深受柏拉图影响的"形"说之必要的延续和延伸。随着认识的不断深入，洛谢夫的象征观点从不同研究视角得到进一步完善，他甚至将象征视为现实的反映、现实的含义、现实的符号、现实的阐释和改造等等。洛谢夫的象征理论因其个性化特征经常被后人借鉴和引用。推而广之，洛谢夫一生都是象征主义的拥护者，从其对维亚·伊万诺夫以及齐纳伊达·吉皮乌斯的高度评价中可见一斑。

（6）神话与诗歌。自格林兄弟[①]始，神话被理解为原始形象思维的诗性隐喻，神话和诗歌形象经常被混淆地纠集在一起。应该说，早期的神话与诗歌有着某种相近性，如《荷马史诗》显现的古希腊神话。著名语言学家波捷布尼亚（А.А.Потебня）从神话与诗歌的关系出发谈道："从广义而言，神话属于诗歌领域。如同任何诗歌作品一样，神话回答的是一个众所周知的思维问题，是对大量认知的一个补充；神话由形象和意义构成，两者的关联并非如科学的证明，而是直接有说服力的，是理所当然的信念；神话作为意识行为成果，作为一种产物，它有别于在一个人未知情的情况下发生的事，神话是原初的口头创作，即在时间上，它永远在神话形象的如画般的、优美的塑像之前。"[②]波捷布尼亚谈到了神话与诗歌创作、神话与思维进程的关联，涉及了神话的认识论视角、神话的符号特点和表达的口头形式等优势，以及通过信念所达到的科学与直觉神话的不一致等现象。

在谈及神话与诗歌的关系时，洛谢夫首先指出两者的相似性特征，以便可以更为鲜明地区分这一对范畴。从根本上说，神话与诗歌都不失为富有表现力的形态，它们皆属于富于表达的类型，而且是精神升华的表达。神话与诗歌的存在是直接的存在，不需要任何逻辑体系，不需要任何科学、哲学理论限定。然而，神话与诗歌的相似并不能掩盖它们本质的不同。洛谢夫将诗歌的现实视为可直观的真实、事物的状貌和意向，而将神话的现实视为真实的、物质实体的、现实的真实。神话与诗歌都具有背离性特征，但两者分属不同的背离类型。诗歌背离真实性，背离事实，而神话则背离惯常

---

① 格林兄弟：雅·格林（1785～1863）和威·格林（1786～1859），两兄弟都是德国民间文学家和语言学家。他们共同编辑出版的《儿童与家庭童话集》（1812～1815），简称《格林童话》，收有216篇故事，在文学史上有重大贡献。此外，两人还共同编写了《德语语法》（1819～1837）和《德国语言史》（1848）等学术著作。

② Потебня А.А., Слово и миф, М.: Правда, 1989. С. 259.

的思想内涵。换句话说,诗歌的背离性体现在,诗歌唤起的不是对物本身的情感,而是对其固有含义的情感。当诗歌描绘了火灾或犯罪,我们绝不会去救火或制止犯罪。诗歌的这种背离将物从生活现象中提取出来,转变为某种特殊的、不仅仅是日常关注的对象。另外,诗歌的背离可以是随心所欲的,可以不把现实物作为物来表现。而神话的背离体现的是背离意义、背离于日常生活的想法,但不背离它们的事实。神话将不同寻常性和生活的、可感的、真实性综合在一起。神话将物从日常生活中提取出来,不遗失现实性和物质性,将其带入新的领域。另外,还需要强调一点,诗歌的存在可以没有神话成分,神话的形象塑造也无须借助于诗歌手段。由此可见,洛谢夫正是借助于"背离"的不同类型来厘清神话与诗歌的关系的。

(7) 神话与宗教。两者具有一定的关联性,神话包含初民的宗教思想,是神圣的最高的真实。对原始人来说,神话是一种信仰,是"圣经"。神话的宗教仪式特征得到学界的关注。具体研究中,洛谢夫从自我确证角度谈起,他首先指出了神话与宗教之间最基本的相似与差异。神话与宗教都是个性的自我确证。在宗教中,个性寻求安慰,希望得到赎罪和拯救。在神话中,个性努力地表现自我,书写自己的历史,但这种个性基础使两个领域的分歧也鲜明地表现出来。事实上,宗教是在其最原初存在的根源上证实自己,确证自我以及自我的本质。宗教希望的正是拯救个性和对其进行确证。在洛谢夫看来,宗教还是一定种类的生活,是世界观的实现,是道德的物化实体,是情感的现实确证。宗教的实现,首先是身体的、生理感觉的。没有身体的就不会有宗教的存在,因为身体是精神的状况,如同精神是灵魂的状况一样。宗教体现为个性实体在永恒存在中的自我确证。宗教总是从永恒或者至少从未来角度评价时间,期冀突破死亡层面达到神圣与永生。而神话则与之不同。神话不是实体的确证,更不是在永恒中的确证。宗教总是关于堕落、赎罪、拯救、违反戒律、宣告无罪、净化等方面的问题,而神话的存在可以无须探讨这些问题。当然,我们并不排除宗教带给神话的某些特有的内容,它使神话成为宗教神话,但是,神话结构本身并不取决于它是否包含宗教或者其他内容。在神话中,个性完全不是永恒中的自我确证,神话缺少宗教生活最核心的东西——渴望拯救与赎罪。神话自身几乎不包含任何永恒的指向,不包含罪恶、赎罪以及为罪恶或是美德而获得报酬等内容。然而,神话是能动的、非凡的个性的自我确证,它不取决于永恒与时间的相互关系。神话不是宗教,它的范围大于宗教。神话可以没有宗教,但宗教不可能没有神话。洛谢夫将宗教视为神话的种类,认为宗教是神话的生活,并且是永恒中自我确证的神话生活。

（8）神话与教义。神话与教义的对比关系是神话与宗教对比关系的引申内容。神话不是个性本身，但是，是它的形式和形象，是它的轮廓。而教义正好规定着宗教的内涵和充满活力的内容，它是宗教中资料的形式和概貌。那么，神话不是宗教，但在这种情形下，神话是否是教义呢？洛谢夫对此展开了辩证论证，即神话不是教义。

就其本身而言，神话可以在科学或是艺术中得到实现而不必考虑任何的宗教。神话本身不能归结于教义和圣事，因为教义永远是某种宗教经验的反映，而神话在任何意义上都不是反映，它是某种显现，永远是某种直接的客观现实，是显而易见的对生活的雕刻。教义不仅是被反映的，而且是被绝对化的神话。教义可能永远只是作为评价，而且是首先作为评价性而存在的，它是永恒真理的确证性，教义永远是科学—辩证体系或者是它的原则体现。教义是绝对的和逻辑的，而神话是直接的个性—历史存在的感受。

在此，洛谢夫将神话与历史关联在一起。神话是个性的存在，体现着能动的或是非凡的个性的形成，这也正是历史的形成。宗教教义试图证实历史事实，希望把它们从形成之流中分离出来，与一切流变对立起来。而神话是流变的、动态的；它阐释的是关于事件的，并且是关于纯事件的，也就是产生、发展和消亡。有鉴于此，在历史中，当然存在一定被认为是某种不变的、具有稳定意义的某物，这个"某物"在整个变化进程中应该是不变的，于是历史构成了个性存在，神话是历史。但这并不代表，历史总是个性的历史。神话也仅仅是一段历史、一个历史故事。洛谢夫强调的前提是，只有在个性以及个性形成这一视角来做评价时，事物才有可能被划入历史领域。洛谢夫想证实的只是，从历史的视角来评价，神话有着历史的潜能。由此，神话是历史的，而教义是绝对的。

教义是反映的绝对化。换句话说，教义是从某种宗教经验和信仰的启示推论中得出理论的理性体系。基督复活就其本身来说是某种信仰，尽管其包含纯启示的绝对的特点，但无论在何种情况下，它都不是教义本身。基督复活正是神话，是宗教神话。洛谢夫指出，教义始于这一神话揭示自己理性的必要性、辩证的必要性、纯逻辑的不可避免性以及显示力量之时。而神话的完整体系应该归入教义式神学领域，进一步而言，应该归入宗教哲学领域。但是，神话体系的起点，即以这个神话绝对确证的形式体现在思想中，虽然只是以任务的形式将其思索为逻辑的必要性，但神话体系的起点正是在教义中。神话变为教义,至少将这一神话与(谈及别的主题的)其他神话加以区分,证实它,将其作为唯一的真理。教义是对在该经验中的神话的有意识的确证,有意识地将这种神话和这种经验同任何其他神话和经验区分开来。由此,洛谢夫得出,神话与辩证法结合可以转变为教义,甚至是教义神学。

(9)神话与历史事件。神话不是历史事件本身,但它是话语,是"见诸话语中的该个性的历史"[①]。在具体分析时,洛谢夫首先确立了历史范畴的三个理解层面:第一层,事实汇聚的自然—实体层面;第二层,对事实的概括,归纳历史的共同结构、历史的观念和模式;第三层,历史作为自我意识层面。

第一层面,历史实际是相互有着因果性影响的诸多事实,它们一个引发另一个,处于全方位的空间—时间的关联中。例如,一人战胜另一人,然后摧毁国家,接下来又发生诸多事实等等。当历史体现为这些事实的历史之时,在洛谢夫看来,它完全不是历史,只不过是一些原料而已,如果将某种全新的观点注入其中,它们才有可能成为历史材料。

第二层面,历史是被理解的事实、可理解的事实的生成。它总是某种意识的模式,即历史的事实应该以某种方式成为意识的事实。在历史中,我们运用的不是事实本身,但运用的是借助理解的帮助所给予的某种结构。如17世纪俄罗斯文化转折时期,借助大量的事实,我们应该予以重新思索,以便得到文化剧变真实的认知,而不仅仅只是看到贵族家宅悬挂的西方绘画,或是莫斯科郊区德式别墅等等一些光秃秃的事实。所有这些事实作为事实本身,完全没有历史方面的意义。它们应该笼罩于某种普遍的观念下,体现它们本身所包含的观念,而不是简单地总和累加。历史的观点正是综合了这些事实。

如果说,第一层面是非神话的,历史与神话没有关联。那么,第二层面却为神话提供了事实材料,提供了神话历史发生的场所。借助于它,我们可以看见神话,可以看见真正的历史事实。洛谢夫通过事例加强阐释的明晰性,他写道:"当我们居于第一层面时,我们分析的只是用于准备绘画的个别色彩以及油画的底布,我们是化学地和物理地分析构成绘画的所有物质。在此,我们还没有触及绘画本身。当我们已经将绘画视为某种整体,在统一的观念中领悟它的存在,此时,我们忘记了化学和物理,看到了明暗、色彩、身形。这意味着,我们移转到了第二层面。类似于此,在神话的历

[①] Лосев А.Ф., Диалектика мифа // Сост. подг. текста, общ. ред. А. А. Тахо-Годи, В. П.Троицкого, М.: Мысль, 2001. С. 171.

史中，我们开始看到了鲜活的个性、鲜活的事实；历史的画面变成完全可以观察的、完全可以感觉到的，在我们面前已经没有了僵化的命令或是指示，而体现出的是现实—历史的重要意义以及它对国家和社会生活产生过的影响；历史不是该国家人们僵死的文献汇编，而是这些文献中所展现的鲜活的人"①。再比如，空中挥舞鞭子是一种无意义的活动，但如果是去抽打奴隶和农奴，则是一种具体的思想表现，因为它体现了个性之间的现实交往。由此可见，洛谢夫对历史内涵的深刻理解和解读。

神话是历史的，它是一种属异相存在的、个性的历史形成过程。个性流动的先验的历史与它的完美的任务融合，便是奇迹的真相。

洛谢夫的哲学审视一步步细化了神话的概念，他通过一系列否定式厘定，最终走向了肯定的表述，即"神话是奇迹"。"奇迹"一词源于拉丁语"惊异"，指发生不合自然规律，且被认为有一超自然原因（即上帝）的非常事件。换句话说，奇迹是神的特殊意志对自然规律的违背或由于某个不可见的行为者的干预。由此，奇迹在一般观念中多指想象不到的不平凡的事情。奇迹就是否定自然而然和必然的事情（如人必定会死，水可以灭火）；奇迹就是对自然法则的违反。②《圣经》中有许多关于奇迹的记载，例如，摩西用手杖分开红海之水助以色列人逃生；上帝的医治使世人重见光明。奇迹被视为上帝全能的标记。而在洛谢夫的分析下，从广义来理解，奇迹不是某种不同寻常的事件，而是"阐释历史事件的一定方法"；从狭义来理解，一切就转嫁到了神话上，洛谢夫指出，神话不是别的，正是个性的话语以及表达个性的话语。神话的外部表现是象征，如果象征表现在个性中，它则成为名谓。名谓是个性中的表述与揭露，从而神话是名谓，因为名谓是独一无二的，所以，名谓是奇迹。那么，神话就是神秘的名谓，是奇迹的名谓。而这一表述与历史要素结合，因为历史指明发展的连贯性、名谓的拓展。于是，洛谢夫得到关于神话的最终、最简洁、最核心的表述，即"神话是拓展的奇异的名谓"③。洛谢夫认为："这是最大限度地简化，对神话概念的最为充足地表述，甚至需要指出的是，这一表述完全具有包罗万象的意

---

① Лосев А.Ф., Диалектика мифа // Сост. подг. текста, общ. ред, А. А. Тахо-Годи, В. П.Троицкого, М.: Мысль, 2001. С. 167.

② 大卫·休谟（1711~1776）：英国经验主义哲学家，主要著作有《人性论》（1738）、《人类理智研究》（1748）、《自然宗教对话录》（1779）等。休谟从经验主义出发，认为奇迹就是对自然法则的违反；奇迹就是在神明的特别意志作用下，或者某种不可见的事物的干预下，自然律遭到了侵犯。休谟本人实则持有反奇迹论主张。

③ Лосев А.Ф., Диалектика мифа // Сост. подг. текста, общ. ред, А. А. Тахо-Годи, В. П.Троицкого, М.: Мысль, 2001. С. 214.

义。"①学者布克杰罗夫（М.Буктеров）指出，神话的名谓是神话本身，但是，神话不是名谓，"神话是拓展的奇异的名谓"。在布克杰罗夫看来，这种将名谓学说与神话学说加以综合的观点是整个洛谢夫哲学的中心点。②同样，我们可以将洛谢夫对神话与不同范畴的厘定视作圆的各个扇面，如同众多变奏离不开它的主旋律一样，发散开的射线构成的扇面仍然会汇集于一个思想焦点上。

我们知道，以往的神话厘定，多将神话与童话、民间传说、寓言、英雄故事、史诗、传奇等相较。而如上述分析所示，洛谢夫从哲学而非文学、文化的视角界定了神话。历史发展表明，自古希腊以来，神话长期遭到哲学界的敌视。柏拉图、亚里士多德等哲学家视神话故事为"虚构"和"谎言"。而自中世纪开始，到文艺复兴直至启蒙运动结束，神话一直与哲学水火不容，这种状况直到浪漫主义阶段才有所改观，它结束了哲学与神话长期对峙的局面，神话在哲学系统中找到了重要的位置。而洛谢夫的神话释义正是深受浪漫派代表谢林神话哲学观念的影响，他尝试从哲学视角深入发掘神话的内涵，将神话学说与名谓学说综合在一起，实现创建"新神话"的构想。

二 洛谢夫对神话本质的界定

借鉴肇始于中世纪的否定神学之方法，洛谢夫主要通过否定方式来界定神话。但肯定神学的方法是它的必要补充，所以，洛谢夫在否定的同时，也有肯定的界定：体现在个性（личность 第7节）、奇迹（чудо 第11节）等范畴上。要想找出引导我们穿越扑朔迷离的神话迷宫的阿里阿德涅彩线，我们就要明了洛谢夫对神话本质的界定情况。

洛谢夫认为，神话的概念包含四个本质要素——个性、历史、奇迹、话语，即"神话是见诸话语的奇迹般的个性历史"（Миф есть в словах данная чудесная личностная история）③。

（1）神话与个性紧密相连。19世纪与20世纪之交，俄罗斯有关个性的思考几乎与尼采的名字密不可分，他的"超人"思想在以自我为中心的个性中表现得极其显著，所以，在"白银时代"，"个性"这类字眼成为时代的"最强音"。无论在哲学界，还是在文学界，个性一词随处可见，被人们

---

① Лосев А.Ф., Диалектика мифа // Сост. подг. текста, общ. ред. А. А. Тахо-Годи, В. П.Троицкого, М.: Мысль, 2001. С. 215.

② Буктеров М., Диалектика мифа в учения А. Ф. Лосева // http: // losevaf. narod. ru / bucter. htm.

③ Лосев А.Ф., Диалектика мифа // Сост. подг. текста, общ. ред. А. А. Тахо-Годи, В. П.Троицкого, М.: Мысль, 2001. С. 171.

以各种各样的理由使用。"洛谢夫的新神话观在于强调神话意识的个性特点"①,确立神话和个性的关联,为进一步深入理解神话开辟了道路。我们甚至可以认为,"个性"是洛谢夫神话研究中的一个核心概念。在此,洛谢夫强调的是个性的宗教基础这一命题,而早在《名谓哲学》中洛谢夫就曾为"个性"做了界定,他从神学范畴出发,将个性视为"索菲亚的本质,最大限度实现的原初三位一体,并以此给予其名谓"②;个性不是数,不是质,不是物,但它是神话,具有一定名谓的鲜活现实。洛谢夫对"个性"范畴的深刻认知还体现在从神话学领域(《神话辩证法》)向历史领域(《古希腊罗马美学史》)的过渡和不断完善。

通过前面的阐释,我们已经清楚,洛谢夫将神话视为意识和存在的辩证必要范畴,它是现实的存在,是被亲切感知的对象,神话在不同程度上背离了日常、普通的存在,象征地表达背离的现实,神话作为前反射,使原始—本能的主客体相互关系呈现在我们面前。因此,简短而言,神话是理性生活的象征,或者说神话是象征的该生活的理性展现。即神话是象征存在的理性。洛谢夫还认为,个性是象征存在的理性。那么,在这里出现等量代换,即神话是个性的存在,或者准确地说,神话是个性存在的形象、个性的形式、个性的面貌。

由此,神话与个性关联。但对个性的阐释,洛谢夫并没有试图挖掘其全部内涵,他只强调个性观念的三个支撑点:第一,个性是自我意识,是主客体的相互理解。第二,个性是一种表达,它是象征。个性有自己特殊的能力,以一定的方式感染周围,使事物成为活生生的事物,而不是物理性的存在。第三,个性在历史中得以实现,它是社会—历史的存在。个性具有时间性,实现个性时间的舞台是历史。个性生活着、斗争着,它有产生、繁荣与消亡的表征,这就是它的历史性。同样,神话是流动的、变动的,它阐释的事件经历产生、发展和消亡之过程,神话是历史。由此,神话是个性的存在。更精确地说,神话是个性存在的形象、个性的形式、个性的面貌。不仅如此,洛谢夫还强调,由于实体的存在和空间—时间的存在,每个"个性"可诉诸变幻无穷的形态来呈现。

(2)神话与话语之关联,首先体现在词源上。"神话"(mythos)一词在希腊语中最早的含义是"话语"、"叙述"或"表达",它是"行为"的反义词。神话借助于话语得以表达,而话语属于个性,表达和揭示神话的话语

---

① Гулыга А.В., Русская идея и её творцы, М.: Соратник, 1995. С. 282.

② Лосев А.Ф., Философия имени, М.: издательство московского университета, 1990. С. 103.

属于该个性，是其所特有，与其不可分离。如果个性的确是个性，它不能归结为其他某物，它是绝对天生的、独特的；过去没有、将来也不会有这个个性。这就意味着，这个个性独特的话语甚至是绝对独特、独一无二的，它是个性或关于个性的独特话语，不可比拟、不可归结。

另外，我们知道，从交际功能来说，话语是日常交际的工具、符号；从认知功能来说，话语是人精神活动的结果。弗洛连斯基将话语视为意义的现象；海德格尔有句知名论断，即"语言是存在的家园"。而在这之前，洛谢夫在其专著《名谓哲学》中也表达过类似的思想："可以说，没有话语、没有名谓，就没有合理的存在，没有存在的合理表现，不能合理地与存在相遇"[1]。这是从语言哲学视角强调话语的重要性的。在神话研究中，洛谢夫同样突出了这个概念。

（3）神话与历史之关联。洛谢夫发展了神话的历史性观念，对历史做了独特阐释，如上所述，他确立了历史范畴的三个理解层面：第一层，事实汇聚的自然—实体层面；第二层，对事实的概括，归纳历史的共同结构、历史的观念和模式；第三层，历史作为自我意识层面。神话与历史的共同性体现于第三个层面。历史成为个性的面貌，就是神话。洛谢夫主张，神话不是乔装改扮的历史，神话不是历史事件本身，但它是话语，是"见诸话语中的该个性的历史"[2]。我们发现，将"历史"范畴划分为三个理解层面，这种递进式构筑反映了洛谢夫的深邃认识，而在他的论证中，"历史"逐步与"神话"、"个性"、"话语"建立了关联，这无不体现洛谢夫极强的逻辑演绎能力。具体到古希腊神话研究，洛谢夫勾勒出神话的一般历史分期和历史演变轮廓，"洛谢夫以独特的研究视角为神话的历史研究（基于著作《古希腊神话学的历史发展》）做出了卓越贡献"[3]。

（4）神话与奇迹之关联。哲学家霍鲁日指出："关于'奇迹'章节是洛谢夫最好的哲学篇章之一。在此，你会感觉到，作者个性的、珍贵的主题以及他的整个经验，都是自己的而不是借鉴的。"[4]奇迹是洛谢夫神话理论研究中的精髓范畴。奇迹最初完全不是哲学概念，只是日常言语中的词汇，洛谢

---

[1] Лосев А.Ф., Философия имени, М.: издательство московского университета, 1990. С. 32.

[2] Лосев А.Ф., Диалектика мифа // Сост. подг. текста, общ. ред, А. А. Тахо-Годи, В. П.Троицкого, М.: Мысль, 2001. С. 171.

[3] Буктеров М., Диалектика мифа в учения А.Ф.Лосева // http:// losevaf. narod. ru / bucter. htm.

[4] Хоружий С.С., Арьергардный бой: мысль и миф Алексея Лосева, Вопр. философии. 1992. № 10. С. 134.

夫对之进行整理、校勘使其成为一个哲学概念。洛谢夫批评了冯特的理论缺陷，冯特认为奇迹是原始的万物有灵观念的产物，是将私人的意志、经历移植到自然和宗教等客体对象之上而产生的现象。在洛谢夫的神话意识观照下，下述观念都不是奇迹：将奇迹视为最高力量对低级存在的影响；将奇迹视为对自然规律的违背；将奇迹作为宇宙的统一样态及和谐信念，从而走上非真实的虚幻之路；将奇迹理解为某人的某种心理状态，或者将奇迹理解为某种心理状态相互关系的形式，持有"心理参与"[①]的理论等等。洛谢夫创生了新的奇迹观念，在原初诸多未成熟的奇迹观念中区分出起作用的要素，并逐渐挖掘这些观念背后的内涵结构。在洛谢夫看来，下列要素是关键性的，即在奇迹的结构中，存在着彼此关联却又不同的两个现实层面，它们甚至可以融合。这两个层面应该是个性的，可以属于某种个性的存在。其中一个层面使个性的经验得以存在；另一个层面是个性的"理想的任务或是状况"，两个层面的综合便是奇迹。奇迹的特点是象征的。在此，借鉴康德的合目的性理论，洛谢夫区分出四种合目的性类型：逻辑的，由此得到有机体；实践的或是意志的，由此得到技术的完善（对于人来说就是道德的完善）；审美的，由此得到艺术作品；神话的或个性的，由此得到奇迹。可见，洛谢夫强调的是，奇迹中没有纯认知纯逻辑的、纯意志的、纯审美的综合，而是主张个性（神话）的合目的性表现为某种奇迹。对于逻辑的合目的性，有机体的某种状态是其目的；对于实践的合目的性，某种规范是其目的；对于个性的合目的性，表现为个性希望的绝对自我确证。此外，洛谢夫指出，征兆、惊奇是奇迹附带的，但也不失为关键性的要素，在所有语言中，"话语"、"奇迹"指向的正是对出现和发生的事情的惊奇。意大利学者维柯曾表达过惊奇是产生神话的源头的思想。从广义来理解，奇迹是"阐释历史事件的一定方法"。在洛谢夫看来，"世界上的一切作为真正的奇迹本身来阐释"，任何一个人、任何一个物乃至整个世界都是神话的。从狭义来理解奇迹，洛谢夫得到关于神话最终辩证的表述，即"神话是拓展的奇异的名谓"[②]。

综合前文论述，洛谢夫认为，神话是话语中该个性的历史，在导入奇迹概念之后，可以变成这样一种表述：神话是话语中该奇迹的个性的历史。在洛谢夫简洁、精确的表述中，"个性"、"历史"、"话语"和"奇迹"等平常

[①] Лосев А.Ф., Диалектика мифа // Сост. подг. текста, общ. ред, А. А. Тахо-Годи, В. П.Троицкого, М.: Мысль, 2001. С. 179.

[②] Там же. С. 214.

的词汇，摒弃了日常混乱的意义，得到完整现象学的揭示和严谨的分析，获得了确定的意义。但洛谢夫并未满足于此，他仍然继续简化，期冀在语言中找到一个可以涵盖上述四个要素的范畴，或者至少包含它们的某些要素，融为一个统一形象的表述，从而得到一个辩证的结论。因为神话是个性独特的话语，所以神话是名谓，由于神话还是奇迹，由此得到神话是奇迹的名谓。名谓表达并见证奇迹，名谓与这些奇迹本身不可分割，名谓创造奇迹。因此，神话是神奇、奇异的名谓。在此，将"历史"范畴并入其列，于是得到神话最核心的概念，即神话是拓展的、奇异的名谓。经过一系列替换和变形，最终得到这个在洛谢夫看来，是一个最大限度的简化，也是最大限度饱和的关于神话的表述。

需要说明的一点是，洛谢夫对神话本质的阐释（"神话是见诸话语的奇迹般的个性历史"）与洛谢夫拓展的神话最终的核心表述（"神话是拓展的奇异的名谓"）是完全吻合的。

三　洛谢夫对神话关联要素的深层阐释

在分析了神话的本质要素并全新阐释了奇迹的观念之后，在新的奇迹观念下，洛谢夫深入发掘了神话的"背离"特点，深入综述了神话的所有辩证要素。

如上分析所示，在厘定神话与诗歌的关联时，洛谢夫借助于两者不同的"背离"类型。神话将诗歌的某些特点以及真实—物质现实的特征全部融入自身。于前者，神话获得了最具幻想的、非现实的特点；于后者，神话获得了生活的、可感的、真实的特点，获得了存在的现实和无限的张力。于是，神话有了背离日常生活之特点，但其并非背离它们的事实。神话背离的是惯常的思想内涵，神话将生活的、可感的、现实真实性与某种不同寻常性综合在一起。换句话说，神话的情感性、最大限度的具体性、纯物质实体性与某种彼岸性、非凡性、公认的"非现实的"特点综合在一起。在奇迹的全新观念下，洛谢夫指出，这种真正的综合就是奇迹。由此，奇迹是绝对必要辩证的综合，神话意识以此为依靠，没有它就不可能有神话本身。从这个观点出发，在全新的"奇迹"观念下，洛谢夫再次深度阐释了神话与其他领域的关系。

（1）神话不是杜撰或虚构，而是意识和存在的辩证必要范畴。洛谢夫得出的这个观点与日常社会占统治地位的偏见相对立。对于神话的主体来说，神话不是虚构，它是真实的必要性。这种直接、率真的生活观在哪里，哪里就永远是辩证法的。神话是辩证必要的恰好体现在它是个性的，因此，它也是历史的存在，而个性只是在意义（思想）和智性（主体性）之后出现的更进一步的辩证必要范畴。神话本身内部包含着辩证法，即体现为原初的、前历史的、没有转向生成的个性与历史的、生成的、经验偶然性的个性的辩证法。神话是这两个领域不可分割的综合。

（2）神话不是理想完美的存在，而是生动的被感受和被创造的实体现实。与无实体的理想性对立，我们说神话是现实的，是某种特有的实体，甚至体现为可怕的物体实貌。透过奇迹的概念，洛谢夫揭示了神话这个被提高了的现实性和实体性。奇迹正是强调神话的实体特点，这个特点源于日常的实体领域但又没有丧失其实体性特点，并被赋予某种特别的张力和深度。

（3）神话不是科学的，而是生活，是将其本身的真实性和意义结构融于自身的生活。在奇迹的视域下，洛谢夫将神话的真实性从逻辑的、实践的以及审美的领域区分出来，这样，神话的真实性特点就更加清晰。毫无疑问，神话是以其本身所理解的真理为依据的，这个真理在于确立个性流变的经验与其理想—原初未被触及的层面之间的相应程度。纯神话的真理性与其他任何事物的真理性有着鲜明的区分。与此相关，卡西尔也同样坚持神话具有自身的真理律则。

（4）神话不是形而上学的建构，而是纯实体的现实。与此同时，这种现实性背离现象的日常进程，因此，其自身包含着不同层次和等级。在分析了奇迹观念之后，这种纯实体存在的神话的背离特点及层级特点就一目了然了。洛谢夫辩证地论证了神话层级的功能，并且指明它永远是被接近的意义，这个意义致力于自己的极限，即个性绝对的自我确证。在自己的异在中，个性重复的只是自己个别的和从属的要素，这些要素在个性本身中会立刻呈现出来，而且永远牢固。因此，这些要素的辩证法和分级体现的是一种程度等级的辩证法，即它们是个性在转向异在时分解出来的，按照异在一元论特点，它们将混淆地、偶然地汇入生成的海洋中。由此可见，神话存在的层级特点在此辩证地得以论证了。

（5）神话不是模式和寓意，而是象征。从所分析的奇迹观念来看，象征是一个意味着其本质的物，而真正的神话象征，至少是四层级的象征。第一，神话的象征恰好是这样的象征，即它是物，或者是其本质所是。因为我们所思索的和所领悟的任何现实之物都是作为直接的、真实的存在物，我们说，这是象征。例如，生长在窗前的树，恰好是其所表明的。因为它是树，它所表明的也是树。第二，神话的象征恰好是这样的象征，即它是个性。在其身上可见某种自我意识。第三,神话的象征恰好是这样的象征,即它是历史,因为在此,我们不仅与个性,而且与个性的先验生成打交道。应该使个性的这个生成成为它的表现,以便时时处处都可以了解其本身,以便这个生成的个性与其没有生成的核心时时处处都能趋于一致。第四,神话的象征恰好是这样的象征,即它是奇迹性。该个性的历史应该是对立的(自然,也包括综合),不仅仅指非生成与生成方,而且指这个非生成拥有原初绝对的自我确证(即极限的力量、能量、知识、感觉,也就是万能、博识等)的独特特征。这个生成方,它应该清晰地显示自己与这个绝对自我确证(即非生成)有着关联,或者至少与其某个方面有着关联。由此可见,洛谢夫谈论的神话象征层级为四级,即象征是物或是其本质所是;象征是个性;象征是历史;象征是奇迹。神话的象征特点得以揭示。

(6)神话不是诗歌作品,它的背离与诗意形象的背离没有共同之处。透过洛谢夫分析的奇迹概念,神话与诗歌的这种相互关系可能表述得更加简单和准确。诗歌以其存在背离于物,而神话背离的是物的诗意形象本身,换句话说,神话是该物的诗意的背离。

(7)神话不是特有的宗教意识。宗教追求个性实体的自我确证,即永恒中的自我确证。宗教的本质是神秘的,没有宗教、没有实体个性在永恒中的自我确证,就不可能出现任何神话。但神话本身不是宗教,它不是专门的宗教创造。在洛谢夫的演绎中,神学是宗教的科学,仪式是宗教的活动,神话是宗教的诗歌和艺术。由此,神话对宗教的关系是艺术对生活的关系。

(8)神话不是教义,而是历史。在奇迹的概念下变得清晰的是,神话作为艺术的象征,辩证地出现在宗教—个性领域,同时它可以达到三位一体的划分。第一,个性要素。个性原则本身,个性本身。第二,历史要素。类似于向"其他"过渡的"一"转变成"生成",认知向自己的异在过渡,变成行为、意志、志向;完整未被触动的原初个性向自己的异在过渡,变成历史的,得到自己的历史。此外,从分析的奇迹中变得鲜明的是,在我们面前呈现的正是神圣的历史。第三,话语要素。神话不是历史事件本身,但它永远是话语。话语是个性作为理想原则和个性深入其历史生成内部的综合。话语是重新被构思、被理解的个性。重新理解自己,个性可能只是呈现与异在的接触、分离或区别于它,即首先成为历史的。话语是历史生成了的个性,这个个性作为自我意识有别于任何异在并获得区分度。话语是个性表达的自我意识。个性、历史和话语是神话学本身内部的辩证的三位一体。这是神话学本身辩证的建构、神话本身的结构,亦是构成神话的本质要素。

总之，通过对神话与其邻近的几个范畴的区分，洛谢夫深刻揭示了神话特征的如下命题：

神话不是虚构或杜撰，不是幻想的臆造，而是逻辑的，即首先表现为辩证的、意识和存在的必要范畴。

神话不是理想完美的存在，而是活生生地被感受到的、被创造的实体现实。

神话不是科学的，其中包括不是原始—科学的建构，而是鲜活的主体—客体的相互关系，自身包含独特性的、非科学的纯粹神话的真实性、可靠性、规律性以及结构特点。

神话不是形而上学的建构，而是现实的、实体的和感性的被创造的现实，而这种现实同时是背离日常现象进程的，因而自身包含着背离的不同等级、不同分层。

神话不是模式，不是寓意，而是象征，已成为象征的，它自身可能包含生动多层面的象征。

神话不是诗歌，但它的背离性将孤立、抽象区分出来的物体引入直觉—本能地与人的主体相互作用之领域，在此它们联合成一个不可分割、有机发展的整体。

神话不是宗教，神话不是教义，神话也不是历史事件。

洛谢夫的上述命题反映了他对神话完整、详细的分析和理解。洛谢夫的论述关涉神话的本体研究，涉及神话的实体性、神话的真实可靠性、神话的象征性等诸多特点。

四　洛谢夫对神话学的分类

厘清神话与其相连属的范畴之间的关系，洛谢夫从哲学角度界定了神话，指出神话本质的构成要素，没有它们神话不成其为神话。但洛谢夫并没有停留于此，他认为，这对神话的现实存在类型的分析是不够的，因为神话毕竟不是神话概念。从神话概念的内涵指向中，可以得到神话基本类型的分类，然后再对个别神话的辩证结构进行分析。洛谢夫指出，对于神话学来说并非总是存在同样有利条件。他认为有的神话学，对于自己的存在和发展，无论从哪方面都不会遇到障碍，它不被任何阻碍和界限所限制，这样的神话学作为唯一可能的世界画面而存在，它的任何一个原则都不会受到削弱，这样的神话学，洛谢夫称其为绝对神话学；而有的神话学则迷恋于部分，曲解了辩证法，曲解了理性本身，它避开了洛谢夫著作中所宣称的神话入门（基础知识）这一研究程序，并总是将个别原则绝对化，这样的神话学，洛谢夫称其为相对神话学。洛谢夫期冀日后出版单独的著作专门研究这些问题，所以，在《神话辩证法》中，他只是勾勒了绝对神话学和相对神话学对立的轮廓，对绝对神话学做了简单描述。

根据洛谢夫的神话学分类，学者谢尔盖耶夫（А.В.Сергеев）在《洛谢夫创作背景下的神话和社会语境》[①]一文中得出如下结论：真正绝对的神话，作为具体的、强烈的、紧张的现实，它拥有真实性和无残缺的特点。而相对的神话学可能在社会语境下仅仅趋向于模仿真理的作用，它不是作为非真实的、虚假的现实性而起作用。作为最具体的、明确的、客观的、不可否认的、可见而鲜活的现实，人民才是绝对神话的真正创造者和主人。这是从社会学意义而言做出的评论。

洛谢夫设想运用一种超方法（супер-метод）和泛哲学（пан-философия）[②]，通过对各种原则和学说进行"辩证的综合"，创建绝对神话学。绝对神话学被思索为关于神话的辩证学说，是辩证神话学的实验，它应该成为任何其他神话的规范、样式以及努力的极点和目标。绝对神话学的根据是，存在被奇异的名谓所加冕，它将一切辩证的范畴都理解为奇异的名谓，一切范畴都应该被思索，如诺斯替教、人格主义、实体性、造化说、象征主义、生命理论、宗教、感觉理论、肖像学、圣像学、算术学、整体性、非逻辑论等等，没有它们绝对神话学就不能存在。这一切表明，绝对神话学不再仅仅指向而是超出了"拓展的奇异的名谓"范围。"这个拟定的学说是教会和东正教的哲学，它的中心任务就是认识信念的真理。"[③]绝对神话学否定泛神论，但谈到上帝的存在、上帝的化身、灵魂的不灭以及确证教会存在的必要性；它的中心主题是上帝、信仰、神启、天堂、地狱等存在的辩证演绎。洛谢夫构想绝对神话学永远是教会意义上的宗教；绝对神话学与东正教密切关联，而宁静主义及东正教的能是东正教的精神内核；远离正统的象征主义，向东正教人格论方向发展，绝对神话学是人格论……由此我们发现，绝对神话学与其说是洛谢夫提出的一种神话理论，不如说是他对神学思想的建构、宗教哲学思想的建构。

[①] Сергеев А.В., Миф и социум в контексте творчества А.Ф.Лосева, Человек. История. Культура: исторический и философский альманах / Поволж. акад. гос. службы им. П.А. Столыпина. Саратов: Б/и, 2002. N 2 / Отв. ред. Сергей Юрьевич Наумов. 2003. С. 136.

[②] Хоружий С.С., Арьергардный бой: мысль и миф Алексея Лосева, Вопр. философии. 1992. № 10. С. 137.

[③] Там же. С. 138.

我们知道，深受索洛维约夫的万物统一观念影响，洛谢夫早在大学时期就有了"高度综合"的思想，提出了科学、哲学、宗教、艺术及道德等统一的原则，它们是构成人精神生活的高度综合。洛谢夫一生在哲学、美学、语文学、数学及音乐等领域的融会贯通和建树，正是高度践行这一原则的结果。洛谢夫的绝对神话学也是综合各种要素的一种思想。

此外，洛谢夫的神话思想、宗教神学思想及其世界观之间的影响和关联是显而易见的。如前所言，洛谢夫的《神话辩证法》，抑或其创作的诗歌，都曾涉及宗教神秘主义哲学、朝圣者、漫游等主题，这符合俄罗斯人典型的精神特质之一，即寻求真理。洛谢夫的绝对神话学观念正是其精神追求的一种体现。

洛谢夫"用较晦涩的语言暗示了许多必然要涉及但在书中又无法公开讨论的神学问题，如灵魂永生、绝对的上帝问题等等"[①]，他运用迂回的方法，将无产阶级的意识形态问题、社会主义对艺术的关系问题隐秘地插入著作加以探讨，洛谢夫就是以这样的方式将自己的宗教思想渗透在神话学的研究中。然而，对宗教问题的涉猎以及对现代神话的社会意义的思索导致洛谢夫的被捕和其学术研究的多年被禁。当许多人为洛谢夫1930年写作《神话辩证法》一书表现的无所顾忌的勇气惊诧时，他写到，他不能沉默，因为"对于创立非抽象形式，而是活生生的存在现象之哲学的哲学家来说，沉默是越来越无法忍受的"[②]。

五 洛谢夫的"新神话主义"内涵特征

20世纪初，在神话大举复兴的背景下，由于受瓦格纳和尼采的影响，神话这种文学样式获得了新的意义，产生了新神话（现代神话），形成了所谓的"新神话主义（新神话论）"。我国知名学者叶舒宪曾指出："20世纪的文学艺术发展史上，一个十分引人注目的倾向就是'神话复兴'或'新神话主义'的潮流。"[③]现代神话被认为是"一种比（世俗的）历史，或写实的描述，或科学的解释更真实的（较有深度的）'实在版本'"[④]。在新神话视域

---

① 张百春：《当代东正教神学思想：俄罗斯东正教神学》，上海，上海三联书店，2000年，第254页。

② Лосев А.Ф., Лосева В.М., Радость на веки: Переписка лагер.времени, // Сост. А.А.Тахо-Годи и В.П.Троицкого, М.: Русский путь, 2005. С. 57.

③ 叶舒宪：《后现代的神话观——兼评〈神话简史〉》，《中国比较文学》2007年第1期，第47页。

④ 〔英〕威廉斯：《关键词：文化与社会的词汇》，刘建基译，北京，三联书店，2005年，第315页。

下，出现了泛神话化的趋势，人物、事件、社会现象以及日常生活一切都被神话化。在俄罗斯文学领域和哲学领域，新神话倾向得到鲜明体现。这与俄罗斯人的独特思维、俄罗斯民族的文化密切相关，在这里，不仅它们自身包含着神话，而且拥有培养神话的土壤。与这种特质相关联的则是俄罗斯人的直觉感和整体知识观念，他们的理性认知已然退居到第二个层面。

（一）象征主义者的"新神话"内涵

在俄罗斯文学领域，既结合本国语境，同时又深受尼采、谢林、柏格森、索洛维约夫等哲学的影响，新神话表征明显，尤其体现在俄罗斯象征主义者的创作中。象征派在俄罗斯的现代主义诸流派中居于首位，它也是最大的流派。象征主义者之所以关注神话题材，一方面源于20世纪初社会与文化的危机意识，特别是即将到来的革命使他们在思想上产生了断裂感，他们期冀跨越社会历史时空，在神话中寻求自己的精神之源以及出世之路；另一方面，象征主义者的泛美主义世界观使其创作定位于神话题材。这方面主要源于谢林的浪漫主义艺术观和索洛维约夫的索菲亚学说的影响。象征主义者希望以美拯救世界，而美的最高表现形式就是艺术，而艺术最基本的元素则是神话。"恰恰是神话，成了他们（指象征主义者）创作中普遍的心理类型和哲学类型的宝库，利用它们便于认识人类精神的深刻特征，也便于表现一系列当代的精神课题。"[1]此外，象征艺术手法与神话密不可分，"神话由于其素有的象征性而成为描写个人和社会行为的永恒模型，成为社会和自然宇宙的某种重要规律"[2]。象征主义者自身也意识到象征与神话密切关联，象征派作家维亚·伊万诺夫认为，象征的含义借助于神话得到体现。他写道："在象征的每一个交叉点中，就像从上而下的光线，它是有意识的标志，其含义被形象而充分地展现在相应的神话中。"[3]所以，对俄国象征主义者来说，神话一方面是与文化—历史传统相联系的原型，另一方面，是生命创造的基础，是改变现实的手段。象征主义者并不局限于纯文学任务，他们力图改变整个宇宙的精神面貌，由此，他们经常发表带有激烈政治倾向的作品，对社会上的矛盾现象做出积极反应。

---

[1] 〔俄〕符·阿格诺索夫：《20世纪俄罗斯文学》，凌建侯等译，北京，中国人民大学出版社，2001年，第23页。

[2] Лотман М.Ю., Минц З.Г., Мелетинский Е.М., Литература и мифы. Мифы народов мира: В 2 т. Т. 2. М., 1988. С. 61.

[3] Иванов Вяч., Две стихии в современном символизме. // Иванов Вяч. Родное и вселенское. М., 1994. С. 143.

在内容创作方面,古希腊罗马神话成为象征主义者最为喜爱的艺术活用典故的源泉。在20世纪初,古希腊罗马文化在俄罗斯经历了短暂的繁荣期,古希腊罗马的神话、宗教、哲学在俄罗斯哲学复兴框架内得到卓有成效的研究,世纪之交宗教哲学的复兴也是俄罗斯现代派文学基本养料的来源之一。除了关注古希腊罗马神话题材外,象征主义者还注重采撷不同文化的故事与形象,犹太、印度、波斯、斯拉夫等神话形象和情节以及各民族地方神话也都进入研究者的视域。此外,象征主义者不仅借用现成的神话情节,而且还自创神话。神话使生活与艺术相互接近,甚至融为一体,神话创作是通过艺术途径改造现实的手段,"神话创作是象征主义的世界观和诗学的稳定特征"①。象征主义者通过一个文本将古代神话与现代文化连接在一起,并立足于现代历史和现代生活,阐释其现代意义。别雷的《彼得堡》、梅列日科夫斯基的《基督与反基督》三部曲、索洛古勃的《卑劣的小鬼》、维亚·伊万诺夫的创作都深具新神话意蕴,甚至稍晚一些的非象征派作家布尔加科夫的《大师和玛格丽特》,也都是"新神话"作品的典型代表。

总之,在学术界,尽管"新神话主义"暂时还难以有统一的定论,但象征主义者的"新神话"特征还是清晰、鲜明的。爱沙尼亚当代著名学者扎娜·敏茨(З.Г.Минц)认为:"20世纪的新神话主义,不管如何下定义,它都是一种文化现象,与19世纪的现实主义遗产有着千丝万缕的联系(首先,它与以往的主要散文体裁长篇小说的联系并非偶然)。在'新神话'文本中,以古代意识为目标必然与社会小说的问题学和结构联系在一起,而有时也与它们的争论联系在一起。"②在俄罗斯象征主义者那里产生的新神话主义,由于诉诸古代原逻辑(或前逻辑)的神话思维,按照敏茨的结论,它力求克服最近文化中的自然主义和偶然性,以及人类存在的原始基础意识,而且把象征阐释为通向神话的阶梯,而神话被看作是宇宙的公式。③

(二)洛谢夫的"新神话主义"内涵

洛谢夫的神话理论研究与象征主义者的新神话诗学有一定的相似性。如果说,象征主义者的新神话主要体现于文学视角(不排除宗教哲学探索,如梅列日科夫斯基的创作),那么,洛谢夫则主要从哲学而非文学的视角丰富了"新神话主义"。这得益于谢林的影响,对此我们在前面章节已经有所

---

① 〔俄〕符·阿格诺索夫:《20世纪俄罗斯文学》,凌建侯等译,北京,中国人民大学出版社,2001年,第23页。

② Минц З.Г., Поэтика русского символизма. СПб., 2004. С. 60.

③ Там же. С. 65.

涉及。在德国，"哲学界对神话最为关注的是谢林、施勒格尔①和尼采②，三人都是'新神话'构想的设计师"③，其中，施勒格尔和尼采一直是诗学和哲学研究的宠儿，谢林却未曾受到学界重视，然而，谢林建立的完整的神话哲学则一直启迪着后人的思想，包括在其后的德国哲学家"海德格尔、雅斯贝尔斯④也致力于创建新神话，他们都有意无意地受到了谢林思想的影响"⑤。洛谢夫的神话观念为：神话是见诸话语的奇迹般的个性历史、神话是拓展的奇异的名谓。洛谢夫对神话的界定，对绝对神话学的构想以及对个性、奇迹、象征的阐释都是新颖独特的。具体说来，洛谢夫体现于《神话辩证法》的神话理论如同一个文本在以下方面证显了"新神话"的内涵和意蕴。

第一，在《神话辩证法》一书中，洛谢夫凸显了"神话在我们周围"、神话在日常生活中、神话在大众的意识中这些主题。通过辅线的一系列补充论述，洛谢夫广泛涉及人类生存的众多领域，体现了神话的现代观念，如他揭示了衣服、日常陈规（手势、举止、步态）、婚礼、宗教仪式细节、意识形态模式、对颜色和声音的知觉感悟等诸多方面的神话性。洛谢夫如此阐释神话意识：地毯——日常生活的平常物件，飞行的地毯（飞毯）——神话形象。两者的区别不在于事实，因为就事实本身来说，地毯永远是地毯。两者的区别在于，后者获得了另外一种意义和思想，需要以与众不同的眼光看待它的存在。这种用其他视角、非日常的观点看待具体的物件只能在该情况下才可以实现，即我们所生活的世界以及一切物体所存在的世界是神话的世界。此外，如上述分析指出，从广义的奇迹视角来理解，洛谢夫将"世界上的一切作为真正的奇迹本身来阐释"，认为任何一个人、任何一个物乃至整个世界都是神话的。在此，我们既看出洛谢夫的世界多样性观念，又发现洛谢夫与符号学研究的诸多一致之处。洛谢夫所理解的"神话学"实质正是符号学，因为在早期阶段，还没有符号学概念，被视为符号的现实元素没有分类、没有被归入符号系统，暂时主要停留在揭示它们符号特点的层面上。洛谢夫以"神话性"（мифологичность）表达符号学概念，他所分析的

---

① 卡尔·施勒格尔（1772~1829）：德国著名诗人、文学批评家、东方学家，浪漫主义耶拿学派创立者之一。
② 尼采（1844~1900）：德国著名诗人、哲学家，唯意志论者，提出"超人"哲学。著有《悲剧的诞生》（1872）、《查拉图斯拉如是说》（1885）等。
③ 苏艳：《西方浪漫主义时期哲学界的神话研究》，《考试周刊》2008年第53期，第139页。
④ 雅斯贝尔斯（1883~1969）：德国哲学家，精神病学家，存在主义主要代表人物之一。著有《尼采》（1936）、《存在哲学》（1938）等。
⑤ 苏艳：《西方浪漫主义时期哲学界的神话研究》，《考试周刊》2008年第53期，第140页。

对象的"神话性"意味着它们的符号标志。著名哲学家霍鲁日甚至将洛谢夫的神话分析与罗兰·巴特（Ролан Барт）[①]的《神话学》（1957）观点相比拟。[②]

我们知道，在《神话学》一书中，巴特开创了文化批评，通过全新视角对大众文化中的神话做了别样阐释。巴特写作该书的年代正值欧美流行文化产品大量出现的时代，他借鉴索绪尔语言学中发现的符号学概念，以自己独特的符号学框架，解读体现在事物中抑或再现于媒介中的信息，诠释各种流行文化事件，以全景式笔触描绘了20世纪50年代巴黎的文化景观。但巴特并没有构建宏大的思想体系，他的著作涉及当时法国社会生活的方方面面，如洗衣粉、人造黄油广告、兰开夏市摔跤，以及一部电影，或是一场展览，抑或一本杂志上的照片等等，它们如同一张张碎片，都被冠以"流行神话"的标题，以"片段式"随笔的方式得到分析。除了"流行神话"，巴特还在"现代神话"的标题下，运用符号学方法建立并解读了现代神话，对其中隐含的中产阶级意识形态进行了深刻揭露。通过符号学的结构解析神话的概念，历经层层剥茧抽丝，从而使体现于流行文化中的神话及其建构发展的轨迹彰显无疑。因此，在巴特这里，"神话"不是我们通常意义的神话，不是经典的神话概念，而是从符号学角度的一种界定："神话是一种言谈"，一种讯息，一种传播体系，一种起意指作用的方式或形式。[③]

当然，我们不应该过于夸大洛谢夫与符号学的接近，但是，洛谢夫"新神话"的符号学迹象也是不容忽略的。洛谢夫将周围世界的一切都视为神话（符号）的，而神话又是象征的（多层面的象征），这与象征主义者的泛神话化倾向有着一致之处。

第二，神话理论研究与现代神话研究交糅。洛谢夫的神话理论研究，关注神话的释义、神话本质的界定以及神话学的分类问题，然而，这些理论研究并不使人感到抽象，因为对于提出的每一个观点和见解，洛谢夫都辅之以明晰的日常生活事例，加强论证。例如，在探讨神话与唯心主义关系时，他插入血、红颜色、拜义结交等事例；在探讨神话与形而上学关系时，他以果戈理的小说《维》中的维（Вий）这一形象为例证；在探讨神话与模式、

---

① 罗兰·巴特（1915～1980）：当代法国著名文学理论家与评论家，法国结构主义思潮代表人物，他在符号学、解释学、精神分析批评、结构主义以及解构主义等领域皆有卓越建树，著有《写作的零度》（1953）、《神话学》（1957）、《符号学基础》（1965）、《S／Z》（1970）等。

② Хоружий С.С., Арьергардный бой: мысль и миф Алексея Лосева, Вопр. философии. 1992. № 10. C. 137.

③ 〔法〕罗兰·巴特：《神话学》，许蔷薇等译，台北，桂冠新知业书，1997年，第169页。

寓意关系时，他涉及了机械主义运动，在引出象征问题后，洛谢夫对黄、红、紫、绿等色彩的含义加以分析，并对日光、月光的象征意义进行阐释……洛谢夫通过例证使抽象的灰色理论变得浅显晓畅。此外，现代神话涵盖了洛谢夫对现实问题的哲学思考，如涉及无产阶级的意识形态问题、社会主义对艺术的关系、关于辩证唯物主义、关于社会主义神话、关于僧侣的职责等内容。借助广义的神话观，洛谢夫拓宽了神话研究范围，使神话与当代社会生活发生关联。进而，面向解决实践问题的哲学思维取向，在寻求解决当时的社会问题时洛谢夫诉诸了宗教之路。

第三，神话的社会效能表征鲜明。"'新神话主义'现象是20世纪艺术中思考实体性与历史性相互联结的精神食粮"、"新神话主义"在"密切关注历史进程的同时，现实生活的尺度具有无可争辩的优势"。[①] 上述特征在洛谢夫的神话理论研究中有所体现。洛谢夫揭示了神话哲学的、文学的以及社会的效能。在《神话辩证法》前言中，他写道："神话辩证法不能离开神话的社会学，虽然这部书没有提供专门的神话社会学研究，但是，这部书一直是我哲学—历史地、辩证地思索的社会学的导论。……没有考虑文化社会根源的神话理论不是好的神话理论。"[②] 社会学是"活的艺术的真正原生力量"。我们知道，《神话辩证法》可以区分出主、辅两条线索。主线体现为对神话的理论研究，而辅线已经不具有理论研究特点。通过辅线，一方面，洛谢夫表达了对光明神话的赞扬，主要是对东正教，特别是东正教苦修的认同；另一方面，洛谢夫对黑暗神话进行揭露，主要针对近代欧洲的世界观。在洛谢夫看来，从文艺复兴开始，它们主要包括下列主导观念：牛顿的物理世界图景、无神论、辩证唯物主义。我们认为，光明神话和黑暗神话隐含着洛谢夫对社会问题的思索。哲学史家古雷加（А.В.Гулыга）敏锐地指出《神话辩证法》一书隐含着的三个层次：（1）护教层次，就是为基督教世界观进行证明，对作者来说，这是最主要的；（2）分析层次，考察作为一种意识形式的神话的特点；（3）辩论层次，揭露马克思主义神话学理论。[③] 洛谢夫的这种否定黑暗的神话观，不仅在于宗教上的抗议，而且在于哲学家的立场。总之，透过神话理论可以窥见洛谢夫的社会历史观，包括他对社会现实的批判。当然，这种批判是从其宗教唯心主义哲学观和社会理想出发的，具有某些不精确的成分，但也有许多客观精辟之见。洛谢夫的理论研究

[①] 谷羽等：《俄罗斯白银时代文学史》（第一册），兰州，敦煌文艺出版社，2006年，第26页。

[②] Лосев А.Ф., Диалектика мифа // Сост. подг. текста, общ. ред. А. А. Тахо-Годи, В. П.Троицкого, М.: Мысль, 2001. С. 34.

[③] Гулыга А.В., Русская идея и её творцы, М.: Соратник, 1995. С. 280.

印证了"'新神话主义'常常采用'超时代'的题材,但同时又对时代进行思考"①。

六 洛谢夫神话研究的"转向"

洛谢夫的神话研究理路表现为：抽象→具体,从抽象的神话理论研究走向具体的古希腊神话研究。我们发现,"绝对神话学"观念的提出已经表现出了洛谢夫神话研究的转向迹象。在我们看来,这种转向主要取决于内外两个原因,即学科研究的内在需要以及社会—政治的外在影响。下面我们对转向成因做具体分析。

(一) 学科研究的内在需要

我们知道,谢林将神话观念连同整个哲学观念带上本体论研究之路,洛谢夫的神话理论研究是谢林路线的继续。洛谢夫揭示神话与各种邻近范畴之间的关系,界定神话的概念,剖析神话的本质,这种对神话的理论研究与对神话的具体研究密不可分。理论研究是具体研究的必要条件。只有从神话意识本身去言说神话,解释神话,揭示神话的本质,然后才可以从事多相异质的任务。洛谢夫曾表示："不知何谓神话——如何与之周旋或予以摒弃,如何施之以爱或恨?"②然而,我们知道,神话并不是神话概念,揭示作为概念的神话,这只是神话研究的开端,用洛谢夫自己的话说就是："我们所从事的神话研究涉及的只是它的最基础、最初步的,因而也是最抽象的方面。这不是具体的神话研究,但它是对神话的核心内涵的思考,这种核心内涵在所有的神话中都是同样的。既然它是同样的,自然,它就不可能描绘具体的神话内容,它描绘的不是一个神话与另一神话的区别,而是所有的神话彼此一致之所在,而这恰巧会引起我们从抽象的研究向具体、现实的研究过渡"③。洛谢夫强调这种过渡的循序渐进性,他认为,这种过渡可以遵循辩证法得到实现。具体性的任何辩证的增长都可以通过该范畴过渡到它的异在得以实现。也就是,该范畴在新的物质中以新的体现和物化的方式得到实现。这样,从神话的概念向现实的神话过渡,首先是作为概念的神话部分的实体化(或是具体化),也就是神话概念的个别要素的实体化。

---

① 谷羽等：《俄罗斯白银时代文学史》(第一册),兰州,敦煌文艺出版社,2006年,第26页。

② Лосев А.Ф., Диалектика мифа // Сост. подг. текста, общ. ред. А. А. Тахо-Годи, В. П.Троицкого, М.: Мысль, 2001. С. 35.

③ Там же. С. 424.

此外，正如我们上述分析指出的，从神话概念的内涵指向中，可以得到神话基本类型的最辩证的分类。洛谢夫划分出绝对神话学和相对神话学两大类型，然后期冀对个别神话的辩证结构进行分析。由此，洛谢夫从理论研究向现实的神话以及绝对神话学过渡的思想便表征出来了。然而，这种构想没有实现，在外在社会压力下，洛谢夫转向了古希腊神话研究。

（二）社会——政治的外在影响

由于社会和历史的原因，俄罗斯宗教哲学在经历了短期的复兴后，走向衰微。埃伦、罗扎诺夫、叶·特鲁别茨科伊分别于1917、1919、1920年相继去世；别尔嘉耶夫、布尔加科夫、洛斯基、弗兰克以及一些持不同政见者于1922年被驱逐出境。当时政府对教会所实行的政策是非常强硬的，除了允许在个别教堂做礼拜之外，像儿童教育、对穷人和病人的救助、兴办教会学校、传教活动、教会对社会生活的参与等活动，一律被禁止。一大批主教、神职人员，甚至还有东正教活动家先后被逮捕，有的被流放或服苦役，有的被囚禁在集中营和监狱里；大部分教堂被捣毁，有的被关闭后成为库房、电影院等。洛谢夫夫妇有着虔诚的宗教信仰，即使在布尔什维克禁止宗教的时候，他们仍然坚持去修道院，去教堂做礼拜，甚至在宗教迫害最高潮的时候，洛谢夫夫妇还于1929年6月3日在大司祭达维特（Давид）[①]的主持下秘密做了剃度。而早在1927年都主教谢尔盖（原姓斯特拉戈罗茨基（Страгородский））发表的表明教会与苏联当局妥协的宣言，亦不被洛谢夫所接受。

在意大利版的百科全书中，关于洛谢夫的词条这样写道："洛谢夫——俄苏思想家，他最初出版的一些书籍体现了他天才的思想，但是，这些思想在苏联不可能得到应有的发展。"[②]的确，洛谢夫没有选择移居国外当侨民，也不能保持沉默，于是，他用隐讳的语言、用"伊索式"的方式表达自己的思想。"如同巴赫金笔端所揭示的基督教思想家陀思妥耶夫斯基创作的'复调性'特点一样，洛谢夫对辩证法和神话的谈论也是为了确证东正教。"[③]这些思想鲜明地体现在《神话辩证法》（1930）一书中，该书的出版，不但没有得到及时的学术性探讨，反而遭到官方相当尖锐的批评，并为逮捕洛谢夫提供了口实。1930年4月18日，一个可怕的星期五，37岁的、正值

---

① 达维特（1847～1931）：原名德米特里·伊万诺维奇·穆赫拉诺夫（Д.И.Мухранов），曾是阿索斯山圣安德鲁修道院的长老、堂长。

② Лосев А.Ф., Лосева В.М., Радость на веки: Переписка лагер. времени // Сост. А. А. Тахо-Годи и В.П.Троицкого, М.: Русский путь, 2005. С. 12.

③ Гулыга А.В., Русская идея и её творцы, М.: Соратник, 1995. С. 280.

事业巅峰的洛谢夫被逮捕，理由是《对神话辩证法的补充》未得到书籍出版总局批准，作者就擅自将其中的若干章节和段落增补到《神话辩证法》一书里面。从保留下来的文档材料来看，这些增补章节主要包括对无产阶级的意识形态、社会主义对待艺术的态度、辩证唯物主义、信仰与知识、作为精神表现的肉体、教会的工作等诸多问题的探讨。显然，这些内容都是涉及当时社会的一些比较尖锐的现实问题。从揭发洛谢夫的材料来看，包括发言、文章、评论、侦查员的文件记录等都是在《神话辩证法》出版前很久就已经准备好了的。公开的说法并不是洛谢夫被捕的真正原因，而被捕的真正原因在于他与宗教问题的关联，政府对洛谢夫在书中坚持的宗教立场不能容忍，而且洛谢夫又毫不隐瞒自己的信仰、自己与教会的联系、自己对上帝之名的神学学说的研究，即所谓的赞名派问题。当时官方东正教对赞名派的追随者持小心谨慎的态度。洛谢夫对赞名派的好感以及与其成员的往来，苏联人民委员会国家政治保安总局[①]是很了解的，因此，他们关注的不是对赞名派的哲学理解，而是社会与教会之争以及它们不和睦的事实。这自然赋予整个事件政治的、反苏联的色彩。众多赞名派的拥护者遭到流放，如诺沃谢洛夫（М.А.Новоселов）作为赞名派的"实践家"被判处流放8年，而洛谢夫作为赞名派"理论家"被判处流放10年，洛谢夫的妻子也受其牵连被判处流放5年。据统计，"洛谢夫事件"总计被捕的有48人，其中包括佐西马修道院长老米特罗凡（Митрофан，原姓吉洪诺夫（Тихонов））神父、数学家叶戈罗夫（Д.Ф.Егоров）等。

除了思想不合社会时宜，洛谢夫深陷困境还有来自当时学界——自命为马克思主义哲学家的一些人的嫉妒，他们不能忍受唯心主义学者洛谢夫在三年之内有如此多的专著出版。况且，带有希腊、拉丁文献的复杂、晦涩文本以及作者对近代欧洲科学知识的掌握和作者的渊博学识，都是他们难以理解的，因为不解他们就将其定性为神秘，加以打击。

著名作家普列什文（М.М.Пришвин）在其日记（1937年11月17日）中曾经写道："越远离现实的人——这是令人惊奇的特点——越能牢固地站立支撑。例如，我就是这样的作家，洛谢夫就是这样的哲学家。"[②]所以，向往自由的哥萨克本性并未使洛谢夫在社会面前屈服。在被捕接受审查时，洛谢夫表示："我是一位从事科学的人，远离对前程仕途的考虑"。[③]从政治、

---

① 苏联人民委员会国家政治保安总局（ОГПУ）：1922～1934年存在的一个国家机构。

② Дневник М.М.Пришвина пока издан в трёх томах. // А.А.Тахо-Годи, От диалектики мифа к абсолютной мифологии. Вопросы философии 1997. № 5. С. 170.

③ Следственное «Дело № 100256 по обвинению Лосева Алексея Фёдоровича и др.».Т. 8. Л. 490.

仕途以及物质财富的羁绊中解脱出来的学者便有了很大的独立和内心自由。洛谢夫于1932年3月11日从劳改营寄给妻子的信中，表达了同样的思想，如"在那些年里，作为一名哲学家，我本能地成长着，令我拘囿于苏联书刊检查机关的规定，这是非常困难的（需要那样吗？）"，"不能表达、不能说出自己的想法使我深感窒息。可以用此来解释我在书简后，在自己的文集中，其中特别包括在《神话辩证法》一书中擅自做了秘密增补之原因。我知道这很危险，但是，对于一个哲学家兼作家来说，能够表达自我、表现有见地的个性，这一愿望胜过对危险的考虑"。[1]这或许是"思想是不能以强力的方式战胜的"[2]最好写照。

洛谢夫被押往白海—波罗的海建设工地，由于工程的结束以及洛谢夫几乎失明的残疾原因，同时亦由于高尔基夫人佩什科娃（Е.П.Пешкова）以及朋友塔尔冈斯卡（З.А.Таргонска）的奔走说情，1933年，洛谢夫夫妇被提前释放。从劳改营归来后，洛谢夫被禁止从事哲学研究，政府做出正式决定，"让他从事古希腊神话学和美学研究"[3]。但是，正如塔霍-戈基所言，"（政府）不知道，在此没有哲学，美学和神话学是不可思议的，它们也是哲学"[4]。然而，政府的忌讳是至深的，甚至1943年，他们授予洛谢夫的是语文学博士学位，而不是哲学博士学位。在长达23年（1930～1953）的被迫沉默后，洛谢夫的《奥林匹斯神话学》(1953)以及《古希腊神话学的历史发展》(1957)得以问世，洛谢夫的妻子塔霍-戈基说道："当他被禁止从事《神话辩证法》一书中所描写的现代神话之后，他才成了一名古希腊神话和古希腊神话思维学的研究专家"[5]。但是，我们知道，洛谢夫自小就就读于古典中学，古希腊语、拉丁语造诣极深。洛谢夫具备从事这方面研究的先决条件及优势。况且，在20世纪初，古希腊文化在俄罗斯经历了短暂的繁荣期。那时正值"古希腊罗马题材在俄罗斯哲学复兴框架内得到富有成效的研究。从谢尔盖·特鲁别茨科伊（甚至多多少少从索洛维约夫，从他的《柏拉图的生活戏剧》）开始，在维亚·伊万诺夫的创作，特别是弗洛连斯基的创

---

[1] Лосев А.Ф., Лосева В.М., Радость на веки: Переписка лагер. времени // Сост. А. А. Тахо-Годи и В. П. Троицкого, М.: Русский путь, 2005. С. 57.

[2] 高尔基：《不合时宜的思想——关于革命与文化的札记》，莫斯科：苏联作家出版社，1990年，第110页。

[3] Зверев Г.В., Три беседы, Человек, 1994. № 3. С. 128.

[4] Лосев А.Ф., Лосева В.М., Радость на веки: Переписка лагер. времени // Сост. А. А. Тахо-Годи и В.П.Троицкого, М.: Русский путь, 2005. С. 15.

[5] Тахо-Годи А.А., А.Ф.Лосев. Жизнь и творчество // А.Ф.Лосев. Философия. Мифология. Культура, М.: Политиздат, 1991. С. 13.

作中，俄罗斯的古希腊罗马研究者们的研究明显地形成了对古希腊罗马文化（神话、宗教、哲学）的独特阐释"[1]。洛谢夫应该归于这类学者之列，他对希腊文化有着浓厚兴趣，承袭学界的研究余绪，希腊神话必然会成为其不可忽略的研究内容之一。于是，在内外形势的双重作用下，洛谢夫从神话理论研究转向了对古希腊神话的关注。

小　结

什么是神话？不同学派从不同角度言说从而得出了不同的定义。本章开篇首先指出神话概念的多样性特点，梳理了神话概念发展的三个历史阶段，并以此为引子着重分析洛谢夫从哲学视角出发对神话概念的界定。本章主要以探讨洛谢夫的神话理论研究内容为重，理论研究会给予神话以相对确定的把握。洛谢夫的神话理论研究主要体现在他的《神话辩证法》一书中，通过将神话与其联系最为紧密的相邻范畴进行比拟，厘清它们之间的关系，洛谢夫对神话做了新的界定，进而分析神话的本质要素。这种分析蕴含着精深哲学思想的穿透力，在当时是具有革命性意义的。"洛谢夫给自己的研究工作规定了一个耐人寻味的标准：如果他不能够用一句通俗、形象的话来表达最复杂的哲学体系，他就认为自己对这个体系的研究是不充分的。他曾用一句话表达艰深难懂和纷繁多姿的柏拉图体系：水能够结冰和沸腾，水的理念不能够结冰和沸腾。"[2]洛谢夫对神话的释义遵循这一标准，他得出一个最简洁、最核心的表述，即神话是拓展的奇异的名谓。洛谢夫对神话本质的界定同样如此，经过一系列辩证阐释，他逐渐接近和逼近神话的本质，得出一个简洁明了的公式：神话是见诸话语的奇迹般的个性历史。

除了对神话概念做新的哲学意义的界定以及对神话本质展开探讨外，洛谢夫还提出了绝对神话学和相对神话学的分类。洛谢夫拟定出版专门著作研究这方面的问题，所以，在《神话辩证法》一书中，他只是勾勒出绝对神话学和相对神话学对立轮廓，概述了绝对神话学思想。洛谢夫的绝对神话学观念出于建构宗教哲学体系而萌生的哲学使命感，他所研究的名谓问题、神话问题其实都是19世纪末20世纪初俄罗斯宗教复兴运动的主题。洛谢夫的《名谓哲学》（1927）实际上是研究神学问题的著作，其主题涉及20

---

[1] Хоружий С.С., Арьергардный бой: мысль и миф Алексея Лосева, Вопр. философии. 1992. № 10. С. 113.

[2] 凌继尧：《美学和文化学——记苏联著名的16位美学家》，上海，上海人民出版社，1990年，第39页。

世纪初发生的关于上帝的名的神学争论。洛谢夫将其推广至在最广泛的层面上研究一般名称的意义问题,赋予事物的名以实质的意义。而神话问题与名谓问题相连属,洛谢夫得出"神话是拓展的奇异的名谓"。学界认为,《神话辩证法》是《名谓哲学》的后续。洛谢夫的神话理论具有"新神话主义"意蕴。

总之,洛谢夫的神话理论研究特点在于:(1)通过对各种范畴相互关系的阐释,在辩证演绎中体现出神话理论内容。(2)神话研究体现了以宗教世界观为归宿的思想,提出"绝对神话学"的构想。(3)神话理论研究与对时代问题的思考交糅,分别以主、辅两条线索呈现出来。(4)神话观念具有"符号学"迹象。(5)神话研究具有"新神话主义"内涵特征。(6)在神话研究中进行方法论创新,创生了现象学辩证法。

当代哲学家霍鲁日指出:"洛谢夫思想敷设的道路就是返回到独特的精神起源地、东正教的思辨、索洛维约夫的哲学传统。这条道路不是效仿的,而是东正教哲学的新阶段……但是这条道路并没有被开辟到尽头。"[①]由此,我们对洛谢夫神话的转向问题进行了分析,指出它的两个成因,即学科研究的内在需要以及社会—政治的外在影响。洛谢夫从抽象理论研究走向对具体神话的研究,转向对古希腊神话的关注,这也是洛谢夫神话研究的必然走向。

具体说来,这种转向可以概括为以下几个方面:从研究范围来看,从广义神话过渡到狭义神话;从研究对象来看,从神话理论研究过渡到古希腊神话研究;从研究形式来看,从抽象理论研究过渡到具体神话研究;从研究方法来看,从辩证法过渡到社会—历史和文化类型学方法。

---

① Хоружий С.С., Арьергардный бой: мысль и миф Алексея Лосева, Вопр. философии. 1992. № 10. С. 138.

> 古希腊神话学应被视为新旧事物永恒斗争的史篇，它描述人类的生活、他们的愉悦与痛苦、创造与劳动以及人们致力于追求美好未来的故事。
>
> ——阿·费·洛谢夫

第四章　洛谢夫的古希腊神话研究

希腊神话是洛谢夫神话研究的一个重要内容，也是我们阐释其神话思想的一个不可或缺的重要维度。希腊神话是人类美丽童年的诗，它经历长时间的历史沉淀而永不褪色，散发着不朽的魅力。希腊神话是西方神话的源头及欧洲文学发展的根基，人们对其进行了大量研究，年代久远，论述颇丰。人们以更广阔的视野研究神话是为了探索照射在人类童年身上的那缕阳光。纵观西方希腊神话研究，它主要经历了以下几个发展时期：

古希腊时期。这主要体现在哲学家、历史学家的丰富阐释方面，他们倾向于对神话做出界定，研究神话的起源、本质以及真实性等问题。其中，柏拉图是第一个提出"神话体系"一词的人，有学者称其是西方古代神话学的创建者。柏拉图将神话视为"假话"，不赞成"神话具有真实性"的说法，尝试对荷马神话进行理性的改造，这主要体现于其不再拘泥于对神话细节问题的探究，而是走上一条哲学阐明的道路。同样，否定神话真实性的还有古希腊历史学家希罗多德[1]，他称神话为"一种不可信的故事"[2]。修昔底德[3]宣称其著述的历史专著《伯罗奔尼撒战争史》很可能读起来不引人入胜，因为书中缺少虚构的神话。修昔底德是"第一个向神话的历史概念进军的人。消灭'神话'是他所关注的一个首要的、基本的问题"[4]。古希腊人对哲学兴趣的增长，促进了神话的寓意性解释，阐释神话的种种寓意凸显。克塞诺芬尼[5]、

---

[1] 希罗多德（约公元前484～前425）：古希腊历史学家，早在古罗马时代，其就被誉为"历史之父"。著有《历史》（又称《希腊波斯战争史》），共9卷，该书是一部把文化史和描述性社会学结合在一起的"百科全书"。

[2] 何江胜：《西方神话研究综述》，《西安外国语学院学报》1999年第4期，第93～94页。

[3] 修昔底德（公元前460/455～前400/395）：古希腊历史学家，著有《伯罗奔尼撒战争史》。

[4] 〔德〕恩斯特·卡西尔：《国家的神话》，范进等译，北京，华夏出版社，1998年，第63页。

[5] 克塞诺芬尼（约公元前565～前473）：又译作色诺芬尼，古希腊诗人、哲学家，爱利亚学派的先驱。

亚里士多德[①]、伊壁鸠鲁[②]等人持有"寓意说"，将神话视为具有隐喻性的寓言故事。其中，亚里士多德对神话的阐释犹如剖析作品的情节，未超出其《诗学》的窠臼。斯多葛学派则试图以全面的隐喻性方式解释荷马神话。古希腊的欧赫墨罗斯（Euhemeros）[③]著有《神圣的历史》一书，他将希腊神话的诸神视作死后被人崇拜的英雄、部落首领等历史真实人物，认为神就是受到后人尊崇的古代才智卓越或有权有势的人，他们曾经造福于人类。他的这种诸神起源理论，被后人称为"欧赫墨罗斯主义"（euhemerism），成为"历史化"的代名词。

中世纪（476～1453，即5～15世纪），学者们主要从宗教神学角度研究希腊神话，将其当成《圣经》的蓝本，"努力从《圣经》中寻找希腊神话原型。此期间未出现什么有影响和行之久远的学说"[④]。同时，我们也应意识到，中世纪正值欧洲基督教兴起继而占据绝对统治地位，古希腊罗马神话从人们的正式信仰中被驱逐，所以，中世纪是古希腊罗马神话的沉寂期。

文艺复兴时期（14～16世纪），古希腊罗马神话中那种开朗乐观的精神与时代的发展要求相契合，于是，对古希腊罗马神话的崇尚蔚然成风。人们或将其作为宗教的、科学的、哲学真理的比喻，或将其作为文学道德劝喻的体现。希腊神话成为文学艺术创作的不竭源泉。据资料统计，莎士比亚的戏剧引用希腊神话典故多达131个。[⑤]

17世纪，古典主义的理性主义盛行导致神话创作的形式化。如拉辛[⑥]的戏剧《安德罗玛刻》、《淮德拉》以及弥尔顿[⑦]的诗歌《失乐园》和戏剧《力士参孙》等，皆取材于希腊神话故事，具有反封建或是反暴君的民主思想，证显了古典主义悲剧的典型特征。虽然经历了中世纪的经学和文艺复兴时期的人学催化，但是，这一时期在神话方面的研究并没有明显突破。

18世纪，从意大利哲学家维科著述的《新科学》（1725）一书开始，才

---

① 亚里士多德（公元前384～前322）：古希腊哲学家、自然科学家、文艺理论家，西方文艺理论的奠基人。著有《诗学》、《修辞学》、《形而上学》、《伦理学》等。

② 伊壁鸠鲁（公元前341～前270）：古希腊哲学家，伊壁鸠鲁学派创始人。他学说的宗旨是要达到不受干扰的宁静状态。

③ 欧赫墨罗斯：生活在公元前300年左右，希腊化时代的哲人、寓言家。

④ 何江胜：《西方神话研究综述》，《西安外国语学院学报》1999年第4期，第94页。

⑤ 鲁刚：《文化神话学》，北京，社会科学文献出版社，2009年，第227页。

⑥ 让·拉辛（1639～1699）：法国剧作家、诗人，代表作有《安德洛玛刻》、《淮德拉》等。这两部作品均是五幕韵文悲剧，取材于希腊故事，揭露王公贵族、贵妇的淫乱生活。

⑦ 约翰·弥尔顿（1608～1674）：英国诗人、思想家、政论家。

有了真正现代意义的神话研究。《新科学》被认为是欧洲近代神话学诞生的标志。作者以神话问题为核心，以古希腊罗马的历史发展为研究对象，试图在人文领域寻求类似于自然科学意义上的运动和变化规律，从而探求人类文化的起源和发展规律。维科将每个民族的历史发展划分为三个阶段，即神的时代、英雄的时代和人的时代。他首次协调了神话与历史的对立，提出历史主义神话观。维科坚持这样的观点，即人类的创造性想象力，在持续发展的各个文化阶段，对神话故事的形成都起过积极的促进作用。但是，维科的论点在当时没有受到重视。概而言之，18世纪希腊神话研究总的趋向是：从宗教学、民族志学角度研究神话，关注宗教与神话的关系、关注神话传承的民族特点。

到19、20世纪，神话学在西方学术领域成为一门显学，备受关注，神话发展的轨迹又有了新的改观。这时的神话研究不断与新兴科学结缘，诞生了以不同方法研究神话的不同学派，各个学派都建立了比较完善的理论体系，以便确立自己的学科地位，他们从不同角度研究神话，正如学者王敦书所写："不同领域的学者在研究希腊神话时其侧重点和采撷点会略有不同。譬如，神话学家也许更着重于追索考订神话的源流发展，以及对神话内容与寓意的解读和诠释。社会学家、民俗学家、文化人类学家可能偏向于注重其中反映的远古社会生活和民情风俗习惯。宗教学家会集中于探索神话所包含的宗教思想与崇拜仪式。文学家则寄情于欣赏口头文学中的英雄形象和史诗创作的艺术特征与风格。而史学家却倾注于从中寻求历史往事的蛛丝马迹和真实因素。"[①]其中，较为典型的代表，如19世纪法国学者丰特内勒对希腊和美洲国家的神话做了比较研究，他得出结论：人类普遍具有一种倾向于神话的素质。他认为："人类普遍存在着将人生戏剧化与理想化的倾向，习惯于缔造新的神话的欲望与素质，以至于将宗教经典如《圣经》、《佛经》与《古兰经》的人物事迹中杂糅进不胜枚举的神话故事。"[②]德国哲学家弗里德里希·谢林（1775～1854）的《神话哲学导论》把神话意识视为西方文明的起点和归宿，他主要从哲学视角分析希腊神话。德国古典学者卡尔·缪勒（1797～1840）的专著《科学的神话学概论》（1825）颇具影响，开创了德国"历史学派"的先河。他强调神话研究的历史方法，他认为，"荷马写出人类第一部史诗是一个长期的神话创作历史过程，神话的形成部分在人类'理想'和想象之中，部分

---

① 王以欣：《神话与历史：古希腊英雄故事的历史和文化内涵·序》，北京，商务印书馆，2006年，第2页。
② 黎羌：《巫术神话与宗教秘仪中的原始戏剧》，《山西师大学报》2005年第6期，第50页。

在'现实'、外部和历史环境之中"①。克洛伊佐(1771～1858)在其专著《古代诸民族的象征主义和神话》中,关注神话与象征的关系,尝试从希腊神话和神秘仪式中寻找纯粹的、原始的象征。克罗伊策对神话与仪式关系的论述是其神话研究的一个贡献。

虽然进化论鼎盛时期神话研究处于低谷,但19世纪末期,人们对神话研究的兴趣重新出现在人种学家和语言学家当中。

20世纪初,弗雷泽(1854～1941)、简·哈里森(1850～1928)等剑桥学派的代表人物,他们的研究注重挖掘希腊神话仪式的功用。以奥地利著名学者弗洛伊德(1856～1939)为代表的心理学派,则将神话研究引向了人的心理世界,注重对人的心理进行分析,尝试找出人的精神活动的原动力。对希腊悲剧《俄狄浦斯王》进行分析时,弗洛伊德得出如下结论:俄狄浦斯杀父娶母的行为是人类自童年时代就有的一种潜意识的"恋母情结"。卡尔·荣格(1875～1961)将神话创作归结为无意识的心理活动,提出了"集体无意识"的理论,深化了人类对神话本质的认识。

21世纪,希腊神话研究突出了主题学方法的介入。学者们从比较神话学视野出发,立足于广阔的文化世界来解读古老的希腊神话主题。戴维·利明的《从奥林匹斯到卡默洛特——欧洲神话世界》(2003)、洛莱纳·斯图基的《世界神话主题指南》(2004)、威廉·汉森的《古典神话手册》(2004)等10余部著作为这方面的研究做出了贡献。其次,新世纪的神话研究,用人类学的或者宗教人类学的方法解读希腊神话也非常引人注目。学者们关注希腊神话的宗教重构和溯源,而不再仅仅追求仪式与宗教关系线性的简单阐释。珍妮弗·拉森的《希腊仙女:神话祭祀民俗》(2001)、克洛德·克拉姆的《古希腊神话与历史——殖民的象征创造物》(2003)、玛丽·拉夫瑞特斯的《希腊诸神,人类生活:我们从神话中能获取什么》(2003)、《希腊神话的全景世界》(2004)等6部著作是这方面研究的代表。②再次,希腊神话研究表现为向哲学方向的回归。拉德克利夫·G.埃德蒙斯的《阴间旅行神话——柏拉图,阿里斯托芬,俄耳甫斯教的黄金刻写版》(2004)、吕克·布里奇的《哲学家如何拯救神话——寓言式解释与古典神话》(2004)等专著是这方面研究的代表。第四,谱系学方法的介入。哈罗德·纽曼和乔恩·纽曼的《希腊神话谱系图》(2003),以全景式方式展现了古希腊神话中的各种形象的关系,"这是世界上第一部用谱系图的形式来解读古希腊神话的巨著,同时也是一部极

---

① 何江胜:《西方神话研究综述》,《西安外国语学院学报》1999年第4期,第94页。

② 详细介绍参见王倩:《21世纪初希腊神话国外研究印象》,《中国比较文学》2007年第1期,第58～67页。

为权威的便捷的可以查阅诸种形象相互关系的工具书"[1]。

在我国,人们是通过接触古希腊神话开始了解西方古典文明的。据学者考证,早在东汉之初,甘英已在出使大秦的过程中获闻源于《荷马史诗》的希腊神话中的个别故事。[2]随后,希腊神话故事不但被中国人获知,而且被借鉴并成为古代中国文学的素材。明末清初,意大利的耶稣会传教士利玛窦(1552~1610)等来到中国,他们不断通过希腊神话典故阐释自己的观点,于是,随着一些传教士的介绍,希腊神话在我国有了进一步的流传。20世纪二三十年代后,周作人、郑振铎等学者对希腊神话做了普及性介绍,进行了一定程度的研究,并出版了相关著作。楚图南先生和罗念生先生在介绍希腊文学,特别是希腊神话方面,做出了重大贡献。楚图南先生翻译的《希腊神话与传说》是国内最早出版的最完整和最成体系的希腊神话书籍,它在很长一个时期都是神话研究领域必备的工具书。近些年,我国学术界仍有很多学者致力于希腊神话的翻译介绍和深度阐释工作,成绩卓著。王焕生先生、陈中梅先生在这方面都颇有建树。前者主要从事古希腊罗马文学研究,著有《古罗马文学史》(2006);译有《荷马史诗》、《希腊罗马散文选》(1985)、《古罗马戏剧选》等。其中《荷马史诗》的《伊利亚特》、《奥德赛》译著分别获得"第四届国家图书奖"、"第二届鲁迅文学奖翻译奖"。后者著有《神圣的荷马——荷马史诗研究》(2008),译有《伊利亚特》(2000)、《奥德赛》(2003)等译著,在翻译作品的同时,作者附录了详细的注释,译著获"全国优秀外国文学图书一等奖"。此外,吴应祥、谢选俊、杨亦军、晏绍祥、王以欣、隋竹丽等学者也为希腊神话研究做出了贡献,他们分别著有《植物与希腊神话》(1984)、《神话与民族精神》(1986)、《老庄学说与古希腊神话》(2001)、《荷马社会研究》(2006)、《神话与历史:古希腊英雄故事的历史和文化内涵》(2006)、《古希腊神话研究》(2006),这些学者从社会历史、文化风俗以及文学性等不同角度阐释和研究希腊神话。

与之相比,俄罗斯的希腊神话研究则略显滞后,直到18世纪,一些作家、艺术家和音乐家才开始在希腊神话中为自己的作品寻找题材。苏马罗科夫(А.Сумароков)[3]借用希腊神话写作的剧本《克甫斯和普罗克里斯》成为俄罗斯最早(1755)上演的歌剧之一。稍后,苏马罗科夫创作的歌剧《阿尔克斯提斯》、喜剧《纳尔基索斯》也都借用了希腊神话的故事情节。18世

---

[1] 王倩:《21世纪初希腊神话国外研究印象》,《中国比较文学》2007年第1期,第67页。
[2] 陈德正:简评《古希腊神话研究》// http://www.clght.com/show.aspx?id=5057&cid=51.
[3] 苏马罗科夫(1717~1777):俄国诗人、作家、剧作家。

纪末的天才作曲家福明（Е.Фомин）创作的乐剧《俄耳甫斯》、卓越的雕塑家托尔斯泰（Ф.П.Толстой，1783～1873）创造的希腊睡神摩尔甫斯的半身雕像、优秀画家布留洛夫（К.П.Брюллов）[1]的作品《阿波罗和狄安娜的相遇》和《在奥林匹斯山上的萨图尔努斯和涅普顿》，甚至19世纪末20世纪初的优秀艺术家谢罗夫（В.А.Серов）[2]的画作《劫持欧罗巴》和《奥德修斯和瑙西卡》、弗鲁别利（М.А.Врубель）[3]的《潘》都借助希腊神话题材获得创作灵感。在克雷洛夫的寓言故事中，在杰尔查文、茹科夫斯基、普希金、莱蒙托夫的诗歌中，都不止一次地提到过希腊神话中的人物，甚至列宁在不同场合的各种演讲以及撰写的文章中也经常引用希腊神话的不同形象借以说明问题。此外，莫斯科和圣彼得堡的许多建筑都装饰了以希腊神话为题材创造的雕像群。一些军舰和护卫舰的称号、太阳系的星座名称也取之于希腊神话。在此，我们顺便提一下，费·伊·布斯拉耶夫（Ф.И.Буслаев，1818～1897）、阿·阿·波捷布尼亚（А.А.Потебня，1835～1891）、亚·尼·维谢洛夫斯基（А.Н.Веселовский，1838～1906）、弗·雅·普罗普（В.Я.Пропп，1895～1970）、谢·亚·托卡列夫（С.А.Токарев，1899～1985）等学者，或从民间文学，或立足于语言学和语义学，或着眼于人种学，或基于神话与宗教、哲学的相互关系等不同视角，为神话学发展做出了贡献。然而，在俄罗斯，具有深度影响的希腊神话研究专著并不多见，就连洛谢夫的同期学者库恩（Н.А.Кун）[4]、拉齐格（С.И.Радциг）[5]等也只是局限于希腊神话的故事介绍，着重于以科普的笔法转述古希腊神话。维亚·伊万诺夫和阿·费·洛谢夫可谓希腊神话研究领域的佼佼者。其中，维亚·伊万诺夫在他的一系列著作中主要探讨了尼采有关狄俄尼索斯庆典的论题，并对酒神的宗教性特点进行了深入阐释。从洛谢夫对希腊神话的研究来看，我们不能简单地将其归于某一学派之列，洛谢夫运用社会—历史和文化类型学相结合的方法，既有对希腊神祇发展嬗变的考察，也有对神话细节内容的诠释，又有对神话涉猎的远古社会生活和民俗的发掘，还有对俄耳甫斯教等秘密教义的关注……这些研

---

[1] 布留洛夫（1799～1852）：俄国19世纪上半期学院派代表大师，俄国画家，擅长历史题材画作。《庞贝城的末日》为其代表作。

[2] 谢罗夫（1865～1911）：俄国绘画具有导向性的创新者，巡回展览画派画家。其代表作有《姑娘和桃子》、《阳光下的少女》等。

[3] 弗鲁别利（1856～1910）：俄国画家，他的画作以风格独特和象征主义而著称。其代表作有《算命女人》、《波斯地毯背景上的女孩》等。

[4] 库恩（1877～1940）：俄苏历史学家、作家、教育家。

[5] 拉齐格（1882～1968）：俄苏古典语文学家、翻译家、莫斯科大学教授。

究鲜明地体现在洛谢夫的《奥林匹斯神话学》(1953)以及《古希腊神话学的历史发展》(1957)等专著中。用洛谢夫妻子塔霍-戈基的话来说,前者是洛谢夫被迫沉默23年后,首次出版的论著;后者是洛谢夫第一本"正常"出版的书。[①]下面,我们具体分析洛谢夫对古希腊神话的研究情况。

[①] Тахо-Годи А.А., От диалектики мифа к абсолютной мифологии, Вопр. философии, 1997. № 5. С. 178.

一　洛谢夫早期对古希腊神话的收集和编撰

早在30年代，洛谢夫就拟定编撰《古希腊神话学》（两卷本）。1933年，提前释放回来的洛谢夫开始着手古希腊作者的有关神话内容的文本收集工作，主要包括宇宙及诸神的诞生，同时也包括奥林匹斯诸神的世界。这将是一本既包括诗性的，又含纳非韵律的散文文本汇编，这里没有任何理论及哲学，每一篇文章只有短小的导言，继而讲解每一个神话人物的传记，但各章节内部有着严谨的逻辑顺序。《古希腊神话学》体现了洛谢夫精心的设计和建构，呈现出历史性特点。著述从宇宙及神谱进程开始描写，即从宇宙的诞生和诸神的世代更替开始，接下来的资料与奥林匹斯两位主神——宙斯和赫拉关联在一起，最后涉及的是奥林匹斯神界家族其他诸神。特别是第二卷，计划描绘古希腊神话的整个宇宙图景：奥林匹斯（或所谓的"最高的天空"）、以太、人所见的天空、光、空气、风；大地与高山；水、岛屿、河流、湖泊；海和水的主神波塞冬；大地与冥国的连接之地；冥界和它的主神哈得斯，最终还有地狱（或所谓的"最低的天空"）等等，这些内容都在研究之列。此外，第二卷还涉猎了神化的英雄——赫拉克勒斯以及酒神狄俄尼索斯。遗憾的是，该工作遇到了来自所谓的马克思主义批评家的阻力，他们不能接纳唯心主义学者洛谢夫的研究。虽然该著述的第1卷已经完成并打算付梓出版，但在1938年，出版工作还是被迫放弃了。不仅如此，《古希腊神话学》书稿经历的磨难还体现在1941年8月第二次世界大战之时，洛谢夫在莫斯科的住宅被炸，该书只有第一卷本幸存下来。2005年，该书稿由洛谢夫遗孀塔霍-戈基整理并冠名为《古希腊神话学及其古希腊的注释：奥林匹斯诸神百科》[①]出版。塔霍-戈基指出："《古希腊神话学》本应在30年代发挥出重要的文化作用，但该书当时未能出版。然而，我认为现在向我们的读者、已然在古希腊神话的各种叙述和复述中成长起来的读者，而且是远离了神话起源的读者们介绍这本书仍为时不晚。"[②]

洛谢夫神话研究的贡献之一在于他总是给所用术语以确定、明晰的内涵。在《古希腊神话学及其古希腊的注释：奥林匹斯诸神百科》一书的前

---

① Лосев А.Ф., Античная мифология с античными комментариями к ней : Энциклопедия олимпийских богов. Харьков: Фолио, М.: Изд-во Эксмо, 2005.

② Тахо-Годи А.А., Античная мифология А.Ф.Лосева // СОФИЯ: Альманах: Вып. 2: П.А.Флоренский и А.Ф.Лосев: род, миф, история. Уфа: Издательство «Здравоохранение Башкортостана», 2007. С. 192~207. // http://www.cdrspas.ru/deloN10228.

言中，塔霍-戈基指出：什么是一般意义上的神话学，尤其什么是古希腊神话学，这方面的论述书籍堆积如山，学界或是从整体上阐释该概念，或是从起源、实质、发展、意义以及影响等不同角度细化该界定。抛开神话的整体多样性概念理论，洛谢夫利用神话——话语——史诗——逻各斯等范畴的关联来明确神话的内涵。从"神话"一词的希腊语词源来看，它包含"话语"、"叙述"或"表达"之意。因此，可以把古希腊神话称作是关于诸神和英雄的"话语"。神话表达的是话语完整的概述意义。史诗指明的是话语的声音形式、作品自身的进程，后来增添了表明功勋的话语之意（如《荷马史诗》、《伊戈尔远征记》）。逻各斯最初是各要素的分出和细化，然后再转向各要素的某种综合。逻各斯体现了分析思维的发展，在古希腊古典作品中得到广泛运用。而发展到古风时代，居于主导地位的神话是体现原初的不可分离性以及生活观念的整体性概述特征，逻各斯找不到存在之地。

在洛谢夫看来，古老的传统将神话视为关于诸神和英雄的话语（叙事）绝非偶然，然后在歌颂其功绩的赞歌——史诗中得到巩固，并提供给逻各斯，即哲学、科学及推理思维等领域。

通常所称谓的神话学就是关于"话语"原初细化形式下的存在之物、古人关于他所生活的那个世界的概述以及支配这个世界的力量等多方面的有序统一。未分化的整体性以及对现实的思维—情感的概述被称为是神话的。古希腊神话就是基于对世界的直接情感感悟、整体统一的感悟的概述。

其次，与神话理论研究一样，洛谢夫运用否定的方法，借助神话与其他体裁的差异，一步步明确离析出文学、文化意义层面的神话内涵。

古希腊神话不能被称为童话故事（сказка）。因为童话故事已经是民间创造的产物，它完全是有意识的考虑，是有预期目的和想法的创造，讲述人和听众双方都能很好地理解故事的杜撰，都能在独特的娱乐中假定它的真实性。神话没有什么预先的思考，完全如同生活本身一样是现实的。神话的奇迹超越任何童话故事的奇迹，这些奇迹不是假定的，它们源于原始生活本身。

神话不是传说（легенда）。传说的形成要考虑历史以及社会政治生活情况，有意识地加强某种思想、事实或者趋势，这些思想、事实或者趋势要求确证，或是反驳甚至废除。因此，传说必然依靠最高的、无可争议的权威力量。神话不认可这种意图，它并非先验的，也不是事后行为，神话诞生于原始生活本身的自发力量。

在洛谢夫看来，虽然随着社会的发展，后来神话的意象以不同的形式

（歌曲、童话故事、传说、寓言故事、教导训诫等）为民间口头创作提供了材料。但上述洛谢夫离析的是神话和民间创作的关联。很显然，洛谢夫看到了神话和民间创作的关联，但更强调它们之间的不同。

在洛谢夫编撰《古希腊神话学》的30年代，以神话为主题的科普书籍在苏联社会有所增加。莫·谢·阿里特曼（М.С.Альтман）[①]出版了《希腊神话》（1937）[②]、谢·伊·拉齐格（С.И.Радциг）完成了《古希腊罗马神话》（1939）[③]；此外，斯托尔（Г.В.Штоль）的《古典时代的神话》（1899～1904）[④]、施瓦布（Г.Шваб）[⑤]的《古典时代神话》（1916）[⑥]这些从德语翻译过来的书籍所记载的神话仍然留在人们的记忆中，并且具有一定影响力。德国别季斯库斯（А.Г.Петискус）[⑦]的《希腊与罗马的奥林匹斯神话学》（俄语版）（1913）[⑧]、杰林斯基（Ф.Ф.Зелинский）[⑨]的《古希腊世界》第1卷《埃拉多斯》[⑩]第1部《神话的古风》（1922～1923）在当时社会亦很流行[⑪]。而库恩（Н.А.Кун）的《关于自己的诸神和英雄，古希腊人告诉我们什么》一书在革命前就已经流行，1940年，该书被冠以《古希腊的传说和神话》[⑫]之名重新印刷，而后又被接连不断地再版。这些书籍的一个共同点是具有学龄孩童读物的特点。

与此不同，洛谢夫早期古希腊神话研究最突出的特点是：资料翔实，历史、考古学、文学、语言学等各领域的资料都有采用。从古代史诗诗人、荷马和赫西俄德、自然哲学家、剧作家、诗人、古希腊和罗马历史学家到古希

---

① 阿里特曼（1896～1986）：语文学家、科学文化活动家、俄罗斯民族图书馆（圣彼得堡）工作人员。

② Альтман М.С., Греческая мифология, М.: ОГИЗ. СОЦЭГИЗ. 1937. 280 с.

③ Радциг С.И., Античная мифология, М.-Л., 1939.

④ Штоль Г.В., Мифы классической древности. М., 1899～1904.

⑤ 施瓦布（1792～1850）：生于德国符腾堡一宫廷官员家庭，担任过编辑、牧师、教师等职务。其文学上的主要贡献在于发掘和整理古代文化遗产。

⑥ Шваб Г., Мифы классической древности. М., 1916. // 我国亦有该神话书籍的多种译本。

⑦ 别季斯库斯（1780～1846）：德国历史学家、语文学家。

⑧ Петискус А.Г., Олимп. Мифология греков и римлян. СПб., 1913.

⑨ 杰林斯基（1859～1944）：波兰裔，生于基辅近郊，1920年侨居波兰。文化史家、古典语文学家、古希腊研究专家、诗人、翻译家。

⑩ 埃拉多斯（Эллада）：古希腊人对其国家的自称，1883年以后曾为希腊国家的正式名称。

⑪ Зелинский Ф.Ф., Античный мир. Т. I. Эллада. Ч. I. Сказочная древность. Вып. 13. Пг., 1922～1923.

⑫ Кун Н.А., Легенды и мифы Древней Греции. // 我国有该书译本，由朱志顺翻译，上海译文出版社于2006年出版。

腊晚期的斯多葛学派、毕达哥拉斯学派、俄耳甫斯及新柏拉图学派、古希腊文献的注释者、阐释者、古义钩沉学家、语法学家、罕见故事情节收藏家的材料,在洛谢夫的著述中都有借鉴和利用。由此,古希腊神话世界的风貌在洛谢夫列举的诗歌、历史资料及哲学文本中表征出来。

洛谢夫的研究呈现了古希腊神话的类型化特点。在第1部分"历史"章节中,洛谢夫主要梳理了荷马与史诗、赫西俄德、公元前6世纪古希腊的智者、历史学家阿库西莱、埃庇米尼得斯等以及俄耳甫斯教派的神话研究。在第2部分"系统"章节中,洛谢夫主要设置、论证了混沌、黑暗、时间、自然力(以太、水、空气、火)、提坦神等几个研究对象。第3部分主要涉及宙斯和赫拉、阿波罗、阿尔特弥斯、雅典娜、阿佛洛狄忒、得墨忒耳等奥林匹斯诸神。例如,洛谢夫在梳理阿波罗神祇时主要包括以下内容:阿波罗的基本特征,史诗中的阿波罗形象,阿波罗的类型和他的作用,阿波罗作为光神的基本神话,阿波罗的恋人(风信子、丝柏、达芙妮),阿波罗与缪斯等等。在梳理雅典娜时主要包括:雅典娜的起源,雅典娜和赫菲斯托斯,雅典娜、战争和英雄,阿提卡,雅典娜的手艺和艺术,外省雅典娜的例证,罗马的密涅瓦,雅典娜和阿拉克尼,科学和艺术,雅典娜和提瑞西阿斯,史诗中的雅典娜形象。在梳理阿佛洛狄忒时主要包括:阿佛洛狄忒的起源和类型,史诗中的形象,特征的多样性,诗人关于这一形象的描绘,哲学家关于这一形象的论述。在梳理爱神厄洛斯时主要包括:意义和类型,史诗和抒情诗,戏剧家的爱神,亚历山大人,柏拉图的爱神等内容。由此可见,洛谢夫早期的古希腊研究出现了类型化特征,其中,举证材料包括《荷马史诗》、赫西俄德的《神谱》、抒情诗、戏剧等,涉及了历史—地理、考古—文物、哲学—概述;引证材料包括历史学家希罗多德,考古学家鲍桑尼亚,哲学家恩培多克勒、色诺芬尼、普鲁塔克、西塞罗、普罗提诺的研究。

古希腊神话学任何时候都不可能被固定不变地呈现出来。在此,洛谢夫指的是神话的发展。古希腊神话学有自己的发展分期,洛谢夫将其简短地概括为前古典(古风)时期和古典(英雄)时期。20世纪50年代,当洛谢夫从历史发展视角研究神话时,洛谢夫的古希腊神话历史分期较之细化得多。下面我们还会进一步分析阐释。

二 洛谢夫的神话"历史生成"观点

20世纪30年代,洛谢夫虽然没有创建神话研究的严谨体系化形式,但无论从容量还是丰盈程度来说,他却实现了前所未有的古希腊文及拉丁文译本的收集工作，它们当中许多是从未被译介、从未用俄语出版过的。到20世纪50年代，洛谢夫神话研究的社会—历史发展路径清晰呈现出来，神话的体系化研究征显无疑。

神话的生成、神话的起源都与人的思维密切相关。洛谢夫谈到神话的历史生成问题时，突出了神话的发展与人的思维发展相辅相成的关系。鉴于在《古希腊神话学的历史发展》(1957) 一书中，洛谢夫主要是在社会历史发展中研究古希腊神话的，所以，我们首先介绍一下洛谢夫对"历史"的关注，然后再探讨洛谢夫的神话起源观念以及神话"历史生成"观念。

（一）洛谢夫对历史的关注

"历史意识"是人类文明中一个很晚的产物，在伟大的希腊历史学家出现的时代它刚刚露面。直到18世纪，具有哲学分析臻于成熟的历史概念才在维柯和赫尔德的著作中第一次出现。[1]俄罗斯著名思想家、历史哲学家尼·别尔嘉耶夫（1874～1948）在其《历史的意义》一书中将历史意识的形成分为三个阶段：主体与历史的直接同一；主体与历史的断裂；主体向历史的回归。第一阶段，人在历史之中，因此，不可能有历史意识。第二阶段，人置身于历史之外，虽然历史意识觉醒，但还不能真正洞察历史的奥秘。第三阶段，透过主客体的矛盾，回归历史，进入历史之内在灵魂，思考其意义，这时才能建立起真正的历史哲学。与其历史意识的三个阶段相对应，别尔嘉耶夫指出三种内涵的历史学：(1) 朴素的历史。指民间世代口耳相传的历史知识和传统，它以神话传说、民间故事、史诗歌谣等形式存在，虽未经过验证，但因其世代传诵、自古即然而被民众所相信。(2) 科学的历史。按照一定的理性和逻辑，由历史学家在一定史学原则下编撰而成。强调在文献史料和考古史料基础上得出历史发展规律。但在别尔嘉耶夫看来，这无非是历史学家的阐释，虽在知识界有一定的知识霸权，但却很少影响民众的历史观。(3) 浪漫主义的历史。浪漫主义认为理性无法把握历史本身，主张回到世代相传的神话传说中寻找历史的奥秘。但经过启蒙主义的洗礼，浪漫主义无法回到神话传说、民间故事的原生语境，只能从哲学、宗教、神学视角，对神话做出象征主义、神秘主义的理解和解释。

毫不夸张地说，洛谢夫的8卷皇皇巨著《古希腊罗马美学史》具有真正的历史主义思想，巨著含纳几个世纪人类思想的发展，绝不是根据其他文化和精神风貌进行实证式的文化现象之烦琐描写。洛谢夫与任何其他的，

---

[1] 〔德〕恩斯特·卡西尔：《人论》，甘阳译，上海，上海译文出版社，2004年，第238页。

甚至当时最有影响力、最流行的历史模式不同,他没有将以往的人类进行主次之分。

早在大学时代,洛谢夫就在自己的笔记中精确地表达过注重历史的思想。他写道:"通过研究以往的时代拓宽了我们的视域:(1)没有历史,我们就如同鼹鼠①。(2)为了理解历史,应该重新创造、重新体现。(3)生活经验的形成是由于积累和领悟历史的结果。这体现在个人的生活以及历史的生活中。"②洛谢夫还写道:"对于我来说,没有比历史的存在更为现实的存在了。任何一个逻辑思想、任何一种艺术形式、任何一则科学定理,我都无法排除历史的因素去理解它们。"③洛谢夫不希望社会如同目盲的鼹鼠,由此,他一生写作大量论著,使人们得以在广阔的视野下看世界。洛谢夫的思想渗透着历史,历史不仅成为思想本身的对象,而且成为理解任何内涵的条件。他的神话研究蕴含着丰富的历史哲学观念。

在神话理论研究中,洛谢夫对神话的释义、对神话本质的界定无不见证着历史发展的观念。如上所述,洛谢夫将历史本身划分为三个层面,其中第三层面将"历史作为自我意识",这与"一切历史都是当代史"的观点有着某种契合。两者都突出了主观认识的作用,凸显了主体的地位。但与之相比,在没有忽视历史本身客观性的同时,洛谢夫的观点渗透着动态的运思。在他看来,"历史是自我生成的意识,是包含产生、成熟、衰亡的自我意识"④,神话与历史的共同性就在第三层面达到一致。洛谢夫将神话和历史都视为动态发展的,他把这种观点运用于日后的具体神话阐释中,运用理论指导实践。

在古希腊神话研究中,洛谢夫运用社会—历史的方法,在社会历史发展背景下,考察神话演变特点,突出神话与历史的密切关系。但神话不是直接记述历史,而是间接反映历史。洛谢夫认为,随着人类历史的发展、社会生产的发展、人类思维的发展,神话也随之发展变化、不断创新。显然,这种观点反映了神话的可塑性和适应性。洛谢夫对古希腊神话历史分期的划

---

① 鼹鼠的拉丁文学名是"掘土"之意,适于地下掘土生活。鼹鼠眼小,多为细密的皮毛掩盖。特别是成年后,眼睛深陷在皮肤下面,视力完全退化,再加上经常不见天日,很不习惯阳光照射,一旦长时间接触阳光,中枢神经就会混乱,各器官失调,以致死亡。

② Тахо-Годи А.А., А.Ф.Лосев. Жизнь и творчество. // Лосев А.Ф., Философия. Мифология. Культура. М.: Политиздат, 1991. С. 9.

③ Лосев А.Ф., Форма. Стиль. Выражение, М., 1995. С. 336~337.

④ Лосев А.Ф., Диалектика мифа // Сост. подг. текста, общ. ред. А. А. Тахо-Годи, В. П.Троицкого, М.: Мысль, 2001. С. 170.

分，展现出神话历史发展的线性轨迹以及文明进程的脉络。此外，如同达尔文、斯宾塞的生物进化论，神话就像一个生命的机体。洛谢夫认为，古希腊神话有其诞生、繁荣、衰亡的发展过程。在对古希腊神话的研究中，洛谢夫坚持的是马克思主义的历史观。洛谢夫以历史发展的方法为古希腊神话研究做出了贡献，他的研究对后人不无影响。同样，在该方面，神话研究专家卡西尔的见解与洛谢夫的观点一致。卡西尔在《人论》（2004）中写道："我们不能把神话归结为某种静止不变的要素，而必须努力从它的内在生命力中去把握它，从它的运动性和多面性中去把握它，总之要从动力学原则中去把握它。"[①]可见，两位学者都主张在动态发展中研究神话，但洛谢夫尤其突出历史要素的作用。的确，根据神话的变化可以判断史实的真相、观察历史的变迁；反过来，从历史的演进又可以看出神话的发展，促进神话分析。总之，将神话与历史互为参照有利于神话的研究。

（二）洛谢夫的神话起源观

希腊神话产生于希腊原始社会，约公元前10世纪到公元前7世纪，甚至产生的时间比这还要久远。对于神话的起源问题，洛谢夫坚持"古希腊神话表现为对氏族关系的概括移植"[②]。这种主张表明了神话与现实的关系，即神界是人界的折射。我们知道，人类历史经历了从蒙昧时代到野蛮时代再到文明时代的发展过程。人类在蒙昧阶段的后期和整个野蛮阶段，一般都是按氏族、胞族和部落组织的，它们是原始社会赖以构成、维系的手段。其中，氏族是一个由共同祖先传下来的血亲所组成的团体，它是按血缘关系结合起来的。胞族是由有亲属关系的几个氏族为了某些共同目的而结合的一种更高一级的集团。部落则是由若干氏族结成的集团。氏族制度随着人类的进步而经历了它本身演变的几个顺序相承的发展阶段，体现为世系最初由女性下传的母系氏族最后转变为由男性下传的父系氏族。氏族维持的时间相当长久，这给我们显示了人类的一种时代最古、流行最广的制度。

与此同时，有了人类就有了人的思维。传统观点认为，神话是人类思维不成熟时期的产物。在研究古希腊神话时，洛谢夫指出："神话思维最重要的前提在于人之未与自然界相分离，正是有赖于此，全面的精灵化和人格化得以萌生"[③]。按照洛谢夫的观点，人之未与氏族公社分离以及天然的集体主义势必导致氏族关系被视为无所不在，一切事物和现象均为氏族关系所

---

① 〔德〕恩斯特·卡西尔：《人论》，甘阳译，上海，上海译文出版社，2004年，第105~106页。

② Лосев А.Ф., Античная мифология в историческом развитии, М.: Учпедгиз., 1957. С. 9.

③ 〔苏〕叶·莫·梅列金斯基：《神话的诗学》，魏庆征译，北京，商务印书馆，1990年，第146页。

维系。的确，对于生活在原始公社制度下的人们来说，氏族关系是他们可以理解的而且是最为亲近的。基于所理解的现实，他们思索着自然、社会和世界的一切。对自然最可信的解释就是借助氏族观念的解释。天空、大地、海洋、冥界——整个大自然被理解为一个巨大的氏族公社。对原始人来说，最亲近的和最易理解的氏族关系同完全不被理解的、令人生畏的自然现象之间有着某种原始的相似性，氏族关系移植到自然，以此思维创生了神话。换句话说，这也是人将自己最深处的情感客观外化了。除此以外，洛谢夫坚持这种移植采用的是概括的方式，即它是对现实大量的甚至是无尽的个别现象的综合。这种观点证明了洛谢夫赞同神话思维具有逻辑性特征。洛谢夫引用了马克思列宁主义的神话理论：神话是人类思维发展到一定阶段的产物，而思维不可能没有概括。马克思列宁主义理论还谈到了语言和思维的统一问题。列宁在其《哲学笔记》中写道："任何词（言语）都已经是在概括"[1]。在古希腊语中，"神话"一词意味着"话语"。自然，神话就是某种概括，对生活经验的概括。神话不是童话故事，不是幻想或是杜撰，神话是用话语概括的众多现实生活的体现。

由此可见，氏族公社、氏族的血缘关系以及当时的集体主义本身并没有什么神话性。如果说，赫菲斯托斯仅仅是一个从地上被移植到天上的铁匠，那么，他就像尘世的一名普通铁匠，完全不具有任何神话色彩。如果说得墨忒耳是耕作的组织者，那么，她与神话也没有任何关联。显然，一方面，神话形象在现实生活中有它的历史投影，氏族关系移植到自然，不被理解的整个自然突然具有了神话和魔幻色彩，突然充满了灵性，他们的力量超越人类，形体也无比巨大，于是，人们得到各种怪物和非常可怕的神话形象。另一方面，任何话语已经是概括，希腊人用词语称呼周围的事物已经是在进行某种概括。希腊神话就是人们用话语（词语）言说和概述着神灵。赫菲斯托斯不仅仅是尘世普通的铁匠，他之所以能进入神话，因为他是火的概括。希腊人看到闪电迸发出的火花，看到森林的火灾，看到铁匠炉火中的火苗，看到篝火的火舌，看到夜间闪烁的火光，就用一个词语"赫菲斯托斯"（Гефест）概括所有这些具体火的现象。将其概述到神话中，他既是火力本身，又操纵和驾驭着火力。赫菲斯托斯由此成为火神和炼铁业的庇护神。希腊人看到地面的小草，看到植物的果实，看到饱满的麦穗儿、植物的秆茎，就用一个词语"得墨忒耳"（Деметра）[2]概括这种生长现象。得墨忒

---

[1] 〔苏〕列宁：《哲学笔记》，中共中央马克思恩格斯列宁斯大林著作编译局译，北京，人民出版社，1998年第2版，第233页。

[2] 得墨忒耳：希腊语即"大地母亲"之意。

耳由此成为"大地母亲"，后来发展成为谷物、丰饶女神，掌管农业。希腊人看到干枯的河流，看到汹涌的大海，看到流淌的瀑布，看到冒出的泉水，就用一个词语"波塞冬"（Посейдон）概括这种水的自然力。波塞冬由此成为威严的海王，掌管环绕大陆的所有水域。"希腊神话中的神既是某种自然现象的神化，又是对某类事物、现实的某种领域的概括。"[1]

可见，洛谢夫指明神话创生需要两个前提条件：第一，从思维结构来说，人与自然界未有区分，思维主体不具有离析能力，他与思维对象有一种不分化的一体感。这也是我们通常所言的"物我同一、心物合一"的混沌思维。洛谢夫的思想再次印证了神话作为远古时代人们认知世界的主要方式，它建构在独特的逻辑之上：主体与客体、物体与符号、本质与名等不可分割和同一的思想。这也正是神话情感性、模糊性、直观的整体性特征的显现。第二，从社会结构来说，具备人未与氏族公社分离以及天然的集体主义特点。由此，在这种思维趋向下，在这种集体的氏族组织下，人们以己观物、以己感物，并概括性地将"自我"的观察和体验推及万事万物（当然，这里的"自我"是以集体的氏族公社为度量本位）。于是，洛谢夫的神话起源观水到渠成，即在洛谢夫看来，古希腊神话表现为对氏族关系的概括性移植。这种观点，一方面突出了神话起源的直观性特点，另一方面又强调神话与产生神话的历史环境的关联。

（三）古希腊神话的"历史生成"问题

洛谢夫认为，神话的生成与人的思维以及社会生产关系密切。上述我们谈及神话起源时对人的思维问题已略有涉及。对于神话的"历史生成"问题，洛谢夫认为随着人的思维的发展，神话也在随之不断演化。远古时代，尽管原始思维的发展水平很低，但是，随着人类的出现，思维所具有的最基本的逻辑范畴也随之体现出来，已经具备了"我"与"非我"的相互关系，但缺乏以分离状态而存在的实体范畴。它主要体现为，人不能将自身与自然区分开来，没有意识到自己是一个独立的实体，至多只是将自己看作自然界外部征兆的一个表征而已。这种混淆、一切不分的思维特点由原始社会的生产力状况所决定，它在最初时期同样完全依赖于自然环境。洛谢夫将这种无实体的思维逻辑命名为"人变成兽或物的逻辑（оборотническая логика）"[2]。在洛谢夫看来，这种思维最主要的特点是，任何物、任何自

---

[1] 凌继尧：《作为希腊美学母体的希腊神话》，《安徽师范大学学报》（人文社会科学版），2002年第1期，第107页。

[2] Лосев А.Ф., Античная мифология в историческом развитии, М.: Учпедгиз., 1957. С. 13.

然现象都可以是任何其他物、其他自然现象之特性的承载者。人类这一时期的思维特点决定了他们所创生的神话本身天然地存在着大量语义特点，这些语义不仅极其丰富，而且意义模糊、不确定。例如，洛谢夫收集的史料表明，宙斯被想象为天空、大地、海洋、冥界，他是牛、狼、山羊、鹰、人，有时候甚至是区区的甲虫或是某种几何体。阿波罗是光、黑暗、生命、死亡、天空、土地、山羊、狼、老鼠……在这个人类意识发展的原始阶段，"一切是一"、"一是一切"的原则居于主导地位，因为正是个体与自然、个体与社会的原始不可分的特点导致个体将自己视为任何物的承载者。

远古时代晚期，人已经能够区分"我"与"非我"，不再消融于自然，而是与之对立；每一个物都成为比较确定的物，它拥有一些性能而摒弃另一些性能，这时的社会生产不再处于采集—狩猎阶段，而是发展到产业经济时期，人已经可以把物的思想与物本身区分开来，已经可以做到按照自己的需求进行生产和创造。这种对物的细化之分影响到了神话，因为在神话中首次出现了不仅具有自己独特的实体内容，而且具有次级性能和属性的个体形象。以往，雅典娜可以被想象为任何物，现在她已经是战神、艺术—技艺之神、智慧之神、父权制秩序的维护者。现在她已经不再是猫头鹰、不再是蛇，这些都已成为她的标志属性。宙斯现在已经不只是雷和闪电，他是法律秩序的维护者，对于他来说，雷和闪电已成为他的标志。在此，洛谢夫指出，对于任何一位神话史学家来说，研究每一个神话形象中葆有的以往社会时代的遗迹是尤为必要的。如果没有确定的物的观念，人不能对之有确定的关系，人就不能战胜自然力。没有这一点，忠实地反映社会物质生活的神话就永远也不能将物的魔性与物本身区分开来，永远不会从拜物教过渡到万物有灵，不会创造出如此丰富、高度发展、富有生命力的多神教形式。基于此，洛谢夫断言，只有在人类社会从采集—狩猎经济过渡到产业经济后，神和精灵的个性化和独立过程才得以特别明显地呈现出来。这时，除了从自然界获得现成的物品外，人们已经会为自己制造所需要的产品。由此，洛谢夫进一步肯定，具有发达的神人同形同性特点的奥林匹斯神话不可能出现在旧石器时代，也不可能出现在新石器时代，只能出现在旧金属时代。

总之，洛谢夫的神话"历史生成"观涉及人的思维问题，他强调随着人的思维发展，神话亦随之不断演化。在这里，洛谢夫突出神话的动态发展特征。这一主张回应了20世纪20年代出现的对西方神话理论的争论，其中尤其包括围绕列维—布留尔的"前逻辑"思维理论展开的争论。

三　洛谢夫的神话"历史综合"观点

洛谢夫在研究古希腊神话时坚持两个原则：其一，将神话研究与社会经济结构联系起来，指出神话研究要考虑它所产生的历史背景；其二，尽管静态画面也很美，但神话研究不是一幅静态的画面，如同永远发展着的人类思维一样，神话反映的是流变的、不稳定的、创造性地发展的历史现实。[1]这两点原则决定了洛谢夫希腊神话研究的社会—历史发展视角。人们通常认为，阿波罗（Аполлон）是一位手拿竖琴的美少年；阿佛洛狄忒（Афродита）是一位温柔、迷人的爱情女神；雅典娜（Афина）是一位智慧女神、战神……。历史研究表明，这类形象并非在整个古希腊神话世界的发展进程中都是如此，他们只不过是一定历史时期人们的精神产物。由此，洛谢夫强调研究每一个神话形象都应该以它的诞生为起点，然后过渡到它的发展、繁荣，最后以它的衰败、内部的毁灭和消亡为终点。[2]但是，洛谢夫并没有局限于对这些神话形象做孤立的研究，而是将其视为神话发展不同时期的构成要素。洛谢夫主张在神话发展的完整阶段研究神话，关注遗迹（рудименты）、酵母（ферменты）等要素的作用，他提出"历史综合"的观点。洛谢夫认为："在分析希腊神话时，应该将其看作一个统一、完整的历史过程，关注新、旧不同观点之间的斗争。每一个神话都不是孤立的、单面的语义单位，而是经历了一系列时代综合的结果。科学应从中研究和精确断定它的时代烙印。每一个神话自身都包含着当今的要素、自己过去的遗迹、自己未来发展的种子，所以，每一个神话必定、不可避免总是一定的历史综合。"[3]这就是洛谢夫神话"历史综合"观的内涵。

坚持"历史综合"观点，可以揭示神话所蕴含的中心内容。洛谢夫强调首先需要挖掘神话的中心内容，即找出它的社会现实这一核心。然后再去揭示围绕神话中心内容的外围层面的次级主题（或称为遗迹内容）。神话的中心内容是研究的焦点，是不同社会力量的交结点。根据这样的神话核心，可以判断它所面临的巨大的历史前景，神话的核心是众多时代发展成果的汇聚。

坚持"历史综合"观点，可以掌握神话中的遗存成分和酵母因素。与将神话视为静止、孤立的研究对象的历史观不同，洛谢夫强调神话的历史研究不仅要注重它历史分期的意义，而且需要在每一个独立的神话中，关注

---

[1] Лосев А.Ф., Античная мифология в историческом развитии, М.: Учпедгиз., 1957. С. 11.

[2] Там же. С. 11.

[3] Там же. С. 85.

它在不同时间遗存下来的遗迹的重要作用和促进发展的酵母的作用。"历史的每一个要素绝不是孤立的、平面的,而是好似一座包含着指向过去或未来的浮雕。每一个历史要素总是蕴含着新与旧的斗争,是过去、现在和未来的某种综合。"① 洛谢夫甚至引用列宁的话语来证明自己的观点:"如果研究某种社会的发展历程,那么,谁会不知道其中总会包含过去的残存、现今的基础、未来的萌芽呢?"② 这样,通过社会—历史研究,在每一个神话中可以找出它的历史遗迹,也就是集中反映以前时代的那些残存因素,同时也可以找出该神话进一步发展所呈现的酵母即推动因素。在洛谢夫看来,正因为每个希腊神话都是先进和落后的不同主题的历史综合,所以,研究每一个神话的进步主导趋向尤为必要,同时也要研究这种进步趋向所伴随的遗迹,因为遗迹中蕴含着以往不同发展阶段离奇交织在一起的多种因素。

洛谢夫通过具体的神话实例来论证自己的观点。以雅典娜诞生的神话为例,在这里遗迹与酵母因素并存。在宙斯(Зевс)的妻子大洋女神墨提斯(Метида)怀孕的时候,有预言说,她将生下一个要废黜父亲、比父亲更强大的孩子。宙斯出于恐慌,吞食了怀孕的妻子,然而,胎儿却在他的头颅中继续生长,在他头痛难忍时,火神赫菲斯托斯用斧子劈开他的头骨,随后全身披挂的雅典娜从宙斯的头部诞生,而象征着智慧的墨提斯仍生活在宙斯的腹中,充当宙斯的参谋。洛谢夫指出,这一则神话应该属于希腊晚期的创造。神话中葆有成熟的父权制之前的拜物教以及食人的遗迹;有男性个体高于女性并在社会中居于主导地位的父权制的证明(男性甚至取代了妇女受孕的功能);有最高神智慧的象征("智慧"本身包孕着深刻的内涵,它不再代表尘世某种物质自然力,而是表征着理性的秩序成为最高神祇的主要任务)以及在氏族社会结构解体和古典时代开始的交界时期、原始社会晚期怪诞的自由思想的萌芽。这一则神话的核心体现了从母权制直到希腊文明晚期,不同历史时代一些要素的综合与聚焦。

米诺陶洛斯(Минотавр)是克里特岛一个人身牛首的半人半兽的怪物。由此,洛谢夫判断,该神话形象应该起源于母权制早期,那时,人还不能很好地将自己与动物区分开来。当米诺陶洛斯被描绘成星星的形象,并被命名为Звездный的时候,这意味着人开始具有对宏大的宇宙现象的概括观念。进一步,当希腊英雄世界的一个著名的代表人物忒修斯(Тезей)杀死了米诺陶洛斯时,在我们面前呈现的已经是英雄时代,而神话中英雄

---

① Лосев А.Ф., Античная мифология в историческом развитии, М.: Учпедгиз., 1957. С. 17.

② Там же. С. 17.

时代的出现无论如何不会早于父权制时期,也就是不会早于原始社会中男性个体在社会政治实践中居于主导地位的时期。接下来,米诺陶洛斯具备了比较完善的艺术形象,这表明它仅仅是一个面具,剧院化妆的道具。这体现出米诺陶洛斯已经被理解为舞台人物、戏剧的虚构形象。从上述分析中,我们可以看到,米诺陶洛斯这一神话形象的历史演变过程,其中对宇宙的认知、英雄时代的出现、精神生活的需求等不同要素都充当过该神话形象演进的酵母。对酵母要素的关注,即对神话发展、变异的推动力的关注,这也是洛谢夫社会—历史研究方法与众不同的特点。

总之,洛谢夫将神话作为一系列时代发展的成果,并结合民族的社会—历史因素来研究神话,最后得出结论:神话以最为复杂的历史综合形式呈现于我们面前,它的每一个形象都是上千年历史生活的生动编年史。

四 洛谢夫对神话历史阶段的划分

坚持神话"历史综合"观,与对神话进行历史阶段的划分并不相悖,因为神话在不同发展阶段会呈现出不同特征。洛谢夫注重历时与共时相结合的方法研究神话就体现于此。

基于古希腊神话资料,洛谢夫指出了神话演化中最重要的分野。他认为,原始社会神话发展遵循着以下客观规律:从采集—狩猎经济过渡到产业经济;从石器时期过渡到金属器械时期,也就是从旧石器、新石器过渡到旧金属、新金属时期;从母权制过渡到父权制;从拜物教(与之相应的为图腾崇拜、法术)过渡到万物有灵论(物的魔性与物本身相分离);从下界信仰过渡到英雄主义时代。[①] 具体说来,结合人的思维发展以及社会经济等因素,洛谢夫将古希腊神话的发展系统划分为以下五个阶段,并对神话的历史沿革做了明确阐述。应该说,这种划分与有些学者所坚持的神话发展经历了物活论阶段、万物有灵论阶段、英雄神话阶段相比则更为细化。

(一)下界神话的拜物教时期

原始氏族公社集体制时期的神话,是所谓的下界神话[②],它与具有协调特点的父权制时期的神话互为对立。它的产生源于人对自然的过分依赖,由此萌生了一切来自大地、一切都是大地的产物的思想,于是,下界神话主要

---

① Лосев А.Ф., Античная мифология в историческом развитии, М.: Учпедгиз., 1957. C. 15~16.

② 下界神话(хтоническая мифология)的希腊语含义就是"土地"(земля)之意。下界神话甚至在氏族制前已经出现,在母权制时期得以繁荣。

是指与土地之神、地狱的统治者、土地丰收的赐予者或是与冥界交往的神祇有关的神话。

从社会发展的角度来看，这时人类处于采集—狩猎阶段，人类主要局限于从自然获得现成的物品。在该阶段，人的意识局限于感性认识，局限于直接看见的和接触到的事物和现象。河流、高山、云彩、石头、树木、弓箭等在此都可以成为该阶段人类任何功能的载体。当物体被赋予了大量的功能时，这便构成了物的魔性本质。物因其魔性和神秘的威力而成为人类的崇拜对象，这就是原始的拜物教。拜物教崇拜的对象通常包括人体、物体、神像和护身符四大类。除了护身符外，洛谢夫在研究中都有涉猎，但基于不同的划分标准，洛谢夫主要从实物崇拜、植物崇拜、动物崇拜以及人和动物身体部位的崇拜四个方面，列举大量例证来说明。洛谢夫指出，自己不是从考古学家的视角，而是从一个语文学家的视角来谈这些崇拜对象，而且，不是最原初的纯粹拜物，而是与神话晚期的形象交织的拜物，此时任何一种拜物已是拟人化的神、精灵或是英雄的象征，是早已消逝的久远时代的遗迹。[1]

实物崇拜体现为：在伯罗奔尼撒半岛的西基昂城，宙斯被视为石锥体的形状受到崇拜，在阿尔卡迪的吕克昂山以圆柱形状被崇拜；维奥蒂亚城把一段截卜的树干当作赫拉加以崇拜，而在萨摩斯岛赫拉则被视为一块木板受到崇拜；阿波罗被看作金字塔形锥体或是方尖碑；在伊卡洛斯岛阿耳忒弥斯被视为一块原木受到崇拜，在西基昂城则被视为半截木柱或是圆柱……除了未加工或简单地加工的几何体以外，还有各种制造物，如赫拉克勒斯的弓、可为他人治病的阿基琉斯的矛、珀罗普斯的剑、帕里斯的竖琴、阿耳戈船英雄的锚等，都被作为圣物崇拜。

对于植物崇拜，洛谢夫特别谈到了与酒神有关的葡萄藤、常春藤崇拜。人们用"大串葡萄的、葡萄的传播者、葡萄的种植者"等词语修饰狄俄尼索斯（Дионис），他的庙宇、神杖以及头上戴的花冠都用常春藤来装饰。在希腊人的观念中，柏树表示对死人的哀悼，因此，他们会用其装饰死者的房屋。此外，柏树与自然界的死而复生并赐予丰收的女神有关，因而，人们对库柏勒（Кибела）崇拜有加。白杨因为银白色的树皮及其苦涩的味道，被希腊人视作忧伤、痛苦、眼泪的象征。因此，珀耳塞福涅（Персефона）冥府的小树林就是一片白杨林。相反，月桂树则被视为光明、洁净、可治愈疾

---

[1] Лосев А.Ф., Античная мифология в историческом развитии, М.: Учпедгиз., 1957. C. 37.

病的象征，于是，月桂树成为阿波罗的圣树。此外，棕榈树也是阿波罗的圣树。橡树与宙斯的关联最为密切。橡树是树木以及一切植物之王。信奉者经常从崇拜宙斯的多多那神托所的橡树的沙沙声中得到神示。

在动物崇拜中，蝴蝶象征着人的灵魂，故其经常出现在古希腊的造型艺术中。此外，洛谢夫将蛇视为最典型的下界动物，蛇是帕拉斯·雅典娜（Паллада Афина）的标志；宙斯曾变形为蛇；阿波罗的儿子阿斯克勒庇俄斯（Асклепий）经常以蛇的身形出现，他还利用蛇为人治病。蛇与蛇形物最接近于大地，是大地最直接的产物，因而成为大地力量的鲜明象征，成为智慧以及善与恶天然浑于一体的象征。在此，洛谢夫指明，日后出现斩杀巨龙（蛇的变体）的英雄神话是新的先进的文化与下界文化斗争的最好见证。雄鹰是宙斯的神鸟，在奥林匹斯山上，它经常陪伴在宙斯左右。毫无疑问，宙斯本身在某个时候曾直接显现为鹰，到了晚期鹰成为宙斯的标志之一。猫头鹰与雅典娜有关联。类似这样的动物，如鸢、乌鸦、天鹅、大鹅等神话形象在希腊各时期都十分盛行。公牛和母牛也是神话中常见的动物形象。最高神宙斯在克里特岛被视为牛的形象，荷马用"牛眼的"修饰语来描绘赫拉。除此之外，洛谢夫还谈到了狗、狼、老虎、豹和狮子等动物。

人本身在某个时候也曾是崇拜的对象。在心、肾、眼睛、头发、血等被视为灵魂的载体之前，它们本身曾被看作人的灵魂。古希腊语和拉丁语中"灵魂"和"气息"是由同一个词表示。因为在原始人眼里，人死后留下的气息与生命、与灵魂都是同一的。在荷马描写的冥界中，死者的灵魂是飞行的。古时候将灵魂视为鸟的观念很流行，这是拜物观念的一个很好例证。但洛谢夫指出，这一时期的灵魂观与随后出现的万物有灵的灵魂观是不同的。万物有灵观念已经将灵魂视为脱离人的机体，是一种非物质的存在。另外，在拜物时期，人和动物的身体或是身体的组成部分也曾受到崇拜。疯狂的酒神信徒们撕碎了俄耳甫斯（Орфей），他的头颅被投入大海后仍具有传布神的预言的功能。动物的毛皮也被当作灵魂的承载者。阿耳戈英雄（Аргонавты）寻找金羊毛的神话家喻户晓。赫拉克勒斯（Геракл）杀死涅墨亚狮子后，将狮子皮披在自己的身上。玛耳绪阿斯（Марсий）向阿波罗挑战进行长笛比赛，败下阵来，愤怒的阿波罗剥其皮后挂在树上，一有笛声，这张皮便随之颤动。戈耳工女妖之一美杜莎（Медуза）的目光所及之物都要化作石头。库克罗普斯（Киклоп）又被称为独眼龙。百眼巨人阿耳戈斯（Аргус）全身长满眼睛。概而言之，上述提及的头、毛发、眼睛等部位都被赋予了魔力，成为崇拜的对象。

总之，通过崇拜可以挖掘远古先民的心理要素，这对了解先民的思想，进而了解当时的文化都有重要价值。在母系氏族存在的漫长岁月里（后期除外），拜物的特点表现在物的魔性与物自身独特地混为一体。原始社会后期，人类的思维能力和抽象概括能力得到提升，物的思想已经同物本身区别开来，于是，人们不再崇拜事物本身，而认为万物背后皆有神灵，从而形成了神灵观念。由此，人类从拜物教进入到万物有灵的崇拜阶段。

（二）下界神话的万物有灵阶段

英国著名人类学家爱德华·泰勒（1832～1917）在《原始文化》（1871）中重点阐述了万物有灵观念。泰勒将万物有灵定义为"灵魂的信仰"，将其确定为原始宗教的根基，同时它也是神话产生和发展的基础，是神话不断丰富和发展的思维动力。后来德国学者冯特（1832～1920）又从心理学意义上对之补充发挥。洛谢夫以历史脉络为统领，以时间的线性发展为顺序，反对冯特等学者将万物有灵时期看作一幅僵化不变的画面。他认为，虽然不能严格地区分出开始、发展、结束的确切时间，但万物有灵观念在其上千年的存在中是发展变化的。由此，他概要地将其划分为初级阶段和发展阶段。

洛谢夫认为，初级阶段神灵的特点在于，它们暂时还没有任何形体、没有任何面貌和轮廓，它们会瞬间出现，又会瞬间消失得无影无踪。这种观念正是原始人对周围大量偶然性现象的本能反应。洛谢夫着重分析了希腊、罗马的神灵、保护神[①]观念，但只限于万物有灵观念的初期，不涉及晚期已经借鉴了犹太教、基督教等诸多来源的柏拉图主义和斯多葛派的万物有灵观念。洛谢夫运用《荷马史诗》中的大量事例加以佐证。他指出，荷马描写的多半是无名字、无面貌但会突然起作用的可怕神灵和不祥力量。例如，《伊利亚特》（11:480）中描写道："当某位神灵导来一头凶猛的狮子，豺狗便吓得遑遑跑开。[②]"忒勒玛科斯（Телемах）（16:194）不相信见到了自己的父亲，担心这是神灵欺哄他，为的是加重他的悲苦。当然，有的神灵也会带来善意。如《奥德赛》（9:381）[③]描写，在独目巨人波吕斐摩斯（Полифем）面前，神灵激发了奥德修斯及其同伴们的巨大勇气。洛谢夫认为，荷马理解的

---

① 古希腊用демон（daimon）一词表达神灵；罗马则用гений（genius）一词表达神灵。
② 〔希〕荷马：《伊利亚特》，陈中梅译注，南京，译林出版社，2000年。以下涉及这部著作引文均引自此版本。数字11:480代表章数和节数。
③ 〔希〕荷马：《奥德赛》，陈中梅译注，南京，译林出版社，2003年。以下涉及这部著作引文均引自此版本。数字9:381代表章数和节数。

神灵概念较为宽泛，有时几乎等同于"命运"。如《奥德赛》（11:61）中厄尔裴诺耳（Эльпенор）说："神定的凶邪命运和不节制的豪饮毁我。"我们知道，厄尔裴诺耳正是因为喝醉酒，躺在宫殿的屋顶上睡觉而滑落摔死的。罗马的神灵具有"保护神"之意。在罗马，每一个人都有自己的保护神灵；每一个家庭都有自己的保护神——家神（Лары）；氏族作为家庭的联合组织形式，也有自己的保护神；每一个种族甚至整个罗马国家都有自己的保护神。这些保护神主导着人们生活的每一步。罗马宗教的特点证明了这种强烈的保护神观念，由此导致人们生活中的每一细小事件都被神圣化。

当神灵获得某种个体形式时，万物有灵观念则由初级阶段进入到发展阶段。在发展的最初时期，与其说接触的是神话的形象，不如说是他们发生效能的那种力量，所以，该阶段突出的是神灵的自然力，这主要体现在下界（хтон），也就是土地神话中。如波塞冬和该亚（地神）所生之子——安泰俄斯（Антей）是位巨人，只要他身体不离开自己的母亲——大地，从那里不断吸取新的力量，他就是不可战胜的。当赫拉克勒斯将其举起，使其离开了大地，他则轻松地被杀死了。忒拜国王卡得摩斯的女儿塞墨勒（Семела）希望宙斯以神的全部雄伟英姿出现，而不是以他常见的面貌出现，以此来证明对她的真诚爱情。宙斯只好以雷鸣电闪出现，电火将凡人塞墨勒烧成灰烬。这些神话突出的都是神灵的自然力。洛谢夫着意指出，赫西俄德[①]是下界王国的喜爱者，他为我们描绘了作为黑夜之神（黑夜之神本身是混沌之神的诞生物）诞生物的众多下界存在物，它们暂时还不具备清晰的外部形象，仅仅作为下界神祇力量，尤其是强大的破坏力而存在。如命运女神摩伊赖（Мойры）、恶事的精灵刻瑞斯（Керы）、复仇女神涅墨西斯（Немесида）、纷争女神厄里斯（Эрис）。[②]的确，所有这些存在物都被阐释为人类和世界生活的混乱、无序、不道德，他们都出现于下界神话时期。对下界神话中一些物质实体的创造力之功效，洛谢夫也给予了关注。赫拉（Гера）和宙斯结婚的象征物苹果、决定英雄墨勒阿革洛斯（Мелеагр）生命长短的木头、忒拜国王卡德摩斯（Кадм）赠给新婚妻子的项链都可以充当这种媒介。

当然，作为下界神话的象征，除了指行为活动的混乱、无序，甚至还可以指形状的无序、不和谐。由此，洛谢夫概括出怪物神话

---

① 赫西俄德（公元前8世纪末～前7世纪初）：古希腊诗人。著有诗歌《神谱》、《工作与时日》等。

② Лосев А.Ф., Античная мифология в историческом развитии, М.: Учпедгиз.,1957. С. 63.

（тератоморфизм）①这一类型。他首先归纳了大地的进攻力形象，如乌拉诺斯和该亚所生之物——提坦神、独目巨人库克罗普斯、百手怪物、大地和塔耳塔洛斯的结合物——百眼怪物堤丰，甚至还有从被阉割的乌拉诺斯的血中诞生的巨灵。大地的防御力形象中有：复仇女神（Эриннии），她们的形象是外貌丑陋的老太婆，满头是蛇发披散到腰部，她们追捕不遵守大地规则和氏族权利的罪犯；堤丰和厄喀德所生之物——刻耳柏洛斯（Цербер）是一条把守冥国出口的三个头的恶狗；勒耳那水蛇（Лернейская гидра）；三个头的喀迈拉（Химера）；吃掉所有不能猜出他的谜语的斯芬克斯（Сфинкс）；厄喀德那和堤丰所生怪兽——涅墨亚狮子（Немейский лев）。

洛谢夫指出，以人做牺牲和食人神话是母系氏族社会和整个下界神话的一个比较鲜明的表现。这时，人类的"我"完全屈从周围环境的"非我"，"我"的价值微不足道。如阿基琉斯用12个特洛伊青年做牺牲献祭自己的朋友帕特洛克罗斯；在七雄进攻忒拜期间，预言家说，国王克瑞翁如以子献祭，忒拜人便可退敌，于是，王子墨诺叩斯（Менекей）自愿为祖国献出生命；神示说，如杀一人献祭，赫拉克勒斯族就能战胜欧律斯透斯，重返伯罗奔尼撒半岛，于是，赫拉克勒斯的女儿玛卡利亚（Макария）自愿赴死。在漫长的岁月里，古希腊一直存在着以人做牺牲的神话。不仅在古风时期，就是在繁荣的古典时期，这种残暴神话的流行也是不争的事实：小亚细亚的统治者坦塔罗斯把亲生儿子珀普罗斯（Пелоп）剁成肉块，用来宴请奥林匹斯山众神；阿特柔斯（Артей）用其兄弟的孩子的肉招待其兄弟。随着人的主体地位的提高，这种黑暗的神话完全消失，取代它的是新的英雄主义行为，它所体现的杀戮只是在特殊的事件中，在与自然的怪物或是与种族的敌人的斗争中，才有所彰显。

洛谢夫发现，母系氏族时期，关于巨大而可怕的神话思想在大神母（Великая мать）神话或神母（Мать богов）神话中得到了最好的概括和完善。据考证，小亚细亚是这种神话的流行之地。母权制社会中突出女性的地位。洛谢夫分析了法伊阿基亚人的王后阿瑞忒（Арета）的形象，将其视为母权制社会关系的有力见证。阿瑞忒不仅是家里的女主人，而且是整个王国的实际统治者。洛谢夫指出，英雄时代晚期的神话，如忒勒玛科斯去寻找20年不见的父亲奥德修斯；忒修斯离开母亲去寻找其父亲雅典王埃勾斯等，这种寻找缺失的甚至是神秘父亲的现象正是古老的母系氏族关系的

---

① Лосев А.Ф., Античная мифология в историческом развитии, М.: Учпедгиз.,1957. С. 63.

遗迹。母权制社会中女性的突出地位还体现在不死的女神与会死的凡人结合的神话类型中。而在父权制和英雄时代，这种情况已经被视为异国情调。赫西俄德专门列举了这类婚姻：得墨忒耳和伊阿西翁生子普路托斯；哈耳摩尼亚和卡德摩斯生有伊诺、塞墨拉；卡利洛厄和克律萨俄耳生子革律翁；晨光女神厄俄斯和提托诺斯生有法厄同、厄玛提翁；海洋女神忒提斯和珀琉斯生子阿基琉斯……

在洛谢夫看来，母权制神话的英雄化形式是母权制发展的最后阶段，这类神话已经具有父权制和英雄主义时代的迹象。著名的古希腊阿玛宗女人（Амазонки），在非母权制、已经是纯英雄时代的神话中葆有鲜明的遗迹。阿玛宗人是尚武善战的妇女族，居住在迈俄提斯湖（亚速海）沿岸或小亚细亚。她们为传宗接代同邻近的部落男子成婚，然后再把丈夫送回家乡。若生下男孩交还其父，若生下女孩便留下练习武艺。阿玛宗人总是在战争中度日，经常骑在马上，从头到脚全副武装。而我们熟知的父权制占优势的英雄神话总是描绘某个英雄战胜她们。这样的英雄有赫拉克勒斯、忒修斯、柏勒洛丰、阿基琉斯。

总之，洛谢夫主张在动态中研究万物有灵观念。他指出，在前万物有灵阶段，瞬间的、突然的、无形体的神灵观念居于主导，而个体形式的神灵的出现，则是万物有灵的发展阶段。洛谢夫结合下界神话、母权制社会的神话特点对此做了充分阐释，他突出了与土地关联的下界神话、大神母神话、怪物神话、人做牺牲和食人神话、阿玛宗女人式的英雄神话等类型。最后，洛谢夫指出，母权制神话英雄化形式的出现为神话向下一个阶段过渡做了准备。

（三）英雄主义神话时期

随着生产力的提高，母系氏族中的男子不再以狩猎、捕鱼为业，而是取代妇女从事农业和饲养业，妇女在经济上退居次要地位，她们的职能已转向主要从事家务劳动和生儿育女。于是，母系氏族制瓦解，父系氏族制产生。父权制的来临，预示着英雄时代的到来。然而，希腊社会由母权制向父权制的过渡不仅是一个内部孕育、渐变的过程，而且伴随着外族的入侵、迁徙以及融合，这两种制度的更替势必存在激烈的斗争。

上述社会变迁在神话中得到反映，表现为神话中出现了惩罚怪物和巨兽的众多英雄。宙斯成为最高主神，其他神祇和精灵都要屈从于他。宙斯自己也同各种巨兽做斗争，他战胜了提坦神、独目巨人以及堤丰等怪物，并将他们打入大地的最深处塔耳塔洛斯，其他神祇和英雄也进行过类似的战斗，如阿波罗斩杀了巨蟒皮同；卡德摩斯杀死巨龙；珀修斯杀死美杜莎；柏勒洛丰杀死喀迈拉；墨勒阿革洛斯射杀卡吕冬野猪……在这里，洛谢夫特别指出一种过渡时期的神话类型，即拉庇泰人和肯陶洛斯人（马人）之战，这则神话承载着丰富的文化—历史内涵。在塞萨利亚珀利翁山地区生活着两个氏族部落：拉庇泰人（лапифы）和肯陶洛斯人（кентавры）。拉庇泰人虽然表现野蛮，但是已经具有人貌，他们的首领珀里托俄斯（Перифой）是忒修斯的朋友。而肯陶洛斯人则是半人半马的怪物，他们性格野蛮，嗜酒如命，由伊克西翁和云神涅斐勒所生。两个部族之间发生战斗，拉庇泰人战胜肯陶洛斯人是从野蛮社会向文明状态过渡的历史见证。而赫拉克勒斯形象则代表英雄神话的最繁荣阶段。赫拉克勒斯建立了12项功绩，其中包括杀死各种怪物，如涅墨亚的狮子、勒耳那水蛇、斯廷法利斯湖怪鸟、刻律涅亚山的赤鹿、厄律曼托斯山的野猪等等，他还清扫奥革阿斯的马厩，为欧律斯透斯的女儿取来阿玛宗女王希波吕忒的腰带。在我们看来，这些神话既体现了社会制度变革时期的激烈斗争，也体现了以饲养业为主、人类开始了驯化野兽的活动。

希腊人将新型神祇称作奥林匹斯诸神，他们形成了以宙斯为主神的完备等级体系。在这个父权制的英雄时代，以往的女性神祇被赋予新的功能：赫拉成为婚姻的保护神；得墨忒耳是有计划、有组织耕作的保护神；雅典娜是有序战争的代表；阿佛洛狄忒则摒弃以前的野性、兽行欲望成为爱和美的化身。这个时期，手工业成为经济的主要因素，赫菲斯托斯是它的保护神；赫耳墨斯（Гермес）从以往的丑陋神祇变为畜牧业、商业、行路者的保护神，他甚至还担当起了引领亡灵到冥国的使者之职。

人与自然关系的变化体现在神话中出现了大洋女神、水泽女神、山岳女神、草地女神、护树女神等数量众多的自然神祇。对于希腊人来说，可怕、不被理解的神秘大自然已经变成了平静的、富于诗意的大自然。人们由恐惧自然，变为去发现它的美，并利用它来满足自己的需求。人类有计划、有效率地安排着劳动，执行农耕女神得墨忒耳的命令。野兽得以驯化，我们可以在赫拉克勒斯的神话以及狄俄墨得斯（Диомед）驯服马的神话中找到证明。赫耳墨斯和潘（Пан）照看着畜群。神话中开始出现了一些发明人，他们的发现或发明令人震惊。其中最著名的是代达罗斯（Дедал），他在克里特岛为国王科卡罗斯（Кокал）建造了一座迷宫。就连诸神本身也开始注重创造，如波塞冬和阿波罗亲自建造了特洛伊城墙；忒拜王安菲翁（Амфион）是演奏竖琴的圣手，在其修筑忒拜四周的城墙时，石头随着他那神奇的琴声自动堆砌成墙；俄耳甫斯（Орфей）的歌声能使树木弯枝、顽石移步、野兽俯首、暴风雨停止。这些神话体现出来的是人的才智、人的创造战胜自然力的思想。

（四）英雄神话的衰落

在父系氏族后期，随着生产力的提高、生产的个体化、剩余产品的增多以及交换的发展，氏族内部贫富分化加剧，于是，出现了奴隶和奴隶主两个对立阶级，原始社会随之解体。

这种状况当然也会在神话中得到反映。宙斯继续被看作众神和人类之父，但是，一些文本已经将宙斯刻画得远离了绝对权威，因为许多事情他并不知晓。其他一些神祇也被描绘得愚蠢可笑，经常争吵打架，而只关注于日常生活琐事更降低了他们的威信。希腊哲学家、诗人科罗丰的色诺芬尼（Ксенофан Колофонский）曾发出这样的责难："荷马和赫西俄德把人间认为无耻丑行的一切都加在神灵身上：偷盗、奸淫、尔虞我诈。"[①] 社会伦理道德滑坡同样体现在英雄身上，他们任性、耍脾气，为争夺美女而蔑视军人天职，他们频繁地更换妻子，大部分时间都消磨在欢宴中。这些表现是氏族公社终结的征兆，也是人们反神话思想的前兆。

通过分析我们发现，洛谢夫归纳了四种类型来论证英雄神话的衰落。

（1）人们不敬神的神话。英雄时代晚期，许多凡人敢于和神祇竞赛。尼俄柏（Ниоба）以子女众多而为自豪，她嘲笑女神勒托只生育了一子一女，并禁止忒拜妇女向勒托奉献祭品；玛耳绪阿斯（Марсий）向阿波罗挑战比赛长笛这一技艺；吕底亚的国王坦塔罗斯（Тантал）因为是宙斯的儿子而成为众神的宠儿，获得了凡人不易得到的极大荣誉：他可以参加奥林匹斯山众神的集会和宴会；他骄傲起来，从神桌上窃取仙酒和神食，请凡人吃喝；他为了试探众神是否真的无所不知，用自己儿子珀罗普斯的肉宴请众神。西绪福斯（Сизиф）是科林斯的国王，他泄露了众神的计划，又把宙斯暗藏拐来的埃癸娜的地方透露给埃癸娜的父亲。拉庇泰人的国王伊克西翁（Иксион）爱上了赫拉，开始竭力追求宙斯的妻子。萨尔摩纽斯（Салмоней）宣布自己为宙斯，用隆隆大锅声和辘辘马车声模拟雷霆，用火炬模拟闪电，要求获得众神的尊重。当然，所有这些不敬神的行为都受到了应有的惩罚：尼俄柏的众多子女都被射杀，她自己因悲痛过度化作山岩，边上流经的小溪就是她的眼泪；玛耳绪阿斯被阿波罗剥了皮；坦塔罗斯被

---

① 汪子嵩等：《希腊哲学史》，第一卷，北京，人民出版社，1988年，第123页。

打入地狱遭受饥渴之苦;西绪福斯则永无止歇地将石头由山下推到山顶,巨石推而复坠,坠而复推;伊克西翁被罚下地狱,被缚在一个火轮上,永转不停;萨尔摩纽斯因为僭越而被宙斯所杀,打入地狱受苦。当神话仍然存续时,神祇还是神祇,凡人还是凡人,这些惩罚都是必然的。但是,神话衰败的迹象已经无法遮掩,这是神话或者最终消失,或者只能以转义的形式存在的前夕。

(2)氏族遭受诅咒的神话。这种神话讲述的是某个氏族的几代人连续非正常死亡的故事。例如,拉伊俄斯(Лаий)将珀罗普斯的儿子拐走,孩子自杀而死,孩子的父亲诅咒拉伊俄斯。果真,拉伊俄斯老年时死于亲生儿子俄狄浦斯(Эдип)之手。在不知情的情况下,俄狄浦斯娶了自己的母亲。得知真相后,他的母亲自杀身亡,俄狄浦斯则刺瞎了自己的双眼。厄运并没有就此结束,后来神话说他遭到了儿子的放逐,离开忒拜时他曾诅咒儿子厄忒俄克勒斯(Этеокл)和波吕尼刻斯(Полиник),父亲的诅咒竟成了他们兄弟两人不睦和死亡的主要原因。而他们的后代,分别在后辈英雄远征忒拜以及特洛伊战争中丧生。

(3)神话自我否定趋向的出现。洛谢夫通过两则神话对此加以说明:一则是关于狄俄尼索斯(Дионис)的神话;另一则是关于普罗米修斯(Прометей)的神话。

狄俄尼索斯是宙斯和塞墨勒(Семела)之子、俄耳甫斯教的创立者、发狂的酒神。酒神狂欢节打破了人和神不可逾越的鸿沟。狄俄尼索斯神话推动了人的自娱,主体个性得到极度张扬,失去了神话的指向。一方面,狄俄尼索斯崇拜中诞生了悲剧,它将神话作为一种艺术手段;另一方面,狄俄尼索斯崇拜中出现了喜剧,它导致古老的神祇消亡、古老的观念被践踏。

在普罗米修斯神话中,普罗米修斯是提坦神伊阿珀托斯之子。宙斯战胜提坦神预示着英雄时代的来临,普罗米修斯则需忍受惩罚:他被锁在高加索的悬崖上,一只大鹰每天早晨飞来啄食他的肝脏,可是一到夜里,他的肝脏又重新长好,他所受的折磨一直持续了几千年。这种惩罚是因为普罗米修斯是宙斯的反对者,他为人类盗取圣火并欺骗宙斯。英雄时代走到了尽头,特洛伊战争是他最后、最重大的行动。在特洛伊战争开始前不久,也就是英雄时代的最末期,赫拉克勒斯得到宙斯的同意解救了普罗米修斯,当然,宙斯的目的是让其子赢得英雄的荣耀,但是,这一举动也隐喻着宙斯与普罗米修斯的和解。洛谢夫认为,这意味着普罗米修斯思想的胜利,也就是提坦精神的复活。需要指出的是,这时的提坦神已经没有任何野蛮成分。

虽然普罗米修斯本身是一位神祇，但他却打破了对神祇的信仰。

洛谢夫指出，上述两则神话都是自我否定神话的体现，它们在奴隶制阶级社会的初期、在古希腊民主制体系形成时期得到繁荣，是不无原因的。

(4) 变形神话。从广义来看，原始人的生命观是综合的，不是分析的。在不同的生命领域之间绝对没有特别的差异。没有什么东西具有一种限定不变的静止形态，由于一种突如其来的变形，一切事物都可以转化为一切事物。[1]变形不只是内容，也包括形式，是两者兼而有之。学者乐蘅军根据表现方式，把变形归纳为力动变形和静态变形两类。前者主要指此物直接变为彼物，或从这种形象蜕化为那种形象；后者主要指怪异神话，其形象多是人兽合体。

而在希腊化—罗马时代，变形手法成为文学的一种特有风格，它在奥维德（Овидий）[2]的《变形记》中得到最好的演绎。一般而言，这类神话往往讲述经历某种变故后，自己由活物变形为某种无生命的物体、植物或是动物。阿波罗的宠人雅辛托斯（Гиацинт）、库帕里索斯（Кипарис）分别变为风信子花和丝柏树。因为在某个时候，植物曾被视为活物，被神话式的理解，然而，随着时间的推移它们丧失了自己的神话性。洛谢夫指出，在希腊化—罗马时代的文学中，这种"变形"风格的流行本身表明了人们的伤感，因为他们已经无法返回到神话般的过去，不可能再以天真、一贯的信念去相信神话的现实存在了。另一方面，故事的引人入胜和诗意般的灵活表述与天真古老的神话信念之间已经很少有共同性，神话逐渐趋于消亡。[3]

（五）奴隶制时期的神话

神话是氏族公社时期出现的意识观念，随着氏族公社社会结构的解体，质朴、天真意义上的神话也随之消亡。但是，神话一直延续到古希腊世界的最后时期，至少存续了上千年，这些神话已经是希腊相应历史时期的思想产物。在希腊，随着奴隶制阶级社会的出现，文学将神话吸引到自己特有的发展轨道上来。从这时起，希腊神话已经不再是一种民间口头创作了，它成为奴隶制社会当下思想的代言者。洛谢夫指出，在古希腊悲剧中，神话

---

[1] 〔德〕恩斯特·卡西尔：《人论》，甘阳译，上海，上海译文出版社，2004年，第113～114页。

[2] 奥维德（公元前43～约18）：古罗马诗人。长诗《变形记》是其代表作，全诗15卷，取材于古希腊罗马神话，是古希腊罗马神话的大汇集。

[3] Лосев А.Ф., Античная мифология в историческом развитии, М.: Учпедгиз., 1957. С. 82.

得到了特别的利用。①例如，埃斯库罗斯（Эсхил）②塑造的雅典娜已经是流露民主思想的女神；塑造的普罗米修斯完全充满当代先进思想，甚至是有着革命思想的形象。在悲剧《安提戈涅》中，索福克勒斯（Софокл）③描写了家庭—氏族传统与国家制度之间不可调和的矛盾。在古典时期的文学中，神话仍然具有神人同形同性的特点，但它只是一种外在的艺术形式。而在希腊化时代和希腊世界最后几个世纪里，神话最终蜕化为一种纯艺术手法，服务于美学目的。特别是新柏拉图等哲学流派的代表们开始尝试对古老神话进行哲学式修复。但是，任何的修复都不能使久已消亡的神话复活。从那时起，神话成为人类记忆中美好的童年，这个童年正是伴随着运用了科学的、科学—哲学的观点看待自然而逝去的。

概而言之，神话的历史分期说明神话不仅是传承的，而且是不断发展变化的。神话与许多人类文化一样，遵循诞生、发展、兴盛直至消亡的客观规律。结合人类思维的发展，结合社会历史的发展，并对社会经济因素给予特别关注，洛谢夫将古希腊神话的历史发展划分为下界神话的拜物教时期→下界神话的万物有灵阶段→英雄主义神话时期→英雄神话的衰落→奴隶制时期的神话五个顺序相承的阶段。这种划分体现了神话的发展与社会体制的发展，即母系氏族社会时期→父系氏族社会时期→文明社会的初期，是相辅相成的。同时，洛谢夫列举了大量丰富而翔实的资料，通过类型化的归纳来说明每一历史分期的特点。从他的分析中，我们不难看出古希腊神话发展的动态轨迹以及它的兴衰沉浮的变化。的确，如果想真正理解古希腊神话，就必须把研究问题投射到一个更大的平面上，这样，才可窥其全景画卷。

五　神祇形象的历史演变

上文我们介绍了洛谢夫的神话起源观念、神话的"历史生成"观点、神话的"历史综合"观点梳理了洛谢夫归纳的神话历史分期情况。此外，洛谢夫对希腊神话亦有个案分析和细节阐释。在历史分期中，洛谢夫对古希腊神话的广泛涉猎，我们已经有所领略，而针对具体的神话形象，洛谢

---

① Лосев А.Ф., Античная мифология в историческом развитии, М.: Учпедгиз., 1957. С. 82.

② 埃斯库罗斯（公元前525～前458）：古希腊悲剧诗人、悲剧作家，有"悲剧之父"、"有强烈倾向的诗人"的美誉。著有《被缚的普罗米修斯》、《波斯人》、《七将攻忒拜》、《阿伽门农》、《复仇女神》等剧目。埃斯库罗斯与索福克勒斯、欧里庇得斯一起被称为是古希腊三位最伟大的悲剧作家。

③ 索福克勒斯（公元前496～前406）：古希腊悲剧诗人，著有《埃阿斯》、《安提戈涅》、《俄狄浦斯王》等剧目。

夫着力研究了雅典娜、宙斯、阿波罗三位主神在历史发展中的变异特点。在《神话、象征和术语中的古希腊文化》一书出版前言中，主编阿贝什科（О.Л.Абышко）表达了这样一种思想：洛谢夫对三位神祇的研究如同基于三位一体的原则完成了多神教的万神庙的建构。[①]下面我们从神祇形象的历史演变、神祇功能的历史发展以及神际关系的历史嬗变等几个方面来对三位神祇的发展情况进行介绍评析。

（一）雅典娜（Афина）

雅典娜是奥林匹斯神话的中心形象之一，她的历史比宙斯更为古老，因为她源于母权制社会，那时还没有宙斯这位神祇，这或许是洛谢夫将雅典娜置于宙斯、阿波罗之先，并最先对其展开研究的原因。我们通常所知道的雅典娜神祇，是发展到古典时期、英雄时代的完美形象。她是雅典城的保护神，是智慧和知识女神，是所向无敌的女战神；雅典娜是希腊英雄的保护神，她常常为他们出谋划策，在危难时刻帮助他们摆脱困境；她守护城邦、要塞，传授知识，教给人们各种技能和手艺。然而，雅典娜的形象并非是僵化不变的，在历史发展的长河中，她经历着演绎和嬗变。根据洛谢夫对她的研究情况，我们主要梳理为以下三个发展阶段：

1.下界时期雅典娜的形象特点

下界时期雅典娜的形象特点主要通过遗迹方式体现出来。在具体分析时，洛谢夫归纳出兽形说遗迹[②]、植物遗迹、宇宙遗迹三种类型。

兽形说遗迹。据现代语言学家分析，雅典娜的名字具有希腊之前的久远起源，她的蛇形以及猫头鹰的标志证明，该神祇源于母权制拜物教时期。蛇在希腊文化中代表大地和它的智慧，是雅典娜形象常见的化身。雅典娜与猫头鹰的关联，体现在荷马描写雅典娜时常用"猫头鹰的面孔的"、"猫头鹰的眼神的"[③]等修饰语。除此以外，其他一些鸟类也经常充当雅典娜的化身，如雅典娜化作鹫鹰（《奥德赛》3:317）、化作燕子（《奥德赛》22:239）、化作兀鹫观察战斗（《伊利亚特》7:59）。由此可见，雅典娜身上动物遗存的迹象很鲜明，"雅典娜变幻莫测，是《荷马史诗》里变形次数及变换模样最多的奥林匹斯神明"[④]。

---

① Тахо-Годи А.А., Лосев А.Ф., Греческая культура в мифах, символах и терминах. СПб, 1999. С. 1.

② 兽形说（зооморфизм），是一种宗教观念，它把兽类的形状或属性看作神的表现。

③ 这个希腊的形容词既可以表示"猫头鹰面孔的"，也可以表示"眼睛明亮的"，我国学界也有译作"灰眼睛的"。

④〔希〕荷马：《奥德赛》，陈中梅译注，南京，译林出版社，2004年，第81页（注解）。

植物遗迹。雅典娜与油橄榄的关联众所周知：在雅典娜和波塞冬两位神为争夺阿提卡的保护神而竞争时，雅典娜凭借橄榄树而获胜；成为雅典的保护神后，她教给雅典人如何去种植橄榄树、如何生产橄榄油，橄榄枝成为其永恒的装饰标志。此外，柳树以及常春藤也是雅典娜植物遗迹的表征。

宇宙遗迹。《伊利亚特》中描写道：赫拉与雅典娜驾驭着"烈焰熊熊的战车"（5:745）；雅典娜的飞行被比喻为"一颗流星"划过（4:74）；雅典娜与赫拉为阿伽门农投掷响雷（11:45）；雅典娜在狄俄墨得斯的头顶肩膀"燃起火焰"催促激励其奔赴战场（5:7）；雅典娜为战场上的阿基琉斯"布起一道金云，环绕在他的头上，点燃火焰，光照四方"（18:205）。对于古希腊的神祇来说，这种自然现象的语义表征是很常见的。①雅典娜与水的关联从其古老的修饰语"特里同尼娜"（Тритогеней）②中可以得到证明。雅典娜为奥德修斯之子忒勒马科斯的海上航行提供帮助，为其送去顺风（《奥德赛》2:240）；雅典娜帮助奥德修斯重返伊塔刻岛，除了允许顺风的北风神出现外，她阻止了其他各路飙风（《奥德赛》5:383~385）。在此，雅典娜完全是个风神，这证明在某个时候她曾代表过该种自然力。

通过分析，雅典娜神祇的下界特点已经鲜明地呈现出来。在采集—狩猎阶段，神话是拜物的，无机物、植物、动物，甚至人都可以成为崇拜的对象。在这个意义上，雅典娜曾是蛇、猫头鹰、鸷鹰、燕子等动物形象；曾是油橄榄、柳树、常春藤等植物形象；也曾是雷、风、水等宇宙气象。雅典娜的这些自然要素同时也是她的社会要素，因为人在任何时候也不会将自然构想为抽象不变的。由此，雅典娜是众多语义的综合，这与原始思维模糊、融合地将对象视为同一的观念相吻合，是物我不分的拜物阶段的显现。

2. 从母权制向父权制过渡时期雅典娜的形象特点

我们知道，随着采集—狩猎经济被产业经济取代，拜物时代也随之逝去，人们开始有意识地将物的魔性与物本身分离开来，于是，社会发展到母权制的万物有灵阶段。体现在雅典娜的神话中，例如，看见雅典娜沐浴的青年忒瑞西阿斯（Тиресий）被变为盲人，类同于看见阿耳忒弥斯（Артемида）沐浴的猎人阿克泰翁（Актеон）被变为鹿的神话一样，人们已经有了神灵实体化的概念，与神灵相遇不再是不可思议的事情了。随着母

---

① Тахо-Годи А.А., Лосев А.Ф., Греческая культура в мифах, символах и терминах. СПб, 1999. С. 237~238.

② 据史学家考证，特里同（Тритон）首先指河流或者湖泊，雅典娜的出生地与此有关。

权制向父权制过渡，雅典娜逐渐演变为父权制的代表。与此同时，洛谢夫提示我们，这一时期，甚至不排除在神祇发展得较为完善的古典时期，雅典娜的形象仍然葆有许多拜物遗迹。例如，《伊利亚特》(5:837～839)描写到，雅典娜"一位女神，怒不可遏，举步登车，站临卓著的狄俄墨得斯身边，橡木的车轴承受重压，发出沉闷的声响，载着可怕的女神和一位豪勇的英壮"。对于这一神话情节，洛谢夫分析道，女神体力上的重量证明了她的巨人身形，这将我们带入巨型怪物的神话时代，这与古典时期的雅典娜形象少有共同点，与几乎显现为普通人、忙碌于庇护英雄的神祇形象也毫无共同之处。[1] 雅典娜与奥林匹斯诸神一起积极投身于提坦、巨灵之战。我们知道，提坦神、巨灵族是下界神话的典型代表，而以宙斯为首的奥林匹斯诸神是男性个体居于优势的新时代代表。与提坦神战斗是父权制与母权制斗争的表征。

通过分析，我们发现，雅典娜并非永远为完美女神，她自身不乏令人恐惧的一面。她具有强大的军事威力，令人畏惧胆寒（《伊利亚特》5:837～839）；雅典娜的眼睛也特别令人恐惧，体现在人们将其与戈耳工的眼睛类比，冠之以"有穿透力的眼睛"的修饰语。洛谢夫还发现了雅典娜形象具有通晓巫术、魔法的特点，他指出，《奥德赛》(1:364,16:451,19:604)中多处与之相关的梦境是这种观念的遗迹。另外，如上文所说，雅典娜在狄俄墨得斯的头顶肩膀"燃起火焰"；在阿基琉斯的头上布起金云，点燃火焰。在洛谢夫看来，这些行为本身表现出一定的法术特点。雅典娜在英雄之头顶围绕起火焰，那种轻松自如之态如同女性运用自己的化妆品一样。洛谢夫认为，这只不过是下界拜物迹象的遗存而已，因为该阶段已经不再是下界的拜物或是精灵存在时期，而是英雄时代，雅典娜是英雄的庇护神。同样例证，在传统观念中雅典娜是处女神，她非常厌恶波塞冬与美杜莎在自己神庙里的交合行为，于是，她惩罚犯下渎圣罪的美杜莎，将她美丽的长发变成了满头毒蛇。[2] 这里雅典娜独立于男性的特征表现鲜明，她是母权制时期雅典娜特征的遗存，但是，这种母权制已经不具有原初意义，而是经过改造的制度形式，表现为在父权制的影响下，人们将个体、理性意志、组织性、英雄主义等观念提升到首位。雅典娜是处女神，是英雄的庇护神，因而是社会性的综合，兼具母权制与父权制融合的特点。由此，洛谢夫强调，对

---

[1] Тахо-Годи А.А., Лосев А.Ф., Греческая культура в мифах, символах и терминах. СПб, 1999. С. 251.

[2] 参见奥维德的作品《变形记》。

于雅典娜形象，尤其是过渡时期的形象，厘清她下界与非下界的特征尤为必要。

3. 希腊化时期雅典娜的形象特点

随着马其顿国王亚历山大的东征，希腊化时代[①]来临了，古希腊文明则日趋衰落，这一时期史称为古希腊罗马文化的颓废时代（Античный декадан）。这种历史背景在神话中得到反映，体现为神话已经远离了现实主义，出现了神话自我否定、自我消灭以及以虚无主义态度对待神话的趋势。上述特征证明了古希腊神话的整体消亡，这是洛谢夫所持有的观点。[②]总结洛谢夫的分析实例，我们认为，希腊化时期雅典娜的形象特点主要体现在以下四个方面：

首先，表现在哲学领域。经过德谟克利特、柏拉图、亚里士多德等人的阐释，雅典娜已经是一个独立的、非神话的、哲学的范畴。新柏拉图学派对这些观点加以发挥，他们开始认识到雅典娜与狄俄尼索斯的对立，即体现为组织、秩序的代表与狂欢、混乱的代表的对立。哲学阐释的另一条研究路线是，依据毕达哥拉斯学派的理论，斐洛（Филон）[③]等学者将雅典娜阐释为七（семерка），走向了思辨—数学理论的释义。

其次，隐喻的理解或者确切地说是寓意的理解。这方面主要体现在斯多葛学派的观点，他们将雅典娜视为理性、艺术、美德的化身。

再次，纯日常生活般的阐释。古希腊神话已经完全屈从于自然主义所固有的日常生活式的理解，或者转化为抽象的美学、形式的游戏。奥维德的作品《变形记》尤显突出。洛谢夫以阿格劳洛斯（Аглавра）神话为例做了说明。当阿格劳洛斯三姐妹行进在敬拜雅典娜的队列中时，赫耳墨斯喜欢上了她们其中一个名为赫耳塞（Герс）的姊妹，并打算娶其为妻，于是，他向阿格劳洛斯求助，阿格劳洛斯因为收取了其金子，同意帮忙。但是，雅典娜想到阿格劳洛斯曾违背过她的禁令，便决定惩罚她，破坏她的行动。于是，雅典娜请求嫉妒神灵出面，让阿格劳洛斯出于嫉妒而爱上赫耳墨斯。阿格劳洛斯因嫉妒、吃醋、憎恨姊妹的痛苦得到生动刻画，最后，赫耳墨斯将其化为石头。这里展现在我们面前的是纯生活般的、完全自然化的画面，

---

① 希腊化时代是指从公元前323年马其顿国王亚历山大去世到公元前30年罗马征服托勒密王朝统治下的埃及这一时期，19世纪30年代以后西方史学界开始称这一时期为希腊化时代。

② Тахо-Годи А.А., Лосев А.Ф., Греческая культура в мифах, символах и терминах. СПб, 1999. С. 277.

③ 斐洛：亦称亚历山大里亚的斐洛（约公元前15～40/45），希腊化时期重要的犹太神秘主义哲学家和政治家。

"希腊化的变形体裁与兽形说的古老信念已少有共同之处"①。

最后,讽刺的虚无。以卢奇安的《诸神对话》为代表,他的作品虽然借用了古老的神话题材,但是,没有任何隐喻目的,只是以此达到讽刺和讽刺模拟之效。在一则故事中,卢奇安以幽默的语调描写宙斯吩咐赫菲斯托斯劈开自己的头颅,而后者出于害怕而惊慌失措,在雅典娜奇异地从宙斯头部诞生后,赫菲斯托斯突然产生娶其为妻的想法。此外,作者还刻画了宙斯模棱两可的可笑举动。洛谢夫分析指出,古希腊神话自己否定自己,不仅缺少对神话的客观现实的信念,而且缺少将其利用为隐喻、诗歌、科学—哲学之目的的需要,这里仅仅是神话对自我的消灭,神话转化为对自我的嘲笑和讥讽意味着神话的消亡,这是古希腊雅典娜形象发展的最后、最终阶段。②

总之,经过梳理,雅典娜形象的历史演变特点呈现出来。在希腊化时代原始神话日渐消亡。洛谢夫注意到,这一时期,奥林匹斯神话之前的一些古老的神话观念开始复兴,在复兴母权制的提坦精神的基础上,狄俄尼索斯、普罗米修斯、俄耳甫斯等神话得到发展。同时,洛谢夫也指出,尽管一些古老的神话观念呈现出复兴趋势,但是,在文学作品中,作家们所采用的喜剧、滑稽的文体以及布尔列斯克风格,还有奥维德对神话的自由主义式的变形处理,这一切都决定了古希腊神话的发展前景并不乐观。

(二) 宙斯 (Зевс)

在完备的奥林匹斯神系中,宙斯是希腊人崇奉的最高天神,是众神和人类之父,是万能之神,这些观念基于《神谱》和《荷马史诗》而形成。但是,洛谢夫指出,这种观念只是在神话发展的一定阶段才能被认为是正确的。在荷马之前,至少1500年前,则完全是另外一种宙斯神观念。③洛谢夫认为,神灵是发展变异的,这与阐释希腊神话时他所采用的社会—历史方法相契合。历史研究表明,在全希腊共有的宙斯神的文化观念形成之前,在希腊各地有许多地方性的观念,如在多多那、克里特岛、阿卡狄亚等地,居民对宙斯的崇拜以及关于宙斯的神话葆有较为古老的说法,具有当地民间特色,迥然不同于全希腊性的神话观念。西塞罗(Цицерон)④在其论文《论神性》中提到三个宙斯;亚历山大的革利免(Климент

---

① Тахо-Годи А.А., Лосев А.Ф., Греческая культура в мифах, символах и терминах. СПб, 1999. С. 281.

② Там же. С. 282.

③ Лосев А.Ф., Античная мифология в историческом развитии, М.: Учпедгиз., 1957. С. 89.

④ 西塞罗(公元前106~前43):古罗马的杰出演说家、作家、哲学家和政治家。

Александрийский）也提到了三个宙斯；泰奥菲尔（Теофил）提到的宙斯数目已经增至八个。由此可见，宙斯的别名众多，作为地方神祇，在各地受到人们敬拜。在《古希腊神话学的历史发展》一书的出版前言中，洛谢夫表明，该书的一卷内容不可能含纳宙斯神的所有特点，所以，他把自己的研究范围锁定在克里特岛的宙斯，因为克里特文明是古希腊文明的起点，这里的考古发掘提供了最古老的研究史料。我们同样认为，该岛独特的地理位置使其居民呈现出东方和希腊混合交糅的特点。克里特的民族学以及文化的多样性和复杂性超过希腊大陆本土。克里特岛的宙斯观念后来演化成全希腊性的神话观念，对它的研究具有重要的基石意义。在具体研究中，洛谢夫主要通过两个方面阐释宙斯的变异特点：第一，借助宙斯的异名实体，以他们的发展反映宙斯神的发展特点；第二，研究宙斯的崇拜情况，通过崇拜的不同类型反映宙斯神的嬗变特点。限于论文篇幅，对前一种情况我们只做简略涉及，对后一种情况给予阐释。

1. 宙斯的异名实体

鉴于宙斯神话的文学资料不足，洛谢夫首先考虑借助克里特岛的一般编年史分期来推测宙斯神话演绎的时间年表。据考古资料记载，公元前1600年到公元前1100年，即米诺斯文明晚期，克里特岛在科诺斯的中心地位得到加强，领袖和军事首脑的权力有所扩大，与其他国家的政治、外交、军事和贸易关系有了长足进展，甚至出现了奴隶制萌芽，但它还不能等同于阶级社会的奴隶制。这一时期，人们仍然将女性神置于男性神之上，甚至到发展的最后时期，克里特居民仍将大神母，而不是某个男性神，视为自己的主神。由于女性的优势地位，宙斯神话最初同样经历了母系氏族的拜物阶段。后来，随着男性社会地位的最终确立，母权制被父权制取代，男性具有稳定之位的神话便出现了。因为宙斯神话的研究资料不足，洛谢夫通过对宙斯各种异名实体的详细分析，借以得到关于宙斯本身的看法。阿斯忒里翁（Астерий）、塔罗斯（Талос）、扎格柔斯（Загрей）、米诺陶洛斯（Минотавр）等都是宙斯较为突出的异名实体。洛谢夫得出的结论是：对不同要素的融合是克里特岛宙斯神话的显著特点。

2. 对宙斯的崇拜

在古希腊，人们用祭神的方式对诸神顶礼膜拜，以期免除灾难，得到幸福。此外，当采取重大军事活动、生死婚嫁、重要农事，包括农业丰收或橄榄、葡萄熟了的时候，人们也欢聚在一起进行祭神庆典活动。较为完备时期的祭典活动主要包括：隆重的祭祝仪式、史诗的朗诵弹唱、歌舞音乐以及伴有戏剧和竞技项目的表演。对诸神的祭拜节日分为全希腊性的和地方性的两种类型。较为著名的有泛雅典娜节,敬拜雅典娜;有"安特斯节"、"勒纳节"以及"狄俄尼索斯神节"等狂欢式庆典,敬拜狄俄尼索斯。洛谢夫的"历法神话"①专章提及忒革亚节、卡耳涅亚节、摘果节、收获节等敬奉阿波罗的节日。与宙斯相关的全希腊性的节日并不多见,因为其职司被赋予了其他神,因此,只有涅墨亚竞技大会和奥林匹克竞技会②是专门献给宙斯的。人们对宙斯的崇拜主要体现在以下几个方面:

(1) 双面斧的崇拜

在克里特岛,对宙斯的崇拜首先表现为与双面斧(двойной топор)的关联。这属于古老的拜物教,也是一种图腾崇拜形式。考古资料已经证明,人们曾将双面斧作为最高神加以崇拜。而在克里特岛,对双面斧的崇拜经常与对牛的崇拜联系在一起,牛头插着双面斧的史料较为常见,因为"克里特是'动物'神话的王国,动物崇拜,特别是对牛的崇拜尤甚"③。洛谢夫揭示了双面斧蕴含的意义:重量、锋利、具有强大的破坏力、是加工的必备工具。接下来,洛谢夫归纳了双面斧的四个特征:第一,双面斧是与生产密切关联的图腾。它和大自然以及整个社会生活紧密交织。第二,双面斧是笼罩整个世界的万能力量。洛谢夫通过丰富的考古资料证明,双面斧崇拜与天空、大地、阴间、无生命的物体、植物、动物以及人本身等都有关联。第三,双面斧崇拜表明,在原始人的思维中已经有了"矛盾"的概念。双面斧既是一种破坏力,也是一种创造力。第四,双面斧是历史的综合表征,是社会和神话不同发展阶段的体现。这个象征物存在几千年,它的流行堪比日后十字架的流行。④

(2) 植物、动物崇拜以及英雄神话时期的宙斯

在克里特岛,"世界之树"象征着最高神宙斯,而将宙斯视为植物进行崇拜的实例并不多见。

将某种动物视为宙斯加以崇拜,主要体现在对牛的崇拜上。远古希腊居民的生产活动以狩猎和饲养牛、羊为主。与此同时,牛、羊,特别是公牛成

---

① 希腊的历法与节日密切相关,每个月份的专名或是以神的名字命名,或是按宗教庆典的名字命名。每个月设有不同的节日来敬拜神,由此,也就有了历法神话。

② 涅墨亚竞技大会(Немейские игры):全希腊性的竞技会之一,在涅墨亚的阿耳戈利斯的涅墨亚山谷宙斯庙附近举行。奥林匹克竞技会(Олимпийские игры // Олимпиады):纪念奥林匹亚宙斯的全希腊性的竞技会,每四年一次在厄利斯的阿尔甫斯河畔奥林匹亚城举行。

③ Лосев А.Ф., Античная мифология в историческом развитии, М.: Учпедгиз., 1957. С. 121.

④ Там же. С. 115.

为人们祭仪中最重要的供品。如上述所言,双面斧崇拜经常与对牛的崇拜联系在一起,我们已经难以推测牛头插着双面斧的象征意义,但洛谢夫强调,这里预示着"神与牺牲同一"①。诸多神话情节都与牛这种动物有关联:宙斯化身为牛将欧罗巴劫持到克里特岛;波塞冬应允宙斯与欧罗巴之子米诺斯的请求,送给他一头漂亮的公牛;米诺斯之妻生下了半人半牛的怪物。

接下来,洛谢夫分析了父系氏族阶段,宙斯形象的发展特点。他指出,这首先关涉宙斯的出生、所受教养、死亡的神话。据资料记载,宙斯以人的形貌出生,在克里特岛还有宙斯的坟墓。显然,宙斯的死亡意味着他是人的存在,因为我们知道,神是不死的。在克里特岛,公民性、国家性和法律等观念与宙斯关联,而王权正是晚期英雄时代(不是母权制时代)的特点,它与克里特的宙斯以及其子米诺斯国王有关。据传米诺斯每隔九年与自己的父王宙斯见一面,与其谈话,受其启示后为城邦立法。《奥德赛》(19:179)中写道:"米诺斯在那里为王九年,能够通话大神宙斯。"在洛谢夫看来,制定法律的观念体现了宙斯已经成为超出下界、万物有灵阶段的混乱无序的神话形象。

(3) 对天体崇拜的宇宙神话

洛谢夫认为,古希腊神话是对氏族关系的概述性移植。在这种观念下观察一切,大地不仅仅是大地,天空不仅仅是天空,以原始母系氏族时期的思维方式思索天空和大地,距离天文学意义的思索还很遥远。宙斯(Зевс Вельхан)被视为光、火、清晨的曙光。在克里特岛,与宙斯相关的出土物经常伴有太阳、月亮以及星星的图案。有资料记载,宙斯既为天空,又为冥界。宙斯与天(день)同一。宙斯化为动物的容貌与太阳相关联,由此,宙斯和牛(Зевс-бык)同时代表太阳,宙斯、牛、太阳得以相提并论。牛形貌的太阳,据克里特岛的居民看来,它可以给人指明方向。例如,母牛曾为卡得摩斯指明道路、为伊俄斯(Ило)指明建立特洛伊城的地址。宙斯还将驮载欧罗巴的牛升入天空化为星座。总而言之,上述资料证明了这样一个事实:克里特岛的宙斯形象在神话的发展过程中获得了宇宙意义,这也是其自然属性极强的表现。后来,在史诗《伊利亚特》中,宙斯被称为"雷鸣之神",他所用的武器就是雷电,可见,他有了掌管风雨雷电的最高神的职能。

(4) 对宙斯的神秘崇拜

洛谢夫指出,因为不曾受荷马之笔加工改造,所以,克里特岛神话的突出特点是它的原始自然性。这种自然性不是塑造—视觉、艺术的,而是本

---

① Лосев А.Ф., Античная мифология в историческом развитии, М.: Учпедгиз., 1957. С. 121.

能—生活的、生理情感的。克里特岛神话不包含任何的塑造形式，从最初就具有秘密祭典倾向。[1]神秘崇拜是下界神话的特征，它体现为神性与尘世的不分。宙斯神话的神秘性最初表现为以人做牺牲的祭祀活动。后来，这种原始野蛮的祭祀活动遭到摒弃，人们开始局限于以动物充任牺牲献祭。最初献祭活动并没有形成固定的仪式，只是到了万物有灵阶段，才逐步过渡到有了秘密祭典的仪式形式。洛谢夫研究发现，在克里特岛，宙斯的秘密祭典与扎格柔斯（Загрей）[2]之名有关，后来扎格柔斯形象被俄耳甫斯教徒所接受，开创了一个完整的神话—哲学思想体系。洛谢夫对俄耳甫斯教义所阐释的扎格柔斯做了详细探讨，涉及神的撕碎和分裂、死亡、消失等问题。洛谢夫强调，扎格柔斯—狄俄尼索斯的存在不只是客观的、外部的存在，他那种源于自我意识、自我感觉的存在才是主要的。洛谢夫从俄耳甫斯教中看到了对人的主体的新定位，它体现为趋于衰落的氏族组织中开始出现摆脱氏族权威的独立个性。而对俄耳甫斯教义所阐释的扎格柔斯神话蕴含的哲理问题进行分析，有助于从外围理解宙斯的神秘崇拜问题。

总之，通过对宙斯崇拜的研究，我们同时掌握了宙斯形象的发展特点。他同样经历了以下几个历史发展时期：拜物教阶段（双面斧崇拜、植物崇拜、动物崇拜、天体崇拜）、万物有灵时期（如宙斯的闪电、神盾）、英雄时代、奴隶制初期。

（三）阿波罗（Аполлон）

阿波罗因形象丰富、功能多样而成为复杂的神祇之一。洛谢夫运用社会—历史方法分析阿波罗形象，打破人们的日常观念：素有美少年、天才的诗人、光明之神等称谓的阿波罗实则植根于远古，具有野蛮的特性，也曾是食人怪兽。洛谢夫主要从古风时期（архаика）、古典时代（классика）、希腊化时期（эллинизм）三个阶段考察阿波罗形象的嬗变特点。

1. 古风时期

当人在自然面前无能为力时，他只能屈从于不解的神秘力量，这时的阿波罗是可怕之物。在古风时期的下界神话阶段，对阿波罗的崇拜首先体现为实物形式。在某个时候，阿波罗曾被看作柱子、锥体等自然物受到崇拜。据语言学家考察，阿波罗的修饰语agyieys就是"柱子的"（столбовой）之意。

同样，阿波罗这一形象也经历了植物崇拜阶段，他曾是植物神。阿波罗与月桂树的关联众所周知，月桂树被看作阿波罗的圣树。月桂树、丝柏树、

---

[1] Лосев А.Ф., Античная мифология в историческом развитии, М.: Учпедгиз., 1957. С. 142.

[2] 扎格柔斯：俄耳甫斯教徒称呼狄俄尼索斯的名字之一。

风信子与阿波罗的恋爱神话有关。此外，月桂树与棕榈常常成为阿波罗和阿耳忒弥斯诞生神话的一个传统主题。

下面我们对洛谢夫所谈及的阿波罗动物性遗迹进行梳理。《伊利亚特》(15:237)中提到，阿波罗化作一只疾冲的鹞鹰，即鸽子的杀手。《奥德赛》(15:525～528)中，鹞鹰被当作阿波罗的信使。阿波罗与天鹅也有关联，他化身为天鹅（即库克诺斯）使赫拉克勒斯败逃。在拜物教、占卜术时代以后，天鹅被理解为诗歌的象征。海洋动物中，阿波罗化作海豚的形象被提及。阿波罗的别名之一得尔斐（Дельфиний）就是"海豚"之意。在阿狄卡有纪念阿波罗的节日得尔斐节。在下界神话中，阿波罗斩杀过巨龙皮同、杀死了独目巨人。阿波罗的别名萨夫罗克托（Савроктон）即杀死蜥蜴者，这见证了英雄神话与下界神话的斗争。在《伊利亚特》(1:38)中，荷马已经提及阿波罗的别名史鸣修斯（Сминфей），即"老鼠的"含义，在此，下界神话较为典型地将医治与破坏功能（最终形态是生与死）融于一体。在狩猎时期，阿波罗之名与狗有关联，在狩猎前需要给阿波罗献祭。阿波罗的别名吕刻俄斯（Ликейский）是"狼的"含义。这些动物有的成了阿波罗最初的图腾形象，与其后来担当畜牧保护者的职能也有着发展上的关联。随着产业经济的发展，特别是畜牧业的发展，羊这种牲畜日益受到重视，阿波罗·卡尔涅俄斯（Аполлон Карнейский）的称谓表明阿波罗与农耕、畜牧业相关联。除了自然界真实存在的动物外，阿波罗还与幻想中的动物相关联。格里芬（Грифы）是狮身鹰头有翼的怪物，这一形象是万物有灵阶段、下界神话的晚期、母权制末期的产物。此时，人的意识不再依赖于直接的所见所感，人已经能够以离奇的方式组合对象。波尔菲利（Порфирий）[①]指出，格里芬与战车一起成为阿波罗的标志。

总之，通过梳理，我们知道，在下界神话阶段，阿波罗是圆柱、方尖碑，或者是下列形象，或者与下列形象有关：风信子、月桂树、丝柏树、棕榈、油橄榄；鹰、鸢、天鹅、海豚、蜥蜴、蛇；老鼠、羊、狗、狼以及格里芬。阿波罗与自然物、植物、动物的深刻关联意味着这一神祇的下界根基。洛谢夫指出，在阿波罗获得人的形象后，他的武器弓与箭仍然具有人类狩猎时期的特点，甚至在古典时期，阿波罗的弓与箭也经常发挥着自然的、古老的作用。[②]

[①] 波尔菲利(233或234～约305)：古罗马哲学家，新柏拉图学派中亚历山大—罗马学派的主要代表人物之一。

[②] Лосев А.Ф., Античная мифология в историческом развитии, М.: Учпедгиз., 1957. С. 284.

阿波罗一词并非希腊语，这证明阿波罗并非希腊本土神。不过，在公元前第二千纪的迈锡尼时期，他就已经传入希腊，在其发展过程中吸纳了诸多希腊本土神的成分。关于阿波罗的起源，有的学者认为他来自希腊北方，因为北方对他的崇拜普遍而悠久，且得尔斐的阿波罗祭坛也是面向北方的。另有学者认为阿波罗源自小亚细亚，他们推论其名来自小亚细亚语词源，是"门户"之意，并认为他最初是保佑家宅或城市平安的门神，故而阿波罗有了表示"门户"的别名——阿波罗·透赖俄斯。此外，在特洛伊战争中，阿波罗支持特洛亚人，他的一些重要神庙也都位于小亚细亚，包括他的生日是数字7，这也是中亚地区的神圣数字，这些都是阿波罗源于小亚细亚的有力证明。

通过分析阿波罗的起源，洛谢夫确信，阿波罗完全具有精灵的本质，也就是起源于旧石器时代，或者最晚不迟于新石器时代。神祇形象完备的古典时期阿波罗仍葆有母权制时期的特征，阿波罗的命名不是来自父亲宙斯，而是来自母亲勒托。《伊利亚特》（19:413）多处都称阿波罗为"莱托[①]之子"、"美发莱托的男丁"。尽管葆有母权制时代的鲜明遗迹，但有趣的是，阿波罗是父权制的代表和象征。这鲜明体现在阿伽门农之子俄瑞斯忒斯（Орест）为父报仇、杀死谋害父亲的母亲克吕泰涅斯特拉的事件中。在维护母权的复仇女神的追逐下，阿波罗派神使赫尔墨斯护送俄瑞斯忒斯去雅典战神山法院申诉，并充当其辩护者，为其说话，认为父亲比母亲重要，杀死丈夫即是杀死主人。最终，俄瑞斯忒斯胜诉。

洛谢夫指出，阿波罗是两种不同社会结构冲突的体现者。古典时期的阿波罗具有女性特征，如同阿耳忒弥斯具有男性特征一样。阿耳忒弥斯束着腰带，类似男性，而阿波罗从上到下的衣着以及一头长发表明其具有女性特征。洛谢夫分析指出，这种布尔列斯克式的艺术手法包含着远古因素，即男性尽力去模仿位于氏族之首的女性之装束。[②]

2. 古典时期

古典时期的阿波罗是位风华正茂的青年神祇，是各类竞技神祇，是音乐、舞蹈以及一切艺术之神。显然，这些特征已经属于父系氏族晚期、氏族公社即将解体之时。在当时的社会条件下，富裕的贵族阶层已经形成，追求审美感受、注重艺术才能和品位的培养成为可能。社会结构也从氏族公社向带有较高文化的以个性为主体的奴隶制新型社会过渡。

[①] 莱托，即勒托（Лето）的另一译法。

[②] Лосев А.Ф., Античная мифология в историческом развитии, М.: Учпедгиз., 1957. С. 284.

洛谢夫拓宽了分析视角，他指出，阿波罗并非只是音乐和歌唱之神，实用艺术和手艺也归他所有。例如《伊利亚特》(7:448~453；21:441~457)中提到，阿波罗与波塞冬一起为特洛伊国王劳墨冬(Лаомедон)修筑城墙并放牧牛群，护墙"宽厚、极其雄伟，使城池坚不可破"，阿波罗以艺术的方式表现出极大的创造力。

从古风时期发展到古典时代，阿波罗的形象不断丰盈饱满。无论从体力特点，还是社会性特征，甚至内在主体性方面，无不体现出阿波罗是一位光明神祇。洛谢夫指出，阿波罗作为组织者的作用，在道德、艺术、宗教领域都有体现。与阿波罗神话关联的极北族国家，是个精神道德繁荣的国度，它的整个生活以阿波罗的精神来装点。正是在希腊的古典时代，人们认为阿波罗以及常和他为伴的缪斯，不仅在艺术创造方面超越于其他众神祇，而且在艺术以及艺术灵感方面也居于优势。进而，洛谢夫提出了具有现代意义的进步观点：古典时代以身心和谐美(калокагатия, caloscagathos)[①]为荣耀，它基于人的身体与精神都和谐发展，和谐色彩，这开始于旧式的贵族习气而终结于城市贸易——金钱的民主制，它是人类期冀建构的一种生活类型，可以有充分理由将其称为阿波罗式样。[②]

古典时期阿波罗神话与哲学关联密切。如同深具哲理内涵的阿波罗神庙题词[③]一样，阿波罗形象意蕴丰富，吸引着苏格拉底之前的哲学家们(主要指七智者)的浓厚研究兴趣。除此以外，毕达哥拉斯学派、赫拉克利特、柏拉图、普罗克洛、普鲁塔克等哲学家都对阿波罗神话有所研究和阐释。如普鲁塔克对得尔斐神庙大门上的字母"E"做了诠释，他借鉴毕达哥拉斯学派的观点，将该神秘符号阐释为数字"5"，它包括男性奇数3和女性偶数2之和，也就是数字的婚礼。在进一步深入探讨得尔斐题词的思想内涵时，普鲁塔克指出，这个"5"显现于存在、生活、意识等所有领域，具有包罗万象的意义。

3. 希腊化时期

众多艺术手法(隐喻的、虚无和逻辑的、自然主义的、审美的)的使用是神话发展到希腊化时期的特点。

在希腊化时代，人们开始采用隐喻的艺术手法理解阿波罗神话，居于首位的当属斯多葛派。如巴比伦的第欧根尼(Диоген Вавилонский)将阿

[①] 身心和谐美：指外表与内心都很美好，是古希腊健美与心灵美的理想典型。

[②] Лосев А.Ф., Античная мифология в историческом развитии, М.: Учпедгиз., 1957. С. 336~337.

[③] 题词为："认识你自己"(Познай самого себя)、"勿过度"(Ничего через меру)。

波罗看作日常的太阳。将阿波罗理解为火的观点在晚期文学中也很常见。

洛谢夫认为，对阿波罗神话的隐喻理解又可细分为两条路径：一条是走向完全消灭神话的虚无主义；另一条是对神话进行抽象—逻辑以及哲学式的加工，将神话引向哲学领域。[①]前者主要以卢奇安为代表，后者以作家—哲学家普罗提诺、波尔菲利、尤里安、萨柳斯季等人为代表。在《诸神对话》一书中，卢奇安对众神和英雄进行了讽刺性描写，阿波罗没有幸免。这样的描写使诸神的形象面目全非，走向了消灭神话的虚无主义。萨柳斯季在其专题论文《诸神和世界》中对希腊主要神祇进行了详细分类，其中，阿波罗被归入宇宙（而不是超宇宙）的神祇之列，归属于调整秩序的神祇（而不归属于创造神、活跃神、维护神）。

与抽象—逻辑的方法对立的是运用自然的方法研究神话。在希腊化时期，采用自然的方法研究阿波罗神话并不少见。例如，希腊化时代的先驱欧里庇得斯在其作品《伊翁》（Ион）中描写了日常生活中的阿波罗，有时甚至描写得非常糟糕。奥维德在描述阿波罗与玛耳绪阿斯（Марсий）长笛竞技时也完全采用的是自然的方法。

洛谢夫指出，希腊化时期，文学的审美倾向极强，甚至直接表现为唯美主义。阿波罗神话也没有避开这种风格。阿波罗以往的下界特征、非道德的以及骇人怪物等特征完全被人们遗忘了。

总之，经过梳理，雅典娜、宙斯、阿波罗三位神祇形象的历史演变特点便呈现出来。他们大致经历了下界阶段、母权制、父权制与母权制的斗争、父权制居于主导、自由思想的出现伴随着神性的衰落、氏族社会制度趋于衰败、文明萌芽初现等动态发展阶段，与此同时，分别获得拜物的、万物有灵、神人同形同性、神性衰败、哲学式修复等特点。洛谢夫这种研究神话的方法和特点与他所主张的"历史生成"、"历史综合"的观点是契合的。

六　神祇功能的历史发展

我们知道，普罗普对神怪故事的功能[②]做了卓有成效的研究：他借助名词表达行为事件，归纳出故事的31种功能；按照故事的角色，则又可划分7种角色功能。同样，洛谢夫对神祇社会功能的发掘也是深刻的，尤其体现在类型化的归类方面，毫不逊色于普罗普。由于在发展完备的奥林匹斯神话中，

---

① Лосев А.Ф., Античная мифология в историческом развитии, М.: Учпедгиз., 1957. С. 347.

② 在普罗普的研究中，功能指的是从其对行动过程的意义角度定义的角色行为。见〔俄〕普罗普：《故事形态学》，贾放译，北京，中华书局，2006年，第18页。

宙斯是众神之首，功能职司都由其他神祇承担，因此，洛谢夫只谈及雅典娜和阿波罗的功能。

（一）雅典娜的功能特点

总的说来，因为下界神话主要反映原始社会自然态的发展情况，相对而言，计划性、组织性则表现得非常微弱。而从采集—狩猎向计划生产的过渡实质上伴随着人类思维的改变，即从拥有天然成品的生活向为一定目的独立创造某种产品的阶段过渡，从与大自然的斗争向着试图有计划地影响大自然的方向转变。这时的思维多多少少带有物我分化的意识特点。与之相关联，天然的神话形象也发生了改变，这些神话形象也尝试在某种生活经验或社会实践的基础上，有计划地影响现实，影响自然和社会，并按照生活所必需的样式去重新建构和组织。由此，雅典娜的形象从金属时代起，便由原来的天然神灵过渡为依据一定的生活必需原则有计划建构的形象。洛谢夫将该时期雅典娜的功能称为"思想—组织"功能（идейно-организующая функция）[①]，它主要体现为英雄主义形式、社会—政治建设以及艺术—技艺创造三个方面。

1. 雅典娜的英雄主义功能

雅典娜的英雄主义功能（функции в виде героизма）主要体现在，她是女战神，是有计划的战争之神，因此有"普洛玛科斯"之名，即"勇士"之意；她作战英勇，曾剥下一个战败的提坦神的皮，蒙在自己的神盾上；她还积极投身于特洛伊之战，支持希腊联军。我们认为，雅典娜的英勇行为、她的英雄功能主要以间接的形式表现出来：在战争中，她很少亲自出面，而是化身为各种形象去庇护她所喜爱的英雄。洛谢夫对此也给予了极大关注。雅典娜帮助科林斯英雄柏勒洛丰（Беллерофонт）驯服神马；在特洛伊战争中，暗中操纵狄俄墨得斯的手作战，使其战胜阿佛洛狄忒和阿瑞斯（《伊利亚特》5:7；131；339；859）；在关键时刻，制止阿基琉斯的不理智行为，平息他与阿伽门农的争吵（1:193～221）……希腊神祇偏爱英雄，雅典娜是奥德修斯的庇护者，她帮助奥德修斯度过二十余年漂泊生涯，克服种种艰难险阻，安然回归故里。《荷马史诗》对此有诸多涉及，我们略举数例：在《伊利亚特》中，她唤起奥德修斯劝阻希腊人暂且不要起航返家（2:166～183）；化作使者模样陪伴在他身旁（2:278）；在竞赛中帮助奥德修斯获胜，好似他的亲娘一样疼爱他（23:782～783）；在《奥德赛》中，她为奥德修斯

[①] Тахо-Годи А.А., Лосев А.Ф., Греческая культура в мифах, символах и терминах. СПб, 1999. С. 257.

的起航返乡而奔忙（1:44～63）；指点忒勒马科斯寻找父亲（1:279～305；2:267～295）；托梦给裴奈罗佩，给她以鼓舞（4:795～829）；平息波塞冬制造的惩罚奥德修斯的暴风雨（5:382～387）。林林总总不再列举。

2. 雅典娜的社会—政治建设功能

洛谢夫区分出阶级社会前和阶级社会两个阶段，进而分析雅典娜的社会—政治建设功能（функции в виде социально-политического строительства）。在过渡到奴隶制社会之前，在国家形成之前，雅典娜已经成为许多城邦崇拜的神祇，特别是以她的名字命名的雅典城邦。《荷马史诗》中运用"城市的护卫"（градозащитница）的修饰语（《伊利亚特》6:305）来说明雅典娜的作用。作为城邦的守护神，雅典娜被称为"埃斯普特里斯"、"普里奥克斯"、"普里奥斯"、"普里阿提斯"、"普里阿考斯"。[①]这些别名与城堡、城邦（polis）有相同词源。雅典娜的城邦庇护功能根植于阶级产生之前的社会，随着阶级观念的出现，无论是希腊贵族，还是新兴的民主团体，都将女神引入社会—政治功能的轨道。从阶级的意义上看，雅典娜是雅典国家的庇护者、永不凋谢的荣誉丰碑，她赐予人间法律，设立法庭，维护社会秩序，这方面以埃斯库罗斯的悲剧《复仇女神》为代表。雅典娜负责阿提卡最高法院——阿瑞奥帕戈斯（Apeonar）法庭的事务，这是整个雅典国家的最高政府，享有很高的权威，它歌颂智慧和公正。在阿伽门农之子俄瑞斯忒斯（Орест）杀母为父报仇的案件中，雅典娜投出决定命运的关键一票，主张俄瑞斯忒斯无罪，反映了父权制思想的胜利。

3. 雅典娜的艺术—技艺创造功能

在洛谢夫看来，雅典娜的艺术—技艺创造功能（функции в виде художественно-технического творчества）不会早于父权制时代。雅典娜最重要的角色之一就是手艺的赋予者，所以，她首先庇护的是艺术发明和各种艺术手艺。她是音乐的护神、长笛的发明者；她是发明陶器、木工、铁器、金器的女神；她发明了犁、战车，还教人雕塑；帮助厄珀俄斯（Эпей）建造特洛伊木马；帮助阿耳戈英雄建造远航的"阿耳戈"号船；雅典娜还有手艺高超的编织技艺，她教女人们用羊毛纺纱、织布、刺绣，她有一个别名叫厄耳伽涅，意思是"女工"，雅典娜的象征物之一就是织梭。她被人们尊称为埃加尼（Эргана），含有"勤劳、聪明"之意。柏拉图曾记载道："手艺阶层敬奉赫菲斯托斯与雅典娜。"雅典娜是智慧女神。在希腊人的意识中，

---

① 〔希〕索菲娅·斯菲罗亚：《希腊诸神传》，张云江译，北京，国际文化出版公司，2007年，第53页。

"智慧"一词的中心内涵与生产、技术、手艺紧密相连。

（二）阿波罗的功能特点

通过分析我们发现，对于雅典娜，洛谢夫只涉猎其古典时期的角色功能，而谈及阿波罗时，洛谢夫则划分了下界神话晚期、古典时期、希腊化时期三个阶段给予详细探讨。阿波罗是洛谢夫阐释最为饱满的一个神祇。

1. 下界神话晚期

畜牧功能（скотоводческие и пастушеские функции）。我们知道，母权制社会晚期，采集—狩猎经济已经完成向产业经济的过渡，人们已经懂得种植作物、畜养家禽和放牧牛羊。阿波罗曾被视为牧业神。《伊利亚特》(2:763~767；21:448~449)中提及银弓之神阿波罗为欧墨洛斯育马；为劳墨冬（Лаомедонт）牧牛；阿波罗因杀死独目巨人而在给阿德墨托斯（Адмет）国王当牧人赎罪时，曾帮助国王增加了畜群。在畜牧功能中，洛谢夫又特别强调阿波罗与狩猎的关联。因为在远古时代，狩猎是人们生存的主要手段。

神秘功能（магические функции）。在对立统一原则的基础上，出现了将头发祭献阿波罗的神秘崇拜。据洛谢夫分析，这种献祭形式源于拜物时期，那时，灵魂与它的实体不可分割，献出头发祭拜阿波罗意味着将自己的整个生命都祭献给这位神祇，目的是使生命得到保护。

医治功能和扼杀功能（целительные и губительные функции）。原始思维将"生与死"看作彼此关联、相互渗透，了解这点不仅有助于理解阿波罗的下界实质，而且有助于理解阿波罗兼具医治功能和扼杀功能于一身的矛盾性特点。阿波罗既是医神，是祛病弭灾者，同时也是破坏之神，是死亡和扼杀的精灵。阿波罗与医神阿斯克勒庇俄斯（Асклепий）[①]的血缘关系以及他以医神的角色出现，无不赋予其祛病除灾之功能。在《荷马史诗》之《伊利亚特》(16:508~531)中，阿波罗医治格劳科斯（Главка）的伤口；用河水涤净萨耳珀冬（Сарпедон）身上的血迹（16:656~683）；保护赫克托耳（Гектор）的身体（24:15~27）。与此同时，阿波罗也是一位扼杀者，他斩杀了巨龙皮同，参与巨灵之战，杀死尼俄柏的孩子，杀死阿基琉斯、墨勒阿革洛斯、提堤俄斯、佛勒古阿斯。众所周知，弓与箭经常是他的杀戮武器，荷马在这方面着墨较多。《伊利亚特》(1:43~52)开篇，阿波罗用弓箭给阿开亚人射去鼠疫。阿波罗与阿耳忒弥斯一起无缘无故地射杀苏里亚海

[①] 阿斯克勒庇俄斯：被尊奉为医神，是阿波罗与塞萨利公主科洛尼斯之子，由马人喀戎抚养长大，得学医术和狩猎。

岛的老年人（《奥德赛》15:403~411）……此外，洛谢夫还对阿波罗的射杀行为进行了详细分类，探讨其突然且出乎意料的杀害行为、斩杀皮同、积极投身于巨灵之战、射杀提堤俄斯、人神斗争、艺术方面竞赛六种类型。

宇宙功能（общекосмические функции）。阿波罗的权力广布于陆、海、空三界，阿波罗被尊奉为道路、行路人和航海者的保护神。作为海神，阿波罗以得尔斐（海豚）的别名受到崇拜。阿波罗被认为是轮船的保护者，与其有关的神话经常会提及大海、河口、水湾、海岸等。除了海洋，阿波罗还掌控着空气、云彩、风。众所周知，阿波罗是太阳神，是光明之神，其别名福波斯（Феб）是"光明的、晴朗的、太阳的火焰"之含义。除此以外，黎明的（заревой）、清晨的（утренний）、金色头发的（златовласый）等修饰语都与作为光明之神的阿波罗有关。母权制时期将宇宙理解为万能的女性的身体，从阿波罗的许多别名中也可看出他与大地的关联。

植物功能（вегетативные функции）。上述对阿波罗将自己的宠人化为丝柏树、风信子等神话已有所提及，这是阿波罗植物功能的表征，在此我们不再赘述。

2. 古典时期

社会—政治功能（социально-политические функции）。古典时期的阿波罗是殖民地开拓者的庇护神，主要体现在古典时代后期，约公元前6世纪至前5世纪。在《法律篇》开篇，柏拉图直接确证阿波罗是立法者。据柏拉图看来，主要是因为多利亚人将阿波罗视为预言家。在这方面，阿波罗·得尔斐的意义得到突出强调。在构筑自己的理想国时，柏拉图强调要求见证人在庭审时以宙斯、阿波罗以及忒弥斯（Фемида）[①]之名起誓，并选三名男性到阿波罗及赫利俄斯神庙祭奠神祇，目的是为了进行最好的审判。尽管人们从阿波罗神示所求得的神预各种各样，但重要的一点是，阿波罗不仅是贵族政治的代表，在古典时期，阿波罗的领导已经是民主的了，即雅典的金钱—贸易式的民主。

艺术功能（искусственные функции）。阿波罗与缪斯有着密切关联。阿波罗是音乐之神，缪斯原是一些歌唱女神，后来成为司诗歌、艺术和科学的女神。阿波罗的别名缪斯革忒斯（Мусагет）蕴含"缪斯的领袖"之意。阿波罗与缪斯一起弹唱的场景是古典时期的一幅传统画面。

净化功能（очистительные функции）。洛谢夫指出："没有这一功

---

① 忒弥斯：提坦女神，宙斯的妻子。她的形象是用布蒙着双目，象征不偏不袒，一手持丰裕之角，一手持天平。后以其比喻公正裁判、法律。

能，古典时代的阿波罗是不可思议的。"[①]保萨尼亚斯讲述阿波罗在杀死皮同后，被恐惧所袭扰，到克里特涤罪。净化功能与远古阿波罗的神秘医治功能相关联，可以将后者看作一种间接的净化行为。净化不仅包括外部的洁净，而且还包括内心的忏悔、赎罪。在此意义上，阿波罗作为神祇却为人奴，为阿德墨托斯和劳墨冬放牧或是从事修筑城墙等工作，在洛谢夫看来，这是净化的最高表现形式。

3. 希腊化时期

暂时或是定期放弃自己神性功能（едино-временное или периодическое оставление своих божественных функций），我们可以将其简称为回归功能。阿波罗或是为尘世的阿德墨托斯服役，或是定期回到极北族人那里，或是由于某种原因曾逃往忒萨利亚，阿波罗的这些举动类似于得墨忒耳的女儿珀耳塞福涅需要定期地从冥国返回到地面，并随身带来春天、新的植物以及庄稼；类似于狄俄尼索斯这位神祇，死亡而后再生；类似于阿多尼斯（Адонис）[②]是死而复生的植物的化身。洛谢夫认为，上述种种现象都可被视为永恒回归的古老神话之内容。进而，他分析指出，这些神话包括两个意蕴：一方面，希腊化时代，神祇的地位已经动摇，他可以表现为缺失；另一方面，神话隐含着下界遗迹特征，这也是洛谢夫着重阐释的内容。阿波罗作为光明的神祇也表现为一年一度或是定期抵达黑暗，所以，他为阿德墨托斯服役只是表面现象。洛谢夫指出，阿波罗的这种行为证明了他的下界根源，即光明与黑暗的交替，因为，人们的神话意识和光明的形象建构暂时还没有坚定的联系。阿德墨托斯（Адмет）这一希腊名字代表"不可抗拒"，它是地狱（ад）的修饰语。可见，阿波罗与阿德墨托斯的神话隐含着阿波罗与地狱之关联。欧里庇得斯的诠释者将阿波罗的服役行为解释为因其斩杀皮同，或是因其杀死独目巨人而受到的惩罚，这些解释都具有下界神话的特点。由此，洛谢夫断言，该则神话根源于旧石器和新石器时代，也就是母权制时期，它表明人们开始关注四季轮回的周期性，因为这是作为经济的主要领域——农耕所必需的。[③]

综上所述，随着希腊社会文明的进展，神祇形象中令人畏惧的野蛮因素逐渐消退，他们的职责和功能也随之朝着文明的方向发展。于是，他们的

[①] Лосев А.Ф., Античная мифология в историческом развитии, М.: Учпедгиз., 1957. С. 328.

[②] 据传说阿多尼斯每年在珀耳塞福涅处住四个月，在阿佛洛狄忒处住四个月，另四个月由他自行安排。

[③] Лосев А.Ф., Античная мифология в историческом развитии, М.: Учпедгиз., 1957. С. 365.

自然属性衰微，社会属性明显增强，具体表现在，雅典娜战争女神的性质逐渐被遮蔽，她摆脱了战神阿瑞斯的那种野蛮、好战，而走向用智慧、法律解决问题。由此，雅典娜不仅成为众多城邦的保护神，而且又获得了"议事女神"的称号。此外，雅典娜的诸多发明使其赢得了"女工神"的美誉，这从另一方面证明了她的功能的改变与希腊文明的进步趋向一致。同样，阿波罗功能的演绎无不证明社会的发展变化。高尔基说："在神话和传说中，我们可以听到从事驯服动物、发现草药、发明劳动工具这些工作的回声……"[1]雅典娜与阿波罗各自有着复杂而清晰的职能分工，他们在不同岗位上各司其职。神祇的这种功能性分工明显带上了人类实践活动的表征性记号，同时也表明希腊人分析意识的增强。

七 神际关系的历史嬗变

神际关系多指神与神之间的相互关系。对于著作主要探讨的形象之一——雅典娜，洛谢夫并没有专门涉及她与其他神祇的发展关系。实际上，在希腊神话中，雅典娜与波塞冬、阿瑞斯（Apec）经常构成对比关系。表现为：波塞冬用蛮力制服马匹，他的别名希庇俄斯的意思是"马的"，而雅典娜则用成套的马具对付野马，帮助英雄柏勒洛丰制服神马；波塞冬在大海上兴风作浪，搅动海水使之波涛翻滚，或使之平静下来，而雅典娜则是帮助人们造船，护佑阿耳戈船的英雄们，庇护奥德修斯返乡；波塞冬用三叉戟从岩石中打出水泉，雅典娜则在地上种植橄榄树（和平富裕的象征），将自己的圣树赐给雅典人。因此，人们以其名为新建的城邦命名，雅典娜获得了荣耀，成为雅典城的保护神。此外，雅典娜与阿瑞斯战神有别，后者是蛮勇战争的代表、凶残好战的化身，而雅典娜同样是战神，但她在特洛伊战争中表现活跃，她的战神名声甚至超越了阿瑞斯，她的庇护和支持是希腊联军最终获胜的主要原因之一。但随着历史的发展，雅典娜的战神性质逐渐衰微，她开始通过法律手段解决争端。基于历史发展观念，洛谢夫着重论述了宙斯与欧罗巴、阿波罗与狄俄尼索斯的神际关系变化特点。

（一）宙斯与欧罗巴的神话

我们发现，原始社会的血缘群婚、父权制的一夫一妻制形式在宙斯的婚姻神话中都有体现。根据荷马的传说，宙斯的唯一合法妻子是他的姊妹赫拉，然而，多情的宙斯却与女神以及凡间女子演绎了数不胜数的爱情故

---

[1] 〔苏〕鲍特文尼克等：《神话辞典》，黄鸿森等译，北京，商务印书馆，1985年，第269页。

事，其中有颖慧女神墨提斯、正义女神忒弥斯、海洋女神欧律诺墨、丰产女神得墨忒耳……这些女神中，有他的姨妈、表姐、姊妹等，她们与宙斯有着一定亲属关系，这是远古血缘婚姻的遗迹体现。一些学者将宙斯的爱情解释为他的好色、多情，这种理解未免过于拘泥故事表面形式，我们认为，将其理解为意欲广延后代、建立血统谱系的需要更为可取。此外，宙斯与凡间女子的婚姻是希腊名门望族希望通过与神的联姻，达到提高和荣耀本族威望目的的手段。宙斯或是变身为一只天鹅，或是假扮一只鹰，或是变身为一阵金雨，甚至幻化为萨提尔的模样与河神的女儿安提奥佩交合，由此生育了众多天神以及很多希腊英雄、统治者及国王。在克里特岛，宙斯与欧罗巴的神话是最为吸引人的爱情故事。

希腊语中，欧罗巴（Европа）的名字含有"声音传到远距离的"、"有一双安详大眼睛的"意义。在宙斯与欧罗巴的神话中，宙斯化作牛的形象将腓尼基的公主欧罗巴劫持到克里特岛，他们在一棵悬铃木下交合，生出三个著名的儿子：米诺斯，后来的克里特国王；拉达曼托斯，冥府的三判官之一；萨耳珀冬，日后的吕喀亚国王。这一时期的神话形象具有人或英雄的容貌，这证明该神话已经是英雄时代的神话，显然，这则神话是经过后人修复加上的。洛谢夫运用社会—历史方法考察，毫无疑问，欧罗巴的形象是母权制时代的产物，具有下界神话的特征。赫西俄德将欧罗巴和亚细亚视为大洋神和忒提斯所生之女，这远离了英雄时代，将我们带回以往下界—拜物的神话时代。神话学家库克指出，起初，欧罗巴正是大神母，她的最初功能表现为植物性的。的确，欧罗巴是数量众多的大神母的实体之一，她的植物性功能很明显。神话中，她坐在牛背上，一只手抓着象征丰裕的牛角，另一只手拿着植物性象征的一束花。宙斯与欧罗巴交合的地方正是翠绿的悬铃木下。甚至，欧罗巴本身曾被作为某种树木受到崇拜。除此以外，欧罗巴还有动物性象征，表现在她与母牛形象的关联。在欧罗巴被劫持后，他的父王派自己的儿子，即欧罗巴的几个兄弟四处寻找其下落，其中，她的兄弟卡德摩斯在寻找路途中得到神谕，吩咐其在遇见母牛的地方建立忒拜国。"忒拜"的名称，据神话词源学考证，正是"牛"的意思。而宙斯本身正是幻化为公牛劫持欧罗巴的。

通过上述分析，再次验证了洛谢夫分析古希腊神话时坚持的观点，即"源自于原始自发的、不可分的集体主义而发展出来的神话思维具有综合性特点，它将世界的所有部分联合为一个整体，以实物的形式将其视为同一，而生命的统一的自然力渗透于其中"[①]。欧罗巴的神话正是如此体现

---

① Лосев А.Ф., Античная мифология в историческом развитии, М.: Учпедгиз., 1957. С. 190.

的：她成为动物界、植物界的自然力之表征，在此意义上将涵盖整个宇宙。洛谢夫认为，最初的"神话思维一定是宇宙的思维"①，它不可能规避天体现象。有资料证明，人们曾将欧罗巴与月亮视为同一，这种观点正是宇宙思维的反映。克里特人将宙斯视为太阳、公牛，与此相应，人们则将欧罗巴视为月亮、母牛。洛谢夫指出，这种天文学与人变为兽的兽形说彼此交织绝不是某种外在的、偶然现象，而是人的意识发展的有机的、必然产物，这种意识体现在人类社会与动物的世界不分、动物的世界与整个宇宙不分的时代。②经过一系列分析，洛谢夫得出结论：欧罗巴的形象具有很深的下界根源。

洛谢夫还分析了欧罗巴名字所具有的地理意义。当赫西俄德将欧罗巴（Европа）和亚细亚（Азия）视为大洋神和忒提斯之女时，还不具备任何地理内涵，但在希波之战时（公元前492—前449），欧罗巴与亚细亚是强烈对立的，从那时起，欧罗巴已经具有欧洲大陆的意义，而当时的欧亚关系状况在该神话中得到了反映。

关于宙斯劫持欧罗巴的神话有着不同描述。洛谢夫列举了该神话的诸多版本，通过社会—历史分析，追溯其演变过程，认为该神话形成于不同历史时期。当人们仅仅将宙斯看作是一头牛，看作是劫持欧罗巴的牛本身时，这反映的是兽形说的历史时期，也就是氏族社会的早期阶段。当神话版本提到宙斯本身已经不再是一头牛，只不过化作一头白牛劫持欧罗巴，显然，这是动物神话发展的高一级阶段。第三种神话版本提到，宙斯没有化作牛，他只不过使用牛作为工具，完成劫持行为。神话对宙斯和欧罗巴的后代也有交代，他们的儿子米诺斯（Минос）和拉达曼堤斯（Радамант）都成为克里特的英雄，他们的名字与历史、政治、军事、道德观念等都有关联。毫无疑问，这在我们面前展现的已经是英雄时代，这时的父系氏族阶段还葆有强大的神秘巫术、兽形说遗迹。

由此可见，神际关系的变化、神话的发展与现实历史进程相互关联，密不可分。神话的创生总是与社会发展阶段相符合。

（二）阿波罗与狄俄尼索斯的神话

我们知道，生与死的观念在古希腊神话中有所体现。由于原始人最初只具有混乱、融合的思维，所以，生与死本是对立的范畴在他们的意识中却是同一的，表现为上述我们分析指出的阿波罗医治和扼杀功能集于一身

---

① Лосев А.Ф., Античная мифология в историческом развитии, М.: Учпедгиз., 1957. С. 191.

② Там же. С. 191~192.

的特点。此外，对阿波罗的植物崇拜中，有关阿波罗与雅辛托斯[①]的爱恋神话结合了民间关于人变草木的传说（类似的还有达佛涅、库帕里索斯的神话），内容描写的是雅辛托斯是位俊美少年，也是阿波罗的宠人，在阿波罗教这少年掷铁饼时，风神出于嫉妒将铁饼吹到雅辛托斯的头上，从死者雅辛托斯的遗体（一说是从血）中长出了风信子。洛谢夫着重指出该神话的下界拜物教特点。对于雅辛托斯这个希腊时代以前的植物神，在某个时间，他与阿波罗是同一的，后来对他的崇拜被阿波罗的崇拜所排挤。下界时期的阿波罗体现了永恒的生死轮回观念，这正是借助于雅辛托斯完成的。死而复生的神话象征自然界在冬眠后的苏醒。关于生死循环的古老观念是以人做牺牲献祭所具有的一个特点，在这则神话中体现为与雅辛托斯的关联。这样，从雅辛托斯引出一条阿波罗与狄俄尼索斯相关联的线索，很明显，生与死悲剧性交织的思想，对狄俄尼索斯来说，同样是非常重要的。

我们通常所接受的日神阿波罗与酒神狄俄尼索斯对立的观念，深受尼采思想影响。尼采最早将阿波罗与狄俄尼索斯视作希腊精神的两极。前者代表日神的理想，在日常生活中体现为梦；后者代表酒神的理想，在日常生活中体现为醉。一种为适度原则；一种为过度原则。两者虽然对立，但在尼采看来，日神和酒神都植根于人的至深本能，"日神不能离开酒神而生存"[②]！然而，洛谢夫基于历史发展来考察两位神祇的关系，为我们带来了一种新颖动态的结论。在他看来，两位神祇并非完全对立的平行线，他们也有联合的时候。洛谢夫分析指出，在得尔斐，这两位神祇不仅呈现出外部的联合，而且做到了深入内部的综合。洛谢夫首先从下界神话阶段开始分析，他认为，所有的神灵，包括阿波罗和狄俄尼索斯在内，都是自然的，在某种程度上都是丑陋可怕的、狂欢的。阿波罗甚至常常被冠以用来修饰狄俄尼索斯的形容词，如"狂欢的"、"戴常春藤的"。发展到英雄时代，奥林匹斯神话居于主导地位，所有黑暗的、狂欢的因素被排挤，因为这里是阿波罗的王国。这一阶段的神话突出阿波罗与众英雄反对各种怪物以及与自然力勇敢斗争的内容，其中包括阿波罗与狄俄尼索斯的生死决斗，甚至达到斗争的一方被肢解、撕碎的后果。阿波罗的先知、祭司（一说是阿波罗之子）俄耳甫斯因为拒绝参加狂欢秘祭激怒酒神的狂女而被撕碎，死在她们手里。一说他的死是因为在妻子死后他回避妇女而遭嫉妒被酒神狂女肢解，或传说他的死是因为得罪了狄俄尼索斯，狄俄尼索斯之所以大发雷霆，是由于

---

① 雅辛托斯：又译作许阿铿托斯，希腊文为风信子之意。
② 〔德〕尼采：《悲剧的诞生》，周国平译，桂林，广西师范大学出版社，2001年，第31页。

俄耳甫斯对阿波罗的礼拜表示虔诚，而对狄俄尼索斯的崇拜心存轻蔑。我们可以想象到，崇拜阿波罗与崇拜狄俄尼索斯两者之间的激烈斗争景况。对古典时期的阿波罗与狄俄尼索斯之关系进行总结式阐释时，洛谢夫指出，阿波罗是存在的客观形式和意义，他是光明之神、太阳之神。他展示的是理论的、直观可见的、客观对象的规律。而狄俄尼索斯唤醒的是人内在的自我情感，他展示的是主观的自我意识、物或人的主观现实。

公元前5世纪，在希腊，狄俄尼索斯崇拜盛行，它排挤了奥林匹斯俊秀的神祇。阿波罗作为奥林匹斯的主要神祇，不得不放弃那令人难以接近的崇高，并与狄俄尼索斯联合，即与豪放狂欢的纯自然形式的狄俄尼索斯联合。这就是为什么在奴隶制社会初期，个人主义的发展成为必然。一个是光明要素占优势，一个则是黑暗的神魂颠倒成分居多，两位好似对抗体的神祇之联合。在洛谢夫看来，如同当时希腊的生活，进步的文化—社会联合旧的、奥林匹斯的宗教和神话要素，并在此基础上得到实现。[①]这样，阿波罗与狄俄尼索斯的再度联合，如同古老下界的血统亲缘之关系，这种联合发生之地正是得尔斐。

首先，在得尔斐的阿波罗神庙，女祭司皮提亚（Пифия）坐在自己的宝座上，吸着从鼎下岩隙里冒出的气体，啖圣月桂之叶，如痴似狂，高声谵语，这是狄俄尼索斯精神的体现。而男祭司将皮提亚的谵语当作阿波罗的意旨做出解释，这些祭司引导着发展中的奴隶制城邦的政治决策，甚至可以说，得尔斐促进了殖民活动的发展。男祭司是阿波罗精神的体现。

其次，洛谢夫深入阐释了阿波罗与狄俄尼索斯内部的综合。阿波罗在得尔斐杀死巨龙皮同时，亲自选定此处作为修建其神庙之地，这意味着他接受狄俄尼索斯的圣地，因为皮同与古老的下界神祇狄俄尼索斯区分并不大，见证这种现象的是象征世界中心的圣石——翁法罗斯石（Омфал），它置于皮同的墓上、狄俄尼索斯的墓上，即在神庙隐秘的三角小桌附近。

普鲁塔克记载，在得尔斐，冬季的三个月份敬奉狄俄尼索斯，为其唱酒神颂歌；其余月份敬奉阿波罗，为其唱祷歌。埃斯库罗斯的一个剧目片断直接将阿波罗称为常春藤的、巴克科斯酒神。索福克勒斯、欧里庇得斯对阿波罗与狄俄尼索斯交织的主题也有涉猎。由此，洛谢夫得出，阿波罗与狄俄尼索斯交织甚至完全融合的主题体现了古典悲剧的传统。[②]哲学家柏拉图、亚里士多德也确证了阿波罗与狄俄尼索斯两位神祇混同的现象。

---

① Лосев А.Ф., Античная мифология в историческом развитии, М.: Учпедгиз., 1957. С. 323.

② Там же. С. 326.

柏拉图还谈到自己设想的理想国的节庆活动。他认为，纪念缪斯和他们的领导者——阿波罗和狄俄尼索斯的节庆活动是主要的。对于下述看法洛谢夫是持反对意见的，即将阿波罗与狄俄尼索斯视为希腊文化末期混合主义（синкретизм）的产物，视为晚期哲学家，其中包括新柏拉图主义者的杜撰。洛谢夫指出，阿波罗与狄俄尼索斯的亲近关系是自下界神话阶段就存在的，它们的分离只能发生在英雄时代（阿波罗在很大程度上仍然葆有下界神话的遗迹），随着希腊古典时代的来临，得尔斐恢复了阿波罗与狄俄尼索斯的这种古老的综合观念。由此，洛谢夫认为，古希腊文化晚期的混合主义完全是一定历史和社会发展的趋向，在这种背景下，不是创造而是系统地恢复那些最古老的神话和宗教。

概而言之，通过洛谢夫历史动态的考察，阿波罗与狄俄尼索斯两位神祇的历史演变关系清晰地呈现在我们面前，他们经历了联合（下界神话阶段）→对立（英雄神话阶段）→再度联合（古典时代末期）的发展历程。

小　结

在《政治经济学批判》导言中，马克思对希腊神话的重要地位做了极其精辟的论述："希腊神话不只是希腊艺术的武库，而且是它的土壤"，希腊艺术和史诗"仍然能够给我们以艺术享受，而且就某方面说还是一种规范和高不可及的范本"。[①]人们对希腊神话的研究由来已久，已经积累了大量的资料，包括文学的、语文学的、艺术的。但是，这些材料并没有达成令人信服的一致解释。洛谢夫的研究成果见诸20世纪50年代，而在这之前，虽然西方的希腊神话研究已经取得一定成果，但是，缺乏一种社会—历史的方法对待研究对象；而经验的、实证的、缺乏广泛综合的以及以欧洲为中心的众多偏见是当时凸现的特征。与此同时，在俄罗斯，从事希腊神话研究的主要有库恩、斯米尔诺娃、阿尔特曼、拉齐格等学者，他们面临的与其说是科研任务，不如说是启蒙推广任务。洛谢夫的希腊神话研究专著，类似于书评，它的优点在于：资料翔实丰富，论点有理有据，结论说服力强。洛谢夫多年来一直专心于研究大量原著，其中主要是文学—语文学的，也有部分考古资料，在此基础上，他建构了一系列深刻的历史和哲学概述，并将独一无二、不可再现的古希腊神话学的产生、发展、衰败、消亡的广阔画面作为自己的研究对象。洛谢夫以新的方式解读希腊神话，破解了众多谜团，更为主

[①]〔德〕马克思：《政治经济学批判》导言，见《马克思恩格斯选集》（第二卷），中共中央马克思恩格斯列宁斯大林著作编译局译，北京，人民出版社，1972年，第114页。

要的是，他提供了一幅希腊神话发展的完整图景，洞悉了神话思维的本质。

在本章研究中，我们采用了如下脉络：

首先，对洛谢夫早在20世纪30年代就已着手的古希腊神话的收集和编撰工作进行一定梳理，对他汇编的《古希腊神话学》一书的主体内容做了概述。接下来，对洛谢夫希腊神话研究所阐明的基本理论观点加以归纳，涉及神话起源观念、神话"历史生成"观点、神话"历史综合"观点。人类历史开始于氏族村社形态，人类思维开始于神话。洛谢夫以清晰和简单的形式把这两者结合起来。根据他的观点，神话不是别的，正是以概括的形式将氏族村社关系移植到整个自然和整个世界中。由此，我们认为，这也正是洛谢夫所持有的神话起源观点——古希腊神话表现为对氏族关系的概括移植。这与"神话是观念的产物，观念是现实的反映"之观点相互印证。

我们知道，除了上述涉及的外部自然环境、血缘—氏族关系外，洛谢夫又增加了社会—生产要素，这三个要素作为神话思维的对象，处于密不可分、复杂辩证的相互作用下。洛谢夫的神话"历史生成"观点，强调的是神话的演化与人的思维发展相辅相成的关系。洛谢夫提出"历史综合"的观点，主张在分析希腊神话时，应该将其看作一个统一、完整的历史过程，每一个神话自身都包含着当今的要素、自己过去的遗迹、自己未来发展的种子，每一个神话必定、不可避免地总是一定的历史综合。

其次，关于古希腊神话的历史分期问题。洛谢夫认为，希腊神话不是僵化、不动的画面，它反映着生产力的发展进步，将神话研究与社会经济结构联系起来尤为必要，神话研究要考虑它产生的历史背景。此外，希腊神话是发展的、动态的，它本身经历着产生、繁荣和占据统治地位、动摇和解体的过程。神话反映的是流变的、不稳定的、创造性发展的历史现实。由此，洛谢夫以社会—历史发展的方法研究古希腊神话，他得出的结论是，原始社会神话发展遵循以下基本规律：从采集—狩猎经济过渡到产业经济；从石器时期过渡到金属器械时期；从母权制过渡到父权制；从拜物教过渡到万物有灵论；从下界信仰过渡到英雄主义时代。具体说来，洛谢夫划分出五个顺序相承的发展阶段，对神话的历史沿革做出明确的阐释。据此，我们有理由得出结论：对于古希腊神话研究，洛谢夫坚持的是马克思主义历史发展观。早在1857年，马克思在《政治经济学批判》导言中就提出："任何神话都是用想象和借助想象以征服自然力，支配自然力，把自然力加以形象化；因而，随着这些自然力之实际上被支配，神话也就消失了。"[①]我们知

---

① 〔德〕马克思：《政治经济学批判》导言，见《马克思恩格斯选集》（第二卷），中共中央马克思恩格斯列宁斯大林著作编译局译，北京，人民出版社，1972年，第113页。

道,这种表述除了对神话进行了较强的理论概括外,还提出了神话必将消亡的问题。神话既然是一种历史阶段性文化,就不可避免地存在着消亡的问题。传统神话学认为,神话是原始氏族社会的产物,随着氏族社会的解体,神话逐渐失去其产生的社会基础,失去其赖以存在的文化土壤,所以,在进入文明社会以后,神话便开始走上消亡之路。当然,我们需要补充一点,这里所说的神话指的是狭义的原始社会神话。洛谢夫坚持在产生、发展、衰败、消亡的历史动态中研究神话与此观点相吻合。有资料证明,早在1925年之后,洛谢夫就已经开始研读马克思、恩格斯、列宁的著作。洛谢夫曾坦言自己对马克思主义的研究毫不逊色于对神话学的研究。由此,马克思主义的历史发展观对他的潜移默化的影响也不足为奇。俄罗斯当代学者索科洛夫(В.В.Соколов)对此也深有认识,他在一篇学术报告中指出:"洛谢夫的神话学论著是我们人文学科的大事。严肃的学者是不会排斥马克思主义的,因为它是符合历史的,而洛谢夫就是采用历史主义的方法研究神话。他揭示了人类意识的进化,揭示了后神话(постмифология),抑或前哲学(предфилософия)的一些现象。"[①]

再次,围绕雅典娜、宙斯、阿波罗三位主神,我们分设神祇形象的历史演变、神祇功能的历史发展以及神际关系的历史嬗变三个专节对其分别阐释。我们知道,古希腊神话的发展路径展示了这一神话综合体各要素成分的合乎规律的发展,其中促进神话发展的酵母以及留存的遗迹,即神话的新旧要素,在不断营建着独特完整的体系,以保障古希腊神话传统的稳定性。虽然洛谢夫以这三位主神为对象展开研究,然而,他所涉猎的内容并非仅限于此,而是以其为纽结点将网铺开,含纳了众多神话形象和故事。有鉴于此,针对洛谢夫列举的庞杂的文学、考古、历史资料,我们进行了筛选,主要引用了比较熟知的《荷马史诗》的材料为据,使材料为我们的论证主题和目的服务。

总之,对古希腊神话的历史发展展开线性的、全面深入的论述是洛谢夫神话研究的一个贡献。他的古希腊神话研究特点在于:(1)对古希腊神话的历史分期特点进行了研究;提出神话"历史生成"、"历史综合"观点。(2)对雅典娜、宙斯、阿波罗三位神祇的历史发展进行了线性梳理,在动态中考察他们的嬗变特点,从形象、功能以及神际关系方面证明自己的结

---

① Соколов В.В., доклад «О некоторых методологических принципах А. Ф. Лосева как историка философии», // Всесоюзная научная конференция «Алексей Фёдорович Лосев и проблемы античной культуры» («Лосевские чтения-91»; Москва, 22~24 мая 1991.)

论。(3)洛谢夫的神话学研究范围广阔,涉及神的名号、神际关系、神的职能、神话故事及故事演化的不同版本等诸多内容。(4)对个别神话的阐释视角新颖、见地深刻。(5)采用社会—历史和文化—类型相结合的研究方法。洛谢夫对古希腊神话的历史梳理是以共时研究为前提的,他在继承传统的历史研究方法的同时并没有放弃共时方法。文化—类型的归纳,显现共时性特点,弥补历史研究方法的片面性,做到了以点带面、点面结合。进而言之,洛谢夫勾画出的一个共时性划分与历时性嬗变的轮廓,不能不说是对以往希腊神话研究的重要超越,从而将神话研究推向一个新的阶段。

> 普希金曾经说过,在生活的愉悦中,音乐仅次于爱,但爱——也是旋律。我将套用这句话如此表达:在生活的愉悦中,音乐仅次于哲学语文学,但对于我来说,哲学语文学——这也是旋律。
>
> ——阿·费·洛谢夫

第五章　洛谢夫散见的神话思想

洛谢夫早期的学术思想主要体现在其各种协会会议的发言报告或论文里,其中涉及神话问题的有《关于爱情和大自然的音乐感》(1916)、《亚里士多德关于悲剧神话的学说》(1924)、《古希腊的神话哲学(普罗克洛和他的神话辩证法)》(1927)、《关于神话创作》(1927、1928)、《理查德·瓦格纳歌剧的哲学阐释》(1968)、《理查德·瓦格纳问题的今与昔》(1968),他后来写作的《象征问题与现实主义艺术》(1976)、《符号、象征、神话》(1982)、《古希腊罗马美学史》(1963~1994)等专著的部分章节对神话问题也有所涉猎。此外,在应邀为纪念普希金逝世50周年而写的文章"诗歌、世界观、神话"(1987)中,洛谢夫亦谈到了诗人创作中的神话主题。下面我们分别从文学、音乐、数三个视角展开,对洛谢夫不同时期一些散见的神话观点加以分析阐释。

一 洛谢夫的文学神话观

作为哲学家、语文学家、古希腊罗马美学的研究专家，洛谢夫专门针对俄罗斯文学现象的论述并不多见，学者比比欣（В.В.Бибихин）曾写过一篇文章[1]，内容是综述洛谢夫在不同时期对俄罗斯作家及其创作所做的大体评论。其中，主要涉及普希金、勃洛克、丘特切夫、别雷、列斯科夫、马雅可夫斯基、帕斯捷尔纳克以及英国的戏剧大师莎士比亚、诗人拜伦等不同作家。从行文来看，洛谢夫所得的结论褒贬不一，既有客观分析的成分，也不乏夹杂着个人的喜好。在《象征问题与现实主义艺术》（1976）一书中，为阐明自己的理论，洛谢夫多以普希金、屠格涅夫、涅克拉索夫、列夫·托尔斯泰、陀思妥耶夫斯基以及但丁、歌德的作品为例证。其中，普希金是他关注最多的俄罗斯经典作家之一。洛谢夫曾经明确地表示："普希金和莱蒙托夫，我和大家一样都非常喜欢他们。这是经典，俄罗斯的经典。我不能不去了解这个，不去爱这个。"[2]虽然在不同场合，洛谢夫曾经谦虚地强调过，他不是普希金研究的专家，只不过是一个对"普希金一知半解的人"[3]，但从其研究的视角，我们可以看出其研究的广度。洛谢夫的研究涉及分析普希金创作所蕴含的隐喻、寓意、象征、神话以及艺术修辞等内容，甚至还包括对诗人所描绘的大自然的艺术模式的类型化归纳等。针对普希金和洛谢夫的关联，学者波斯托瓦洛娃（В.И.Постовалова）分析指出，在毫不怀疑存在差异的前提条件下，我们可以发现两人具有以下几点相似之处：（1）对存在的奥秘之兴趣。在俄罗斯作家中，普希金是最为鲜明地探索并寻找上帝之存在的一位作家；而洛谢夫的整个生活之路也见证了他虔诚的东正教信仰。（2）两人在精神探索和思辨空间的广度方面相似，他们都努力尝试拥抱整个世界。（3）两人定位的目标都是将存在的不同方面加以调和。在普希金那里，和谐悦耳的缪斯不能忍受与恶的接触；在生活中所遇到的任何不协之处，他都致力于最终以愉快的和音收场；洛谢夫包罗万象的哲学体系建构在相对神话学和绝对神话学的统一中。（4）客观主义。普希金所描绘的已经完全与被描绘的协调一致；在洛谢夫这里，体现的是模式化的、辩证的自我扩展。（5）思维的音乐性与它的"雕刻性"。在普希金那里，

---

[1] Бибихин В.В., А.Ф. Лосев о литературе вообще и о Вяч. Иванове в частности. // Вячеслав Иванов – творчество и судьба. М., 2002.

[2] Там же. С. 222.

[3] В поисках смысла. Беседа с А.Ф.Лосевым // Вопросы литературы. 1985. № 10. С. 223.

体现的是世界观念的生动具体性；在洛谢夫这里，体现的是思辨的"形"。在作者看来，普希金和洛谢夫是黑夜中两颗耀眼的流星，是俄罗斯文化的两簇辉煌的火焰。[1]在此，我们还要补充一点，两人都对古希腊罗马社会及其文化感兴趣。"普希金与古希腊罗马文化"（Пушкин и античность）成为许多学者的研究专题，其中维亚·伊万诺夫（1866～1949）、伊·安年斯基（1856～1909）在这方面的研究颇具建树，他们提出了许多新颖的观点。维亚·伊万诺夫甚至将普希金称之为"完美的古希腊诗人"[2]。

细数洛谢夫对普希金的兴趣，可以追溯到他的中学时代。在七年级读书时，洛谢夫写了一篇《关于普希金的人民性》的作文，校长和语文老师都给他打了满分。在洛谢夫看来，普希金是以其伟大的艺术天赋领悟着整个俄罗斯的。他的人民性表现为对整个俄罗斯的爱，大自然、普通农民的生活、地主的日常习俗等诸多景象都作为客体描绘对象流淌于他的笔端。用爱来对待俄罗斯的一切，这一点与诗人所做到的客观地对待俄罗斯人民的优缺点相结合。虽然普希金的人民性展露于他本人的个性中，但仍具有伟大的社会文学意义。上述就是洛谢夫在其作文中所表达的主要观点。对于尚处在青年时期的洛谢夫来说，他已经完全认同了普希金是一位真正意义上的经典作家。在随后的岁月里，洛谢夫还经常回忆起中学校长弗罗洛夫不厌其烦地向学生们反复重复的话：经典作品，这意味着，普希金——他的存在如同呼吸一样。人呼吸着，却没有在意这一过程，但是正因为呼吸，人才得以生存。只要呼吸停止，死亡就会来临。经典作品，这意味着，普希金，这是生命，经典的失去，预示着精神的死亡。[3]

洛谢夫表示，自己在阅读普希金的诗歌时，常常能产生共鸣。1911年11月18日，在寄给朋友维拉·兹纳缅斯卡娅（Вера Знаменская）的信中，18岁的洛谢夫写道："不知怎么，我好像完全脱离了生活。所有事情都是一个人，最主要的，不知为什么。记得普希金写过如下诗句：

---

[1] Постовалова В.И., А.С.Пушкин в жизни и творчестве А.Ф.Лосева: созвучия и параллели // Пушкин и мир античности: Материалы чтений в "Доме Лосева" (25～26 мая 1999.) / Отв. ред. А.А.Тахо-Годи, Е.А.Тахо-Годи. М.: Диалог–МГУ, 1999. С. 15～16.

[2] Хроника // Пушкин. Сборник первый. М., 1924. С. 288. // В.П.Троицкий, Пушкин и античность глазами Вяч. Иванова // Пушкин и мир античности: Материалы чтений в "Доме Лосева" (25～26 мая 1999) / Отв. ред. А.А.Тахо-Годи, Е.А.Тахо-Годи. М.: Диалог–МГУ, 1999. С. 136.

[3] Тахо-Годи А.А., Пушкин в "Доме Лосева" // Пушкин и мир античности: Материалы чтений в "Доме Лосева" (25～26 мая 1999.) / Отв. ред. А.А.Тахо-Годи, Е.А.Тахо-Годи. М.: Диалог–МГУ, 1999. С. 4～5.

> Ты царь: живи один. Дорогою свободной
> Иди, куда влечет тебя свободный ум,
> Усовершенствуя плоды любимых дум,
> Не требуя наград за подвиг благородный!
> （1830）

> 你是主宰：独自生活吧。
> 行走于自由智慧指引的自由之路，
> 去完善那喜好的思想成果，
> 无须希求高尚功绩的奖赏！
> （1830）
> （本书作者译）

这些话语与我当时的心情令人惊奇般地一致。"[1]

这节诗是普希金1830年写作的《致诗人》中的一部分，是诗人对诗人所肩负的使命的探讨。我们认为，与诗人的思想相吻合，这里体现的是洛谢夫一贯关注的"生的主题"："独自生活"（苦修、禁欲的生活）、"自由的智慧"（对洛谢夫来说，智慧是自由的核心，是自由的思想，不能被左右的）、"功绩"（在其理性中指为上帝服务的观念）。

1914年7月17日—19日的日记中，洛谢夫记述了自己在柏林有轨电车站见到一位"神奇"女性的感受。在洛谢夫看来，这就是与美本身的相遇，一个"奇异的、美妙的、不可再现的幻影"，这种偶遇的感受和经历正是普希金的《致凯恩》（1825）的映射。

> Я помню чудное мгновенье:
> Передо мной явилась ты,
> Как мимолетное виденье,
> Как гений чистой красоты.
>
> В томленьях грусти безнадежной,

---

[1] Лосев А.Ф., Мне было 19 лет. // Дневники. Письма. Проза. М.: Русские словари, 1997. С. 69.

В тревогах шумной суеты,

Звучал мне долго голос нежный

И снились милые черты.

（1825）

我记得那美妙瞬间：

你出现在我的面前，

犹如昙花一现的幻影，

好比纯洁美妙的精灵。

在无望岁月的忧愁折磨中，

在喧闹浮华生活的忙碌中，

我的耳畔长久回响你温柔的声音

伴同可爱的倩影出现在我的梦乡。

（1825）

（本书作者译）

由此观之，普希金的诗歌对洛谢夫的影响可见一斑。两者对女性美的感受趋同，但在洛谢夫方面，则加入了对美本身的哲学感悟。

对洛谢夫来说，不仅仅符号、象征，而且还有神话等范畴，都成为他开启普希金艺术世界的钥匙。洛谢夫曾表达过"没有神话就没有诗歌"[1]的理念。特别是在研究象征和神话问题时，洛谢夫多以普希金的诗歌和小说作为论述例证。洛谢夫主要将神话看作是一种现实的思想意象与现实本身一起呈现的结构。神话不是纯粹的艺术现实本身，也不是它的反映。神话将物的思想意象与物视为同一，这完全是一种实体性的同一。[2]

在洛谢夫看来，神话的概述作用在普希金这里达到了宇宙主义[3]，表现在《恶魔》（1823）一诗中：

---

[1] Лосев А.Ф., Форма. Стиль. Выражение. М.: Мысль, 1995. С. 76.

[2] Лосев А.Ф., Проблема символа и реалистическое искусство, М.: Искусство, 1976. С. 166~167.

[3] 俄罗斯的宇宙主义通常分为三种类型：自然科学的宇宙主义（以齐奥尔科夫斯基、霍洛特内、奇热夫斯基等人为代表）；宗教哲学的宇宙主义（以索洛维约夫、费奥多罗夫、布尔加科夫等人为代表）；诗歌艺术的宇宙主义（以奥多耶夫斯基，特别是白银时代的别雷、巴尔蒙特、勃留索夫以及帕斯捷尔纳克等人为代表）。// 参见谷羽、王亚民编译：《俄罗斯白银时代文学史》（第一册），兰州，敦煌文艺出版社，2006年，第79页。

В те дни, когда мне были новы
Все впечатленья бытия —
И взоры дев, и шум дубровы,
И ночью пенье соловья —
Когда возвышенные чувства,
Свобода, слава и любовь
И вдохновенные искусства
Так сильно волновали кровь, —
Часы надежд и наслаждений
Тоской внезапной осеня,
Тогда какой-то злобный гений
Стал тайно навещать меня.
Печальны были наши встречи:
Его улыбка, чудный взгляд,
Его язвительные речи
Вливали в душу хладный яд.
Неистощимой клеветою
Он провиденье искушал;
Он звал прекрасное мечтою;
Он вдохновенье презирал;
Не верил он любви, свободе;
На жизнь насмешливо глядел —
И ничего во всей природе
Благословить он не хотел.
（1823）

那时的岁月，我新奇
现实存在的所有印象——
少女的目光，树林的喧响，
夜半夜莺的歌唱——
那时的岁月，崇高的情愫，
自由、荣誉和爱情，

以及饱含灵感的艺术，

强烈地使人热血激荡——

希望和愉悦的时光

突然笼罩忧伤。

一个邪恶的天才

开始悄悄地造访。

我们的相会令人伤感：

他的微笑，怪异的目光，

刻薄的话语

如同冷酷的毒汁注入灵魂。

他以无情的诽谤

试探天意；

他称美德为虚幻；

他鄙视灵感；

不相信爱情和自由；

嘲笑地看待生活——

自然中的一切，

他都不想祝福。

（1823）

（本书作者译）

    这首诗歌中，诗人揭示了生活的两个对立面，即无忧无虑、愉悦中夹杂着单调和呆板的模式。在人类各样的生活中，在人类短暂的生命中，缺乏浪漫主义激情。试想醉人的青春是否被淹没在灰色的日常生活中而逐渐逝去了呢？于是，"怀疑与否定的精灵"（恶魔）的考验出现了。在生活中，每个人都可能面临残酷力量的考验和诱惑，而他所递交的答卷取决于自身是否可以保持精神的纯度以及拥有一颗充满激情的心。这或许是诗人写作的主旨。在生活的哲学意蕴中，洛谢夫的着眼点在于这首诗歌所呈现的世界图景。他认为，在《恶魔》中呈现的是很真实的宇宙，混乱的、残酷的，同时也是具体的，[1]这就是鲜活的生活。强调该神话画面的真实存在，验证了洛谢夫所提出的神话是对现实生活的"概括性移植"观念。

    进一步而言，关于普希金的诗歌《无论我漫步喧哗的街道》（1829），

---

[1] Лосев А.Ф., Проблема символа и реалистическое искусство, М.: Искусство, 1976. С. 8.

洛谢夫对诗人宇宙主义的理解，除了直觉感受外，又加入了对其世界观的认知。的确，这首诗歌亦是普希金深度哲思的结果，是他对死亡和命运的思索。该诗的部分内容如下：

> Брожу ли я вдоль улиц шумных,
> Вхожу ль во многолюдный храм,
> Сижу ль меж юношей безумных,
> Я предаюсь моим мечтам.
>
> Я говорю: промчатся годы,
> И сколько здесь ни видно нас,
> Мы все сойдём под вечны своды —
> И чей-нибудь уж близок час.
> ……
> И пусть у гробового входа
> Младая будет жизнь играть,
> И равнодушная природа
> Красою вечною сиять.
> （1829）

> 无论我漫步喧哗的街道，
> 还是走进挤满人的教堂，
> 或是坐在狂放的青年中，
> 我都会沉湎自己的幻想。
>
> 我悄然自语：时光飞逝，
> 在此无论我们有多少人，
> 都将走进永恒的圆拱——
> 有些人的寿限已经临近。
> ……
> 但愿在我墓室的入口
> 有年轻生命欢乐嬉戏，
> 那冷漠无情的大自然

焕发永恒美丽的光彩。

（1829）

（本书作者译）

在这首诗歌中，普希金以精确的选词传递了思想的动态发展。诗人借助"брожу"（漫步）、"вхожу"（走进）、"сижу"（坐在）等第一人称动词，展现了从"шумных"（喧哗的）、"многолюдный"（挤满人的）现实生活，经由死亡之路径，最后走向永恒的思想历程。"永恒的思想"在整篇诗文中体现在诗人运用的下列词汇："уединенный"（孤独的），"забвенный"（被遗忘的），"охладелый"（冷却冰凉的），"бесчувственному"（无知觉的），"гробового"（墓地的），"равнодушная"（冷漠无情的）。

洛谢夫在其日记中提及，当他记录普希金这些诗句的时候，他所思索的是极好地印证在这首诗中的"史诗般的世界感受"[①]之主题。后来，在其大学毕业论文《埃斯库罗斯的世界观》中，洛谢夫进一步发展了"安宁、生动具有感染力、直观、直觉"这一思想，呈现出一种鲜活的、更生活化的世界感受。

我们有理由认为，洛谢夫在此所领悟的不仅是诗歌，而且是哲学；不仅是抒情诗，而且是世界观，是神话。在具体阐释时，洛谢夫得出的结论是：这里不是杜撰，对诗人来说，是真正的现实，对其来说，不含有任何幻想成分。[②]因为在神话观照下，需要理解的不仅仅是艺术形象，还有被思索为直接的、物化存在的形象。

在分析普希金的长诗《波尔塔瓦》（1828～1829）、《青铜骑士》（1833）以及小悲剧《石客》（1830）、短篇小说《黑桃皇后》（1834）等作品时，洛谢夫着重指出了它们所包含的象征神话意义，而且神话所凸显的巨大的生活力量完全是现实的和实际的。

在此，我们有必要首先了解一下"象征"一词的内涵。它源于希腊语"symbolon"，意指"符号"、"征兆"、"标志"、"密码"、"信号"、"前

[①] Лосев А.Ф., Мне было 19 лет // Дневники. Письма. Проза. М.: Русские словари, 1997. С. 129.

[②] Лосев А.Ф., Поэзия. Мировоззрение. Миф. // Литературная газета от 11 февраля 1987. С. 4. // А.А.Тахо-Годи, Пушкин в "Доме Лосева" // Пушкин и мир античности: Материалы чтений в "Доме Лосева" (25～26 мая 1999) / Отв. ред. А.А.Тахо-Годи, Е.А.Тахо-Годи. М.: Диалог–МГУ, 1999. С. 8.

兆"以及"国家间贸易关系的协定",或许含有同根动词"symballô"的含义,即"扔到同一个地方"、"连接"、"联合"、"撞到一起"、"接触"、"比较"、"缔结"、"相遇"。这些古希腊词语的词源指明了现实两个层面的融合,即象征不是自身具有意义,而是意识的已知结构和这种意识的某种可能物体相遇的场所。[1]在洛谢夫看来,任何象征,第一,都是现实的、鲜活的反映;第二,都经历过某种思想的加工;第三,都是改造现实本身的有力工具。[2]

俄罗斯学术界对普希金诗歌和散文中的象征意向多有关注,同时也不乏深刻的分析。如尤里·洛特曼(Ю.М.Лотман)从结构诗学角度展开研究,在他看来,象征就是文本的同步性与文化记忆之间的中介,象征中强调的是意义的浓缩和流动性,它至少要包含文本的潜在功能。虽然研究视角不同,但洛谢夫的结论与其有着某种相近之处。洛谢夫认为,象征这种艺术形象突出的是"语义的流动性"、意义的不确定性以及挖掘不尽的多维性。洛特曼强调的不是普希金作品的单一寓意,而是突出其象征特点的张力、多义的形象功能。例如,他归纳出以下分类:第一组,各种狂怒的自然力形象和不可抗拒的灾难:暴风雪(《恶魔》、《暴风雪》、《上尉的女儿》)、火灾(《杜波罗夫斯基》)、洪水(《青铜骑士》)、流行的瘟疫(《瘟疫期间的盛宴》)、火山喷发(《叶甫盖尼·奥涅金》第10章"维苏威火蛇的发现");第二组,与塑像、柱子、纪念碑、"偶像"有关的形象;第三组,人、动物、牺牲或是斗士——被压迫的人,或是高傲抗议的人。学者比齐利(П.М.Бицилли)则关注普希金"小悲剧"的象征,分析了占据优势的黑色的象征意义,关注《青铜骑士》诗歌的引子和后面诗歌文本的象征性对比。于是,《棺材匠》中的小房子获得了特殊的象征意义,而同样《青铜骑士》中"摇摇欲坠"的小屋也获得了混乱、杂乱无章的象征。霍达谢维奇(В.Ф.Ходасевич)在分析这部作品中诗人所塑造的"伟大的家园"形象时指出,家庭、爱情吸引着可怜的叶甫盖尼,尽管他与象征着风暴和国家强权的恶魔——青铜骑士进行了斗争,但并不能避免死亡的命运。《黑桃皇后》的"房子"成为恶和不祥的表征。其中,伯爵夫人的"金黄色"房子,它的空间处所象征着已然逝去的18世纪以及生与死的临界,小说结尾取而代之的是"黄色的小房子"[3],即疯了的主人公格尔曼住进的奥布霍夫精神病院。

---

[1] Лосев А.Ф., Проблема символа и реалистическое искусство, М.: Искусство, 1976. С. 18.
[2] Там же. С. 19~20.
[3] 俄罗斯早期的精神病院建筑外观多粉刷成黄颜色。

以普希金的诗歌为例。我们知道，诗人的浪漫主义长诗《波尔塔瓦》以及叙事长诗《青铜骑士》都是歌颂彼得大帝（1672～1725）功绩的诗歌。彼得的形象饱含深刻的内容，在诗人不惜笔墨的描述下，"他步履矫健，神采奕奕，他犹如天上的雷神。……他在军队前面飞奔而过，像战神一般愉快而威严"。这几乎使我们相信该神话形象是真实存在的。在洛谢夫看来，普希金的彼得形象，不是关于他的寓意，不是关于他的纯粹的隐喻，也不是关于他的自然主义录像式的描绘。诗歌已经具有了艺术加工的特点，虽然不是纯粹的神话，但洛谢夫认为，在普希金笔下，彼得大帝不仅仅是作为人的类型来塑造，波尔塔瓦战役①也不仅仅具有鲜明而巨大的历史意义。在《波尔塔瓦》中，普希金写道：

> В гражданстве северной державы,
> В ее воинственной судьбе,
> Лишь ты воздвиг, герой Полтавы,
> Огромный памятник себе.
> （1828～1829）

> 在北方强国公民的心中，
> 在它不断征战的命运里，
> 只有你，波尔塔瓦的英雄，
> 为自己建立一座巨大丰碑。
> （1828～1829）
> （本书作者译）

如果将彼得一世及其所建立的功绩赋予民族的、爱国的历史意义，甚至将其推高至对整个俄国历史发展的影响来说，那么，俄国军队战胜瑞典军队的波尔塔瓦会战，已然是一座"纪念碑"，一座不朽的"丰碑"。②洛谢夫由此得出结论：在此，彼得一世首先是包含着无尽化身的巨大的概述性象征。

---

① 波尔塔瓦战役：1709年，俄国沙皇彼得一世亲自率领军队与瑞典查理十二世的军队在乌克兰东部波尔塔瓦展开会战，俄国军队的胜利结束了瑞典作为欧洲列强的时代，加快了俄国欧化进程，随之一个半欧化的俄罗斯帝国从此诞生。

② 与诗歌的思想交相辉映，在波尔塔瓦城内，在彼得一世指挥作战前祈祷胜利的救世主教堂前面的广场上，至今仍然矗立着一座彰显彼得大帝荣耀的纪念碑（建于1849年），碑顶精刻的俄军青铜头盔、宝剑、盾牌、月桂花环以及碑身的双头鹰和雄狮都在无言地承载着历史。

另一方面，这个象征在普希金的笔下，部分内容已然过渡到了真正的神话。①

  Тогда-то свыше вдохновенный
  Раздался звучный глас Петра:
  «За дело, с богом!» Из шатра,
  Толпой любимцев окруженный,
  Выходит Петр. Его глаза
  Сияют. Лик его ужасен.
  Движенья быстры. Он прекрасен,
  Он весь, как божия гроза.
  （1828～1829）

  那时从高处传来
  彼得鼓舞士气的洪亮之音：
  "奖赏勇者，上帝与我们同在！"
  从帐幕里走出
  一群亲信簇拥的彼得。
  他目光炯炯，容貌威严。
  他步履矫健，神采奕奕，
  他犹如天上的雷神。
  （1828～1829）
  （本书作者译）

  由此可见，作为拯救自己祖国的波尔塔瓦英雄、民族英雄，作为英明的指挥和统帅，彼得受人爱戴，战功赫赫，放在历史的长河中透视其形象，他显得异常的高大和威武。在诗人的描述中，彼得是"巨人"，他"目光炯炯"，他"洪亮声音犹如天神的旨令"令人发聩……洛谢夫甚至认为，彼得一世形象的神话性，与荷马饱含神话内容的史诗所塑造的英雄人物差别不大。的确，正如上述所强调的那样，在普希金这里，神话已经不是表面直义的了，而是经过了艺术手法加工，也就是体现为普希金的象征。普希金在为自己的长诗命名时犹豫不决，最终放弃取名"马捷帕"的打算，而是采用了

---

 ① Лосев А.Ф., Проблема символа и реалистическое искусство, М.: Искусство, 1976. C. 169～170.

新的名称"波尔塔瓦","这个名称像闪电一样用命运风暴的光芒烧热和照亮了长诗的内容"[①]。作为长诗主人公之一的彼得大帝,他领导的波尔塔瓦战役的胜利彻底解决了俄罗斯在哪里定都的问题,也决定了俄罗斯后来的命运。

同样,在洛谢夫看来,象征贯穿于《青铜骑士》全篇,体现于整首叙事长诗中,而不是只限于局部的修辞手段。洛谢夫认为,该诗中处在第一层面的是象征,不是抽象的寓意;不是光秃、物化的拟人;不是自足的、审美观照的客体对象;当然也不是类型化,也完全不是自然主义的复制。[②]这就是普希金本人所描述的象征:

  И думал он :
  Отсель грозить мы будем шведу.
  Здесь будет город заложен
  Назло надменному соседу.
  Природой здесь нам суждено
  В Европу прорубить окно,
  Ногою твёрдой стать при море.
  Сюда по новым им волнам
  Все флаги будут в гости к нам,
  И запируем на просторе.
  (1833)

  于是他思索:
  我们将从这里震慑瑞典人。
  在此要兴建一座城市
  与傲慢的邻邦抗衡。
  上天注定我们的命运
  打开通向欧洲的窗口,
  在海边站稳坚实脚跟。
  沿着新辟的航路

[①] 〔俄〕利哈乔夫:《解读俄罗斯》,吴晓都等译,北京,北京大学出版社,2003年,第291页。
[②] Лосев А.Ф., Проблема символа и реалистическое искусство, М.: Искусство, 1976. С. 170.

> 各国将来这里聚首，
> 在广袤大地我们款待朋友。
> （1833）
> （本书作者译）

这里呈现的是渗透于整部作品的象征性形象——青铜骑士[①]（彼得），它在诗文中总计出现了四次。上述列举的诗节中，我们看出诗人只用"他"来称谓彼得，在洛谢夫分析看来，这里已经沿袭了神话中对神之名字禁忌的惯例。此外，洛谢夫亦坚持，神的名谓就是神，与神有同样的力量。著名的评论家别林斯基指出："这首诗是对彼得大帝的最大胆、最庄严的礼赞。"[②]

与彼得关联最为密切的彼得堡形象，在洛谢夫看来，毫无疑问，它也是象征的，而且是象征的物化实体，是神话，但洛谢夫并没有进一步揭示该城市形象具体的象征深蕴。而学者叶·伊万诺夫（Е.Иванов）在这方面的阐释应该说具有一定的代表性，值得关注，他发表的《骑士：彼得堡城市纪事》（1907）一文，是一篇以启示录为主题的象征性变体文章。一方面作者将彼得堡比作巴比伦，即文明传播的意义。另一方面，他认为，彼得堡体现了数字逻各斯，是数字组成的形象体。彼得堡的数字突出了约翰《启示录》的意义，《启示录》的第17章讲了骑在野兽身上的荡妇，叶·伊万诺夫发现，在普希金的《青铜骑士》中，彼得堡的命定运数也是"17"，青铜骑士的高度是17.5英尺。普希金的《黑桃皇后》主人公格尔曼发疯后住进精神病院17号病房。[③] 除此之外，我们还应该注意一点，彼得堡的神话还体现在许多作家、哲学家（费奥多托夫、陀思妥耶夫斯基、别雷、维亚·伊万诺夫）所描写或阐释的彼得堡与莫斯科两个新旧之都的对比、对立中。比利时的

[①] 青铜骑士：坐落在涅瓦河畔参政院广场上的一尊彼得一世的青铜塑像，这是叶卡捷琳娜二世统治时期邀请法国著名雕塑大师法尔科内（1716~1791）设计雕铸。塑像中的彼得骑在一匹前蹄扬起、后蹄踏着蛇身的骏马上，他一手拉拽着马缰绳，另一手指向远方（欧洲），骏马在一块重达1600吨的峭壁状花岗岩基座上。塑像展现了彼得作为一个帝国缔造者、立法者、改革家的形象，后来成为彼得堡，乃至整个俄罗斯的象征。塑像在1782年落成，到普希金1833年创作《青铜骑士》一诗时，该塑像在涅瓦河畔已矗立了50余年。塑像本身是用青铜铸成，但普希金的诗歌蕴含了作者对彼得功与过两方面的评价，所以标题用了"铜的"（медный）一词修饰"骑士"，而并非"青铜的"（бронзовый）一词。但根据众所接受的习惯译法，我们仍沿袭《青铜骑士》这一译介标题。

[②] 〔俄〕普希金：《青铜骑士》，查良铮译，上海，新文艺出版社，1957年，第65页。

[③] Проблема культурно-исторических взаимоотношений Москва–Петербург и их отражение в социально-философских, публицистических и художественных текстах. 参见http://www.zadachi.org.ru/?n=25145.

文艺评论家埃·维尔哈伦（Э.Верхарн）[①]以及象征派戏剧的代表梅特林克（М.Метерлинк）[②]都持有将彼得堡视为吸血鬼的神话形象之说。彼得堡城市建设的整齐划一，中规中矩的宇宙形象，作为文明的传播者和载体，在俄罗斯传统观念中却时常被认为是人造人设而违反常理的，是没有历史、没有根基的，特别是因为它与反基督者、城市的创建者彼得大帝关联在一起。与此不同，莫斯科是"杂乱无章"自然发展起来的城市，因为它承载着"莫斯科即第三罗马"的神话，而且历史上多次遭遇火灾，所以，莫斯科经常与斯芬克斯以及浴火凤凰的神话关联在一起。在人们的乡土观念中，莫斯科经常被视为永恒之城来审视。

我们再次回到对青铜骑士形象的关注上来。在诗文中，它似乎不再是青铜骑士，而成为追捕自己目标的巨大怪物，令人感到神秘玄妙。主人公叶甫盖尼在惊恐失魂的情形下，亦不再将青铜骑士看作普通艺术雕塑品，它失去了本身的静止性特点，由静态转为动态，积极参与故事的发展。雕像复活的时候就是现实生活中活人的死期，正是由于雕像以神奇的方式参与故事行为，叶甫盖尼在抗争失败后丧命是故事的必然结局。雕像由静止的、无生命的形象变为运动的、有生命的形象。与此相反，现实鲜活的人物却因丧命而成为尸体，这尸体可视为一种特殊意义上的静止不动的塑像，这种"静止"和"运动"的二律背反特性正是普希金象征诗学的重要主题之一，亦是其神话诗学的重要特征之一。[③]

由于雕像与活生生的人物之间的矛盾对立和强烈对照，使叶甫盖尼经历了从未体验过的最可怕的感受。洛谢夫认为，这种感受正是普通人以及远古率真的先人面对神秘凶恶的怪物时可能出现的那种真实存在的感受。洛谢夫将荷马的阿基琉斯对阿波罗的愤怒视为这种情况，因为阿波罗支持阿基琉斯的敌人赫克托耳。阿基琉斯说，如果阿波罗不是神，他早就惩治他了。在洛谢夫看来，叶甫盖尼的感受和阿基琉斯的愤怒之不同主要体现为感受的内容之别，但这两种情形的共同之处在于，都是神话、神话的感觉、神话的斗争。例如，《青铜骑士》下列一个片段：

[①] 埃米勒·维尔哈伦（1855～1916）：比利时诗人、剧作家、文艺评论家。用法文写作，著有诗集《佛兰芒女人》、《黄昏》以及戏剧《黎明》、《修道院》、《斯巴达的海伦》等。

[②] 莫里斯·梅特林克（1862～1949）：比利时剧作家、诗人、散文家。1911年获得诺贝尔文学奖。主要作品有戏剧《青鸟》、《佩莱亚斯与梅丽桑德》、《蒙娜·凡娜》，诗集《温室》以及散文集《双重的花园》、《花的智慧》等。

[③] 赵晓彬等：《雅可布逊的诗学研究》，北京，人民文学出版社，2014年，第207页。// 又见赵晓彬、韩巍，《雅可布逊的神话诗学研究管窥》，《俄罗斯文艺》2010年第4期，第29～30页。

... Боже, боже! там —
Увы! близехонько к волнам,
Почти у самого залива —
Забор некрашеный, да ива
И ветхий домик: там он,
Вдова и дочь, его Параша,
Его мечта... Или во сне
Он это видит? иль вся наша
И жизнь ничто, как сон пустой,
Насмешка неба над землей?

И он, как будто околдован,
Как будто к мрамору прикован,
Сойти не может! Вкруг него
Вода и больше ничего!
И, обращен к нему спиною,
В неколебимой вышине,
Над возмущенною Невою
Стоит с простертою рукою
Кумир на бронзовом коне.
（1833）

……我的上帝，我的上帝啊！在那儿——
唉，接近巨浪，
几乎就在海湾近旁——
有一段未曾粉刷的围栏，
一棵垂柳和一所破旧的小屋：
那里住着寡妇和女儿，他的芭拉莎，
他的憧憬……或许他所见的
是在梦中？或者我们的整个人生
只是一场空幻的梦境，
是上天对尘世的嘲弄？

> 他仿佛中了邪术魔法，
> 犹如被钉在狮子上面，
> 无法下来！在他周围，
> 除了洪水，再无他物！
> 而背对他的，
> 是凝然不动的高处，
> 在汹涌愤怒的涅瓦河边，
> 矗立着伸展开一只臂膀，
> 骑坐在青铜马上的偶像。
>
> （1833）
>
> （本书作者译）

诗句中彼得"背对"叶甫盖尼，这也具有特殊的语义符号意义。彼得推动了俄国历史的前进，历史的必然抉择和个人命运之间形成了冲突和张力，但以牺牲个人利益为代价。然而，彼得大帝在历史上的煊赫功勋，他的高瞻远瞩以及他所做的一切历史必然性抉择，无疑都是具有正面意义的。普希金在《十八世纪俄国史简论》中对彼得大帝的政治、军事、经济等各方面的改革给予了高度评价，对他的改革成果亦给予了赞誉和肯定，并称其是他的"贤明、丰富的智慧的果实"。但对彼得大帝残酷压榨人民以及他的急进等方面，普希金也有正确认识。作为贵族知识分子，普希金当时还无法站在阶级立场精辟分析彼得大帝"用野蛮手段"进行的专制和剥削（列宁语），但他诗歌中所体现出来的对彼得大帝一分为二的认知已难能可贵了。这体现在《青铜骑士》中，诗文从序诗开始，用庄严、美妙的语言歌颂彼得一世兴建彼得堡的丰功伟绩，随后过渡到借助小人物叶甫盖尼的悲惨故事，以个人的悲剧命运为缩影控诉彼得一世的冷酷与专横。

> Прошло сто лет, и юный град,
> Полнощных стран краса и диво,
> Из тьмы лесов, из топи блат
> Вознесся пышно, горделиво;
> Где прежде финский рыболов,
> Печальный пасынок природы,

Один у низких берегов
Бросал в неведомые воды
Свой ветхой невод, ныне там
По оживленным берегам
Громады стройные теснятся
Дворцов и башен; корабли
Толпой со всех концов земли
К богатым пристаням стремятся;
В гранит оделася Нева;
Мосты повисли над водами;
Темно-зелеными садами
Ее покрылись острова,
И перед младшею столицей
Померкла старая Москва,
Как перед новою царицей
Порфироносная вдова.

Люблю тебя, Петра творенье,
Люблю твой строгий, стройный вид,
Невы державное теченье,
Береговой ее гранит,
Твоих оград узор чугунный,
Твоих задумчивых ночей
Прозрачный сумрак, блеск безлунный……
（1833）

百年过去，年轻的城市，
北方美丽的国家和神奇，
从幽黑森林，从沼泽地
华丽、自豪地高高耸立；
以前这里是芬兰的渔夫，
大自然悲伤的继子，
孤单地在低湿河岸

将破旧的渔网
抛进未知水域,现今在此
活跃的两岸
严整群集着
宫殿和高楼,
来自世界各个角落成批的船舶
驶向这富丽堂皇的码头;
涅瓦河披着花岗岩外装;
长桥架在河水上;
浓绿色花园
点缀着岛屿,
在这年轻的首都面前
古老的莫斯科暗淡无光,
如同新册封的女王面前
年老的太后。

我爱你,彼得的杰作,
爱你严整、端庄的容颜,
涅瓦河澎湃的波涛,
两岸花岗岩的海岸,
栏杆上精美的图案,
沉思的夜透着昏暗,
月黑风高……
（1833）
（本书作者译）

诗歌引子中的这节描写使新建之都的曼妙骤然跃入眼帘。这里没有描写彼得亲自督建等日常景象,而是通过河水、森林、沼泽、浓雾所彰显的神话意境,叠加了诗节的非现实特征,其犹如开天辟地,一夜建城的神话再现了城市缔造者的丰功伟业。而城市的奠基人被视为神、偶像,令人敬畏,被神话化,犹如多神教的崇拜习俗。诗歌中出现的"偶像"（кумир）一词原意正是指多神教崇拜的偶像,"这种崇拜实际已经具有神话的性质,当然不是指具体的神话结构,而是神话意识"①。《青铜骑士》在诗人生前未能发表,普希金在其日记中写道:"'偶像'一词没有获得最高检察当局通过……"②在此,我们补充一点,除了《青铜骑士》这篇叙事诗外,在小悲剧《石客》以及童话《金鸡的故事》中,普希金同样突出了雕像的多神教特性,从而形成了一种特殊的艺术符号。在这些创作中,"雕像不仅只是一件雕塑,而是变形为一种超自然的深不可测的力量和偶像"③。雕像的象征意义不再取决于雕像的材质,无论是石雕的"骑士团统领",还是青铜的"彼得一世"纪念像,抑或是金制的"金鸡",它们无不成为这些创作中具有重要意义的载体。当然,这些特点亦得到学界的关注。如知名学者雅可布逊曾专门撰写了《普希金诗歌神话中的雕像》(1937)④一文,运用结构主义诗学原理及符号学方法,兼顾诗人创作中的神话象征意义及其生平关系,对雕像这一形象的神话元素做了富有说服力的阐释,为诗歌的神话学研究开创了一条新的路径。

在《青铜骑士》中,与引子中高歌彼得的功绩不同,下节诗文则突出了骑士神话化、可怕可惧的情形:

> Ужасен он в окрестной мгле!
>
> Какая дума на челе!
>
> Какая сила в нем сокрыта!
>
> А в сем коне какой огонь!
>
> Куда ты скачешь, гордый конь,
>
> И где опустишь ты копыта?
>
> О мощный властелин судьбы!
>
> Не так ли ты над самой бездной
>
> На высоте, уздой железной
>
> Россию поднял на дыбы?
>
> (1833)

---

① 金亚娜:《〈青铜骑士〉的象征和象征主义意蕴》,《国外文学》1999年第1期,第121页。

② 〔苏〕拉甫列茨卡娅:《论〈青铜骑士〉》,三川译,《外国文学》专刊,1985年第1期,第159页。

③ 〔美〕雷纳·韦勒克:《近代文学批评史》,第七卷,杨自伍译,上海,上海译文出版社,2006年,第621页。

④ Якобсон Р.О., Статуя в поэтической мифологии Пушкина, 1937. // в кн: Работы по поэтике: Переводы. Сост. и общ. ред. М.Л.Гаспарова. М.: Прогресс, 1987.

在周遭昏暗中，他多么可怕！
他的额头拧锁着怎样的思想！
他的身上蕴藏着怎样的力量！
而那匹骏马燃着怎样的烈焰！
高傲的骏马，你要奔向何方？
你的铁蹄将落在何处？
啊，强大的命运主宰！
不就是你高临深渊
抖扬起牢固的缰绳，
使俄罗斯仁立海滨？
（1833）
（本书作者译）

艺术象征的神话结构呈现在自己最鲜明的形式中，即体现为最现实的、最生活化的、最亲切的，在任何程度下都不是转义的，而是凝聚在叶甫盖尼的直接感受中。叶甫盖尼毫不掩饰他对骑士的憎恨，但也内含着无限的恐惧，两极矛盾在骑士如影随形的追踪下，以弱者成为祭奠神祇的牺牲品而宣告结束。带着一颗破碎惶恐的心，无法找到栖息的家园，叶甫盖尼死在了蕴含诸多象征意义的茅屋门口、门槛旁边。洛谢夫指出，在此，象征和神话融汇于令人震惊的事件中，这里呈现的完全是物化的（雕塑），完全是人类的（现实的人），完全是凶恶的（青铜骑士、涅瓦河洪水），完全是历史的（1824年彼得堡的水灾）。

...Он мрачен стал
Пред горделивым истуканом
И, зубы стиснув, пальцы сжав,
Как обуянный силой черной,
«Добро, строитель чудотворный! —
Шепнул он, злобно задрожав, —
Ужо тебе!..» И вдруг стремглав
Бежать пустился. Показалось
Ему, что грозного царя,

Мгновенно гневом возгоря,
Лицо тихонько обращалось...
И он по площади пустой
Бежит и слышит за собой —
Как будто грома грохотанье —
Тяжело-звонкое скаканье
По потрясенной мостовой.
И, озарен луною бледной,
Простерши руку в вышине,
За ним несется Всадник Медный
На звонко-скачущем коне;
И во всю ночь безумец бедный,
Куда стопы ни обращал,
За ним повсюду Всадник Медный
С тяжелым топотом скакал.

（1833）

……他变得阴郁可怕
在这个高傲的偶像面前
他牙关紧咬，握紧拳头，
犹如不洁的力量附体，
他恨得发抖，喃喃咒骂：
"好哇，你这个奇迹的缔造者！
等着瞧！……"突然，
他飞快地逃跑，仿佛觉得
面前这位威严的沙皇
瞬间燃起了愤怒之火，
慢慢转过脸来对他怒喝……
他沿着空寂的广场
拼命奔逃，只听得背后——
仿佛响起了隆隆雷声——
在震得发抖的通衢大街
奔马的蹄声沉重响亮。

而在苍白的月色下，
一只臂膀伸向辽远，
那青铜骑士骑着快马，
紧跟在他后面追赶；
整整一夜，这可怜的疯人，
无论跑向何方，
身后总是青铜骑士
沉重追赶的蹄声。

（1833）

（本书作者译）

　　隆隆雷声和马蹄声伴随着离开基座的彼得，他快马飞跑追赶叶甫盖尼，这个基于历史和现实生活而提取的神话化形象，是胜利者以及国家权力和威严的象征。在混乱与秩序的对立中，他在叶甫盖尼心中引起的恐惧，达到了非凡地步。这个复活的雕像参与到现实生活中，厄运便降临到"小人物"身上，叶甫盖尼成为祭奠神祇的牺牲品。在此，诗人对普通百姓苦难的理性思考正是其历史观的深度体现。

　　当然，在俄罗斯文学画廊中，同样不乏对彼得可怕的神话化描写的例证。如托尔斯泰的《战争与和平》，从异教观点来看，神变成了魔鬼、敌基督。在梅列日科夫斯基的创作中，彼得"身上兼有水和火两种本质矛盾，成为可怕的而迥异的，不知道是善还是恶，上帝还是魔鬼，总之不是尘世的人"[1]。

　　需要指出的是，洛谢夫的主旨在于强调《青铜骑士》的象征神话类型，所以，他并未对作品的象征意蕴进行深入发掘。我国知名学者金亚娜曾对该诗中的青铜骑士、叶甫盖尼、涅瓦河的洪水、彼得堡、石狮等几个艺术形象的象征内涵进行了深入阐释；[2]学界亦有人将这部作品视为一部关于彼得创世纪的古老神话，对诗歌中的混乱与秩序等主要神话因子进行过分析，解读了彼得形象的雷神特征。[3]

　　在现代，当人们已经不再相信神话形象是直接存在的时候，神话被广泛用于浪漫主义、象征主义、现实主义以及类型学和隐喻之中，神话丧失了其直义性，具有了转义特点，甚至化为寓意。洛谢夫认为，高尔基的《海燕

---

[1] 吴倩：《彼得大帝的神话形象及其在文学中的反映》，《时代文学》2009年第1期，第164页。

[2] 金亚娜：《〈青铜骑士〉的象征和象征主义意蕴》，《国外文学》1999年第1期，第118～123页。

[3] 参见吴倩：《彼得大帝的神话形象及其在文学中的反映》，《时代文学》2009年第1期，第163～164页。吴倩：《普希金的〈青铜骑士〉中的彼得神话》，《时代文学》2009年第2期，第75～76页。

之歌》(1901)就是这种寓意神话的典型例证。在此,整个神话置于寓意层面,预示着即将到来的革命。洛谢夫同时也指出,由于这部作品获得广泛的社会宣传,其象征要素也是非常突出的。

关于神话与象征的关系,洛谢夫强调的是,任何神话都是象征,但不是任何象征都可以成为神话。[①]于前者,神话体现为以其鲜活的本质形式进行思索,而这种鲜活的实质就其潜能来说,总是无限的,所以才有象征、象征的分层、无尽的象征之说。于后者,艺术形象在很大程度上是象征的,但并非或很少是神话。

在当今,没有人会把普希金《茨冈》(1824)中的阿列哥、泽姆菲拉等人物视为神话,因为他们的实质是一种概述,绝不会被当作生活中直接存在的形象。在普希金这里,他们只是一种艺术形象,可能只是运用了象征主义、现实主义或是类型学的方法塑造而成的。但是,如果普希金想让我们相信,阿列哥、泽姆菲拉事实上是以他所描绘的状态存在的,也就是以赋予他们的艺术概述特征而现实存在着,那么,这就已经不是艺术形象,不是象征,而是最真实的神话了。在此,洛谢夫的阐释与其在神话理论研究时所倡导的观点是一致的,即从神话本身的视角,对神话进行如其所是的现象学的描述,神话是其所是。

除了分析洛谢夫的普希金神话观,拓展相关研究,我们还要关注一下洛谢夫的神话分类情况。他主要根据文学作品中神话描述的内容不同来划分类型,有关论述主要体现在其专著《符号、象征、神话》(1982)一书中。应该说,这是对上述我们从哲学层面所进行的相关研究的一个有益补充。

(1) 神话的纯审美意象。以古罗马诗人奥维德(公元前43~18)的作品《变形记》[②]为代表,全诗共15卷,大都取材于古希腊、罗马神话,由250多个故事组成。在洛谢夫看来,奥维德充满爱意地描绘了诸多神祇,体现了纯审美的意象。如第8卷有一个包含道德教化意义的故事:费莱蒙和鲍西丝是一对非常贫穷的老夫妇,尽管如此,他们还是留宿了化装成乞丐的主神朱庇特及其子墨丘利,并用简单的菜肴款待了他们。正因为这对夫妇的好客和友善,他们躲过了大洪水袭击城镇的神罚,并被任命为豪华寺庙(由其简陋农

---

① Лосев А.Ф., Проблема символа и реалистическое искусство, М.: Искусство, 1976. С. 174.

② 《变形记》是古罗马诗人奥维德的代表作。全书15卷,采用六步诗行体,由250多个神话故事组成。这些故事把古希腊、罗马神话故事、英雄传说和一些历史人物汇集一处,从开天辟地一直写到当代罗马,是一部希腊、罗马神话故事的总集。作者根据卢克莱修"一切在变"的唯物观点和毕达哥拉斯"灵魂回转"的唯心思想,借助丰富的想象,利用各种形式的变形和多种艺术手法,把许多神话故事描写得生动有趣。

舍变成的）的祭司，而且他们希望同年同月同日去世的愿望也得以实现，死后亦化身为根部交织在一起的橡树和椴树守在寺庙门前。第10卷有这样一个故事：艺术家皮革马利翁非常爱其所雕刻的一尊塑像，维纳斯同情这位艺术家，将塑像变为一名真正的女子，并让她做了皮革马利翁的妻子。该卷的另一则故事是关于奥尔甫斯去冥间接妻子归还的故事，因其无比魅惑的歌声，整个大自然都为之动容，万籁俱寂。全书250余篇故事大都以神话的纯审美意象为主旨内容。在洛谢夫看来，这印证了作者所强调的该作品的写作目的，即给人们闲暇带来愉悦，给人们提供轻松愉快的阅读享受。

当然，不排除存在例外。《变形记》的叙述从宇宙创立直至罗马建立，到最后第15卷描绘的是诗人所在的当代人物的事迹，如恺撒遇刺化为星辰，奥古斯都的功业将会超过恺撒，他所建立的统治顺应天意。奥维德证明，或者确切地说是试图证明恺撒是一位神，奥古斯都是神的后代，不言而喻，他也是神。在洛谢夫看来，这里的神话赋予了官方笃信宗教的色彩，已经失去其纯审美的神话意蕴。

此外，洛谢夫指出，亚历山大·奥斯特洛夫斯基创作的《雪姑娘》（1873）剧本也是以纯审美为目的的。俄罗斯著名作曲家里姆斯基－克萨科夫将其改编为歌剧，我们在下文的论述还会涉及。

（2）神话的主观结构。要求为其复仇的哈姆雷特父亲的幽灵、麦克白中的女巫、陀思妥耶夫斯基《卡拉马佐夫兄弟》中伊万的魔鬼等都凸显了神话的主观结构。

（3）神话的客观结构。古希腊叙事诗人赫西俄德（公元前8世纪末—前7世纪初）的《神谱》描写了开天辟地、宇宙形成、神的产生、神的谱系及诸神之间的斗争。宇宙最古老的神卡俄斯（混沌）生出地神盖亚，盖亚又生出天神乌拉诺斯，两人婚配诞生了12个提坦神、3个独眼巨人以及3个百臂巨人。其中一个提坦神克拉诺斯推翻了父亲乌拉诺斯，开始统治世界……最后，克拉诺斯之子宙斯成为世界主宰。以客观事件为材料整理加工的神话，如日耳曼的英雄史诗《尼贝龙根之歌》（1200）[①]亦属于这种类型。

（4）神话的主观—客观结构。在洛谢夫看来，这是最现实、最有效的神话结构，它在文学中起着重要作用，这是因为原始神话本身也是不区分主体和客体的。主客体的辩证综合则构成个性，个性只有在社会中才能得到它的最终实现。于是，洛谢夫将这种神话结构又称之为社会—个性的，也可以

---

① 《尼贝龙根之歌》（1200）中古高地德语最重要的英雄史诗，作者不详。全诗共39歌，2379节，9516行，分为《齐格弗里德之死》、《克里姆希尔特的复仇》两部分。

说这是一种综合的神话类型,对其进行细分,又可见出以下几种情况:

第一,基于纯理性(唯理论)模式的神话主客观结构。这种形式主要体现于17～18世纪的古典主义时期,尤其以法国为代表,笛卡尔抽象的理性学说是其根基。让·拉辛[①]的戏剧《伊菲莱涅亚》(1675)展示的是人的个性与国家体制的冲突。《费德尔》(1677)则取材于希腊故事,借鉴欧里庇得斯的《希波吕托斯》,故事写的是雅典国王的新妻向其前妻之子示爱,遭到拒绝后反而诬告王子企图侮辱她,国王盛怒之下处死了王子,最后,她也吐露真相,后悔自尽。主人公费德尔的爱情悲剧在于,理性与无法遏制的激情之间的冲突与斗争。作品隐含着笛卡尔式的唯理主义气息,最终,费德尔向理性回归,选择了死亡这种最好的解脱方式。

第二,基于日常,甚至自然模式的神话主客观结构。作家果戈理的某些作品鲜明地体现了这一类型。他出生和成长的大索罗庆采镇,作为典型的小俄罗斯——乌克兰[②]的外省,这里保留着淳朴的风土人情和传统的日常生活习俗,流传着古老的民间传说、世代相传的鬼怪故事、歌谣、谚语等,这些民间文学的瑰宝成为果戈理的创作之源。作家的第一部小说集《狄康卡近郊夜话》创作于19世纪30年代初,共收录中、短篇故事7篇,其中包括《失落的国书》[③]、《五月之夜,或女落水鬼》[④]、《圣诞节前夜》[⑤]、《可怕的复仇》[⑥]、《魔地》[⑦]等。作家将乌克兰民间世代相传的鬼怪故事、神话故事、宗教观念浑然地融合到对乌克兰日常生活的描写中,于是,创作出色彩斑斓但又光怪陆离的生活图景。收录在小说集《米尔戈罗德》中的中篇小说

[①] 让·拉辛(1639～1699):法国剧作家,他与高乃依、莫里哀一起被誉为17世纪最伟大的三位法国剧作家。其创作多以悲剧为主,是古典主义戏剧的杰出代表。代表作有《昂朵马格》(又译为《安德洛玛刻》)(1667)、《费德尔》(1677)、《阿达莉》(1691)等。在创作倾向上,拉辛的悲剧大都取材于古代希腊,以王公贵妇丧失理性、放纵情欲的生活为题材,他运用委婉细腻的笔触、细致的人物心理分析,达到揭露统治者的荒淫无耻和社会罪恶的目的。

[②] 乌克兰被誉为"斯拉夫的古罗马",因为它保存着最能代表斯拉夫人特征和斯拉夫人生活的东西。

[③] 《失落的国书》描述主人公为赎回藏着国书的帽子而与魔鬼赌纸牌,涉及音乐家、鞋匠、裁缝等人遭遇魔鬼且滞留于魔窟并与之较量的故事。

[④] 《五月之夜,或女落水鬼》融入妖精、女落水鬼、美人鱼等传说,谱写了青年男女幽会的爱情故事。

[⑤] 《圣诞节前夜》描述的是魔鬼偷月亮来报复铁匠,反遭铁匠奴役,铁匠却得到了幸福的故事。

[⑥] 《可怕的复仇》描写了英雄与叛徒的较量,英勇的丹尼洛为祖国而战,抵抗以巫师为首的异族侵略者,遇害后化为鬼魂复仇。

[⑦] 《魔地》(或译为《中了邪的地方》)突出"奇迹"均发生于"受魔法圈定的地方"或"中了邪的地方"的主题。

《维》①(1835)仍不失为这种类型的鲜明体现。讲习班学员霍玛·布鲁特被迫长时间骑在奔跑的女巫背上的情景,以及维和其他"不洁力量"都刻画得十分自然。果戈理这一时期的创作充盈着毫不做作的欢快情调、自然纯朴的真诚情感以及略带狡黠的幽默,被称为是"开采了小俄罗斯传说和俏皮话的宝藏"②。作为"自然派"鼻祖,果戈理的《肖像》③(1835)、《鼻子》④(1842)、《外套》⑤(1842)等作品增加了现实主义艺术手法,但它们仍被纳入这一类型。我们知道,在这些作品中,果戈理以眼睛、鼻子、外套等为载体,以其特有的神话思维创作了现代版神话。这与人类文明早期,原始人物我不分,或是以自己身体部位代替整体,认为头、鼻子、手指,甚至唾液、头发、眉毛、名字都具有神性的思想相关联。而希腊神话中的独眼巨人、百眼巨人、毒眼以及许多神也因拥有异于常人的身体器官而具有非凡的本领。

第三,基于个体模式的神话主客观结构。英国浪漫主义诗人拜伦(1788~1824)的两部戏剧式诗歌(或称之为诗剧)《曼弗雷德》(1817)、《该隐》(1821)就属于这种类型。在《曼弗雷德》中,同名主人公曼弗雷德从小就是一个落落寡合之人,壮年的他独居在阿尔卑斯山的大自然中。在这纯神话般的环境氛围中,为数众多的大自然神灵都屈从于他,但他并没有成为他们全部的主宰,与此同时,他却完全与社会隔离。曼弗雷德被生命的空虚所困扰,无论在哪儿都无法找到满意的答案,于是,他决意走自我毁灭的道路,既不屈从于魔鬼,也不祈求上帝。曼弗雷德认为"我"是绝对自足的,毫不需他物相助,但最终他未能逃脱气绝身亡的悲剧。在诗剧《该隐》中,作者对主人公多有赞美之意。在此,该隐是具有反叛精神、反对专制神权的英雄。他不仅与神,而且与所有权威进行着不懈的斗争,但并未有益于人民,他仍然是一个孤独的个体。莱蒙托夫的《恶魔》(1829~1841)同样也刻画了高傲的个体形象,他冷淡,仇视一切,与上帝对抗,但最终亦未能得到心爱之人塔玛拉,他仍然是一个只意识到自我存在的孤独的个体。

第四,基于道德的神话主客观结构。奥斯卡·王尔德⑥的《道连·葛雷的

---

① 《维》借鉴民间死尸还魂害人的恐怖传说。
② 〔俄〕果戈理:《果戈理全集第一卷:狄康卡近郊夜话》,白春仁译,合肥,安徽文艺出版社,见内容提要。
③ 《肖像》描述的是魔鬼将灵魂保存在画像中诱惑人类堕落的故事。
④ 《鼻子》描写了热衷于升官发财的少校丢失鼻子的惊恐以及找到鼻子却又安不上的愁苦。
⑤ 《外套》描述的是被压榨的小公务员死后变成鬼抢劫外套报复人类的故事。
⑥ 奥斯卡·王尔德(1854~1900):英国剧作家、诗人、散文家,被誉为"才子和戏剧家"。除了剧作、诗歌、小说以外,他的童话创作也备受读者青睐,被誉为"童话王子",著有童话集《快乐王子故事集》、《石榴之家》。

画像》(1891)是这种类型的最好例证。美少年道连·葛雷的好友为其画了一幅肖像,道连说,如果可以永葆青春,而让这幅画像变老,他愿意拿灵魂换青春。愿望实现后,小说主人公陷入了无尽的享受和自我放纵之中,这是环境影响和追求享乐的必然结果。道连所有非道德的享乐后果都映射在他的画像上,青年时的纯净、高尚以及诗意背景下的美少年,如今已经变得丑恶不堪,难以入目,就连其本人亦因无法忍受而用刀子将画像划破。这与作家本人的审美取向息息相关,王尔德所生活的时代,由于过分讲究道德意识,从而束缚了大众。在虚假的传统礼教下,人们压抑地生活,到处充斥着虚伪的论调。在王尔德的童话故事中同样可以发现这类神话模式。在《快乐的王子》(1888)这部作品中,王子有着美丽的容颜,他的肖像含有唯美夸张的成分,但随后的故事表述却直接推翻了这种唯美感。深爱王子的小燕子由于寒冷死在他的脚下。最后天使得到上帝的吩咐,王子的铅心和死去的小燕子都被送到上帝面前,他们在上帝的乐园里得到了幸福。

第五,基于社会—历史模式的神话主客观结构。这类形象有埃斯库罗斯《奥瑞斯提亚》(约公元前458)中的阿波罗、厄里尼厄斯、雅典娜·帕拉达等,其中阿波罗是父权制的代表;厄里尼厄斯是母权制的代表;雅典娜是长老会的创建者和代表者,是国家体制以及民主意义上的国家体制的象征。涅克拉索夫的诗篇《铁路》(1864)中反映了铁路以及世界上一切财富都由劳动人民所创造,但世界的创造者却处于奴隶地位,铁路的真正建筑者遭受着残酷的剥削和压迫,在非人的劳动中被折磨致死,这些人就是被压迫的劳动人民的象征。高尔基的《海燕之歌》是对即将到来的革命(1905年俄国革命)的预言。

第六,基于宇宙概述的神话主客观结构。在文学作品中,神话达到最大程度的概述主要体现在描绘对象的自然哲学和宇宙学特征。洛谢夫列举了将这一类型特征贯穿始终的三部世界文学作品。它们是:但丁的《神曲》(1307～1321)、歌德的《浮士德》(1768～1832)、瓦格纳的《尼贝龙根指环》(1876)。此外,洛谢夫指出,安年斯基的《劳达米亚》(1906)、索洛古博的《聪明蜜蜂的赏赐》(1913)、维亚·伊万诺夫的《坦塔尔》(1905)、《普罗米修斯》(1919)等作品也拥有这种巨大的概述力量。

由此可见,洛谢夫的神话内容分类与学界不同,以往学者多基于主题,大致主张以下几种神话归类:(1)起源神话,包括宇宙、创世、末世、风俗习惯等起源。(2)文明英雄神话,为人类带来文明的神话,如古希腊神话的英雄普罗米修斯为人类带来了火。(3)救世主和至福千年神话。(4)时间和永恒的神话。(5)天意和命运的神话。(6)再生和复活的神话。(7)记忆和忘却的神话。(8)上帝和天神的神话。(9)国王、宗教创造者和其他宗教人物的神话。(10)隐修士的神话。(11)变形神话等等。由于参照对象不同、视角不同，对神话的分类也千差万别，但多角度了解，对理解洛谢夫的观点仍具有一定助益。

二　洛谢夫的音乐神话观

洛谢夫将音乐视为神话。他对音乐的热爱，一方面来自父亲的遗传。父亲虽为中学数学教师，但同时亦是一位出色的小提琴手及乐队指挥。洛谢夫秉承了父亲的音乐天赋，在中学学习的同时，他也在私立音乐学校学习小提琴，师从意大利人、佛罗伦萨音乐学院的获奖者斯塔吉。另一方面，洛谢夫对音乐的热爱来自象征主义学派的影响。20世纪初，俄国象征主义者深受世纪之交各艺术门类相互交融理念的影响，他们将诗歌、小说、音乐、哲学等领域结合融入创作，致力于探索求新求异的艺术形式。其中，表现突出的是，将"诗歌、音乐、哲学"视为不可分割的三位一体，借助于象征、寓意等艺术手法，彰显作品的音乐性（音乐精神）。诸多象征主义者将对音乐的理解进行了深度的理论阐释或是践行于创作实践。如安德烈·别雷说道："音乐能理想地表达象征，因此象征永远是音乐性的。"[1]勃洛克亦多次强调艺术家要倾听世界乐队奏出的音乐的轰鸣，为追求诗歌（如《十二个》）的音响效果，他引用了大量古语、方言甚至写入不加翻译的外语。勃留索夫有借鉴民间快板诗的音韵技巧的尝试。巴尔蒙特突出运用连续的辅音重复，进行超长诗行的探索。

在这种时代环境下，象征、音乐也成了洛谢夫不可避免的学术研究点，音乐对其来说有着强烈的哲学启示意义。除了上述提及的《关于爱情和大自然的音乐感》（1916）、《理查德·瓦格纳歌剧的哲学阐释》（1921），洛谢夫与音乐有关的创作还有《作为逻辑对象的音乐》（1927）、《艺术形式辩证法》（1927）、《古希腊音乐美学》（1960～1961）、《音乐哲学的基本问题》（1978）、《理查德·瓦格纳美学世界观的历史意义》（1978）等论文和论著。此外，《古希腊罗马美学史》（1963～1994）中亦有部分章节运用哲学、语文学方法，精细地分析了音乐作为一门独立文化的生成问题，阐释了音乐的古希腊起源问题。在本节研究中，我们首先对洛谢夫的音乐本质、音乐理论观做一定梳理，然后对他所分析的瓦格纳、斯克里亚宾以及里姆斯基-克

---

[1] 李毓榛：《20世纪俄罗斯文学史》，北京，北京大学出版社，2000年，第9页。

萨科夫等人的音乐创作特点进行阐释,从而有助于理解洛谢夫所塑的音乐神话。

(一)洛谢夫的音乐神话理论探索

在《作为逻辑对象的音乐》一书中,洛谢夫写有"音乐的神话"专章,据说,这是从德国作家的文集中借鉴来的一个标题。在霍夫曼的人物之音乐的启示和幻象下,洛谢夫的意图显而易见。音乐具有诱惑力、吸引力,在这里,洛谢夫在论述了抽象思想与音乐体验的相互关系后,从纯神话的视角谈及了音乐的本质。可以说,洛谢夫精心构建了对音乐的狂喜和颂扬,但他诉诸有趣的文学方法,力求从"神话的视角"表述音乐的本质。

洛谢夫认为,音乐排除逻辑意识和认知,在音乐中,空间和时间观念被消除,这一观点与列维-斯特劳斯[1]所持有的音乐是"消灭时间的工具"有一定契合。在洛谢夫看来,客观上,音乐如同数学科学的特点;主观上,音乐如同逻辑建构的范畴和过程。音乐不是与空间,而是与纯粹体验相关联,这一关联的存在形式是时间,但该时间已经不是言语所谈及的物理时间。物理时间是确定的时间,可以用时钟测量;而音乐的内在时间首先是不可被分解的存在,是它的汇聚,是关涉永恒的思考。所以,音乐总是体现为某种统一的东西,是连续不断的时刻,音乐的时间是以某种方式把连续的部分重新统一起来。由此,欣赏一段乐曲绝不是只听它的第一个音,然后把它忘掉再倾听第二个音……另外,洛谢夫还将音乐的内在时间与数关联在一起,他指出:"时间是数的延续和生成","时间是一定意义的流动和生成"。[2]他视生成为音乐现象的第一实在。当然,只有运用辩证法才能真正把握生成的本质,"生成就是连续性与间断性、接连不断性与间隔性的辩证融合,或者,一般而论,生成就是产生和消失、来临和离去、诞生和死亡的辩证融合"[3]。进一步,洛谢夫对音乐做了数的逻辑的分析,指出音乐本质的二律背反特点及其神秘能量的宗教源头。数的生命就是音乐的本质,这是洛谢夫在《作为逻辑对象的音乐》一书中的核心思想之一,从中我们不难看出,古希腊哲学,特别是毕达哥拉斯学派的影响。毕达哥拉斯力图用数来诠释世界。数是万物的原理和生成之本,决定事物的性质和力量。毕达哥拉斯把

---

[1] 列维-斯特劳斯(1908～2009):法国著名社会人类学家、哲学家、结构主义人类学创始人。著有《结构人类学》(1958)、《野性的思维》(1962)、《神话学》(1964～1971)等。

[2] Лосев А.Ф., Музыка как предмет логики // Из ранних произведений, М.: Правда, 1990. C. 310～311.

[3] Лосев А.Ф., Основной вопрос философии музыки // Философия. Мифология. Культура., М.: Изд. политической литературы, 1991. C. 324.

数应用于音乐,他认为,乐谱之间存在一定数的比率,噪音如果实现了数的和谐也会变成一种音乐。而洛谢夫早期的音乐哲学正是旨在揭示追求和谐与美的人的精神志向的意义,以及探索庄严的和音。

从原因和目的的视角来看,音乐的存在是什么呢?我们知道,音乐的世界存在于人的理性之外,并不屈从于人的理性。洛谢夫认为,音乐所揭示的存在,消除了一切逻辑对立,溶解了意识的所有形式。存在,是渗透着意识的存在。音乐,摒弃个体局限的视野,复活高远的、无所不知的东西。音乐所揭示的世界,透过存在和意识,使得一切得以滋生,但一切并非遵循规律而形成,甚至可能是彼此对立的事物相互结合。由此,音乐中所见的存在,不仅是痛苦—甜蜜的,它还是一个意识和无意识、认知和对象的统一与综合。

音乐的存在是永恒的追寻,这展现于其内在的、非日常的时间里。这个时间完全是多相的,与科学的、逻辑的时间对立。它可以压缩和扩展,尽管没有形式,但它是存在本身,它具有永恒的可变性和流动性,它是永恒的努力目标。在洛谢夫的归纳中,音乐的存在,可以说:(1)首先,音乐是最大的混沌(xaoc),或者,根据音乐综合和统一的原则,它同时也是最大的秩序和宇宙(космос)①,可以说,它是永恒的不懈努力、痛苦的自我愉悦,投入混沌与宇宙的游戏。在洛谢夫看来,斯克里亚宾的"神圣之诗"、"狂喜之诗"和"火之诗"(又名"普罗米修斯"),瓦格纳的"莱茵的黄金"序曲、"齐格弗里德"中的第二幕"森林的窃窃私语"②(清晨,万物苏醒的前兆)和"女武神的飞行"(混沌的风暴和雷霆肆虐的轰鸣,舞动的和陶醉的宇宙),里姆斯基-克萨科夫的"天方夜谭"以及李斯特、贝多芬的许多作品都是如此。(2)音乐的存在作为世界的意志,逻辑般地被标记着。欲望和意识、意识和存在的联合不是别的,而正是意志。(3)音乐的存在是永恒的无面貌和一切的面貌的统一,是严格的定律同时也是无规律可循的。总之,音乐的纯粹存在,联合空间—时间层面含纳世界和意识的一切对立,它消除包罗万象的人类的和世界的对立——上帝和世界的对立。音乐的绝对存在同时也是世界和上帝的存在。

纯粹音乐的存在不受理性的束缚,没有任何目的。因此,音乐的世界,是痛苦、甜蜜的世界,这里没有割裂的情感,欢乐和悲伤、快乐和惆怅、欢快和忧伤、甜蜜和痛苦都是彼此渗透的;是缺乏逻辑定义和标准的世界;虽然不曾划分意识和存在,但完全是某种综合和持久聚结的世界;是永恒的愿望和意志、自我摧毁和消耗、永恒的创造和复活的世界;完全是神(上

---

① космос(宇宙)这个词源自希腊语,意指"秩序"或"好的秩序",与xaoc(混沌)相对立。

② "森林的窃窃私语"(Waldweben)该乐曲常在音乐会上单独演奏。

帝）和它的充满激情的生命和渴望的世界，其中消融、综合、重新合并了自然和人、定数和神、历史和绝对的普遍的命运。此外，音乐的世界也是无原则、永恒娱乐、无缘由的世界；音乐的世界，融入了开始和结束，没有度量和限量；音乐的世界，是调皮的梦想；音乐的世界，是多变的海、启示的深渊。在洛谢夫看来，这就是音乐和音乐的激情。我们也从中理解了音乐的不同寻常以及体验的无限性。

对无形的音乐进行哲学思维是洛谢夫音乐研究的一个特点。音乐的无限生成并不意味着音乐不能表达稳定的形象。音乐与形象是构成一切真正艺术的基础，透过它们可以深入存在的本质，洛谢夫对音乐理论和美学的兴趣也正源于此。与俄国象征主义者一样，洛谢夫也认为，从经验感受进入哲学体悟，才可参透音乐的本质。洛谢夫指出："有些人抱有成见，认为音乐只是单纯的娱乐消遣，而与对世界的哲学性理解全然无关，他们对于这个问题（指区分）的回答是不会明白的。我只能告诉那些像感受启示一样感受过音乐的人，在感受到启示之后，音乐就会呈现出本已司空见惯、看似单调乏味的日常生活的引人入胜的最深层本质。在音乐光芒的普照下，我们渺小、自私的感受突然间变成了我们躯体隐秘深处的根深蒂固的爱。我们凶恶的、不怀好意的仇恨，突然间变成了对自身隐含着的通向地狱的机会和对地狱般的往昔的仇恨。流变着的心灵，充满了激流，完全等同于这样或那样的音乐和弦或音乐和谐，时而贫乏寂静，时而狂暴高傲。这还不是形而上学。这仅仅是经验心理学的事实。对我们来说这通常是看不见的，因为通常在平淡无奇中看不出什么；生活对于我们，无论是真实的，还是隐私的，只是抽象和概念。只有在音乐中，在与生活面对面时，我们才能看见我们对抽象的倾斜，并且看见在各种感受中的全部简单明晰的现象怎样与世界心灵的最深层神秘主义根基紧密相连，这世界心灵在每个小小的人的个性中跳动。"[1]由此可见，音乐不是纯粹的娱乐消遣，音乐的感受与对世界的哲学性理解是彼此相关的，"从非逻辑的音乐本身生成逻各斯和神话"[2]。

学术界亦注意到了洛谢夫《作为逻辑对象的音乐》一书中的音乐神话观念。如学者加马尤诺夫（М.М.Гамаюнов）在其会议报告[3]中指出，洛谢夫的音乐观念与索洛维约夫、叔本华、尼采思想的关联，关注了"舞蹈、精

---

[1] 王彦秋：《音乐精神——俄国象征主义诗学研究》，北京，北京大学出版社，2008年，第67页。// 参见Лосев А.Ф., Форма. Стиль. Выражение. М., 1995, С. 318.

[2] Лосев А.Ф., Форма. Стиль. Выражение. М., 1995, С. 470.

[3] Гамаюнов М.М., Музыкальный миф в книге Лосева "Музыка как предмет логики"// Конференция «Алексей Федорович Лосев и проблемы античной культуры» («Лосевские чтения-91»; Москва, 22～24 мая 1991).

神压力、永恒—未婚妻—纯洁—黑夜—纯洁的少女"等主题,他甚至得出洛谢夫的音乐神话的必然路径是走向索菲亚的象征之结论。

除了对音乐本身的探讨,洛谢夫对理查德·瓦格纳(Рыхард Вагнер)、斯克里亚宾(Скрябин)、里姆斯基-克萨科夫(Римский-Корсаков)等人的音乐作品的阐释同样体现了他在该领域的许多独特理解。

(二)瓦格纳音乐的影响

1919年,洛谢夫作为教授到下诺夫哥罗德大学教授古典语文课程,他还定期出席该校的入学考试,同时也举行一些公开讲座,主要涉及音乐方面的问题。20世纪20年代初期,洛谢夫成为国立音乐科学研究院正式成员。在被捕之前,他是莫斯科国立音乐学院音乐美学教研室负责人。关于音乐内容的文章,他关注最多的是瓦格纳[①]和斯克里亚宾的作品。

20世纪初,俄国象征主义者对音乐的倾心,受到音乐领域,尤其是德国后期浪漫主义音乐的重要代表——理查德·瓦格纳的理论革新和创作实践的影响。瓦格纳的复活古代戏剧、再造音乐神话的理论和实践以及其哲学思想都深深影响着俄国象征派,他们把瓦格纳视为复兴现代艺术的第一位使者。瓦格纳创作的视觉与听觉的综合以及对自然力量的表现,对象征派具有很大的吸引力和示范性,其歌剧中的神话形象在象征派诗人笔下得以延续和再塑。在象征主义者看来,音乐即世界本质(勃洛克语),音乐是最理想的象征(别雷语),音乐是最具魔力的艺术(巴尔蒙特语)。

按照洛谢夫的看法,象征主义者与瓦格纳的"共鸣"主要体现在,对当时欧洲所经历的灾难的体验;对改造人类世界之革命的模糊预言;对神话英雄主义的宇宙学意义的提升;对征显基督教本质的爱之救赎力量的信仰,以及"整体艺术品",即一切艺术最大限度的综合等理念。所以,20世纪的最初10年,在俄国首都彼得堡的舞台上演出瓦格纳的歌剧是当时音乐生活中的大事。

在评价瓦格纳的创作时,洛谢夫写道:"我接受过一些音乐教育,我曾多次手拿总谱听过《指环》,并在其页边记下我当时认为是珍贵和重要的东西。带着自己哲学—音乐的激情,我当时得出的结论是:这是一位伟大的作曲家,一位预言了欧洲资产阶级文化灭亡的思想家。现在,自第一次听瓦格

[①] 理查德·瓦格纳(1813~1883):德国作曲家、音乐戏剧家。他是德国歌剧史上举足轻重的人物,前面承接莫扎特、贝多芬的歌剧传统,后面开启了后浪漫主义歌剧作曲潮流,理查德·施特劳斯紧随其后。其主要作品有《罗亨格林》(1850)、《特里斯坦与伊索尔德》(1865)、《纽伦堡的名歌手》(1868)、《尼贝龙根的指环》(1876)等。

纳的启示时间算起已经过去几十年了，我很清楚，无论瓦格纳本人还是他的仰慕者，都具有在黄金、资本不断积累的时代所体味的世界死亡意识。"①

20世纪80年代，当被问及为什么喜欢瓦格纳的音乐时，洛谢夫答道："瓦格纳第一个传达了西方人的灾难。这种生活的灾难，就是当人按照制定的制度起床、吃饭、喝酒、睡觉，最后还有精神的空虚"②。瓦格纳对悲剧情有独钟，他的创作表现了19世纪人们开始反对整齐划一，反对机械的统治，开始追求、展示和彰显个性。

在《理查德·瓦格纳歌剧的哲学阐释》一文中，洛谢夫对瓦格纳的歌剧《尼贝龙根的指环》的神话成分做了诠释。该歌剧根据北欧神话改编，由《莱茵的黄金》、《女武神》、《齐格弗里德》、《诸神的黄昏》四幕完整剧目构成。从巴伐利亚国王路德维希二世出资赞助专门兴建拜罗伊特节日演出剧院，到瓦格纳亲自挑选歌手，再到由德国各大剧院征招选来的最佳音乐家组成的乐团，这些足以见出瓦格纳对倾注其毕生心血的这部歌剧的十足信心和希望得到认可的期许。

尼贝龙根（"尼贝龙"一词的复数）在古代北方语言中指居住在死亡国的人。尼贝龙之宝（黄金）在北欧神话中蕴含着诅咒之意，谁得到它就意味着成了尼贝龙，必须到死亡国去。瓦格纳的歌剧故事就是从环绕尼贝龙根的侏儒——阿尔贝里希的两个不祥诅咒展开的。第一个诅咒，即阿尔贝里希诅咒爱情，他以抛弃爱情为条件，希求获得无限权力。他偷走莱茵三女神守护的黄金，并将其打造成可以让他统治万事万物的指环。然而，希望统治世界的众神之王沃坦却狡猾地设计偷走了指环，但恶有恶报，沃坦骗了人，自己也被人所骗。巨人法索尔特与法夫纳两兄弟得到他的命令建造城堡瓦尔哈拉宫，以供诸神居住，工作的报酬是他们可以得到美丽的女神、沃坦的妻妹弗莱娅。宫殿建成后，沃坦却食言毁约。在阴谋家火神洛格的唆使下，巨人两兄弟以放弃人质——弗莱娅女神（即放弃爱情）为条件，要求得到代表统治世界的黄金与指环作为报酬。第二个诅咒为被激怒、被迫交出指环的阿尔贝里希所宣称的那样，他给指环加上了可怕的诅咒，即拥有指环的人一定会被别人所杀。果然，在得到被加了诅咒的指环和财宝后，法索尔特也就成为第一个受害者。巨人兄弟在分配战利品时起了冲突，弟弟法夫纳杀死了哥哥。剧终部分，众神之王为指环的魔力所震惊，当诸神列队进入新落成

---

① Лосев А.Ф., Дерзание духа, М.: издательство политической литературы, 1988. С. 259～260.

② Бибихин В.В., А.Ф.Лосев о литературе вообще и о Вяч. Иванове в частности. // Вячеслав Иванов – творчество и судьба. М., 2002. С. 288.

的城堡时，传来莱茵三女神从河底发出的哀叹黄金被窃、思念黄金的悲歌。（此为《莱茵的黄金》情节概述）

在《尼贝龙根的指环》中，洛谢夫感受到了"爱和情欲的最后张力"，在"爱、死亡、生命和混乱"中，发现了一和一切。《尼贝龙根的指环》中的观念，即整个"存在的辩证法"、"世界的辩证法"，对洛谢夫来说，就是习以为常的哲学—神话的第一原则——深渊、混乱、一切、一、原初统一。

19世纪浪漫主义专注于一切艺术融合起来的观念。"艺术的综合，尤其是'泛音乐式'的艺术综合，成为该时代艺术的一面旗帜。"[1]瓦格纳提出的"整体艺术品"的思想正是这一时代精神的代表，他在《未来的艺术品》一文中倡导，艺术的宗旨是尝试把文学、艺术、音乐、哲学等都结合起来，综合艺术各门类，创造包罗一切的艺术。瓦格纳借助作品，用"综合"的艺术途径来理解和体验现有的世界，他致力于艺术的理想境界，这种新的艺术探索吸引着当时的观众。但瓦格纳的浪漫主义是与现实主义相结合的。思想上的浪漫主义者，行动上的现实主义者，兼作曲家、戏剧家、哲学家于一身的瓦格纳，他的歌剧题材——神话、神都源于现实之物，为人类所敬畏。如果说，从威尔第到莫扎特，作曲家们在歌剧音乐中表现的多是剧中人物的心灵以及他们的欢乐与痛苦，那么，可以说作曲家们所创作的是人物的戏剧。与之不同，瓦格纳的作品多取材于神话与传说，主要是源于德意志的民间神话，"他试图以原始形式的观点看待神话，并将其看作是一种观念，一种哲学"[2]。所以，莫扎特、贝多芬等人的音乐多半会引发听众感应音乐，在心中激起情感共鸣，从而创造一定的意境和想象；而瓦格纳的音乐则没有这种自由，他试图提供全面的叙述，给予听众现成、完整的东西。

（三）斯克里亚宾的音乐哲学

就隐秘的实质而言，哲学和音乐对洛谢夫来说都与探索生命的意义紧密关联。借鉴索洛维约夫哲学那种直觉、直观而又不失鲜活的方法，洛谢夫对待音乐的感受亦如此。与同时代人相比，洛谢夫更加强烈地感受到音乐的世界感受就是生活。我们知道，洛谢夫早期的学术活动始于第一次世界大战前。"世纪末日"感、文化危机感、特殊的时代、精神氛围，使得人们紧张地探求精神生活支柱。作为思想家，作为民族思想家，洛谢夫正是通过音乐、通过古希腊文化来表达对其所生活时代的文化的担忧，以及期冀为精

---

[1] 张冰：《白银时代俄国文学思潮与流派》，北京，人民文学出版社，2006年，第116页。

[2] 吴文瀚：《神界的黄昏——十九世纪浪漫主义艺术大师瓦格纳创作分析》，郑州大学硕士学位论文，2003年，第26页。

神生活而斗争的思想，这也使他的音乐批评避免刻板和落入俗套。从另一方面来看，这也凸显了洛谢夫音乐研究的一个重要特点，即对无形的音乐进行哲学思考。洛谢夫对音乐生活力量之感受体现为，他对音乐世界感受的哲学意义的揭示以及整体上将音乐视为精神现象的分析。由此，洛谢夫分析音乐现象时，既有音乐家周详的职业知识，又渗透着精微的哲学分析，他将这两个方面综合在一起用于自己的研究目的。

在瓦格纳的"综合"音乐——俄国象征主义者的"音乐精神"（音乐神话）——斯克里亚宾的音乐哲学这条线索中，如果说，瓦格纳是俄国象征主义者音乐神话再造的前导，那么，斯克里亚宾就是音乐神话再造的后继。而洛谢夫和象征主义者的关联也是确定无疑的，共存于同一种文化土壤、同样的时代生活背景、同样紧张的精神探索氛围中。对于生活支柱的建构，一些人在社会活动中积极地寻求，一些人追求灵魂的安宁，一些人在神秘的建构中寻找。象征主义者则寄希望于音乐，尝试在音乐中揭示存在的隐秘意义，期冀在喧嚣的现实生活中，以音乐（声音）的形式，寻找和体现"存在"的外观面貌。斯克里亚宾的音乐、哲学观与象征主义有着某种亲缘的关联，在很多方面有相交点。这也正是洛谢夫关注斯克里亚宾的一个缘由。

亚力山大·尼古拉耶维奇·斯克里亚宾（1872~1915）是俄罗斯著名作曲家、钢琴家、诗人、哲学家。与出于同一师门、同样著名的拉赫玛尼诺夫（С.В.Рахманинов）[①]所强调的准确有力和理性的钢琴音乐不同，斯克里亚宾突出的是感性绚丽的钢琴风格。后来，斯克里亚宾受到尼采以及通神论观点的影响，迷恋上东方神秘主义哲学，开始把音乐当作某种神秘的宗教仪式来思考，并在创作中大胆尝试，这种哲学、宗教和音乐抽象结合的神秘主义风格成为其后期作品的主要特点，也是他将历史、现实和未来等多元要素组合在一起的一种音乐尝试。斯克里亚宾不仅在钢琴演奏方面有着卓越成就，而且在音乐创作方面留下大量音乐文献，从而使其影响遍布世界。日托尔斯基（Д.В.Житомирский）在其专论《斯克里亚宾》中指出斯克里亚宾创作的三个基本特性："浪漫精神的活跃"、"艺术思想的包罗万象"以及"把艺术化为行动的意向"。[②]

时代背景和文化环境对斯克里亚宾世界观的影响及音乐成就的作用是

[①] 拉赫玛尼诺夫（1873~1943）：伟大的俄罗斯作曲家、钢琴家、指挥家。其作品主要有：《第二钢琴协奏曲》（1901）、《第二交响曲》（1906~1907）、《第三钢琴协奏曲》（1909）、《彻夜祈祷》（1915）、《帕格尼尼主题狂想曲》（1934）等。

[②] 〔苏〕叶·奥尔洛娃：《阿·恩·斯克里亚宾》（选译《俄国作曲家评述》一书），蔡铭璞译，《南京艺术学院学报》1987年第4期，第41页。

不可估量的。特别是19世纪末20世纪初，斯克里亚宾创作观念的形成期，柏格森[①]的直觉主义哲学、弗洛伊德[②]的"潜意识"精神分析理论、叔本华[③]的悲观主义和"生命意志"理论以及尼采的超人哲学、权力意志等观念，都对斯克里亚宾的思想观念有着深层的影响。而俄罗斯本土在世界之交，是"白银时代"的辉煌时期，各种学说流派并存，这对文学艺术产生了相当大的影响。各艺术门类，如诗歌、音乐、绘画等相互交融。哲学、文学、音乐、美术等融合的"综合艺术"在俄罗斯有了赖以发展的优良土壤，斯克里亚宾的《火之诗》（又称《普罗米修斯》）就是将音乐、色彩（美术领域）融于一体的实践。从某种程度而言，斯克里亚宾将瓦格纳的"整体艺术"宗旨向前推进了一步。由此可见，时代背景和东西方文化的碰撞对斯克里亚宾的音乐创作有着直接的影响，其创作既有时代的烙印，又有民族的痕迹。斯克里亚宾借助音乐这一载体，表达其理想。由此，学界的评论是毋庸置疑的——"斯克里亚宾的创作，就其总体来说，乃是自己时代最富特征的现象，反映出了时代的紧张的社会脉搏及其哲学—美学方面的探索"[④]。

洛谢夫赞誉斯克里亚宾对革命以及欧洲诸神之死的预言。从斯克里亚宾的作品中可以体味出欧洲的死亡、"旧制度"的摧毁，这不是政治性的，而是更为深刻的欧洲神秘本质的消亡，它的机械的个人主义以及小市民的自满的消亡。当自身内部腐烂、个人主义转向自己的否定面（借鉴黑格尔的观点）时，政治制度也就无法抵制这一切。洛谢夫所分析的斯克里亚宾的这种对待革命的态度以及他对革命彻底性的欣赏，使我们很容易联想到帕斯捷尔纳克的小说《日瓦戈医生》的主人公对非庸俗化的社会变革本质的比喻和赞叹："这是多么高超的外科手术啊！一下子就出色地把发臭多年的溃疡全割除了！"[⑤]

当然，洛谢夫尤为关注的是斯克里亚宾作品所体现的哲学思想和宗教意蕴。斯克里亚宾自幼就对哲学感兴趣，但其只能算作哲学爱好者，并非是

---

① 柏格森（1859～1941）：法国唯心主义哲学家，直觉主义和生命哲学的代表。著有《物质与记忆》（1896）、《创造进化论》（1907）等。

② 弗洛伊德（1856～1939）：奥地利心理学家、精神分析学派创始人。著有《梦的解析》（1900）、《精神分析引论》（1910）、《图腾与禁忌》（1913）等。

③ 叔本华（1788～1860）：德国著名哲学家、意志主义创始人，持悲观主义观点，主张禁欲忘我。著有《作为意志和表象的世界》（1814～1819）等。

④ 〔苏〕叶·奥尔洛娃：《阿·恩·斯克里亚宾》（选译《俄国作曲家评述》一书，蔡铭璞译，《南京艺术学院学报》1987年第4期，第41页。

⑤ 〔苏〕帕斯捷尔纳克：《日瓦戈医生》，王希悦译，哈尔滨：北方文艺出版社，2013年，第174页。

严格意义上的哲学家，他没有接受过系统的哲学教育，不属于任何哲学派别，然而斯克里亚宾却有着超常的抽象思维、超常的直觉感悟，他书写了大量哲学笔记，他对唯心主义、唯物主义、宇宙主义、神秘主义都有探究。"按本性，他（指斯克里亚宾）应该是一个哲学家、诗人、心理学家，但他偏偏成了有着'神秘主义'称号的作曲家……"[①]斯克里亚宾创作的宗教意蕴与其本人的宗教偏执有着不可分割的关系。虽然斯克里亚宾笃信宗教，但找不到他去教堂礼拜或在家中祷告的记载，他的信仰不是外在的形式，而是关注于精神方面，他恪守的是与上帝的精神交流，进而在神思中达到精神的升华，音乐是其神秘主义感觉的最好载体。斯克里亚宾的诗作三部曲《神圣之诗》、《狂喜之诗》、《火之诗》（又名《普罗米修斯》）以及作为综合性戏剧的宗教仪式剧《神秘剧》等作品，都是致力于神秘主义音乐和宗教体验的尝试，音乐实现了他在艺术与宗教之间的平衡架构。

在《斯克里亚宾的世界观》（1919~1921）[②]一文中，洛谢夫探幽作曲家的思想世界，对体现在其音乐中的哲学世界观进行了独特的剖析。文章分为两部分，第一部分主要表述作曲家的思想，并有阐释和评价。在斯克里亚宾这里，多神教的宇宙论和基督教的历史主义离奇地混合在一起。洛谢夫将斯克里亚宾视为哲学家，从其世界观的理论视角，他得出如下结论：斯克里亚宾这位哲学家融入了"我"、认识论和形而上的个性，不仅其创作，甚至其个性及世界观，都是西欧哲学及神秘主义的代言。从逻辑上讲，他完善了西方的世界观，且大胆果敢地揭示了一言未尽的以及可再挖掘的潜能。由此可见，斯克里亚宾出色地实践了在音乐创作中追求"超音乐"的东西，他试图在其作品中表现神秘主义观念、超验的宗教体验、奇异的音响效果。针对这一主题，洛谢夫所表达的观点与萨巴涅耶夫（Л.Сабанеев）、普列汉诺夫（Г.В.Плеханов）、阿里什凡格（А.А.Альшванг）等一些思想家的观点明显不同，显示了其新颖和独特之处。

文章第二部分，洛谢夫主要揭示了斯克里亚宾的内心世界和创作特点。这里作者着重呈现作曲家的哲学的自我意识与音乐体验内涵之间的差异。学界经常将斯克里亚宾视为一个纯唯我论者，两个"我"融于自身，一个是无政府状态（混乱）的、独断独行的自我个体，另一个是探求通向世界的、超个性之路的"我"。在洛谢夫看来，斯克里亚宾的唯我论，不是形而

---

① 宋莉莉：《"用音乐反映他的时代"——斯克里亚宾音乐观念的历史成因探微》，《南京艺术学院学报》2011年第3期，第75页。

② 这篇哲学概述后来登载在《对辩证法的热衷》一书中。// Лосев А.Ф., Страсть к диалектике, М.: Советский писатель, 1990.

上的，而是认识论的。换句话说，他的唯我论证实了一个真理，即只有通过主体创作的棱镜才有可能认识和理解世界。

斯克里亚宾在日记中曾写道："世界就是我的活动、我的创作、我的愿望的（随心所欲的）结果"；"除了我的意识，一切都不存在……它就是宇宙的主宰……"[①]不可否认，斯克里亚宾这种唯我论思想与其成长的家庭环境有很大关联。斯克里亚宾的母亲虽然是一位曾受到柴可夫斯基等行家称道的音乐家、作曲家，但由于她过早去世，其父亲又常年在外，所以，斯克里亚宾是由祖母和姑妈抚养长大的。由于父母不在身边，亲人的溺爱、娇惯使其养成了以自我为中心的性格，以至长大后经常我行我素，狂妄不羁。这种以自我为中心的意识观念，从另一个侧面也带来一定益处，即使其创作免于因循守旧，走出了一条与众不同的音乐之路。

斯克里亚宾的独特个性使其将许多罕见的对立联合到一起：个性的无政府主义和多神教的宇宙论，发狂、神迷和在世界的"精灵"中消融。洛谢夫表达了倾听斯克里亚宾音乐的感受：想投入某个深渊，想从原地跳起，做某种不同寻常、可怕的事，想折断和抽打、想打死，成为破碎不堪的。一切都沉入色情的疯狂和激情中。[②]

总之，激进、大胆、新颖、独特、肆无忌惮成为斯克里亚宾创作的标签。斯克里亚宾以音乐为载体表达其神秘的世界理念，呈现出独特的音乐气质，"神秘主义"音乐成为其晚期创作的重要标志。这也是洛谢夫评价其创作的艺术价值和哲学高度的缘由。

（四）里姆斯基-克萨科夫的民间歌剧

尼古拉·安德烈耶维奇·里姆斯基-克萨科夫（1844~1908）是俄国著名作曲家，卓越的音乐教育家和社会活动家，强力集团[③]成员。他的一生经历了克里米亚战争、1861年农奴制改革以及1905年的俄国革命等许多重要事件。

里姆斯基-克萨科夫于1844年生于诺夫哥罗德省齐赫文市一个贵族家

[①]〔苏〕叶·奥尔洛娃：《阿·恩·斯克里亚宾》（选译《俄国作曲家评述》一书），蔡铭璞译，《南京艺术学院学报》1987年第4期，第42页。

[②] Фарбштейн А.А., Музыка как философское откровение (к проблематике ранних работ А.Ф.Лосева по философии музыки) // А.Ф.Лосев и культура 20 века, М.: наука, 1991. С. 93.

[③] 强力集团（Могучая кучка）：又称"新俄罗斯乐派"，19世纪60年代，由米利·巴拉基列夫（1837~1910）领导俄国进步青年作曲家创建而成，它是俄罗斯民族声乐艺术创作的主力军。其成员有凯撒·居伊（1835~1918）、莫杰斯特·穆索尔斯基（1839~1881）、亚历山大·鲍罗丁（1823~1887）以及尼古拉·里姆斯基-克萨科夫（1844~1908）等人。

庭。这座古城美丽的自然风光和迷人的景色、葆有古风的民间仪式以及优美动人的民歌，无疑给童年时代的里姆斯基-克萨科夫留下了极其深刻的印象，这些后来亦成为激发其创作灵感的因子。里姆斯基-克萨科夫6岁开始学习钢琴，11岁时已经尝试创作歌曲，12岁时被选入彼得堡海军士官学校，但他并未中断自己的音乐学习。1861年，里姆斯基-克萨科夫有幸结识巴拉基列夫并参加其组织的"强力集团"的活动，这极大地开阔了他的视野。1862年，里姆斯基-克萨科夫从学校毕业，作为海军准尉，他参加了为期3年的海上教学实习，由此，他到过许多国家和城市，大海以及多姿多彩的异国风光都在他的音乐创作中得以再现。里姆斯基-克萨科夫被誉为"借助音乐描写自然风光"的大师。[1]应该说，里姆斯基-克萨科夫的音乐极富强烈的民族特征，而民间创作和东方音乐的色彩使其享有相当高的声誉。综观里姆斯基-克萨科夫的创作，其代表作品有：交响音画《萨特阔》[2]（1867）、第二交响曲《安塔尔》[3]（1869）、歌剧《普斯科夫姑娘》[4]（1872）、《雪姑娘》[5]（1877）等。

其中，《雪姑娘》这部歌剧又被译作《雪女郎》，它是采用民间的创作曲调写成的，当谈及创作体会时，用作曲家自己的话来说是因为"倾听了民间创作和大自然的声音"[6]。该歌剧的音乐透出了经历漫长严冬而刚刚苏醒的大自然的各种声响，包括充满朝气的春天、欢畅啼叫的鸟儿、快活的民间歌舞以及游戏娱乐。

洛谢夫写作的《关于爱情和大自然的音乐感》[7]一文主要是纪念里姆斯基-克萨科夫的歌剧《雪姑娘》公演35周年的。雪姑娘本是俄罗斯民间传说中的一个童话形象，剧作家亚历山大·奥斯特洛夫斯基（А.Н.Островский）根据其传说创作了一个剧本。故事情节是这样的：雪姑娘是雪老人和春天的女儿，不幸的是雪姑娘对丰饶、性爱之神雅利洛（Ярило）产生了爱慕之情，最后在对他的敬拜仪式上死去，因为作为清纯

---

[1] 金亚娜：《俄罗斯艺术文化简史》，哈尔滨：黑龙江大学出版社，1996年，第53页。

[2] 《萨特阔》（Садко）根据俄罗斯传奇英雄萨特阔的故事创作而成的。龙女帮助萨特阔同商人打赌而获胜，萨特阔便装载一船货物游历许多国家，寻找"幸福岛"，不得而归，返回诺夫哥罗德，最后认为幸福在自己的祖国。

[3] 《安塔尔》（Антар）描写了6世纪阿拉伯民族英雄安塔尔的故事。

[4] 《普斯科夫姑娘》（Псковитянка）再现了自由城普斯科夫反对伊凡雷帝的斗争。

[5] 《雪姑娘》（Снегурочка）取材于亚·奥斯特洛夫斯基的《春天的故事》。

[6] 金亚娜：《俄罗斯艺术文化简史》，哈尔滨：黑龙江大学出版社，1996年，第53页。

[7] Лосев А.Ф., О музыкальном ощущении любви и природы (К 35-летию «Снегурочки» Римского-Корсакова) // Музыка. 1916. № 251. С. 195～202, № 252. С. 210～217.

秀美、苍白而又令人怜悯的冰冷、冰雪的化身，她在懂得情为何物并坠入爱河时，内心便越发温暖，身体则融化消失了。作曲家里姆斯基-克萨科夫将其改写成歌剧，情节变化不大：雪姑娘美丽无双，她的内心原本一片冰冷，而一旦懂得了爱情，她就会被阳光融化。一天，当她在林中撞见她暗中喜欢的、爱唱歌的小伙子列尔（Лель）与一位姑娘互诉衷肠时，她的心中突然产生了一种莫名其妙的感觉。这时，她的追求者米兹基尔（Мизгирь）出现了，于是，她从心底泛起了爱情。但太阳放出的光芒将她融化了，米兹基尔痛不欲生，投湖自尽。后来，美妙的雪姑娘融化流入小溪，成为温柔又脆弱的女性象征。该歌剧在1882年上演并获得巨大成功。

奥斯特洛夫斯基的创作以纯审美为目的。而自诩为纯理性主义者的里姆斯基-克萨科夫的创作目的，完全不是为了表达对其所描绘的神话形象的确信，而是在以民粹派音乐家[①]的身份分享作品。

在这里，洛谢夫首先分析了"外观、外形"（оформление）的概念，即它表现为存在的时空物体的一种无限协调过程。我们知道，建筑物的外观、式样、装潢、修饰、铸型都是直观外显的，而音乐的"外观、外形"特点，在洛谢夫看来，在于它的非认知的、非逻辑的特性。在这里，洛谢夫指出音乐与纯思想的差别在于，音乐是利用物的意义和实质来描绘它们的纯质的，因此，音乐不具有认知的外观。洛谢夫认为，文化中音乐的发展逻辑是这样的：音乐的存在越发展，就越发变得外形化，最终，音乐的存在源于自己的结构，并如同雾化一样，会产生一个庞大的体系。音乐甚至扩展到与词语相关联，扩展到逻各斯。

在纯音乐体验中，世界感受总是被（特有的、超意识的）"外观"的不同等级所规约。如欣赏贝多芬的小提琴音乐会、拉赫玛尼诺夫的第二交响曲、瓦格纳的《女武神》以及斯克里亚宾的《普罗米修斯》等，都会形成不同的世界感受。当然，需要指出的还有一点，音乐的个性现实原则、个性意义的主题值得关注。从这个观点来分析，音乐的世界感受，取决于个性的参与程度，它可能是史诗的（物与个性完全分离），或是悲剧的（迫使灵魂化身为物本身、完全对立于史诗的超个性），或是抒情的（以物来影响精神、以某种形象深入到物本身）。

具体谈及《雪姑娘》的世界感受，洛谢夫将其视为其时代的一种独特的文化现象。就"外形"而言，这部作品严整匀称、有节奏感。尤其创作于紧张、凌乱的印象主义时代，在洛谢夫看来，只有里姆斯基-克萨科夫这样

[①] 早期的民粹派大都出身于优越的社会阶层，他们的父辈过着纸醉金迷的生活：出入沙龙、舞会，谈论诗歌、音乐、艺术等高雅话题。

罕见的天才,才有可能创造出这样令人惊奇的音乐感受严整的形象,音乐家的天分显现在他描绘了获得的幸福、愉悦感以及温存的世界状态。洛谢夫给予作曲家极高的评价,他认为里姆斯基-克萨科夫达到了以往天才们(贝多芬等)所致力于达到的极限。《雪姑娘》是作曲家沉醉于碧海、春之温存的最完美的符号。①

在这部歌剧中,一幕自然而然地向另一幕过渡,一个存在层面与另一个存在层面之间毫无断裂之感。歌剧中的牧人列尔是一个全新形象。洛谢夫做了不同寻常的阐释:他分析了歌剧第一幕"列尔之歌",指出它的雕塑式特点;第二幕沙皇颂歌,具有建筑式特征,充满奇迹的、强大的对大自然、沙皇的抒情短曲无不给人留下深刻的印象。里姆斯基-克萨科夫歌剧所具有的"客观抒情"特点如同心灵之歌,心灵的开启是完全接受世界并与世界融合。此外,洛谢夫还强调了音乐的"人民性"理论,这也是世界感受的一种具体化体现。在洛谢夫看来,尽管这部歌剧的交响乐结构精致又复杂,甚至超越了瓦格纳的音乐,尽管其蕴含着丰富的乐器学和节律学知识,但它的音乐是深具人民性和俄罗斯风格特色的。"在这种深度的、风景如画的描绘下,我感觉自己就像在家里一样。这就是我们的、俄罗斯的深度;这就是我们整体的世界。"②在洛谢夫看来,这部歌剧的神奇之谜在于音乐所承载的人民性。洛谢夫这种深刻的思想丰富了"人民性"这一审美范畴的阐释观念。

洛谢夫认为,从作品的容量以及世界感受之类型的多样性(包括雕塑的、建筑的、绘画的)来说,《雪姑娘》体现了音乐"外观、外形"的最高形式,是一部杰作。从审美视角来看,《雪姑娘》的音乐是爱情和大自然(作为里姆斯基-克萨科夫本人现实性的根基要素)音乐感受的最佳体现,它消弭了"宇宙和现实—人类的界限",达到了"万物统一"。《雪姑娘》对洛谢夫来说,是"人民性、音乐和神话"的统一。歌剧的音乐引起"存在的深邃的特点",达到一种不同寻常的"生动",并被象征所繁荣,是"人与大自然的爱情联盟"③。

三 洛谢夫的数的神话观

洛谢夫认为自己不仅是逻辑学家、辩证法家,而且是"数的哲学家"

---

① Лосев А.Ф., О музыкальном ощущении любви и природы (К 35-летию «Снегурочки» Римского-Корсакова) // Музыка.1916. № 251. С. 199.

② Там же. № 252. С. 216.

③ Лосев А.Ф., Форма. Стиль. Выражение. М., 1995. С. 621.

（1932年3月11日信件）。甚至在集中营被关押时期，他也没有放弃对数的哲学思考，在给妻子的信中，洛谢夫写道："当我去看守仓库时，我思索的是数的哲学主题"（1932年11月25日信件）。洛谢夫与数有着不解之缘，数亦是其哲学思考的基础。与之相关，数学在洛谢夫的生活和哲学中占据重要位置，与他的天文学以及音乐等古希腊领域的研究密切相关。洛谢夫对无穷小、多的理论、复变量以及不同类型的空间理论等诸多数学问题都有分析。他与俄罗斯著名数学家卢津（Н.Н.Лузин）、叶戈罗夫（Д.Ф.Егоров）有深度交往，他们的世界观（主要指哲学—宗教层面、赞名理论）很相近。此外，我们不要忘记，洛谢夫的父亲曾是中学数学教师；洛谢夫的妻子亦是数学家、天文学家。洛谢夫综合了哲学、数学和天文学的兴趣表现在《古希腊宇宙论与现代科学》一书中。洛谢夫亦喜欢说，哲学、数学和音乐是同一回事。在对音乐的研究中，洛谢夫将数的生命视为音乐的本质，他的"哲学—数"的音乐感在一定程度上是毕达哥拉斯传统的继续。在本节中，我们主要关注洛谢夫数的神话和数的辩证法观念。

1928年，洛谢夫完成了《普罗提诺的数的辩证法》一书，他认为普罗提诺数的学说不仅是希腊，而且是整个哲学史上最难的专题。选择这一研究对象既艰难又研究不足，也不被看好，但洛谢夫给出了自己的研究理由。作为一名哲学史家，洛谢夫指出："我不仅选择浆果、不仅选择花朵，我感兴趣的还有在其上生长着哲学之花的所有杂草和肥料。"[①]

但我们知道，普罗提诺的学术思想并非"杂草"，而是得到了后人的公认。普罗提诺被视为晚期希腊思想史中唯一能够达到柏拉图、亚里士多德水准的哲学家；是亚里士多德和奥古斯丁之间的700余年里最伟大的哲学家……普罗提诺是新柏拉图主义的奠基人，被誉为新柏拉图主义之父、罗马帝国时代最伟大的哲学家，他起到从古希腊哲学向中世纪基督教神学过渡的重要桥梁和纽带作用。普罗提诺生于埃及，在亚历山大里亚学习哲学长达11年，为研习波斯及印度等东方哲学而加入到罗马对波斯人的远征军中并前往印度，后定居罗马。《九章集》是其代表作，由他的弟子波尔菲利编撰而成，全书共6集，每集9篇，总计54篇论文。该著作主要论述哲学问题，包括论人、论可感世界、继续论可感世界、论灵魂、论努斯、论太一等主题，同时也涉及美学、伦理学问题。

普罗提诺的思想深受毕达哥拉斯、柏拉图以及东方神秘主义的影响，

[①] Лосев А.Ф., Диалектика числа у Плотина.// http://predanie.ru/lib/book/read/128711/#toc25.

尤其是基于柏拉图的理念概念,他建构了自己思想中最重要的部分,即作为世界结构的神圣三位一体的概念。忽略柏拉图的社会思想和政治思想,作为超脱世俗的哲学家,普罗提诺使哲学本身成为一种宗教。他提出了"太一"学说,他将"太一"视为万物之源、宇宙的最终基础,认为人生的目标就是灵魂与来自太一的光的力量合二为一。其观点对中世纪神学、哲学,特别是基督教的教父哲学影响深远。"普罗提诺是从古希腊哲学到基督教神学的关键环节,对奥古斯丁和整个基督教神学都产生了极为深刻的影响。"[①]

作为新柏拉图主义者,普罗提诺数的学说折射着毕达哥拉斯学派、柏拉图主义的影子。毕达哥拉斯是最早从事数学研究的人,他用数(不是数字)来解释世上的一切事物,认为万物都可以用数来表示,万物皆有各自的形状和大小,它的起源和基础都依赖于数:由数产生点,由点产生线,由线产生面,由面产生体,由体产生感觉所及的一切形体。例如,毕达哥拉斯认为所有的图形都是由无数个点聚集起来的,因此所有的图形都可以用"数"来表示。在研究点和图形之间关系的过程中,他发现了勾股定理。万物的本原是一,所有的数都由一派生而来。从一产生出二,一是定形的、最圆满的,二是从属于一的不定的质料。从完满的一与不定的二中产生出各种数目。而普罗提诺的太一是所有数中最圆满的,是一切数的源泉。作为太一的善是本体意义上终极的本原、万物追求的终极目标。

以毕达哥拉斯为核心形成的毕达哥拉斯学派认为数是万物的本原,数是事物的本质。万物皆为数,这是该派哲学的核心观念之一。毕达哥拉斯学派认为,数中存在着各种和谐特征和比例关系。数目是最智慧的,和谐是最美的。数学与美学紧密相关。数论包含自发的辩证法思想。在毕达哥拉斯学派看来,一是统一,二是分裂。他们提出了有限与无限、奇与偶、一与多、左与右、阳与阴、善与恶等诸多对立、一分为二的范畴。和谐正是对立面的统一状态。从某种意义上来说,毕达哥拉斯学派所探求的依然是有关实体、自然的根本元素以及变化的古老问题,但他们探求的答案不同于米利都学派给出的结论,毕达哥拉斯学派不是以物质元素,而是以结构和形式,或数学关系来解答一切。如该派以二元论的观点看待世界,即数学/感觉=确定知识/不确定知识=实存者/非实存者=永恒者/可变者。数学结构被看作是所有事物的基础。毕达哥拉斯学派甚至在数、数学与音乐这种非物质的东西之间也建立起关联,对和声学的研究就是最好的例证。该派从铁匠打铁的声音得到启发,发现了音程和弦的频率之间的关系,从而把数学应用到音

---

① 寇爱林:《不该被忽视的大师》,《辽东学院学报》2007年第6期,第9页。

乐中,这为科学的声学理论做了有价值的奠基。综而观之,毕达哥拉斯学派关于数的观念带有浓厚的神秘主义色彩,甚至凸显出神话化倾向。

　　柏拉图的数的思想承袭了毕达哥拉斯学派的观点。柏拉图将数学视为构造世界的基石,认为数学是一切知识的最高形式,世界是按照数学来设计的,神永远按几何规律办事。他还采用公理方法构建数学演绎理论体系。柏拉图认为,不懂数学的人,不可能接受哲学知识。他尝试用数学论证其哲学观念。我们知道,古希腊时期,哲学与数学不分,许多学者集这两个领域的研究于一身,古希腊的数学家也是哲学家。柏拉图通过对数学(特别是几何学)对象的分析,来论证其理念。柏拉图学园门楣上甚至有"不懂几何学者不准入内"的雕刻语。柏拉图的数学贡献在于,认识到数学的抽象性、推动了数学公理化方法的产生(《国家篇》)。[①]柏拉图认为:"学习和研究数学必须运用'辩证法',就是完全抛开感性事物,从数学概念和数学命题出发,通过揭露它们之间的关系,最后上升到无矛盾的数学概念和数学命题,即无矛盾的善的理念。"[②]当然,这里柏拉图的辩证法强调的是人们回忆理念的方法。

　　毕达哥拉斯、柏拉图、普罗提诺数的哲学思想一脉相承。洛谢夫对普罗提诺的数的学说给予了辩证阐释。数的概念和辩证法是紧密关联的。按照普罗提诺的观点,数渗透于存在的所有领域。表述普罗提诺数的学说,意味着表述他的整个辩证法——差异、同一、静止、实体、物质、运动、时间、永恒、生成、物体、潜能、能以及形。因为辩证法在其体系中占有重要的地位,普罗提诺将辩证法视为"哲学中最有价值的组成部分",认为辩证法不是一种纯粹形式的方法,不是单纯的工具,而是思维形式和思维内容相结合的方法。凭借辩证法可从感性世界上升到心智理念世界,"在'真理的原野'上放牧"[③],在认识上实现质的飞跃。

　　与对神话的界定采用否定的方法一致,洛谢夫仍然喜欢采用否定的方法对数加以界定,并归纳指出,数不是什么。他指出,数不是某种无限和无形的,因为无限性本身只是在和形的关联中被思索;数不是简单感觉的东西,但是某种存在;数不是某种主体—心理的;但在存在中,它不仅是他物的产物,而且是存在本身。数是从自身获得存在的。

　　在论证过程中,洛谢夫指出,普罗提诺论述的"太一",终极的至善是

---

① 〔古希腊〕柏拉图:《理想国·国家篇》,吴献书译,北京,商务印书馆,1929年。
② 王前:《数学哲学引论》,沈阳,辽宁教育出版社,1991年,第41～42页。
③ 〔古罗马〕普罗提诺:《九章集》,第1集,第3章,第4节。

宁静的自在，是所有自然活动的源泉和源头，是永久不变的，超越了活动、心灵和思。它是万物所向往的，万物依凭于它。事物向外流溢、发散，完全丧失了一，变成了多。多是从太一的一种坠落，是恶。无限是无穷多，也是恶。在论证有限、无限中涉及运动和静止的关系。

数不是某种偶然的，而是本质的必要定义。数首先是存在的，即在思想和理智中存在的。按照普罗提诺的术语，数应该是实体。

数的本性是什么？数是某种理智和存在。洛谢夫的研究涉及了数作为理智本质本身，数作为理智本质对感性世界的关系。

普罗提诺强调理智的本性，"对于可理知的事物，我们必须把它们看作是同一本性的，同一本性容纳它们，并在一定程度上包围它们，而不是像感觉事物那样各自分离，太阳在这里，别的事物在那里；相反，所有事物都合而为一"[①]。普罗提诺提到"完全的有生命存在"是由全部的有生命的存在物组成的，把全部的有生命的存在物容纳在自身里面，从而构成巨大的一，大到就是一切。在对此进行阐述中，普罗提诺涉及了同一、差异这对范畴。

静止、运动、实体、同一、差异五个基本范畴的辩证法，是它们引发数，还是数引发它们？数作为第一统一能，作为意义的自我建构，它被归入列为存在（实体）、同一、差异、静止、运动等范畴结构。在引入理智观念后，得出数创造了存在。数是存在的潜能，是纯存在的理性潜能。

新柏拉图主义者把身体（物质）看作非存在，把灵魂看作存在。在普罗提诺这里，灵魂是数，数的地位很高。它不仅不是物质的，不是心理的，甚至也不是智慧的，它高于理智和本质。它几乎就是一本身，是一与理智的中介。

洛谢夫对普罗提诺数的思想的阐释印证了他的柏拉图主义思想，见证了古希腊数的神秘性、包罗万象性。受普罗提诺数的辩证法的影响，洛谢夫亦形成了自己深刻的辩证法认知。洛谢夫认为整个生命世界都渗透着辩证法，而其本质亦从数开始溯源，因为就某种角度而言，数是对本质最基本、最普遍的界定。

小　结

本章主要在洛谢夫专门的神话论著之外，对其一些散见的神话观念进行了梳理和分析。

俄罗斯人的思维以及文化特点决定了其理性知识已然退居到第二位。

---

① 〔古罗马〕普罗提诺：《论自然、凝思和太一：九章集选译本》，石敏敏译，北京，中国社会科学出版社，2004年，第245页。

与以笛卡尔哲学、古典主义文献这种以理性模式为基础而阐释神话的方法不同,洛谢夫不仅基于西方,而是找到了俄罗斯所特有资料武库,例如果戈理的小说。因此,洛谢夫列举出不同的神话结构例证并非偶然。

虽然参照的是文学作品,并根据作品中描述的不同神话内容进行了分类,但洛谢夫的神话归类仍然具有鲜明的哲学运思特点。具体说来,他的神话归类情况如下:(1)神话的纯审美意象。(2)神话的主观结构。(3)神话的客观结构。(4)神话的主观—客观结构。这种综合的神话类型,又细分为基于纯理性(唯理论)模式、基于日常甚至自然模式、基于个体模式、基于道德、基于社会—历史模式、基于宇宙概述等多种神话主客观结构。

可以说,在洛谢夫世界观的形成过程中也逐渐形成了他的神话观。深受独特的俄罗斯象征主义哲学(符·索洛维约夫、弗洛连斯基、维亚·伊万诺夫)影响,在分析象征主义色彩浓郁的文学作品时,洛谢夫的理解甚至超出艺术作品的范畴,而达到了哲学和历史的高度。具体来说,在分析深受其喜爱的作家普希金创作中的象征神话意蕴时,洛谢夫强调了渗透于整部作品的象征性,指出这俨然形成了一个形象体系。普希金所塑造的艺术形象:青铜骑士、叶甫盖尼、涅瓦河洪水、彼得堡、石狮的象征意义贯穿于《青铜骑士》全篇,借助于此,可以体悟诗人所思索的历史、国家及个人的命运等诸多问题。彼得大帝在诗人的心中接近于半人半神的形象,他的功绩令人敬仰。这种偶像崇拜的性质,赋予作品宗教—神话的象征意蕴。但洛谢夫未悖于神话是直义的存在观念,他认为,象征神话所凸显的巨大生活力量完全是现实的和实际的。在洛谢夫看来,任何象征都是现实的鲜活反映,都经历过某种思想加工,都是改造现实本身的有力工具。《波尔塔瓦》中的彼得作为拯救祖国命运的波尔塔瓦英雄、民族英雄,作为英明的指挥和统帅,放在历史的长河中透视,他的形象亦异常的高大和威武,他是"巨人",他的"洪亮声音犹如天神的旨令"……洛谢夫甚至认为,彼得一世形象的神话性,与荷马饱含神话内容的史诗所塑造的英雄人物差别不大。同样,《青铜骑士》中的彼得亦是半人半神的形象,他既是兴建彼得堡国都的伟大缔造者,同时也是冷酷专横的代表,他的功与过都未被忽略,这是难能可贵的。在洛谢夫看来,这种以现实的鲜活元素为基础又辅之于艺术加工的手法,体现了普希金的象征神话特点。

音乐是世界心灵最隐秘的语言,洛谢夫将音乐视为神话,音乐对其来说有着强烈的哲学启示意义。由于家庭的遗传以及时代环境的影响,音乐成为洛谢夫不可规避的学术研究点。在本小节的研究中,我们首先对洛谢夫的音乐本质、音乐理论观点做了一定梳理。在《作为逻辑对象的音乐》一书中，洛谢夫写有"音乐的神话"专章，他诉诸文学方法，力求从"神话的视角"表述音乐的本质。在洛谢夫看来，音乐是时间的艺术，但不是那种可以用时钟测量的、确定的物理时间，音乐的时间是不可被分解的存在，是连续不断的时刻，是关涉永恒的思考。另外，洛谢夫还将音乐的内在时间与数关联在一起，提出了时间是数的延续和生成的观念。因为生成就是产生和消失、来临和离去、诞生和死亡的辩证融合。进一步，洛谢夫对音乐做了数的逻辑的分析，指出音乐本质的二律背反特点及其神秘能量的宗教源头。此外，洛谢夫还从原因和目的的视角指出什么是音乐的存在。由此可见，对无形的音乐进行哲学思考成为洛谢夫音乐研究的一个罕见特点。

除了对音乐本身的探讨，洛谢夫对瓦格纳、斯克里亚宾、里姆斯基-克萨科夫等人音乐作品的阐释同样体现了他在该领域的许多独到见解。作为哲学家，甚至音乐家，洛谢夫从音乐形式中听到了时代的真正内容：在其时代的音乐中，他听到了瓦格纳《尼贝龙根的指环》所宣告的即将来临的灾难的伟大预言；听到了体现精神与自然和谐理念的里姆斯基-克萨科夫亲切温柔的斯拉夫旋律；听到了斯克里亚宾悲壮神秘剧的富有洞察力的声音。

洛谢夫将数视为神话，关注古希腊数的神秘学说，对普罗提诺数的辩证法做了深刻阐释。

从广义角度而言，文学象征神话、音乐神话、数的神话再次证明了洛谢夫的符号学思想，印证了"神话在我们周围"的理念。

> 我整个一生都在劳作，如同负重之马。
>
> ——阿·费·洛谢夫

结　语

如果说七座希腊城市争相自诩为荷马的故乡，那么七种科学门类（哲学、美学、语言学、心理学、历史、文学理论和艺术学）都希冀洛谢夫为自己的代表，这种流行于俄罗斯学界的说法代表了对洛谢夫学术的最大肯定，说明其学术造诣得到了公认。

依照洛谢夫的观点，如果没有个性，没有真正的个性，没有无法归结为其他的、天生独特的个性，神话就不可能存在。在这种意义上，洛谢夫本人就是这样的个性。

洛谢夫用自己95年的人生写就了一部传奇神话。从初出茅庐的学术创作，到三年里8部专著惊人般地出版、被捕流放、著述被禁封杀、被迫从事诗歌及翻译工作、古典语言及美学的教学工作，再到回归学术研究以及著作如雨后春笋般出版，这一曲折历程无不见证着学者的学术造诣以及人格魅力。与此同时，洛谢夫的研究涉及哲学、美学、神话学、语言学、逻辑学以及数学等广博领域，对名谓、数、神话等范畴阐释深刻。其学术的博大精深无不是奇迹的显现。

洛谢夫本人的生活和创作经历，可以说是神话因素的体现，是真正的奇迹。因为奇迹他跨越了不可能，创造了不可能。我们知道，在1927~1930年短短三年时间里，洛谢夫先后出版了8部著作，与其说这是一个神话，不如说这是在此之前学者丰富的学识积累使然。在洛谢夫的人生历程中，类似的神话画面还不止这一个。

1931~1932年冬季，在古拉格劳改营的艰苦条件下，洛谢夫视力恶化，几乎失明，但他已经完全失去了自由，自然包括失去坐在日常的写字桌后面来工作的自由，或者哪怕是在纸上记录下某种想法的自由也没有。洛谢夫在给自己妻子的信中描述到，每当夜深人静，低悬在广袤无垠的雪地上的明亮的星星照着平缓的河岸，在修建运河的工地上，作为木材的看护人，他每夜要在户外巡走8个小时，于是，他就利用这宁静的时间继续思索着数的哲学，思考着涉及数学、天文学、哲学等领域的各种理论，与自己交谈并在头脑中写书。

不只早期如此，"晚期的"洛谢夫亦是如此，透过洛谢夫的研究者们[①]的描述，我们面前展现了一幅神话般景象，这是"晚期的"洛谢夫的生活：一位坐在圈椅上（夏天则是别墅藤条编织的摇椅）的失明老翁[②]，静静地倾听着秘书们的阅读，他们所使用的语言包括所有欧洲语言，甚至包括已然成为洛谢夫母语的古希腊语和拉丁语，然后老者独自一人思索着占据首要之位的主题，最后，他有节奏地逐行地、逐章地、一本书接一本书地向秘书们口述著作，多年以来，不曾中断。洛谢夫后期的众多著述就是以这种方式完成的。我们可以避开洛谢夫多年以来的主要研究对象——盲诗人荷马这位名气太大的人物，来关注一下传奇般的新柏拉图主义者普罗提诺——洛谢夫与他不仅有着类型上的相似，而且有着传记性的相似。普罗提诺任何时候都无法重读自己写过的东西，哪怕是重读一遍对他来说也是困难的，因为极弱的视力不允许他阅读。普罗提诺也是用若干时间从头到尾来思考自己的想法，然后把仔细思考过的内容记录下来，流畅地表述出已经形成在其头脑中的一切，好似从书中抄录现成的东西一样。对于视力不佳的洛谢夫来说，他的写作也完全如同"抄录现成的东西"，而且著述颇丰，连绵不断。

洛谢夫本人如同一部神话，包括他晚年的头饰（每天戴的一顶黑色小帽）亦被深入阐释。洛谢夫之家的负责人、学者特罗伊茨基将其与布尔加科夫小说《大师和玛格丽特》的主人公大师的黑色小帽（上面用黄丝线绣着字母"M"）联想到一起。从小说的第13章"主角登场"，男主人公便戴着这顶油渍斑斑的小帽出现，直到最后一章"宽恕，还有永恒的家园"，男主人公仍未与他的小帽分离，他将永远戴着那积满油污的便帽入睡，在唇边缀上一抹微笑进入梦乡。帽子上的字母"M"，在评论界看来，或许代表大师（Мастер）、米哈伊尔·布尔加科夫（Михаил）、马克西姆·高尔基（Максим）、大师—建设者（Мастер- Строитель）[③]等意蕴，也有评论界将帽子视为学术之帽、神职人员之帽。在特罗伊茨基看来，这里只是同语反复，强调大师就是大师，帽子是女主人公亲手为大师缝制的，预示其恋人

---

① Троицкий В.П., Миф Лосева.// http://losevaf.narod.ru/vtr.htm.

② 众所周知，在流放年代，洛谢夫的视力急剧恶化，几乎接近失明。

③ 这是拉克申的观点，认为帽子上的字母"M"代表共济会的译码。参见Лакшин В.Я., Роман М.Булгакова «Мастер и Маргарита» // Новый мир. 1968. № 6. С. 302.

的荣誉，鞭策其成为大师，也暗示了他的手稿会得到公认，是烧不毁的。同样，在特罗伊茨基看来，洛谢夫的帽子也是其隐秘的精神功绩的象征。

不仅洛谢夫本人及其一生的经历如同一部传奇神话，就是他的神话研究亦独具特色，并以多棱镜的不同侧面展现出来。我们知道，如果从不同的角度触及问题，问题也会在不同的光亮下显现。洛谢夫的神话研究重在进行学理探讨，同时亦贵在不仅局限于抽象的理论阐明，还表现为对古希腊神话的历史发展以及神话细节问题的探究。具体而言，洛谢夫神话研究路径，一方面体现在理论研究，溯源到谢林神话研究的哲学视角的影响，较之本国尼·别尔嘉耶夫、谢·布尔加科的神话哲学研究则更深入并有所拓宽，洛谢夫将神话与其广泛辐射的相邻范畴加以区分，涉及神话与虚构、科学、形而上学、模式、寓意、诗歌、宗教、教义等诸多范畴的离析，一个个甄别、论证，连点成线，得出神话思想的整体特征，对神话概念进行哲学的界定，继而辩证地论证了神话的核心要素，并进一步提出了绝对神话学的概念。洛谢夫的绝对神话学构想以及在哲学视域下界定的"奇迹"概念都是其新颖而独特的阐释。在理论研究中，洛谢夫采用否定的方法对神话进行哲学释义，否定的方法占据三分之二的篇幅，可谓贯穿始终，运用这种方法阐释神话定义在学界也是独一无二的。通过否定而得到肯定的神话界定，这比简单的肯定效果要强烈得多。此外，洛谢夫还独创了现象学辩证法。借鉴胡塞尔的现象学，洛谢夫对神话进行现象学描述，对神话进行如其所是的阐明，同时结合辩证的方法，做到非单向度而是辩证互动地、非平面而是深度地渐次展开神话与邻近范畴的关联。正是借助于现象学辩证法，透过杂多的表象，洛谢夫的神话界定才得以澄明。

洛谢夫从哲学视角释义神话概念，阐释神话理论。在这条主线之外，他还安排了一条辅线，凸显了神话的社会效能。在这条线索上，洛谢夫颂扬的是东正教、东正教的苦修等光明的神话，针对的是近代欧洲的世界观，如牛顿的物理世界图景、无神论等观念，并将其视为黑暗的神话，加以批判。此外，洛谢夫有关社会主义的神话、社会主义对艺术的关系、无产阶级的意识形态、辩证唯物主义等社会现实问题的哲学思考都含纳在广义的现代神话之列。洛谢夫的研究证明了"新神话主义"常常采用超时代的题材，但同时又对时代问题进行思考。

洛谢夫不仅进行抽象的神话理论研究，而且他将辅线阐释赋予了鲜活的实例。洛谢夫通过揭示衣服、手势、举止、宗教仪式细节、颜色等诸多方面的神话性例证，突出神话在日常生活中、在大众意识中的主题，体现了神话的现代观念。洛谢夫凸显"神话在我们周围"的观念,认为任何一个人、任何一个物乃至整个世界都是神话的。他的这种"神话性"理念已经初现符号学的端倪,洛谢夫所理解的"神话学"实质正是符号学,他所分析的对象的"神话性"意味着它们的符号标志。学界亦有人将洛谢夫的这种观念与罗兰·巴特在《神话学》(1957)中所揭示的资产阶级神话、现代神话的符号学观念相比。尽管巴特的分析尤为精细,而且涉及当时法国社会生活的方方面面,但他的分析比洛谢夫的研究晚了近30年。由此推之,洛谢夫对文学象征神话的分析、对音乐神话的哲学思考以及对数的神话的阐释同样印证了洛谢夫神话的符号学迹象,亦是其广义神话观的多维度体现。

另一方面,洛谢夫的神话研究贡献体现在对古希腊神话的研究上。洛谢夫借鉴大量考古发掘成果、史实资料、文学版本,博观约取,在翔实的材料分析基础上,通过形象、功能以及神际关系等方面,揭示出雅典娜、宙斯、阿波罗等神祇的历史嬗变规律。具体说来,洛谢夫神话研究的价值体现为,以"历史"为脉络统摄神话研究,形成一以贯之的主线。历史指明发展的连贯性,见出神话流变的线性规律。神祇的演变与历史的变迁相辅相成,神话与历史相互参照。此外,历史研究关注的是发展,洛谢夫摒弃孤立静止的考察,而把希腊神话置于历史进程的总体中进行动态审视,这种追寻有利于分析演变实现的条件和动因,揭示神话文化发展规律,具有一定学术价值。洛谢夫是第一个运用社会—历史方法研究古希腊神话的学者,他走了一条与前人截然不同的道路。这体现在他对古希腊神话的历史分期和历史沿革做出系统独到的划分和诠释上,他以历史梳理的方式做出纵向陈述,给出古希腊神话史的线索。洛谢夫神话研究既有视域上的拓宽,亦有方法论上的变革、更新,他将文化类型学方法运用于希腊神话研究亦卓有成效。此外,洛谢夫对一些神话形象、神话故事本身的发展演化历史进行了系统阐释。他提出一些新的观念,如"历史生成"、"历史综合"等观点,归纳出新的神话类型。在洛谢夫进行古希腊神话历史维度的研究时,苏联社会流行的还只限于对古希腊神话进行故事性介绍,这不能不说洛谢夫的神话研究是一个不小的进步,这也为当时的人们认识古希腊文明与文化提供了一个有效的视窗。与此同时,洛谢夫以古希腊神话发展为旨归的研究同样未忽略共时性前提,他的文学—语文学的、哲学的、历史的、考古的翔实资料是其结论强有力的基础和支撑。洛谢夫的探索将古希腊神话研究推向了一个新的阶段。

我们知道,洛谢夫毕业于莫斯科大学历史—语文学系,而这相当于德国的古典语文学系，或是美国的古典学系。据记载，直到20世纪30年代，苏联的中学还普遍开设古希腊语和古典拉丁语课程，斯大林新政以后才被取消。尽管如此，俄罗斯仍然有很好的古典学者传承古典研究的余绪。洛谢夫以研究古希腊美学和古希腊神话学的方式传承古典学，这也是其研究神话的一个突出贡献。

洛谢夫神话研究之不足主要体现在，没有建构完整的理论体系。换言之，洛谢夫的神话理论研究是以对神话的哲学释义、探讨神话原则上的特征及其本质为出发点的，"建构神话观念，正是观念，而不是完整的理论"[①]。在理论研究时，洛谢夫探讨的是神话的原则性特征，有别于具体神话的结构分析。洛谢夫的世界观决定其部分观点有失偏颇，甚至有矛盾之处；洛谢夫神话研究虽然具有类型化特点，但又未免有流于模式化之嫌。尽管有不足之处，然而瑕不掩瑜，洛谢夫神话研究的广博视域、独特视角以及对细节的深刻阐释至今仍然能给我们很大启示，启迪着后人的智慧。

洛谢夫被誉为"最后一个莫希干人"[②]，他是俄罗斯传统的宗教哲学的最后一位代表，他在学术上的桥梁作用不容忽视。洛谢夫是一位具有百科全书知识的学者，正如其遗孀塔霍-戈基所言："他的百科知识不是博闻强记和把一些专门科学领域机械地结合在一起，而是根植于弗·索洛维约夫提出的、由洛谢夫身体力行的万物统一观念之中"[③]。洛谢夫谦虚地将自己70余年含纳众多领域的学术活动评价为"我有了生活"。在这众多的领域中，神话研究占有重要一席。如果说，古希腊将创作的制高点称为阿克梅（Акме），那么，20世纪20年代末就是洛谢夫学术研究的第一个制高点。在1927~1930年短短三年时间内他出版了8部著作，展现出一系列新颖独特的思想，其中，《神话辩证法》一书成为影响洛谢夫一生的重要著作，日后该书被陆续译成多国文字而得到研究。然而，在苏联式马克思主义一统天下的历史背景下，自由哲学的研究是被禁止的，洛谢夫的书是俄罗斯自由哲学思想的最后果实。的确，19世纪末20世纪初形成的俄罗斯宗教哲学，在十月革命后只繁荣了短短几年时间，随着大批宗教哲学家被逮捕、流放和驱逐出境，宗教哲学在俄罗斯几乎绝迹。洛谢夫作为该学派最年轻的也是最后一位代表，他选择留在祖国，但又不愿意放弃其哲学立场。而要想在

---

① Хоружий С.С., Арьергардный бой: мысль и миф Алексея Лосева, Вопр. философии. 1992. № 10. С. 126.

② 《最后的莫希干人》（1826）：美国作家库柏的一部小说，莫希干人被喻为某种消亡事物的残存代表。

③ 转引自田歌：《洛谢夫及其曲折经历》，《世界哲学》1990年，第3期，第74页。

不合时宜的条件下继续生存，就不得不选择比较隐蔽的研究题目和研究方式。他公开研究的是音乐、神话、美学和辩证法等政治色彩不强的主题。[①]洛谢夫真正的悲剧，按他的话来说，就是"我是20世纪的被放逐者"[②]。当代著名哲学家霍鲁日在阐释洛谢夫"现象"时指出，洛谢夫的创作活动，是"俄罗斯基督教文化的后卫战斗"，"后卫的战士是作者在《神话辩证法》中的形象"。[③]这是对洛谢夫形象切中肯綮的刻画，同时也与洛谢夫的智性观念、知识分子观念不断的深刻认识相吻合。在《神话辩证法补充》发表之后，洛谢夫回复评价时阐释道："托尔斯泰是知识分子和俄罗斯经典作家，因而托尔斯泰对他来说是异己的；陀思妥耶夫斯基不是知识分子，不是俄罗斯经典意义的作家，弗拉基米尔·索洛维约夫不是知识分子，洛谢夫将自己视为同类，也不是一个知识分子，言称自己的观点亦不是智性的。知识分子是什么？这是资产阶级自由主义思想的自由，自己远远不能接受。"后来，随着认识的成熟，洛谢夫又深刻地表达道，"真正的智性（知识分子性）永远是英勇的行为，永远是愿意忘记私利存在的迫切之需；不一定战斗，但每一刻都准备战斗，并为之进行精神的和创造性的装备"[④]。洛谢夫的整个一生恰好展现了顿河哥萨克后代这种战士的品质。

权威杂志《新世界》登载了一首弗·古柏洛夫斯基（Владимир Губайловский）的诗歌[⑤]，该诗歌有着引人所思、能够说明问题的标题——"伪经"。诗歌大意是：20世纪30年代末期，领袖（指斯大林）问自己御用的历史唯物主义学家，是否还有活着的唯心主义者，得到肯定回答后，又问这样的人是否很多，回答说只有一人，即阿列克谢·洛谢夫。领袖郑重说道："如果一个人，就让他活着吧。"从此，没有人碰洛谢夫。尽管这一说法像笑话一样地被人们接受，但从诗歌中仍可看出洛谢夫存在的独特意义及价值所在。由此，得以读到洛谢夫丰富的学术成果，我们是幸运的。

1988年5月24日，经历了20世纪俄罗斯历史上众多变故之后，洛谢夫走完了95载的人生之路，与世长辞。这一年是罗斯受洗1000周年，而这一天

---

① 张百春：《当代东正教神学思想：俄罗斯东正教神学》，上海，上海三联书店，2000年，第251页。

② Тахо-Годи А.А., Лосев, М.: Мол. гвардия, Студенческий меридиан, 1997. С. 181. 这是洛谢夫借用莱蒙托夫《童僧》诗篇中的一句话，是其对自己漫长学术活动的最为谦虚的自我评价。

③ Хоружий С.С., Арьергардный бой: мысль и миф Алексея Лосева, Вопр. философии. 1992. № 10. С. 127.

④ Святослав Иванов, Философия Родины и Жертвы. К 120-летию А.Ф. Лосева. // http:// www.voskres.ru / literature / library / ivanov.htm.

⑤ Губайловский В.А., Апокриф // Новый мир. 2001. № 8. С. 127.

是纪念斯拉夫启蒙者基里尔和梅福季的日子,这两位圣徒是哲学和语文学的庇护人,从中学时代起,洛谢夫就深深敬重着这两位学者并将他们称为自己的精神导师。洛谢夫在两位圣徒的纪念日去世,难道不是最好的象征?"被俘的东正教战士形象与他生活的神话牢固地结合在一起。"[1]的确如此,不仅神话研究在洛谢夫的学术中占据重要一席,就洛谢夫本人的一生来说,也不失为一部传奇的神话。洛谢夫的同时代人,甚至是与其很熟悉的人,也经常将其神话化。在献给洛谢夫的祭文《纪念导师》中,阿维林采夫(С.С.Аверинцев)写道:"阿列克谢·费奥多罗维奇·洛谢夫去世了,如同希腊传说中响起的那句话:'大神潘死了!'[2]如同清晨我们眺望窗外,看见矗立在世代人们记忆之地平线尽头的那座山,于黑夜后消失。"[3]弗洛连斯基(П.В.Флоренский)也在《洛谢夫是否存在?》这样一篇有着令人意想不到标题的文章中,郑重其事地证明:"不可能再有洛谢夫,因为没有人能写出他那样的著作。洛谢夫不曾存在,因为的确不是他写出这些著作,他将来也不会存在,因为曾经拥有的安德洛尼克修士之名,遮蔽了他的存在。这已经不是一个人(个性),而是一个巨大的狮身人面像,是一个体现在喜欢它的人之中的鲜活形象,我们还没有意识到,他过去是、现在是、将来也是,20世纪的一个伟大神话。"[4]

当然,学界对洛谢夫的称颂,本意并非是将其神话化,只是对其追求真理的坚定精神以及卓越的学术贡献给予最大肯定。我们知道,为摆脱理性的片面性,20世纪,神话得以复归,但以神话抗衡科学理性,寻找失落的精神家园,要避免走向另一个极端。此外,要警惕神话崇拜(现代意义的纳粹政治神话),对神话精神的贬低和拔高都无益于真正理解神话的价值。

早在20世纪30年代,洛谢夫就坦言:"我不觉得自己是唯物主义者,或唯心主义者,不是柏拉图主义者、康德主义者、胡塞尔主义者,也不是理性主义者,或神秘主义者,亦不是赤裸裸的辩证法、形而上学者……我就是洛谢夫!"[5]洛谢夫的遗孀塔霍-戈基的发言[6]也证明了这一点。因为洛谢夫不

---

[1] Губайловский В.А., Апокриф // Новый мир. 2001. № 8. С. 138.

[2] 这句话指希腊罗马神祇神话作为一种信仰体系的末日来临了,它被外来的宗教(波斯的太阳神教和犹太的基督教)取而代之。此处是对洛谢夫作为俄罗斯宗教哲学最后一个代表的隐喻。

[3] Аверинцев С.С., Памяти учителя // Контекст-90. М.: Наука, 1990. С. 3~5.

[4] Флоренский П., А был ли Лосев? // Наш современник. 1997. № 5. С. 224.

[5] Лосев А.Ф., Предисловие к «Курсу истории эстетических учений», 1934.

[6] Тахо-Годи А.А., доклад «Новые материалы из архива Лосева» // Всесоюзная научная конференция «Алексей Федорович Лосев и проблемы античной культуры» («Лосевские чтения-91»; Москва, 22~24 мая 1991.)

是一个折中主义者，他有自己的知识体系，理解它需要努力，而不仅仅是援引文献。

在洛谢夫70多年的学术生涯中，其等身著作约有800多部（篇），其中包含40余部专著，它们如同一座富矿，有待于我们后人开采。而仅就我们的神话视角研究而言，仍有极大的拓展空间，因为作为索洛维约夫"整体知识"观念①的承继者，洛谢夫并非将知识仅仅视为信息，而是将其看作人的整个宇宙生活要素，用他的话说就是："知识是爱，而爱就是发现所喜好的事物的奥秘"。神话是一个经久不衰的话题，神话是人类的思想史，是人类思想和人类不断获得真正幸福的记录，它所提供的文化史资料具有不可估量的价值。当代的研究深刻表明，神话仍然活在当下，而且也有传之后世的不朽活力。②洛谢夫的神话思想及其独特性值得我们进一步探幽发微，我们只有将其置于洛谢夫整个学术的关联研究中，在其神话学、哲学、文化学等整体知识关联的广阔视域的拓展研究中，才能真正理解洛谢夫的神话观念，挖掘其深刻价值。

---

① 索洛维约夫的整体知识观念主要指哲学、神学和科学三位一体的综合。

② 由我国学者叶舒宪主编、陕西师范大学新近出版的"神话学文库"（第一辑）（17部书）亦是神话学研究的长足发展及现代意义的见证，也是神话作为不朽文化财富的有力见证。

参考文献

一 外文书目

（一）研究论著

1. Лосев А.Ф.,Олимпийская мифология в социально-историческом развитии. Учёные записки МГПИ им. Ленина, т. 72. 1953. // Тахо-Годи А.А., Лосев А.Ф. Греческая культура в мифах, символах и терминах. СПб, 1999.

2. Лосев А.Ф.,Античная мифология в историческом развитии. М.: Учпедгиз., 1957.

3. Лосев А.Ф.,Знак, Символ, Миф. М.: издательство московского университета, 1982.

4. Лосев А.Ф.,Дерзание духа. М.: Политиздат, 1988.

5. Лосев А.Ф.,Философия имени. М.: издательство московского университета, 1990.

6. Лосев А.Ф.,Философия , Мифология, Культура. М.: Политиздат, 1991.

7. Лосев А.Ф.,Очерки античного символизма и мифологии. М.: Мысль, 1993.

8. Лосев А.Ф.,История античной эстетики: Итоги тысячелетнего развития в 2-х кн. М.: АСТ, 1994.

9. Лосев А.Ф.,Диалектика мифа. // Сост. подг. текста, общ. ред. А. А.Тахо-Годи, В. П. Троицкого., М.: Мысль, 2001.

10. Тахо-Годи А.А.,Лосев. М.: Мол.гвардия, Студенческий меридиан, 1997.

11. А.Ф.Лосев и культура 20 века (Лосевские чтения). // Под ред.

А.А.Тахо-Годи. М.: Наука, 1991.

12. Тахо-Годи А.А.,Тахо-Годи Е.А.,Троицкий В.П. // А.Ф.Лосев – философ и писатель: к 110-летию со дня рождения. М.: Наука, 2003.

13. Лосев А.Ф., Лосева В.М.,Радость на веки: Переписка лагер. времени. // Сост. А.А.Тахо-Годи и В.П.Троицкого. М.: Русский путь, 2005.

14. Алексей Федорович Лосев: из творческого наследия: современники о мыслителе // подгот. А.А.Тахо-Годи и В.П.Троицкий. М.: Русскій міръ, 2007.

（二）期刊论文

1. Анохин Ю.,Диалектика Лосева // Культура. 2002. № 46. С. 14～20.

2. Бибихин В.В.,Абсолютный миф А.Ф.Лосева // Начала. 1994. № 2～4 .С. 87～112.

3. Буктеров М.,Диалектика мифа в учения А.Ф.Лосева // http://losevaf.narod.ru/bucter.htm.

4. Гоготишвили Л.А.,Ранний Лосев // Вопр. философии. 1989. № 7. С. 132～148 .

5. Гоготишвили Л.А.,Мифология хаоса （о социально-исторической концепции А.Ф.Лосева） // Вопр. философии. 1993. № 9. С. 39～51.

6. Гулыга А.В.,Абсолютная мифология（Лосев）// Гулыга А.В., Русская идея и её творцы. М.: Соратник, 1995. С. 279～292.

7. Гусейнов Гасан,Личность мистическая и академическая: А.Ф. Лосев о "личности" // «НЛО». 2005. № 6 （ № 76）. С. 14～38.

8. Кожинов В.,Дилемма "Лосев – Бахтин" и розановское наследие // Литературоведческий журнал. 2000. № 13～14. С. 27～42.

9. Рашковский Е.Б.,Лосев и Соловьёв // Вопр. философии.1992. № 4. С. 141～150.

10. Тахо-Годи А.А.,Миф как стихия жизни, рождающая её лик, или В словах данная чудесная личностная история // Лосев А.Ф.,Мифология греков и римлян. М.: Мысль, 1996. С. 910～932.

11. Тахо-Годи А.А.,От диалектики мифа к абсолютной мифологии // Вопр.философии. 1997. № 5. С. 167～180.

12. Тахо-Годи А.А.,Философ хочет все понимать: Диалектика мифа и Дополнение к ней // Лосев А.Ф.,Диалектика мифа: Дополнение к «Диалектике мифа». Сер. «Философское наследие». М.: Мысль, 2001. Т. 130. С. 5～30.

13. Тахо-Годи Е.А.,А.Ф.Лосев как психолог （диалектика мифа или психология мышления ?） // Мир психологии. 2002. № 3. С. 169～175.

14. Хоружий С.С.,Арьергардный бой: мысль и миф Алексея Лосева // Вопр.философии. 1992. № 10.С. 112～138.

15. Dennes M.,A. Losev: de la philosophie contemporaine à la philosophie antique et à la musique // Dennes M.,Husserl–Heidegger: Influence de leur oeuvres en Russie. P., 1998. pp. 181～187.

16. Nikitskaja V., On the Religious Foundations of A.F. Losev's Philosophy of Music, East european thought, 2004. 2～3.

17. Postovalova V.I., Christian motifs and themes in the life and works of Aleksej Fedorovich Losev: Fragmens of a spiritual biography // Russian Studies in Pholosophy. N.Y., 2001～2002. Vol. 40, N 3. pp. 83～92.

（三）学位论文

1. Мельникова Ю.В.,История и миф в творчестве наследии А.Ф. Лосева. БТИ-Бийск: изд-во Алт.гос.техн.ун-та, 2005.

2. Соломенна Л.А.,Исторические взгляды А.Ф. Лосева. Диссертация на соискание ученой степени канд. ист. наук. Томск, 2004.

3. Тащиан А.А.,Диалектика мифа А.Ф.Лосева и идея русской философии. Дис.канд. филос. наук. краснодар, 1998.

二　中文书目

（一）研究论著

1.〔俄〕符·阿格诺索夫：《20世纪俄罗斯文学》，凌建侯等译，北京，中国人民大学出版社，2001。

2.〔英〕凯伦·阿姆斯特朗：《神话简史》，胡亚豳译，重庆，重庆出版社，2005。

3.〔苏〕鲍特文尼克等：《神话辞典》，黄鸿森等译，北京，商务印书馆，1985。

4. 陈恒：《失落的文明：古希腊》，上海，华东师范大学出版社，2001。

5. 陈世珍：《众神的起源》，北京，东方出版社，2001。

6. 崔莉：《宙斯神的永恒魅力》，长沙，湖南师范大学出版社，2000。

7.〔美〕邓迪斯：《西方神话学读本》，朝戈金等译，桂林，广西师范大学出版社，2006。

8. 邓启耀：《中国神话的思维结构》，重庆，重庆出版社，1992。

9. 邓晓芒：《黑格尔辩证法讲演录》，北京，北京大学出版社，2005。

10.〔苏〕米·亚·敦尼克：《古代辩证法史》，齐云山等译，北京，人民出版社，1986。

11. 范明生：《西方美学通史（第一卷）》，上海，上海文艺出版社，1999。

12.〔加〕弗莱：《批评的解剖》，陈慧等译，天津，百花文艺出版社，2006。

13. 傅光明主编：《神话与现代》，北京，新世界出版社，2005。

14. 高福进：《西方文化史论》，上海，上海交通大学出版社，2001。

15. 高乐田：《神话之光与神话之镜》，北京，中国社会科学出版社，2004。

16.〔俄〕格奥尔吉耶娃：《俄罗斯文化史：历史与现代（修订版）》，焦东建等译，北京，商务印书馆，2006。

17.〔苏〕阿尔森·古留加：《谢林传》，贾泽林等译，北京，商务印书馆，1990。

18. 谷羽等编译：《俄罗斯白银时代文学史》（第一册），兰州，敦煌文艺出版社，2006。

19. 〔俄〕瓦·叶·哈利泽夫：《文学学导论》，周启超等译，北京，北京大学出版社，2006。

20. 〔美〕汉密尔顿：《希腊精神：西方文明的源泉》，葛海滨译，沈阳，辽宁教育出版社，2005。

21. 〔希〕荷马：《伊利亚特》，陈中梅译注，南京，译林出版社，2000。

22. 〔希〕荷马：《奥德赛》，陈中梅译注，南京，译林出版社，2003。

23. 〔希〕荷马：《荷马史诗·伊利亚特》，罗念生，王焕生译，北京，人民文学出版社，1994。

24. 〔希〕荷马：《荷马史诗·奥德赛》，王焕生译，北京，人民文学出版社，2002。

25. 何新：《诸神起源》，北京，时事出版社，2002。

26. 〔希〕赫西俄德：《工作与时日、神谱》，张竹明等译，北京，商务印书馆，1997。

27. 胡和平：《模糊诗学》，北京，社会科学文献出版社，2005。

28. 〔德〕恩斯特·卡西尔：《符号神话文化》，李小兵译，北京，东方出版社，1988。

29. 〔德〕恩斯特·卡西尔：《国家的神话》，范进等译，北京，华夏出版社，1998。

30. 〔德〕恩斯特·卡西尔：《人论》，甘阳译，上海，上海译文出版社，2004。

31. 〔俄〕库恩：《古希腊的传说和神话》，秋枫等译，北京，三联书店，第3版，2007。

32. 李天祜：《古代希腊史》，兰州，兰州大学出版社，1991。

33. 李平：《神祇时代的诗学：对柏拉图亚里士多德诗学思想的再思与认知》，上海，上海人民出版社，2004。

34. 李咏吟：《原初智慧形态：希腊神学的两大话语系统及其历史转换》，上海，上海人民出版社，1999。

35. 〔法〕保罗·里克尔：《恶的象征》，公车译，上海，上海人民出版社，2003。

36. 〔美〕戴维·利明等：《神话学》，李培荣等译，上海，上海人民出版

37. 〔法〕列维-布留尔：《原始思维》，丁由译，北京，商务印书馆，1987。

38. 林精华：《西方视野中的白银时代》，北京，东方出版社，2001。

39. 凌继尧：《苏联当代美学》，哈尔滨，黑龙江人民出版社，1986。

40. 凌继尧：《美学和文化学——记苏联著名的16位美学家》，上海，上海人民出版社，1990。

41. 凌继尧：《西方美学史》，北京，北京大学出版社，2004。

42. 刘魁立：《神话新论》，上海，上海文艺出版社，1987。

43. 刘红星：《先秦与古希腊：中西文化之源》，上海，上海古籍出版社，1999。

44. 刘宁：《俄国文学批评史》，上海，上海译文出版社，1999。

45. 〔法〕莱昂·罗斑：《希腊思想和科学精神的起源》，陈修斋译，桂林，广西师范大学出版社，2003。

46. 〔波〕马林诺夫斯基：《巫术科学宗教与神话》，李安宅编译，北京，中国民间文艺出版社，1986。

47. 茅盾：《茅盾说神话》，上海，上海古籍出版社，第2版，2000。

48. 〔美〕路易斯·亨利·摩尔根：《古代社会》，杨东纯等译，北京，商务印书馆，1997。

49. 〔苏〕叶·莫·梅列金斯基：《神话的诗学》，魏庆征译，北京，商务印书馆，1990。

50. 苗力田：《古希腊哲学》，北京，中国人民大学出版社，1989。

51. 〔德〕尼采：《悲剧的诞生》，周国平译，桂林，广西师范大学出版社，2001。

52. 彭兆荣：《文学与仪式：文学人类学的一个文化视野——酒神及其祭祀仪式的发生学原理》，北京，北京大学出版社，2004。

53. 潜明兹：《中国神话学》，上海，上海人民文学出版社，2008。

54. 石敏敏：《希腊人文主义》，上海，上海人民出版社，2003。

55. 〔俄〕Ю.С.斯捷潘诺夫：《现代语言哲学的语言与方法》，隋然译，北京，北京大学出版社，2011。

56. 隋竹丽：《古希腊神话研究》，哈尔滨，黑龙江人民出版社，2006。

57. 〔希〕索菲亚·斯菲罗亚：《希腊诸神传》，张云江译，北京，国际文化出版社，2007。

58.〔俄〕索洛维约夫等：《俄罗斯思想》，贾泽林等译，杭州，浙江人民出版社，2000。

59.汪子嵩等：《希腊哲学史（第一卷）》，北京，人民出版社，1988。

60.王建军：《灵光中的本体论：谢林后期哲学思想研究》，天津，南开大学出版社，2004。

61.王晓朝：《希腊宗教概论》，上海，上海人民出版社，1997。

62.王以欣：《神话与历史：古希腊英雄故事的历史和文化内涵》，北京：商务印书馆，2006。

63.王增永：《神话学概论》，北京，中国社会科学出版社，2007。

64.〔英〕威廉斯：《关键词：文化与社会的词汇》，刘建基译，北京，三联书店，2005。

65.〔意〕维柯：《新科学》，朱光潜译，北京，商务印书馆，1989。

66.〔法〕让-皮埃尔·韦尔南：《古希腊的神话与宗教》，杜小真译，北京，三联书店，2001。

67.〔法〕让-皮埃尔·韦尔南：《众神飞飏：希腊诸神的起源》，曹胜超译，北京，中信出版社，2003。

68.〔法〕维尔南：《希腊人的神话和思想——历史心理分析研究》，黄艳红译，北京，中国人民大学出版社，2007。

69.〔希〕希罗多德：《历史》，王以铸译，北京，商务印书馆，2001。

70.〔挪〕希尔贝克：《西方哲学史（从古希腊到二十世纪）》，童世骏等译，上海，上海译文出版社，2004。

71.〔德〕谢林：《艺术哲学》，魏庆征译，北京，中国社会出版社，1996。

72.谢选骏：《神话与民族精神》，济南，山东文艺出版社，1986。

73.徐凤林：《索洛维约夫哲学》，北京，商务印书馆，2007。

74.徐凤林：《什么是音乐的真实存在？——洛谢夫音乐哲学一瞥 //"当代西方哲学的新进展"学术研讨会论文汇编》，2008。

75.杨善民：《文化哲学》，济南，山东大学出版社，2004。

76.叶舒宪：《原型与跨文化阐释》，广州，暨南大学出版社，2002。

77.叶秀山：《苏格拉底及其哲学思想》，北京，人民出版社，1986。

78.张冰：《白银时代俄国文学思潮与流派》，北京，人民文学出版社，2006。

79.张百春：《当代东正教神学思想：俄罗斯东正教神学》，上海，上海三联书店，2000。

80．张杰、汪介之：《20世纪俄罗斯文学批评史》，南京，译林出版社，2000。

81．张杰：《走向真理的探索：白银时代俄罗斯宗教文化批评理论研究》，北京，北京大学出版社，2012。

82．赵沛霖：《先秦神话思想史论》，北京，学苑出版社，2006。

83．赵晓彬：《普罗普民俗学思想研究》，哈尔滨，黑龙江人民出版社，2007。

84．周忠厚：《文艺批评学教程》，北京，中国人民大学出版社，2002。

85．朱龙华：《世界历史（上古）》，北京，北京大学出版社，1991。

86．朱志荣：《古近代西方文艺理论》，上海，华东师范大学出版社，2002。

（二）期刊论文

1．陈炎：《酒神与日神的文化新解》，《文史哲》2006年第6期，第35～44。

2．郭璇：《希腊女神雅典娜的起源、演变及影响》，《边疆经济与文化》2005年第5期，第81～83。

3．何江胜：《西方神话研究综述》，《西安外国语学院学报》1999年第4期，第93～97。

4．黄震云：《20世纪神话研究综述（上）》，《徐州师范大学学报》2003年第1期，第22～27。

5．黄震云：《20世纪神话研究综述（下）》，《徐州师范大学学报》2003年第2期，第7～10。

6．梁中贤：《论尼采的古希腊情结》，《学术交流》2006年第5期，第10～14。

7．凌继尧：《"我有了生活"：记苏联文化史家洛谢夫》，《读书》1989年第21期，第191～196。

8．凌继尧：《作为希腊美学母体的希腊神话》，《安徽师范大学学报》2002年第1期，第106～108。

9．刘锟：《论洛谢夫的美学理论及其主要特征》，《俄罗斯语言文学与文化研究》2012年第2期，第63～69。

10．刘锟：《略论洛谢夫的〈名谓哲学〉》，《俄罗斯语言文学与文化研究》2014年第1期，第72～78。

11．苏艳：《西方浪漫主义时期哲学界的神话研究》，《考试周刊》2008年第53期，第139～140。

12．隋竹丽：《希腊神话的创新观——雅典娜女神的观念意象》，《佳木斯大学社会科学学报》2004年第5期，第72～73。

13．田歌：《洛谢夫及其曲折经历》，《世界哲学》1990年第3期，第73～75。

14．王倩：《21世纪初希腊神话国外研究印象》，《中国比较文学》2007年第1期，第58～67。

15．吴倩：《俄罗斯象征主义有关彼得堡的新神话》，《中美英语教学》2007年第11期，第74～78。

16．武生：《洛谢夫和他的<古代美学史>》，《文艺研究》1990年第6期，第147～148。

17．萧净宇、霍花：《俄国"语言哲学史上的语言本体论流派"》，《俄罗斯研究》2007年第2期，第89～92。

18．徐凤林：《洛谢夫的音乐哲学》，《俄罗斯学刊》2011年第6期，第64～69。

19．姚大志：《什么是辩证法》，《社会科学战线》2003年第6期，第14～17。

20．叶舒宪：《后现代的神话观——兼评<神话简史>》，《中国比较文学》2007年第1期，第46～57。

21．叶舒宪：《再论新神话主义——兼评中国重述神话的学术缺失倾向》，《中国比较文学》2007年第4期，第39～50。

22．张奎良：《辩证法的实践内涵》，《哲学研究》2008年第5期，第40～45。

附录1：阿·费·洛谢夫年谱

1893年

9月10日（新历9月23日），洛谢夫生于顿河州首府、俄罗斯南方城市——新切尔卡斯克，哥萨克人。父亲费奥多尔·彼得罗维奇是中学数学教师，有着极高的音乐天分，也是位出色的小提琴手。母亲娜塔利娅·阿列克谢耶夫娜·波利亚科娃是教堂大司祭的女儿，有着虔诚的信仰，并严守日常生活和社会道德规范。洛谢夫出生后不久，其外祖父，即天使长米迦勒教堂的堂长、阿列克谢·波利亚科夫神父，为他做了洗礼。

1900～1903年

在教区学校学习。

1903～1911年

1903年，转入古典中学就读，修习古希腊语、拉丁语和古希腊罗马文学等课程。1911年，中学毕业。

1903年：

这一年所写的一些中学作文、论文得以保留下来，现如今被重新登载刊出。如《无神论的起源以及它对科学和生活的影响》、《科学和艺术的意义以及让-雅克·卢梭的论文＜科学对道德的影响＞》（汇编在《高度综合》一书中，2005）；《学问是苦根结出的甜果》（登载于《大学生经纬》，1988年，第4期）；《论茹科夫斯基的哀诗及叙事诗中的浪漫主义思想》（登载于《莫斯科杂志》1999年，第12期）；札记《我的记忆类型》（汇编在《我曾19岁……》日记、书信、散文，莫斯科，1997）。

1909～1910年：

1909年11月至1910年3月一直与奥利嘉·波兹德涅耶娃保持通信（汇编在《我被放逐于20世纪》第二卷，莫斯科，2002）。

1910年：

这一年所写的一些中学作文、论文得以保留下来，并被重新登载刊出。如《人只有在人群中才能认知自己的形象》、《与聪明人及品行良好的人之交往的重要性》(两篇文章均登载于《索菲亚》选集,第二辑,乌法,2007);《俄罗斯文化史中的格·萨·斯科沃罗达》(登载于《洛谢夫报告会文集》,顿河—罗斯托夫,2003)、《作为浪漫主义作品的〈乡村公墓〉(瓦·安·茹科夫斯基)》(登载于《中学生的俄语语言与文学》,2003年,第2期)。

1911年:

1911年以获得金质奖章的优异成绩从中学毕业。

同年,亦从私立音乐学校小提琴班毕业,他的老师是意大利籍音乐家费德里克·斯塔吉。他在毕业晚会上演奏了约·塞·巴赫的第二号D小调小提琴组曲的末乐章《夏康舞曲》(又译为《恰空舞曲》)。

6月,参加以宗教课程教师瓦西里·切尔尼亚夫斯基神父为首组织的中学生高加索之行,到过弗拉季高加索、第比利斯、卡拉斯拉雅波利亚纳、阿德列尔等地。

8月,完成《作为幸福和知识的高度综合》一文(汇编在《高度综合》一书中,莫斯科,2005)。

1911~1914年

与圣彼得堡音乐学院大学生维拉·兹纳缅斯卡娅(1892~1968)保持通信,两人在1911年6月相识于阿德列尔。写给她的17封信被保存下来,汇编在《我被放逐于20世纪》(第二卷,莫斯科,2002)。

1911~1915年

大学时代,在莫斯科皇家大学历史—语文系的哲学及古典语文学两个分部学习。

1911年:

这一年成为大学生。在大学里,洛谢夫是格·伊·切尔帕诺夫(1862~1936)创立并领导的心理研究所成员,从事审美意象的实验性研究。

1912年:

6月9日至7月8日,前往乌拉尔旅行(如同1911年6月瓦西里·切尔尼亚夫斯基神父组织的那种学生旅游类活动)。

写了文章《伦理学作为一门科学》(汇编在《高度综合》一书中,莫斯科,2005)。

1913年:

11月,经格·伊·切尔帕诺夫推荐,洛谢夫加入"纪念索洛维约夫的宗教—哲学协会"（该协会创办于1906年，1917年被迫关闭）。他第一次参加活动时，听取的是维亚·伊万诺夫的报告——《论艺术的界限》。在这里，洛谢夫有机会与伊万诺夫、布尔加科夫、伊利英、弗兰克、弗洛连斯基等知名学者直接接触。

1914年：

5月至7月前往柏林学习、查阅资料，后来由于第一次世界大战的缘故终止学习，提前回国。

1915年：

准备毕业论文《埃斯库罗斯的世界观》，论文得到象征主义诗人维亚·伊万诺夫的称赞。从历史—语文系的哲学及古典语文学两个分部顺利毕业。

毕业后，留在大学的古典语文教研室，在尼·伊·诺沃萨德斯基（1859～1941）教授的指导下，为取得教授的职称做准备。

1915～1916年

在A.E.弗廖罗夫私立男子中学讲授古代语言（希腊语和拉丁语）。

1916年：

首批刊印文章出版，陆续发表《柏拉图的厄洛斯》、《两种世界观念》（《茶花女》观后感）、《关于爱情和大自然的音乐感》（纪念里姆斯基-克萨科夫《雪姑娘》公演35周年）等文章。

1916～1918年

在莫斯科E.C.皮钦斯卡娅女子中学、M.X.斯文基茨卡娅私立中学以及A.C.阿尔费奥罗娃中学讲授古代语言（希腊语和拉丁语）。

在纪念弗·索洛维约夫的宗教—哲学协会上，做了有关柏拉图及亚里士多德哲学研究的发言报告，如《柏拉图〈巴门尼德〉和〈蒂迈欧篇〉对话的原则性统一问题》。

1917年：

夏季，在卡缅斯克村镇与母亲最后一次相见。1919年，母亲患伤寒病逝。

1918年：

在莫斯科哈莫夫尼切斯科区的苏联第23劳动学校教书。

这一时期，洛谢夫还着手写作论文《斯克里亚宾的哲学世界观》，1921年完成，后被汇编在《对辩证法的热衷》一书中。

与维亚·伊万诺夫以及谢·尼·布尔加科夫一起尝试出版俄罗斯宗教哲

学系列丛书《精神的罗斯》，但未能实现。

1919年

2月1日，困难的战争年代，洛谢夫成为新创办的下诺夫哥罗德大学教授，他定期前往那里出席入学考试，一直坚持到1921年6月。

4月，完成了《哲学和思维心理学之研究》一文的再加工工作。该长篇论述是献给其导师格·伊·切尔帕诺夫教授的（汇编在《个性与绝对》一书中，莫斯科，1999）。

9月1日，洛谢夫成为莫斯科外语高级师范培训班教授，该学校于1918~1922年存在。

瑞士苏黎世出版的论文集《Russland》登载了洛谢夫的一篇文章《俄罗斯哲学》（德语）。

1921年

3月29日，在下诺夫哥罗德大学师范小组做了题为《关于宗教培养的方法》的报告（汇编在《高度综合》一书中，莫斯科，2005）。

9月1日，成为国立音乐科学研究院正式成员。

在莫斯科大学莫斯科心理学会做了题为《论柏拉图的"形"与"理念"》的报告。

1922年

3月5日在别尔嘉耶夫创办的精神文化自由科学院，做了题为《柏拉图的希腊异教本体论》的报告。

5月23日（新历6月5日）纪念耶稣升天日，洛谢夫与瓦连金娜·米哈伊洛夫娜·索科洛娃在谢尔吉耶夫镇先知以利亚教堂举行婚礼，婚礼由帕·弗洛连斯基神父主持。

9月1日，成为莫斯科国立音乐学院教授。1922年至1929年，整整7年时间，洛谢夫都在音乐学院的教育及科学—音乐系讲授《审美学说史》课程。

在以列·米·洛帕京（1855~1920）为名的哲学协会（附属于莫斯科大学心理学学院）做了题为"亚里士多德关于悲剧神话的学说"的报告。

1923年

9月15日，俄罗斯苏维埃联邦社会主义共和国国家学术委员会授予洛谢夫教授的称号。

与来自被关闭的佐西马修道院的米特罗凡（本名米·吉·吉洪诺夫）修士司祭有了更为亲密的接触，该修士以亲戚的名义暂住在洛谢夫夫妇家里。

洛谢夫成为国家美术科学研究院正式成员，负责音乐—心理委员会、审美学说研究委员会的工作，同时亦是形式委员会（哲学分部）主席、艺术术语研究委员会（哲学分部）成员。（1924～1929年间，洛谢夫在国家美术科学研究院做了41次报告。）

1924年

6月1日，洛谢夫成为莫斯科第二国立大学教授。

这一时期，洛谢夫与修士大司祭达维德神父（本名德·伊·穆赫拉诺夫）交往密切，后者是听取洛谢夫夫妇忏悔的神甫。

1925年

洛谢夫与神学家米·亚·诺沃肖洛夫（1864～1938）交往密切，与此同时，通过妻子洛谢娃的介绍，洛谢夫与列宁格勒的司祭——赞名派成员费奥多尔·安德列耶夫神父相识。

1927～1930年

洛谢夫陆续出版了8本书，它们是：《名谓哲学》（1927）、《古希腊宇宙论与现代科学》（1927）、《作为逻辑对象的音乐》（1927）、《艺术形式辩证法》（1927）、《普罗提诺的数的辩证法》（1928）、《亚里士多德的柏拉图主义批评》（1929）、《古希腊罗马象征主义和神话学概论》（1930）、《神话辩证法》（1930）。

1928年：

1月，巴黎出版的杂志《道路》（第9期，第89～90页）登载了С.Л.弗拉克的《俄罗斯新哲学体系》一文，涉及对洛谢夫的《名谓哲学》、《古希腊宇宙论与现代科学》的简短评论。

巴黎出版的《路标》年度丛刊（第3辑，第163～169页）登载了В.Э.谢泽曼对洛谢夫《名谓哲学》的评论。

Д.И.奇热夫斯基的《苏俄哲学探索》一文（《现代札记》，巴黎，第37期，第510～520页）涉及对洛谢夫的《名谓哲学》、《古希腊宇宙论与现代科学》、《作为逻辑对象的音乐》、《艺术形式辩证法》的评论。

1929年：

6月3日，在达维德神父主持下，洛谢夫与妻子一起秘密剃度，两人分别获得安德罗尼克和阿法纳西娅教名，成为生活于俗间的修士与修女。

10月3日，莫斯科音乐学院将洛谢夫从教授队伍中除名。

洛谢夫被选为柏林"康德协会"成员，1910～1933年间，该协会主席是新康德主义者亚瑟·利伯特。

1930年：

国家美术科学研究院将洛谢夫从其正式成员中除名。

4月18日，洛谢夫被捕，理由是《神话辩证法》一书的出版有非法的插入内容，同时也指控其参加反革命君主主义组织"真正的东正教教会"。洛谢夫先被单独关押了4个半月，后又被转到卢卞卡内部监狱关押17个月。

6月2日，达维德（穆赫拉诺夫）神父去世，6月4日，洛谢娃与德·费·叶戈罗夫（1869～1931）教授将其埋葬。

6月5日（结婚周年纪念日），洛谢夫妻子被捕入狱，与其一起被捕的还有米特罗凡（吉洪诺夫）修士司祭。

6月28日，卡冈诺维奇在联共（布）第16次代表大会上发言，称"反动黑帮"洛谢夫的《神话辩证法》一书的出版是阶级敌人最明目张胆的宣传。

1930～1953年

除了对（库萨的）尼古拉等人的一些翻译作品外，长达23年的时间里，洛谢夫未能出版一部自己的著作。

1931年：

9月20日，宣布判处决定：洛谢夫被判处流放10年，先后被押往凯姆、白海—波罗的海运河的建设工地、瓦日纳村庄等地。洛谢娃被判处流放5年，押往西伯利亚劳改营。

12月12日，核心报纸《真理报》和《消息报》同时刊登高尔基针对洛谢夫的批评文章。12月12日亦是洛谢夫夫妇"劳改营"通信第一封信件标注的日期，后来这些信件被集结为《永远的愉悦：劳改营通信》（2005）出版。

1932年：

8月3日～7日，洛谢夫写了论文《算数基本运算之辩证法》，该文后来成为其论著《数学的辩证基础》的组成部分。

9月7日，由于流放条件艰苦及生病等原因，洛谢夫几乎失明。鉴于其残疾及建设工作的结束，加上朋友周旋，夫妇两人被提前释放，解除关押。

10月21日，洛谢夫夫妇两人在熊山城阿诺尔多夫村庄团聚。

11月，洛谢夫开始写作哲学式散文——中篇小说及故事，如《我曾19岁……》、《戏剧爱好者》等，后来这些作品被汇编在《我被放逐于20世纪》（第1卷，莫斯科，2002）。

1933年：

8月4日，苏联中央执行委员会决议撤销对洛谢夫的判决，恢复其公民权，允许其返回莫斯科定居。

10月11日，莫斯科市工会劳动鉴定委员会认可洛谢夫为三级残疾（主要指其视力）。

12月，完成了长篇小说《女思想家》，该手稿最后一页的标注日期为12月25日。

1935～1940年：

在莫斯科的大学工作，但不是固定编制，而是计时性质的工作。当时政府口头命令禁止洛谢夫从事哲学研究，只允许他进行古希腊美学和神话学研究。

1936年：

8月，洛谢夫夫妇到故乡新切尔卡斯克及高加索旅行。后来，在1942～1943年间，基于对此次旅行的回忆，洛谢夫创作了几首诗歌，从诗歌的"地理"名称中可以看出其旅游之地，如《科伊沙乌尔斯克山谷》、《克卢霍尔山口》、《泽卡尔山隘》、《卡兹别克山》、《达里亚尔的捷列克河》、《在厄尔布鲁士山脉的积雪旁》等。

洛谢夫与"艺术"出版社签约出版《古希腊美学史》及《古希腊神话学》，但该出版社因听信了对其唯心主义的指责而最终关闭了出版大门。

1937年：

15世纪著名思想家、红衣主教库萨的尼古拉的《哲学著作选》出版，从拉丁语文本中，洛谢夫翻译了3篇文章并做了阐释。

1938～1941年：

洛谢夫出席外省师范学院的冬季及春季考试，如古比雪夫（1938）、切博克萨雷（1939）、波尔塔瓦（1940～1941）。

1940～1941年：

在哈尔科夫大学就古典语文学方面的博士论文答辩之尝试没有成功。

第二次世界大战初期，从波尔塔瓦返回莫斯科。

1941年：

8月12日，洛谢夫在莫斯科克明杰尔（前沃兹德维任克）大街的房屋被炸，之后他迁往阿尔巴特大街33栋20号。而在此期间，他不得不租住在莫斯科郊区他人的别墅里。在此前后，洛谢夫创作了约20首诗歌（仅限其笔记中找到的）。这些诗歌可归为两类：7首"高加索"组诗和13首"郊区别墅"组诗。

1942年：

在莫斯科罗蒙诺索夫大学哲学系工作。在这里，洛谢夫组织了黑格尔哲学讨论会，被提议主持重新创建的逻辑学教研室的工作，但由于竞争对手及党委的暗中操作，同时还有对其唯心主义的指责，洛谢夫在莫斯科大学的工作被禁止。

创作了中篇小说《生活》。

1943年：

10月16日，无需经过论文答辩，洛谢夫被授予语文学博士学位（荣誉学位），而不是哲学博士学位。

1944年：

5月15日，洛谢夫从莫斯科大学调到莫斯科国立列宁师范学院工作。最初在古典语文学教研室工作。几年之后，这里解散，洛谢夫到了俄语教研室，后又转到普通语言学教研室，教授研究生古代语言课程，一直到逝世。

10月，阿扎·阿里别科夫娜·塔霍-戈基成为洛谢夫的研究生，她是洛谢夫学术研究最得力的助手。

洛谢夫致力于《奥林匹斯神话学》、《美学术语》以及其他神话系列著作的研究。以尼·费·杰拉塔尼为首的教研室试图阻止洛谢夫的研究，对他进行诋毁。

1949年：

洛谢夫开始与格鲁吉亚苏维埃社会主义共和国科学院哲学研究所合作，主要是关于普洛克罗的翻译以及新柏拉图问题的建议等内容。

由H.A.季莫菲耶娃领导的系党委成员仍继续对洛谢夫进行"严厉批评"。

在洛谢夫指导下，塔霍-戈基进行了副博士论文答辩，题目是"荷马的诗意隐喻及其社会意义"。

1953年：

斯大林逝世后，洛谢夫的著作开始大量出版，《奥林匹斯神话学》一书是洛谢夫被迫沉默23年后，首次出版的论著。由其工作的莫斯科国立列宁师范学院出版社出版（《学术文集》，第72卷，1953）。

1954年

1月29日，洛谢娃去世。1月30日，在家里为其举行了安魂弥撒。1月31日，在瓦加尼科夫墓地安葬。

12月6日，塔霍-戈基成为洛谢夫的妻子。她已经是语言学博士，莫斯科国立大学功勋教授，洛谢夫最亲近的助手。

1956年

应亚·格·斯皮尔金（1918～2004）教授之邀，洛谢夫开始与《哲学百科全书》合作。该工作于1970年完成，共计5卷本，洛谢夫写有100多个词条。

洛谢夫开始了《古希腊罗马美学史》的写作。

1957年

《古希腊神话学的历史发展》出版，这是1930年后"第一本自由写就的书，第一本'正常'出版的书"。

1960年

《哲学百科全书》第1卷出版，书中包括洛谢夫的撰文。

《荷马》、《古希腊音乐美学》出版。

1963年

《古希腊罗马美学史》第1卷出版，由"高等学校"出版社发行，封面印有"教学参考书"字样，因为"艺术"出版社拒绝刊印洛谢夫的著作。

1966年

洛谢夫参加在基辅大学召开的第3届全苏古典语文学会议。

从这一年开始，洛谢夫每年都会到亚·格·斯皮尔金别墅度夏，该地离茹科夫斯基市（莫斯科东南约40公里）不远。

1968年

9月23日，洛谢夫75周岁。莫斯科国立列宁师范学院首次为其庆祝生日。

在普通语言学教研室负责人И.А.瓦西连科的协助下，莫斯科国立列宁师范学院出版社出版了洛谢夫的《语言模式普通理论导论》。洛谢夫从事语言学问题研究，继续着自己在20年代已经开始的探索。

1968～1972年

洛谢夫和瓦·费·阿斯穆斯（1894～1975）合作编著、由塔霍-戈基加注的《柏拉图》3卷文集由"思想"出版社出版。

1969年：

洛谢夫积极参加在第比利斯召开的第4届全苏古典语文学会议。

1969～1994年

"艺术"出版社出版了洛谢夫的《古希腊罗马美学史》第2卷，该书所有后续卷本也由该出版社陆续出版。洛谢夫在世时该书前6卷得以出版，由此，1985年，戈尔巴乔夫签署命令，洛谢夫成为苏联国家奖金获得者。第7卷、第8卷在其去世后由他人整理出版。这是一部真正的古希腊罗马哲学美学史，该系列著作为我们描绘了一幅精神财富和物质财富相统一的古希腊罗马文化全景图。

1974年

《古希腊罗马美学史》第3卷出版。

1975年

《古希腊罗马美学史》第4卷出版。

1976年

洛谢夫的《象征问题与现实主义艺术》一书由"艺术"出版社出版。苏联科学院世界文化史学术委员会组织召开了"文化史传统问题"会议，并就此书的出版特别向洛谢夫表示了祝贺。

1977年

出版了《古希腊哲学史》、《柏拉图传记》（与塔霍-戈基合著）。

1978年

9月23日，洛谢夫85周岁。基于1976年12月召开的"文化史传统问题"会议材料，由B.A.卡尔普申负责编辑出版了文集《文化史传统》（莫斯科科学出版社），纪念洛谢夫寿辰。

"思想"出版社出版了《文艺复兴美学》。

1979年

《古希腊罗马美学史》第5卷、《公元Ⅰ～Ⅱ世纪希腊化～罗马美学》出版。

1980年

《古希腊罗马美学史》第6卷出版。

1980～1982年

出版了两卷本《世界各国神话》百科全书，洛谢夫为编委会成员，他也是35篇希腊神话词条的撰写者。

1981年：

通过杂志社副主编尤·阿·罗斯托夫采夫引荐，洛谢夫与《大学生经纬》杂志社合作。

《锡诺普的第欧根尼——古希腊哲学史家》一书出版。

1982年：

洛谢夫与塔霍-戈基合著的《亚里士多德：生命和意义》一书出版。

1983年

4～6月，苏联国家出版委员会禁止出版《弗·索洛维约夫》一书。

7月,《阿·费·洛谢夫诞辰90周年》文集由第比利斯大学出版社出版,P.B.戈尔杰齐阿尼及同事共同编辑,文集总计169页。

7月,国家出版委员会下令延迟《古希腊文化与现代科学》文集的出版事宜。

9月23日,洛谢夫90岁寿辰日,被授予劳动红旗勋章。

12月12日,莫斯科国立列宁师范学院为洛谢夫举行了庆祝会。

1985年

《文学问题》杂志(第10期)登载了洛谢夫接受的主题为"意义的探索"的采访全文。

献给洛谢夫的《古希腊文化与现代科学》(莫斯科科学出版社,Б.Б.皮奥特罗夫斯基等人编著,总计344页)文集出版。

1986年

4月,在莫斯科国立列宁师范学院的所谓"列宁系列报告会"会议上,洛谢夫做了人生的最后一次报告。

8月12日,亚·格·斯皮尔金别墅发生火灾。

洛谢夫生病了。

1987年

2月10日至3月25日,洛谢夫在第61医院接受治疗。

秋天,由新闻电影工作者、青年导演B.科萨科夫斯基倡议,摄制了纪录片《洛谢夫》,已经高龄的洛谢夫本人亦亲自参加了影片的拍摄工作。1989年,在列宁格勒举行的国际纪录片电影节上,该片获得"银马"奖。

1988年

5月23日,《古希腊罗马美学史》第7卷出版。

5月24日,斯拉夫启蒙者基里尔和梅福季纪念日,清晨4时45分,洛谢夫在莫斯科与世长辞,享年95岁。5月26日,他被安葬在瓦加尼科夫公墓。

附录2: 纪念洛谢夫的相关活动年表

1989年
5月,莫斯科大学举行纪念洛谢夫的国际会议。
10月,顿河畔罗斯托夫举行纪念洛谢夫的国际会议。
12月3日,莫斯科神学研究院举行纪念洛谢夫的国际会议。
1990年
创办了"洛谢夫论谈"文化—教育协会。
1991年
由O.B.科兹诺夫执导拍摄了"洛谢夫论谈"电视片。
1992～1994年
《古希腊罗马美学史》第八卷(上、下册)出版。
1993年
9月23日,为纪念洛谢夫诞辰100周年,联合国教育、科学和文化组织在莫斯科大学举行国际会议,主题为"世界形象——结构与整体"。
顿河畔罗斯托夫举办"顿河畔纪念洛谢夫报告会"。
在莫斯科音乐学院,由尤·尼·霍洛波夫(1932～2003)主持举行纪念洛谢夫的学术会议。
1993～1996年
"思想"出版社出版5卷本洛谢夫著作文集。
1995年
7月25日,联邦安全局档案馆将洛谢夫的手稿(2350页)归还其遗孀塔霍-戈基。
1996～1999年
进行阿尔巴特大街的"洛谢夫之家"的修复工作,洛谢夫在此生活了近50年。
1997年
8月,塔霍-戈基的《洛谢夫》一书在"俄罗斯侨民"图书馆举行发布会,该书由"青年近卫军"出版社出版,属于"名人传记"系列书籍之一。

2000年

12月26日,莫斯科政府决议,创建"洛谢夫之家"俄罗斯哲学与文化史国立图书馆。

2004年

9月23日,在洛谢夫诞辰日这一天,举行了"洛谢夫之家"图书馆的正式开放仪式。

2006年

9月23日,莫斯科政府决议在阿尔巴特大街的"洛谢夫之家"宅院为洛谢夫立一座雕像纪念碑,题词为:伟大的俄罗斯哲学家阿列克谢·洛谢夫(雕像作者为B.B.格拉西莫夫)。

在图书馆开辟了一个永久性博物馆展览,用于纪念洛谢夫的生活与创作。

2010年

10月19日,在"洛谢夫之家"图书馆举行了隆重的洛谢夫半身塑像落成仪式(雕像作者为阿尔乔姆·弗拉索夫)。

2011年

12月14日,为纪念洛谢夫中学毕业100周年,在他的家乡新切尔卡斯克古典中学的主楼举行了纪念匾和浮雕(由维亚·克雷科夫制作)的揭幕仪式。洛谢夫曾于1903~1911年在此就读。

2012年

5月25日,顿河都主教辖区负责人都主教梅尔库里宣布2012年为顿河都主教辖区伟大的俄罗斯哲学家阿·费·洛谢夫年。

2013年

这一年,为纪念洛谢夫诞辰120周年、逝世25周年,各种纪念活动异常丰富。如举办各种学术会议、进行报纸专访、开设期刊专栏、出版纪念性学术论著及论文集、展映"洛谢夫"纪录片、举行洛谢夫肖像画展、举行相关内容的青年学者论文比赛等活动。此外,值得一提的还有"洛谢夫之家"设立了洛谢夫诞辰120周年纪念奖章,授予在洛谢夫研究领域有杰出贡献的人士。

2014年

"洛谢夫之家"俄罗斯哲学与文化史图书馆、"洛谢夫论谈"文化—教育协会、俄罗斯科学院"世界文化史"科学理事会"洛谢夫委员会"三方联合组织学术活动。2014年上半年在"洛谢夫之家"举行了3场报告会:2月18

日,莫斯科大学叶•阿•塔霍-戈基的《第一次侨民对洛谢夫20世纪20年代一些书籍的反映》;3月18日,顿河罗斯托夫南部联邦大学的康•维•沃建科的《俄罗斯精神—学术哲学和洛谢夫的创作:宗教和科学知识对比》;4月15日,圣彼得堡国立大学的德•谢•库尔迪巴伊洛的《从能到名:拜占庭名谓神学背景下的洛谢夫的名称学》。

附录3：阿·费·洛谢夫的诗歌及译介

洛谢夫的部分诗歌同样体现出哲学探索的意蕴。目前，学界从其笔记中找到的诗歌约有20首。针对这些诗歌的内容特点，我们可以将其归为两类："高加索"组诗和"郊区别墅"组诗。

"高加索"组诗共计7首。它们分别是《科伊沙乌尔斯克山谷》、《克卢霍尔山口》、《泽卡尔山隘》、《卡兹别克山》、《达里亚尔的捷列克河》、《卡萨尔峡谷》、《在厄尔布鲁士山脉的积雪旁》。这些组诗创作于1942~1943年间，是对高加索旅行（1936年）时的所见所感的回忆。从标题可以看出，诗歌主要以写景为主，山谷、山隘、群山、河流、积雪成为其描写的对象。这时的洛谢夫感觉自己完全是自由的，一方面源于流放的解除，另一方面源于与大自然的和谐，他希望永远融入这高加索的群山之中，从而可以躲避那"万能的眼睛"和"万能的耳朵"。[①] 这组诗歌的用词有三个鲜明的特点：第一，古词与新词并用。对于洛谢夫来说，高加索含有"整个人类历史的直观见证"之意象[②]，在诗句中历史进程涉及转折时期、断裂口，体现为作者在古旧形式的词语、斯拉夫词语中（如алканье, зрак, огнь, омрак, рушенье, сребро, сей и т.д.）插入了一些独特的新斯拉夫语词（如громоразрывный, люто-стремь, сневертный, солнцезрачный, яро-движь и т.п.）。第二，运用了大量复合形容词（如сребодымный кряж, темно-свинцовая мгла, гневно-чёрные главы гор, загубленно-тревожные дали, бледно-струйная печаль, солнце-лиственные дороги, юно-весеннезрящая боль и т.д.）。第三，表示色彩的词汇尤为突出，并借助于简单形容词（зелёный）、复合形容词（коричнево-глубинный）、名词（зелень）、动词（алеть）、形动词（чернеющий）、

[①] Тахо-Годи А.А., Тахо-Годи Е.А.,Троицкий В.П., А.Ф.Лосев – философ и писатель: К 110-летию со дня рождения, М.: Наука, 2003. C. 163.

[②] Там же. C. 163.

副词（ало）等各种词类表达出来。作者甚至还采用换喻的艺术手法来达到表达色彩的目的，例如，用"世界强国的丧服"表示黑色，用"灰色的枷锁"表示白色，用"冰冷的白银"表示白雪等等（чёрный—"траур мировых держав"，белый—"седые вериги"，белый снег—"хладное серебро" и т.д.）。在众多色彩中，白色、黑色、蓝色、绿色以及红色是洛谢夫最为偏爱的。这里引人注意的是，白色和黑色与其他三种色彩不同，它们是作者主要运用换喻手法体现出来的，它们似乎很少单独使用（如белый—сноговершинные жертвы，эмально-жертвенные чертоги，бездумно-сребренные льдины，перламутровый покров；чёрный—в Вечной Мгле，тьме не-сущей，дебритенной и т.д.）。绿色几乎失去了它的色彩；蓝色主要是淡蓝、天蓝、蓝宝石色等很淡的色调；与此不同，红色的色彩却浓郁得多，从玫瑰色到紫红、红褐色都有运用；甚至太阳般的金黄色、金色在洛谢夫的感悟中也不再是纯黄的色调，而是淡红—黄色的，例如，他对"红褐色的苍穹"（рыжие небеса）的描写。由此可见，在"高加索"组诗中，洛谢夫为我们描绘了一幅幅多姿多彩的图画。从辞格角度来说，洛谢夫喜欢运用四音步抑扬格加十字韵，"高加索"组诗中有6首诗歌是使用这种韵律写成的，剩余的一首（《泽卡尔山隘》）则采用四音步扬抑格加十字韵的辞格形式。此外，在《科伊沙乌尔斯克山谷》、《泽卡尔山隘》等诗歌中，频繁运用的对别连接词"Но"起着区分正题与反题、前提与结论的独特作用。

"郊区别墅"组诗共计13首。它们是《严格守斋者》、《女徒步旅行者》、《杜鹃》、《辩白》、《神圣的友谊》、《克拉托沃冬天的别墅》……1941年秋天，正值第二次世界大战之际，洛谢夫居住在莫斯科的房屋被炸，他不得不租住在城市郊区他人的别墅里，这组诗歌就是在这样的背景下写作完成的。诗歌主要体现了洛谢夫精神世界的擢升使其忘记了周围的历史性灾难的存在，他感悟到的是内心的宁静与平和。如果说"高加索"组诗为我们描绘了一个色彩斑斓的外部感性世界，那么，"郊区别墅"组诗则把我们带入了一个内部的精神世界。这里出现了"道路"、"目标选择"、"寻找谜底"的探索主题；出现了旅行者、受难者、守斋者等人物形象。从"高加索"组诗开始的"山岩与怪石的艰难道路"，在"郊区别墅"组诗中则发展成为：这一"苦难的行程会有终点"，"岁月荒漠"的远涉即将结束。对于前一组诗歌来说，"道路"是虚幻的，不知疲倦的旅行者一步一步地向上攀登，试图征服山峰，山峰在这里是"世界的骨架"、"世界的遗址"。他走向虚幻的目的地，仿佛看见了帝王的宝座，但是一切都是幻象：抵达山巅时，眼前呈现的不是教堂神殿,而是荒凉——冰雪巨人,如同令人恐惧的古希腊戈耳戈涅斯女神[①](《在厄尔布鲁士山脉的积雪旁》);代替上帝而现身的是疯狂的造化者、狂饮的巫师、偶像,代替真理与信念柱石的是人们的诅咒之柱。所以,这条道路注定在"警报轰鸣"的伴随下,通向"灰蒙蒙的雾霭"。与这组诗歌构成反差,在后一组诗歌中出现的是探寻真理之"道路"的形象。旅行者并不是顽强的、勇敢的幸运儿,而是消瘦、憔悴、疲惫不堪的徒步旅行者。诗歌出现了我们所熟悉的《神话辩证法》中的修女的肖像以及劳改营信件中提到的"瘦骨嶙峋"的女同伴的形象。塔霍-戈基、特罗伊茨基等编写的《阿·费·洛谢夫——哲学家兼作家:纪念诞辰110周年》一书中写道:"正如我们所发现的那样,洛谢夫的诗歌有着'传记'的根基。其中不仅反映了现实生活中一些情景——高加索的旅行、炮弹炸毁了他最为喜爱的阁楼,而且还详细地描绘了他在克拉托沃村庄的生活、修士般的生活方式。40年代初的一些诗歌主题正是源于20年代的一些哲学著作所思索的内容。"[②]所以,女徒步旅行者不仅承载着与他一起进行了秘密剃度的妻子瓦连金娜·米哈伊洛夫娜的形象,而且体现了俄罗斯象征主义的传统形象,她是维亚·伊万诺夫的精神王位、弗·索洛维约夫的索菲亚、永恒的未婚妻、女朋友,她既是母亲也是孩子。所以,洛谢夫在诗歌中写道:"你是忠实唯一的、令人快乐的母亲,你是我的未婚妻、讨人喜爱的小孩。你为自己迷路的小儿送上祝福。"(《女徒步旅行者》)女徒步旅行者这一受难的女性形象获得了一人千面的永恒意义。在"郊区别墅"组诗中,抒情主人公的意向没有直接指向上帝,也没有直接来自上帝,他走的是"第三条形而上的方向","在上帝周围运动",在远离上帝、陷入漆黑混沌中,经历长久的探索之后,又重新回归上帝。"存在的阴郁性情,破旧的窗幔滑落,你饱含青春朝气,神圣奇迹般复活"(《辩白》),这里运用对比手法凸显了回归的情景。正是这种回归使洛谢夫的诗歌又出现了富含深意的"祖国"形象,但那不是尘世的,而是天堂的形象:"你经历一切的眼眸温柔、忧郁,从中我看到了我那永恒的祖国。噢,亲爱的你,噢,可怜的你,胆怯怯的、容易受伤的你!"与上帝联系在一起的一切——过去的、未来的——都有两次订婚礼(《我的两次订婚礼》),有两个未婚妻,那就是科学与信仰。抒情主人公认为,上帝的爱和友谊可以创造奇迹、改变世界。在"郊区别墅"组诗中,"平原"的形象也很突出,它几乎是永恒平静的代表,是被遗忘的、孤

---

① 戈耳戈涅斯(Горгона):希腊神话中的蛇发女怪,她能使同她目光相遇的人化为石头。

② Тахо-Годи А.А., Тахо-Годи Е.А.,Троицкий В.П., А.Ф.Лосев – философ и писатель: К 110-летию со дня рождения, М.: Наука, 2003. С. 172.

寂的、童年般的平静。这个平静是玄妙的、天赐的，是无功而得的。因为它是逝去的、久远的；是某种亲近的、同族的；是丧失的，如同人堕落之后被驱逐出天堂而去赎罪。这种平静是不可思议的，是不可能完全获得的，因为"不安"滋生、隐藏于心中，它不会遗忘自己的堕落，它会要求探索求赎之路。此外，在《辩白》一诗中，作者对"智慧"的思辨包蕴着深刻的新柏拉图主义的哲理内涵。在这首诗歌中洛谢夫写道："智慧——非理性的抽象，智慧——非精神认知和自然的表象，智慧——自由的聚集地，智慧——恬静的细腻，智慧——思维的精妙，智慧——永远年轻的春天，智慧——年少启示的早晨……"由此可见，头语重复、通过否定方式下定义是这首诗歌的突出特点。从辞格角度来说，"郊区别墅"组诗中有9首诗歌洛谢夫仍然采用他喜欢的四音步抑扬格加十字韵。此外，还有三音步抑扬格（《神圣的友谊》）、四音步扬抑格与两音步抑扬格的交替使用（《惊慌》）、五音步扬抑抑格（《女徒步旅行者》）以及三音步抑抑扬格（《我的两次订婚礼》）等多种格律形式。

总之，洛谢夫的"高加索"组诗呈现的是写景与抒情并举，"郊区别墅"组诗体现的则是哲理与思辨交错。但是，这种特点并不是截然对立、泾渭分明的。抒情与哲理是交织的，只不过是占优势的比例不同而已。洛谢夫的诗歌不仅为我们营造了一个色彩斑斓的世界图景，而且通过"道路"、"祖国"、"平原"、"旅行者"等意象，表达了深邃的哲理内涵。通过诗歌创作，洛谢夫将世界观与文体风格结合，他的一些学术思想也以隐讳的形式表现出来。而且他的诗歌创作凸显了其深厚的文学底蕴，做到了"学术的语言和诗意的语言有机的结合"[①]。下面是本书著者译介的几首诗歌：

КЛУХОРСКИЙ ПЕРЕВАЛ

Стезя над бледностью морен
Зовет на этот склеп вселенной.
Шагаю по снегу, и - тлен
Впиваю смерти сокровенной.

Застыл пучинный вихрь миров,

[①] Лосев А.Ф., Диалектика мифа // см. в кн.: Философия. Мифология. Культура, М.: Политиздат, 1991. С. 17.

Одетый в схиму усыпленья,
Приявший сумеречный зов
Седых вериг самозабвенья.

Развалин мира вечный сон
И усыпленная прозрачность,
Снеговершинных жертв амвон
Ткут здесь опаловую мрачность.

Бесславен, мним здесь солнца свет,
Утесов тут бесстрастны ковы,
Ледник здесь в призрачность одет
И пропастей безмолвны зовы.

И в талом озере покой,
Над бирюзою волн прохладно,
И льдинки с снежной синевой
Плывут неслышно, безотрадно.

И шепчет хладная эмаль
Во сне, в киоте бледно-снежном
Ученье тайное и даль
Умерших весен в утре нежном.

Ум льдиной стал, душа немеет,
И дух кристаллится до дна,
И тонкий хлад беззвучно реет,
И тишина, и тишина...

克卢霍尔山口

淡白色的冰碛的路途
是那宇宙的墓穴遗嘱。

沿着雪路行进，朽物
嗅到秘密死亡的气息。

俗世生活的涡旋凝结
遵苦行戒律和衣而卧，
接受昏暗暮色的召唤
心醉神迷灰色的枷锁。

世界废墟的永恒梦幻
安眠入睡的晶莹剔透，
雪峰之巅的祭品高台
在此编织蛋白色忧郁。

在此不应该臆想太阳之光，
这里悬崖的阴谋缺乏热情，
这里冰川着晶莹透明之衣
应答深渊缄默无声的召唤。

微融解冻的湖水平静流淌，
波浪于绿松石上凉爽宜人，
夹杂着雪青色的小小冰块
静静漂浮，凄凉缺乏乐趣。

冰冷的珐琅发出轻微嗡鸣
在梦幻中，在雪白神龛中
神秘的教义和深邃的远方
是那逝去春天的温柔清晨。

冰的智慧显现，僵化本性
灵魂结晶至底
淡淡寒意无声地袭来，
万籁寂静、万籁寂静……

КАЗБЕК

Вершины снежной взлет крутой,
И розоватый, и огнистый,
На синеве торжеств немой
Почил в надвременности мглистой.

Рыданий хаоса дитя,
Премирных мук изнеможенье,
Ты, в грезах нежность обретя,
Царишь, как Божие веленье.

В лазури чистой ало, нежно,
Под солнца звон колоколов,
В тебе ликует белоснежно
И всепобедно Мать миров.

卡兹别克山

险峻飞升的白雪之巅，
浅浅粉红色，火光色，
庄严无声的青蓝天空
熟睡于超越的时光里。

混乱号啕大哭的孩子，
疲惫不堪的超世痛苦，
你，梦幻中寻得温柔，
笼罩着神明般的愉悦。

在纯净蔚蓝中鲜红、温柔，
在太阳光下钟声当当作响，
你如雪般洁白、战胜一切
欢呼世界之母。

ЗИМНЯЯ ДАЧА В КРАТОВЕ

Лиловых сумерек мигрень,
Снегов пустующие очи,
Печалей мглистая сирень
И бесполезность зимней ночи;

Сверло невыплаканных слез
Жужжащих мертвенность туманов
И клочья вздыбленные грез
Безрадостных оскал дурманов;

Трескучей жизни мертвый сон,
Бессонных фильмы сновидений
И почерневший небосклон
Ума расстрелянных радений,

Здесь тускло все погребено,
Гниет послушно и смиренно,
И снегом все заметено
Для мира тлеет прикровенно.

И дачка спит под синей мглой,
Под тяжко-думными снегами,
Как бы могилка под сосной,
Людьми забытая с годами.

Уютно зимним вечерком
Смотреть на милую избушку.
На живописный бурелом,
На сосны леса, на опушку.

Картинку эдакую нам

Давали в детстве с букварями...
Вот почему на радость вам
И тут всплыл домик под снегами.
（27～28.4.1942）

克拉托沃冬天的别墅

淡紫色黄昏的偏头痛，
白雪黯淡无神的眼睛，
悲伤的雾蒙蒙的丁香
冬之夜晚的徒劳无益。

没有流出的眼泪之滴
嗡鸣的无生气的雾色
碎片一般竖起的梦想
凄凉的吸毒者的呲牙；

响快生活的死者之梦，
无法入眠的幻境影片
变得乌黑的天陲
散射关怀的智慧——

在此一切暗淡地安葬，
顺从并且驯服地腐烂，
一切被洁白之雪标记
为了世界隐秘地暗存。

别墅沉睡于蓝色雾霭，
在沉甸甸忧思的雪下，
好似松树旁一座坟墓，
年复一年被人们遗忘。

惬意的冬日夜晚

凝视可亲的木屋。
看风折损的树木，
松林和林边空地。

展现给我们的这幅画面
源自于童年的识字课本……
这就是满怀欢喜地呈现
白皑皑积雪覆盖的小屋。
（1942年4月27～28日）

ВЕСНА В КРАТОВЕ

Туманов жиденький простор,
Дождей слезливая шарманка,
Снегов дряхлеющий задор
И бурь пустая лихоманка,

Чахотка солнца и тепла,
Бездарной спеси туч тенета
И слабоумие гнилья,
И злость сопливая болота:

О, импотентная весна,
Ты, вывих мысли неудачной,
Как бесталанно ты скучна,
Как вялый вздор ты мямлишь мрачно!
（4～5.5.1942）

克拉托沃之春

雾稀薄辽阔，
雨感伤哭诉，

雪垂老寻衅，
暴风雨无力。

痨病的太阳暖融融，
无天赋傲气乌云网
腐败物的愚钝笨拙，
哭鼻子沼泽的气恼：

噢，萎靡不振之春，
脱轨不成功的思想，
如同你可怜的孤独，
抑郁咕哝呆板呓语！
（1942年5月4日～5日）

ПОСТНИК

Твой мрак тревожный и пустой
В обрывах тайн седых печалей
Испепеленною душой
Во сне твоих глубинных далей
Бесславно зришь ты. И глухой
Скалистых круч распятий духа
Безмолвный рев и тайный вой
Когтит твою раздранность слуха.
Но здесь, в пустыне, глад и стон,
Духовный пост изможений,
Задушенных вселенных сон
И трудный сон уединений
Являют постнику закон -
Прильнувши страстно-вещим ухом
Артерий мира чуять звон,
Рыданье мира чуять духом.

Рыданье огненных валов
На море тайн светоявленных
Ярит душе набатный зов
Безмолвий сладострастно-бденных.
Под черной твердью вечных дум
Прибой томится желтой пылью,
Ложесн вселенских страстный шум
Взывая девственною былью.

（27.7.1942）

严格守斋者

你的阴郁忧虑且又呆滞
在苍白忧伤的奥秘之崖
耗尽身心
你内心动摇地看见
那深处远方的梦境，一片荒凉
精神的十字架陡峭的山岩
缄默的怒吼与隐秘的哀号
撕扯着你那听觉的兴奋点。
但这里，荒漠中，饥饿与呻吟，
精神斋戒的疲惫不堪，
被扼杀的宏大的梦境
以及孤独困苦的梦境
是严格守斋者的定律——
热情地以预见性的耳朵去贴近
感受那世界主流之强音，
凭灵魂感受世界之痛哭。
炮兵徐进弹幕射击的声响
在光亮显现的奥秘之海
向心灵发出警报性呼吁
警惕淫欲的诱惑。
在永恒思索的漆黑苍穹之下

拍岸浪花苦恼于泛黄的灰尘,

宇宙虚夸地激昂叫喊

那是圣洁的往事呼唤。

(1942 年 7 月 27 日)

СТРАННИЦА

Тягостный путь по скалам и камням утомил тебя.

Слабые ноги дрожат и болят изнуренные.

Волосы сбилися, смялся наряд путешественный.

Ликом бледным поникла, от тяжести сгорбилась.

Тельце твое исхудало, родная, истаяло.

Сердцу не в мочь бремена. Твоя грудка измучилась.

Ношу видений своих сберегла ты нетронуто.

Подвиг суровый в пустыне веков твои странствия.

Странница милая! Кончен твой путь многобедственный.

В хижину эту войди и приляг безбоязненно.

Вот изголовье. Укрою тебе я усталые

Ножки. Напиток бодрящий испей. Настрадалась ты.

Радость моя! Тот кров мой убогий твоим будет.

Ласковы очи твои и печальны, и знающи.

В них мою вечную родину зрю. О, родная ты,

О, бедная ты и несмелая, незащищенная!

В сизых туманах предсуществованья ты виделась,

Скорбная, хрупкая, с телом худым и истонченным.

Очи, родная, твои узнаю, истомленные, -

Тающих радостей ток твоего лицезрения.

Верная ты и единая, мать благодатная,
Ты и невеста моя и дочурка любимая.
Благослови своего ты сынишку заблудшего.
В лоно веков приими, на свиданье пришедшая.
（28～29.8.1942）

女徒步旅行者

山岩与怪石的艰难道路令你疲倦。
纤弱的双足颤抖疼痛、劳累不堪。
头发凌乱，旅行的衣装褶皱不整。
面孔苍白忧郁，因负重腰弯背弓。

亲爱的，你的身体消瘦、憔悴。
心脏不堪重负。胸膛受尽折磨。
但你却纯真地负荷着自己的梦幻之担。
岁月的荒漠你的远涉是艰苦英勇之举。

亲爱的徒步旅行者！你苦难的行程会有终点。
走进这个茅舍、无所顾忌地躺下小憩一会儿。
瞧，这就是枕头。我愿为你盖好疲劳的
双脚。喝些提神饮料。你历尽苦难艰辛。

亲爱的！我这个简陋的住处将是你的栖身之地。
你经历一切的眼眸温柔、忧郁。
我从中看到了我那永恒的祖国。噢，亲爱的你，
噢，可怜的你，胆怯怯的、容易受伤的你！

透过蓝灰色的雾霭你身影浮现，
悲伤、虚弱，身体消瘦、单薄。
亲爱的，我理解你那倦怠眼神——
陶醉于欢乐是你那目睹的激情。

你是忠实唯一的、令人快乐的母亲,
你是我的未婚妻、讨人喜爱的小孩。
你为自己迷路的小儿送上祝福。
你出席会晤、投入时代的怀抱。
(1942年8月28~29日)

КУКУШКА

Пускай поэты воспевают
Звонкоголосых соловьев,
Что в мае трелями сверкают
В ночной душистости садов.
Иные жаворонков любят
За то, что тою же весной
Они мечты напевно будят
В лазури тонущей гурьбой.
Есть ласточек апологеты.
Есть воспеватели орлов,
Несущих гордые заветы
Победоносно-мощных слов.
Но для меня милей кукушки
Не существует ничего, -
Моей тоскующей подружки
Со мною вместе заодно.
Бездомны оба мы, унылы:
Нам не до песен, не до роз.
Весельчакам всегда постылы,
Мы жалим скукой хуже ос.
Нам одинокого рыданья
В углах отверженной тюрьмы
Знакомы жесткие лобзанья
И перезвон душевной тьмы.

Грустит с наивной простотою
Широкошумно вешний пир:
Едва заметною тоскою
Для нас весной пронизан мир,
Жизнь не была тебе укором,
Любви ты обошел тоску,
Ты не валялся под забором:
Ты не поймешь "ку-ку, ку-ку".

（1．1943）

杜鹃（布谷）

让那诗人去赞颂
歌喉嘹亮的夜莺，
五月里出色地啼啭
于深夜芬香的花园。
有的人则偏爱百灵
因为在同一个春天
它们悦耳的歌声唤醒理想
在蔚蓝中群群飞舞。
你们是燕子的赞扬者。
你们是雄鹰的讴歌者，
承载着崇高遗训
胜利激昂的豪言。
但是我却尤爱杜鹃
此外别无他物——
那是我思念的朋友
与我一起和谐共处。
我们两个无家可归，处境凄凉：
我们不需要歌声，没有玫瑰为伴。
乐天派总是不讨人欢喜，
我们的寂寞逊于黄蜂叮咬。
对于我们来说孤单的痛哭

好比不受欢迎的监狱之隅
熟知那粗鲁的接吻
和内心隐秘的声音。
质朴天真地思念
外部喧嚣的盛宴；
显现的淡淡忧郁之情
浸蕴我们春天的世界，
生活不是对你的责难，
你历经爱之痛苦洗礼，
你没有辗转无家可归：
你难以理解她的心声"布谷，布谷"。
（1943 年 1 月）

ОПРАВДАНИЕ

Очей твоих ребячий зов
И тайна ласки неисчерпной
Средь зыбей жизни страстнотерпной
Всемирных плавят зло оков.

Сует не сущих злая брань,
С твоей улыбкой изнеможной,
Лилово тает дымкой ложной,
Предвозвещая скорби грань.

Угрюмых складок бытия
Завеса ветхая спадает.
Священно-тайно воскресает
С улыбкой молодость твоя.

Ты помнишь утро наших лет,
Бесстрастно-детское лобзанье

И молодое трепетанье,
И умозрений чистых свет.

Страстей безумно-кровяных
Была стезя нам непонятна.
Была лишь жизнь ума нам внятна,
Видений чистых и живых.

Ум не рассудок, не скелет
Сознанья духа и природы.
Ум - средоточие свободы,
Сердечных таинств ясный свет.

Ум - жизни чистой кругозор
И славы луч неизреченной,
И лик любви в нас сокровенный,
Ее осмысленный узор.

Ум - тонкость светлой тишины,
Бытийнотворная нервозность,
Он - смысловая виртуозность,
Безмолвий чистой Глубины.

Ум - вечно-юная весна.
Он утро юных откровений,
Игра бессменных удивлений.
Ум не стареет никогда.

Вот ближе роковой предел,
Расплата близится немая...
Чем оправдаюсь, ожидая
Последний суд и мзды удел?

Мы были молоды всегда,
В твоих сединах вижу младость,
Очей ребячливая радость
В тебе не меркнет никогда.

Восторг все новых умозрений
Неистощимою волной
Подъемлет юность нашу в бой
За вечность юных откровений.

Неведом нам другой ответ,
Других не знаем оправданий:
Предел земных всех упований
Нетленный юности обет.

Ребенок, девочка, дитя,
И мать, и дева, и прыгунья,
И тайнозритель, и шалунья,
Благослови, Господь, тебя.
（28. 12. 1943）

辩白

你孩童般企盼的眼眸
以及无尽爱抚的奥秘
在激情的生活浪潮中
融化世界枷锁的恶行。

恶意斥责引起不安，
你那疲惫的微笑，
虚幻的轻雾消融，
预示悲痛的边界。

存在的阴郁性情
破旧的窗幔滑落。
你饱含青春朝气
神圣奇迹般复活。

犹记我们的岁月之晨，
朴实纯情的孩童之吻，
年轻的躁动，
纯思辨之光。

沉迷疯狂——血污的
路途令我们难以理解。
唯理智生活才得认同，
纯净生气勃勃的幻象。

智慧——非理性的抽象，
非精神认知和自然的表象。
智慧——自由的聚集地，
心灵奥秘的灼目之光。

智慧——生活的纯净视阈
并非言语表达的荣誉之光，
是我们自身隐秘之爱的外形，
是它的寓意丰富之装饰图案。

智慧——恬静的细腻，
日常造就的神经过敏，
它——思维的精妙性，
纯粹深度的缄默无语。

智慧——永远年轻的春天。
智慧——年少启示的早晨，
不断地创造奇迹般的游戏。

智慧永远也不会衰老退去。

瞧，临近命定的极限，
惩罚默默来临……
面对最后的审判和命运的裁决，
我用什么证明自己清白无罪呢？

我们曾经久久的年轻，
透过你的白发我看见年少时代，
孩童一般愉悦的眼眸
任何时候都不会暗淡。

一切新奇思辨的欣喜
凭借无尽的波涛
激励我们的青年
为年轻启示之永恒而战。

我们没有别的答案，
亦不知晓其他佐证：
不朽的青年的誓言是
所有尘世期望的极限。

男孩、女孩、孩子们，
母亲、姑娘以及舞迷们，
隐秘的观众及淘气的人，
上帝为你祝福。

（1943年12月28日）

У меня были два обрученья,
Двум невестам я был женихом.
Может оба златых облаченья
Запятнал я в безумстве грехом.

Но мои обе светлых невесты
Были нежны так и хороши,
Что они обнялись и вместе
Сохранили мне правду души.

Я пришел возле них, столь же юным,
Как и был, к этой вот седине,
Что еще прикасаются к струнам,
Что еще поклоняюсь весне.

И одна мне дала в моих детях
Несказанную радость отца,
А другая - живую в столетьях
Мысль и мудрость и жизнь без конца.

我的两次订婚礼[①]

曾经我有两个订婚仪式,
我是两个新娘的未婚夫。
或许两个人金色的礼服
因我过失缺乏理智脏污。

但是我的两个幸福新娘
是那样温柔又那样亲密。
因为她们互相拥抱一起
为我保留着感情之真谛。

我靠近她们,朝气年轻,
依然如故,走向这白首,
因为也曾轻轻触及心弦,
因为也曾经崇拜过春天。

---

① 本是无题诗,题目是根据诗歌主旨添加的。

其中一个为我生育儿女
无法言表为人父之愉悦。
另一个赠予我百年活力
思想、智慧和永恒生活。

Благословенна дружба,
Пришедшая тогда -
Таинственная служба,
Проникшая года.

Над всею жизнью внешней,
Такою, как у всех,
Горел огонь нездешний
Мучений и утех.

О том, чтоб сердце друга
Всходило в небеса.
Само того же луга
Нездешняя краса.

Чтобы не омрачалось
В стране, где зло и тлен,
К чужому не склонялось,
Не ведало измен...

Всю жизнь - на чуткой страже:
Рассветный час и синь,
Когда пролет лебяжий
Над холодом пустынь...
　（умная жизнь, ее красота над жизнью холодной）

神圣的友谊[1]

神圣的友谊,
过去而至——
秘密的职责,
如今浸蕴。

外在的生活,
如同常人,
燃冥世之火
痛苦慰藉。

为朋友的心
飘升苍穹。
心那片草地
冥世的美。

为了国家不笼罩
灾难与腐朽之物,
不再去俯就他人,
不再去体验背叛……

以一生敏锐捍卫:
拂晓时刻与蔚蓝,
正值天鹅飞越那
寒意的荒漠上空……
(智性生活,它的美超越冷漠的生活)

---

[1] 本是无题诗,题目是根据诗歌主旨添加的。

附录4：阿·费·洛谢夫主要论著俄汉语对照列表[①]

阿列克谢·费奥多罗维奇·洛谢夫在自己70多年的学术生涯中著作等身。800余篇学术成果，其中包括40多部专著，涉猎哲学、美学、神话学、语言学等众多领域。下面我们就其有代表性的论著，按照出版年代的先后顺序以俄汉对照形式编写出来，以供查询。

1. Эрос у Платона // Юбилейный сборник профессору Г. И. Челпанову от участников его семинариев и в Киеве и Москве. М., 1916, с. 52～79.

《柏拉图的厄洛斯》// 基辅与莫斯科的研讨班成员献给切尔帕诺夫教授的纪念文集，莫斯科，1916年，第52～79页。

2. Античный космос и современная наука. М., 1927, 550 с.

《古希腊宇宙论与现代科学》，莫斯科，1927年，550页。

3. Музыка как предмет логики. М., 1927, 262 с.

《作为逻辑对象的音乐》，莫斯科，1927年，262页。

4. Философия имени. М., 1927, 254 с.

《名谓哲学》，莫斯科，1927年，254页。

5. Диалектика художественной формы. М., 1927, 250 с.

《艺术形式辩证法》，莫斯科，1927年，250页。

6. Диалектика числа у Плотина. М., 1928, 194 с.

《普罗提诺的数的辩证法》，莫斯科，1928年，194页。

7. Критика платонизма у Аристотеля. М., 1929, 204 с.

《亚里士多德的柏拉图主义批评》，莫斯科，1929年，204页。

8. Очерки античного символизма и мифологии, т. 1. М., 1930,

[①] 洛谢夫全部著作列表可参考《公元Ⅰ～Ⅱ世纪希腊化—罗马美学》2002年版本的附录，第630～680页。

912с. 2-е изд. 1993, 959 с.

《古希腊罗马象征主义和神话学概论》，第一卷，莫斯科，1930年，912页。第2版， 1993年，959页。

9. Диалектика мифа. М., 1930, 250 с.

《神话辩证法》，莫斯科，1930年，250页。

10. Античная мифология в её историческом развитии. М., 1957,620 с. 2-е изд.,1996.

《古希腊神话学的历史发展》，莫斯科，1957年，620页。第2版，1996年。

11. Гомер. М., 1960, 350 с. 2-е изд.серия «ЖЗЛ», 1996.

《荷马》，莫斯科，1960年，350页。第2版，《名人传记》丛书，1996年。

12. Античная музыкальная эстетика. М., 1960～1961, 304 с.

《古希腊罗马音乐美学》，莫斯科，1960～1961年，304页。

13. Введение в общую теорию языковых моделей. М., 1968, 294 с.

《语言模式基本理论导论》，莫斯科，1968年，294页。

14. Проблема символа и реалистическое искусство. М., 1976, 368 с.

《象征问题与现实主义艺术》，莫斯科，1976年，368页。

15. Античная философия истории. М., 1977, 207 с.

《古希腊哲学史》，莫斯科，1977年，207页。

16. Платон. Жизнеописание （в соавторстве с А. А. Тахо-Годи）. М., 1977, 223 с.

《柏拉图的生平》（与塔霍-戈基合著），莫斯科，1977年，223页。

17. Эстетика Возрождения. М., 1978, 632 с. 2-е изд. 1982 .

《文艺复兴美学》，莫斯科，1978年，632页。第2版，1982年。

18. Эллинистически-римская эстетика I～II вв. н.э. М., 1979, 415 с.

《公元Ⅰ～Ⅱ世纪希腊化—罗马美学》，莫斯科，1979年，415页。

19. Диоген Лаэрций — историк античной философии. М., 1981, 192 с.

《第欧根尼·拉尔修——希腊哲学史家》，莫斯科，1981年，192页。

20. Знак. Символ. Миф. Труды по языкознанию. М., 1982, 478 с.

《符号、象征、神话》语言学著作，莫斯科，1982年，478页。

21. Аристотель. Жизнь и смысл （в соавторстве с А. А. Тахо-

Годи). М., 1982, 286 с.

《亚里士多德：生活和意义》，（与塔霍-戈基合著），莫斯科，1982年，286页。

22. Языковая структура. М., 1983, 375 с.

《语言结构》，莫斯科，1983年，375页。

23. Вл. Соловьев. М., 1983, 208 с.

《弗·索洛维约夫》，莫斯科，1983年，208页。

24. Дерзание духа. М., 1988, 360 с.

《精神的志向》，莫斯科，1988年，360页。

25. История античной философии в конспективном изложении. М., 1989, 205 с.

《古希腊哲学史论纲》，莫斯科，1989年，205页。

26. В поисках построения общего языкознания как диалектической системы. —В кн.: Теории и методы исследования языка. М., 1989, с. 3～92.

《作为辩证体系的普通语言学的结构探微》，语言研究的理论与方法文集，莫斯科，1989年，第3～92页。

27. Страсть к диалектике. М., 1990, 320 с.

《对辩证法的热衷》，莫斯科，1990年，320页。

28. Вл. Соловьев и его время. М., 1990, 720 с.

《弗·索洛维约夫和他的时代》，莫斯科，1990年，720页。

29. Из ранних произведений. М., 1990, 855 с.

《早期著作选编》，莫斯科，1990年，855页。

30. Философия. Мифология. Культура. М., 1991, 525 с.

《哲学、神话学、文化》，莫斯科，1991年，525页。

31. Платон. Аристотель. Серия «ЖЗЛ» （в соавторстве с А. А. Тахо-Годи). М., 1993, 383 с.

《柏拉图、亚里士多德》，《名人传记》丛书，（与塔霍-戈基合著），莫斯科，1993年，383页。

32. История античной эстетики, тт. I～VIII. М., 1963～1994.

《古希腊罗马美学史》1～8卷，莫斯科，1963～1994年。

33. Жизнь. Повести. Рассказы. Письма. М., 1993, 534 с.

《生平、中篇小说、故事、书信》，莫斯科，1993年，534页。

34. Бытие. Имя. Космос. М., 1993, 958 с.

《存在、名谓、宇宙》，莫斯科，1993年，958页。

35. Миф. Число. Сущность. М., 1994, 919 с.

《神话、数、实质》，莫斯科，1994年，919页。

36. Форма. Стиль. Выражение. М., 1995, 944 с.

《形式、风格、表述》，莫斯科，1995年，944页。

37. Мифология греков и римлян. М., 1996, 975 с.

《古希腊人和罗马人的神话学》，莫斯科，1996年，975页。

38. Dialektikdes Mythos. Hamburg, 1994, 209 p.

《神话辩证法》，汉堡，1994年，209页。

39. Хаос и структура. М., 1997, 831 с.

《混乱与结构》，莫斯科，1997年，831页。

40. Имя. СПб., 1997, 616 с.

《名谓》，圣彼得堡，1997年，616页。

后　记

本书是全国哲学社会科学基金后期资助项目的课题成果，是根据我的博士学位论文修改加工而成的。如果从博士论文答辩算起到今天完善为止，前后历时已近五年。

求学之路，并非轻松。尤为怀念在北京师范大学读书的日子，虽然没有更多的时间陪伴父母，没有更多的时间照顾爱人的生活，没有更多的时间与儿子娱乐，但是，有舍才能有所得。在北京师范大学浓郁的学术氛围中，我获得了丰富的学业知识。在这里我听取了无数场国内外知名学者的报告，听取了无数场知识渊博的老师的讲座，而且利用北京的地域、地缘优势以及丰富的学术资源，积极参加了外校的听课及学术活动。忙碌是幸福的，收获是劳累的，衷心感谢我的博士导师张冰教授的关怀引领和耐心指导，感谢吴晓都研究员、陈中梅研究员、夏忠宪教授、李正荣教授、张百春教授、方珊教授等专家给予我的学术启迪和诸多宝贵建议，同时也要感谢我的硕士导师赵晓彬教授引领我走上科研之路，并且一直关心我的学术发展和进步。请允许我在这里再次表达深深的谢意。

虽然致力于洛谢夫的学术研究已有多年，但时常萦绕于我的心中、挥之难去的是对这位学术大家深邃思想尚理解肤浅的遗憾。深入才能成就深度，于是，在2009~2010年间，受益于国家留学基金委资助，我又踏上了为期一年的莫斯科访学之路。在俄罗斯国家图书馆、社会科学院图书馆、各书店查找和收集完善论著资料的同时，我亦进行了多方面的补课，书海苦读。当然，访学期间去的最多的地方还是"洛谢夫之家"图书馆。这不是一座普通的故居图书馆，而是由莫斯科市政府支持创建的"洛谢夫之家"俄罗斯哲学与文化史国立图书馆，它坐落于闻名遐迩的莫斯科步行街——阿尔巴特大街33号，学者在此度过了人生近50年的时光。这里不仅有洛谢夫本人撰写的丰富著作及论述，还包括其他学者对洛谢夫的研究文献，一切都编排得井井有条。此外，这里还提供学界其他相关学者的书籍以及百科辞典、学术词典等工具书，以方便读者查阅使用。每晚五六点钟以后，这里会举行不同主题的学术报告会，每逢一些重大节日或是学术大家的纪念日，这里还会组织一些文艺演出。在洛谢夫逝世周年纪念日，我参加了这里举行的各种纪念活动，为了表达对学者的深深景仰，在这一天，我还专程买了一束花去其墓地参加了弥撒活动及拜谒。怀念在莫斯科的访学时光，还记得在"洛谢夫之家"查阅资料或读书之后，傍晚赶回住处之时，漫步于热闹的步行街，沐浴着暖人的夕阳，或仍沉浸在研习学者的思想中，或为弄懂一点点资料知识而兴奋不已。思索是快乐的，工作是美丽的。

现今面对著作全稿，我仍未敢有太多快慰与释然，因为学力有限，本研究只能算是为学界添砖加瓦，有继续深入研究的必要。衷心期盼来自学界前辈及同行的批评斧正，不吝赐教。此外，我的研究只是选取了洛谢夫广博学术研究的一个视角、一个领域，而与之相关的学术空间、内部的万般景致还有待一一剖析，进一步开拓发掘。

感谢生活！时光不老，岁月静好。在当今浮躁的社会，在物质主义流行的氛围中，能与前辈及同行学者们一起坐得住冷板凳，坚持学术研究，重视人文精神，依然是我不懈的追求。我依然会时时鞭策自己，不断进步！

最后，再次感谢师长、朋友、同事、家人的关爱、鼓励、支持以及帮助，感谢全国哲学社会科学基金后期资助项目评审人对本书稿提出的修改意见。感谢导师张冰教授慨然作序，也特别感谢商务印书馆李智初老师和本书责编陈娟娟女士为此书编辑出版所付出的辛勤劳动。

是为后记。

王希悦
2014年6月于哈尔滨